S0-CAA-779

판사 · 요단출판사 · 요단출판사 · 요단출판사 · 요단출판사 · 요단출판사 · 요단출판사 · 요단출판사 · 요

사 · 요단출판사 · 요단출판사 · 요단출판사 · 요단출판사 · 요단출판사 · 요단출판사 · 요단출판사

하나님의 뜻을 알고 행하는 길

하나님을 경험하는 삶

헨리블랙가비 · 클로드 킹 공저
교회훈련부 역

요단출판사

KNOWING AND DOING THE WILL OF GOD

HENRY T. BLACKABY
CLAUDE V. KING

translated by
Church Training Department

Life Way Press
Nashville, TN

ACKNOWLEDGMENTS

Unless other wise indicated, biblical quotations are from: The Holy Bible, *New International Version*, copyright © 1973, 1978, 1984 by International Bible Society. Used by permission.

We believe the Bible has God for its author, salvation for its end, and truth without any mixture of error, for its matter. The 1963 statement of *The Baptist Faith and Message* is our doctrinal guideline.

Produced by the
Resources Development Section
Multicultural Leadership Department
of The Sunday School Board

Dewey Decimal Classification: 231
Subject Heading: GOD—WILL

Printed in the United States of America

『하나님을 경험하는 삶』을 발행하며

성숙한 그리스도인은 하나님과 깊은 교제를 나누기 원합니다.

매일 말씀을 묵상하고 기도 드리는 것도 결국은 그 분과의 깊은 교제를 바라기 때문일 것입니다.

그리스도인이 이처럼 말씀과 기도로써 하나님과 친밀한 교제를 누리며 살아가노라면 자연스럽게 우리 삶 가운데서 활동하시는 하나님의 역사를 경험하게 될 것입니다.

이미 저희 교회진흥원에서 "삶" 시리즈(평신도훈련과정) 중 「최선의 삶」과 「기도의 삶」을 출간하여 신앙 훈련의 활력을 불어 넣었기에, 본서 「하나님을 경험하는 삶」 역시 모든 그리스도인의 신앙 성장에 큰 기여를 하리라 확신합니다.

이 교재를 여러분이 개인 혹은 소그룹으로 지도자와 함께 공부하다 보면 우리 가까이서 활동하시고 계시는 하나님의 역사를 생생하게 경험하실 것입니다.

이 교재의 번역에 여러 모로 수고를 아끼지 아니하신 버클랜드 한인 침례교회의 문정민 자매와 편집, 제작에 참여하신 진흥원의 모든 직원들에게 감사 드리며 또한 한국어 출판을 허락하신 저자와 미국 남침례교 교회학교국(선데이스쿨 보드)에도 감사 드립니다.

이 책을 공부하시는 모든 그리스도인들이 하나님의 역사하심을 경험하고 삶의 현장에서 늘 승리하시기를 기원합니다.

1993. 2. 22.
기독교 한국침례회 교회진흥원
원장 이상대

하나님의 능력을 봄

1986년 내가 처음 헨리 블랙가비를 만나 그가 가르치는 것을 들었을 때만 해도 하나님께서 그를 쓰시어 나의 삶과 목회를 재정비하실 줄은 몰랐었다. 그리고 나서 지난 4년간 나는 내 삶의 가장 급진전한 어떤 변화를 체험하게 됐다. 헨리는 나를 성경으로 인도했다. 그는 나로 하여금 능력의 하나님, 사랑의 하나님 그리고 개인적인 하나님을 체험하게 하고, 그 하나님과 함께 일하는 사람들을 성서에서 보게 했다. 또한 그들이 어떻게 하나님의 뜻을 알고 행하게 되었는지도 보게 했다. 마치 내 눈에서 비늘이 떨어져 나가는 것 같았다. 자기 백성과 함께 일하시려는 하나님의 계획은 아주 분명하고 확실했다. 왜 나는 이것을 이제야 깨달았는가?

나는 하나님의 뜻을 찾는 방법을 지나치게 자주 시도했었다. 하나님의 뜻을 알기 위해 일련의 단계를 따르고자 노력했었다. 그러나 계속되는 나의 기록은 무엇인가 잘못되었음을 암시했다. 나는 공허하고 혼란되고 좌절했으며 사역은 이루어지지 않았다.

헨리의 가르침은 나의 관심을 사로잡았다. 그는 우리가 하나님의 뜻을 찾지 않아도 된다고 했다. 그것은 이미 계시되었다고 했다. 하나님은 항상 주도권을 잡고 계신다. 헨리는 평범한 사람과 교회가 어떻게 개인적으로 또 극적으로 심지어 기적적인 방법으로 역사하시는 하나님을 경험했는지 오늘날의 실례를 보여 주었다. 나는 바울이 한 말을 생각했다. "내 말과 내 전도함이 지혜의 권하는 말로 하지 아니하고 다만 성령의 나타남과 능력으로 하여 너희 믿음이 사람의 지혜에 있지 아니하고 다만 하나님의 능력에 있게 하려 하였노라"(고전 2 : 4-5). 이것이 내가 헨리의 가르침에서 얻은 것이다. 그의 가르침은 단순하고, 하나님께서 보여 주신 그 능력으로 말미암아 삶에 적용되는 성서적 메시지였다. 헨리는 언제나 하나님과 나의 관계를 주목하게 했다. 그것이 나를 통하여 일하시는 하나님의 능력을 체험하는 열쇠가 되었다.

나는 성경을 연구했다. 그리고 기도했다. 단지 이론이 아닌 경험을 통하여 하나님과 하나님의 방법을 가르쳐 달라고. 나의 삶은 신나는 모험으로 바뀌었다. 그러나 목회의 길은 그렇게 항상 감격적이지만은 않았다.

완전한 실패

1984년 신학교에 다니느라 아내와 나는 직장도 그만두고 조지아주 귄네트 카운티(애틀랜타 근처)로 이사했다. 하나님께서 나를 "장막 만드는" 교회 개척자로 부르셨음을 강하게 느꼈다. 장막 만드는 교회 개척자란 세상 직업을 통하여 자신의 재정문제를 해결하고 무보수로 개척교회를 돕는 사람(바울 같은 자비량 교회 개척자)을 말한다. 나는 교회 개척과 성장에 관해서만 공부했다. 하나님을 위해 내가 일하려고 하는 위대한 꿈을 꾸었다. 나의 계획을 계발하는 데 18개월을 보냈다. 하나씩 하나씩 그 계획을 전개하기 시작했다.

6개월이 지난 후에도 우리의 세간살이는 아직 창고에 묶여 있었다. 2.5%의 실업률 가운데 우리는 직장이 없었다. 저축한 돈은 바닥이 났고 수표도 발행할 수 없는 상태에서 빚만 늘어갔다. 개척교회를 돕기는커녕 우리의 생활비도 해결하기가 어려웠다. 망연자실하여 우리는 집으로 되돌아가 부모님과 함께 살았다. 최근까지 나는 무엇이 잘못되었는지 몰랐었다.

자비량 교회 개척자의 소명은 변하지 않았다

나는 자비량 교회 개척자의 소명을 여전히 확신했다. 내게 주어진 유일한 직업은 교회학교국(Sunday School Board)의 편집자였다. 왜 하나님께서 수많은 개척교회가 요구되고 있을 때 나를 이곳 책상 뒤에다 묶어 놓으셨는지 이해할 수 없었다.

그때 나는 헨리를 만났다. 그가 나를 하나님을 알고 따르는 신선한 깨달음으로 이끌었다. 내가 있던 지방회에 새 회장으로 제임스 파워즈가 임명됐다. 그는 2000년까지 8개의 교회를 개척해야 하는 부담을 갖고 있었다. 기도 후 나는 지금이 자비량 교회 개척자로서 자원할 기회라고 깨달았다. 지방회는 나에게 자원 봉사할 기회를 베풀어 주었다. 이번에는 나의 계획대로 하지 않으리라. 나는 하나님을 위하여 내가 하고 싶은 나 자신의 꿈을 꾸지 않겠다고 마음먹었다.

우리는 교회와 함께 지역사회의 모든 이웃들에게 복음을 전할 필요를 분담하기로 했다. 우리는 기존의 교회가 전도하지 않은 사람들과 지역에서 어떻게 하면 개척교회가 하나님의 쓰임이 될 수 있는지를 나누었다. 우리는 하나님께서 새로운 교회를 개척하시는 넓고 다양한 방법들을 모색했다. 그리고 우리는 하나님께서 일하시는 곳을 주의하여 보고 함께 일할 수 있었다.

하나님께서 하셨다!

3 개월 후 나는 교회 개척이 필요한 14개의 장소와 모임 목록을 작성했다. 그 목록은 어떻게 작성되었는가? 어떤 사람이 모임이나 예배 후 나를 세워놓고, "하나님께서 모처에 교회를 개척하라는 짐을 주셨습니다" 또는 "우리 지역의 어떤 사람들을 위해 교회를 개척했으면 합니다"라고 말했던 것이다. 2년이 지나고 우리는 담임 목회자가 있는 6개의 개척교회와 일곱번째 개척교회를 시작하려는 계획하에 가정성경공부 모임을 갖게 되었다. 우리 교회들은 하나님께서 우리가 꿈꾸는 것보다 훨씬 더 위대한 계획을 갖고 계신 것을 발견했다.

하나님은 사람을 불러 봉사하게 하시고 그들에게 짐을 주셨다. 하나님은 교회를 불러 새로운 임무수행의 후원자가 되게 하셨다. 우리는 그들에게 동기부여할 방법을 찾지 않아도 되었다. 그들은 하나님께서 하라 하신 일을 수행하도록 자신을 준비시켜 줄 것을 우리에게 요청하고 있었다. 성장의 열쇠는 사람이 아니었다. 교회도 아니었다. 자기 백성을 통하여 하나님이 하신 것이다! 우리는 지난 2년간 보다 더 가까이 하나님을 알게 되었다. 우리는 가장 좋은 시기가 이미 왔다고 믿는다!

깨달음

하나님은 조지아에서 나의 계획대로 행하도록 하셨고 그 결과 나는 비참하게 실패했다. 하나님은 내게 중요한 교훈을 가르치셨고 나는 어려운 방법을 선택했던 것이다. 내가 깨달은 것은 나는 하나님이 원하는 하나님의 일을 계획하거나 꿈도 꿀 수 없다는 것이었다. 나는 가장 중요한 것은 하나님과 나의 관계임을 깨달았다. 나는 하나님을 더욱 사랑하고, 더욱 신실한 기도와 온전한 믿음, 믿고 기다리는 법을 배웠다. 하나님께서 나를 쓰고자 하시면 나로 하여금 알게 하실 것이다. 그 때 나는 필요한 준비를 하고 순종해야만 할 것이다. 그 때까지 우리는 깨어 기도할 것이다. 하나님의 때와 하나님의 방법은 항상 최적이요 최선이다.

나는 하나님께서 하나님의 나라를 위하여 이 공부 과정을 통해 당신의 삶을 변화시키시기를 기도하고 있다. 당신의 삶에는 하나님의 역사하심이 당신의 모든 계획과 꿈보다 훨씬 낫다. 하나님께서 당신의 삶과 사역을 넘치는 기쁨으로 이끄시고 이루실 것이다. 우리의 살아 계신 주 예수 그리스도를 인하여 하나님의 은혜와 기쁘심과 평안을 기원한다. 하나님께 영광이 이제와 영원히.

클로드 V. 킹

목차

저자들

헨리 T. 블랙가비는 미국남침례교총회 국내선교부의 기도와 영적 각성부 책임자이다. 그의 영적인 유산은 19세기 스펄전 대학에 다녔던 집안의 4명의 목회자까지 거슬러 올라간다. 그의 부친은 집사로서 캐나다에 여러 교회를 개척하였다.

헨리는 캐나다의 밴쿠버에 있는 브리티시 컬럼비아 대학과 골든 게이트 신학교를 졸업했다. 졸업 후 LA에 있는 교회에서 목회하였고 그후 서스캐처원에 있는 새스커툰 훼이스 침례교회로 부임했다. 저서로는 "성령이 교회에 하시는 말씀"(*What the Spirit is Saying to the Churches*)이 있다. 이 책에서 그는 훼이스 교회의 성도들 가운데 역사하시는 하나님을 증거했다. 헨리가 새스커툰에 있는 12년간 이 교회는 38개의 개척교회와 개척교회의 선교를 도왔다.

헨리는 국내선교부로 오기 전에 밴쿠버에 있는 선교회에서 봉사했다. 그는 여러 권의 책을 출간했고 미국남침례교총회의 장년선교기도 추진위원회에서 봉사하였으며 미국, 캐나다 전역에서 그리고 잠비아, 오스트리아 등지에서 집회를 인도했다. 헨리는 미국남침례교총회 대표부와 주총회, 지방회 그리고 개척교회의 지도자들과 협력하여 미국남침례교총회에서 기도와 영적 각성의 진작을 위한 자문 역할을 하고 있다.

헨리의 아내는 마릴린 수 웰즈이다. 자녀로는 리처드, 토마스, 멜빈, 노먼, 캐리가 있다. 자녀들은 모두 하나님의 부르심에 응답하여 목회와 선교사업에 관여하고 있다.

클로드 V. 킹은 교회학교국(Sunday School Board) 제자훈련부서의 장년제자훈련부 편집장이다. 그는 제자훈련에 적극적이며 상호학습활동의 저자로 인정받고 있다. 클로드는 존 드레이크포드와 함께 "지혜로운 상담 : 평신도 상담 기술"이라는 "삶"(Life) 과정의 또 다른 저서를 펴냈다. 그는 중부 테네시의 콩코드 침례교지방회에서 무보수 교회 개척자로 봉사했다. 테네시 태생인 그는 벨몬트 대학과 뉴올리언스 신학교를 나왔다. 현재 테네시의 머프리스보로에서 아내 레타와 두 딸 줄리, 제니와 함께 살고 있다.

편집자노트 헨리는 이 교재의 주저자이다. 당신의 개인적인 교사로서 헨리는 마치 당신이 공부할 때 옆에 앉아 있듯이 말할 것이다. 클로드 킹은 당신의 학습을 도와 주려고 학습활동부분을 썼다.

저자들의 개인적 설명은 오로지 그들의 개인적 관점에서 기록된 것이다. 참여하는 다른 사람들은 기회가 주어진다면 다른 의견과 더 완전한 설명을 할 수 있을 것이다. 그러나 우리 모두의 초점은 하나님께서 성취하신 행위, 곧 그분의 거룩하신 임재와 활동이라는 말 아니고는 달리 표현할 수 없는 그것에 맞추어질 것이다.

제 1 단원 하나님의 뜻과 당신의 삶

엑스포 '86

밴쿠버에서 세계박람회가 열리게 되자 우리 지방회에서는 그 곳에 모일 2천 2백만 명의 사람들에게 복음을 전하는 것이 하나님의 뜻임을 확신하게 되었습니다. 그러나 밴쿠버 근교의 교인이라고는 우리 지방회에 속한 교회의 교인 약 2천 명밖에 없었습니다. 그런데 어떻게 2천 명으로 세계 각지로부터 몰려오는 그 수많은 관광객들에게 큰 영향을 줄 수 있단 말입니까?

박람회가 열리기 2년 전, 우리는 우리의 계획을 행동으로 옮기기 시작했습니다. 그 당시 우리 지방회의 총수입은 7백2십만원($9,000)이었습니다. 그리고 그 다음해의 수입은 약 1천2백8십만원($16,000)이었습니다. 그런데 박람회가 열리던 해에는 예산을 1억 6천1백6십만원($202,000)으로 잡았습니다. 우리는 그 예산의 35% 정도밖에는 가지고 있지 않았습니다. 나머지 65%는 우리의 기도에 달린 문제였습니다. 당신은 기도로 예산을 편성할 수 있습니까? 그 답은 '예' 입니다. 그럴 때 당신은 하나님만이 하실 수 있는 무언가를 시도할 수 있는 것입니다. 우리는 대개 어떻게 합니까? 우리는 우리가 할 수 있는 한도 내에서 실질적인 예산을 세웁니다. 그리고 난 후 우리는 우리가 희망하는 예산을 세웁니다. 그러나 우리가 정말 믿고 쓰는 것은 역시 우리가 감당할 수 있는 한계 내에서의 예산 정도입니다. 실제로 우리는 하나님이 정말 무엇을 해 주시기를 기대하지 않습니다.

지방회로서 우리는 분명히 하나님께서 우리로 하여금 1억 6천1백6십만원($202,000)의 비용이 드는 일을 하도록 인도하셨음을 믿었습니다. 그것이 우리의 운영예산이 되었습니다. 우리 모두는 하나님께서 그 박람회 기간 동안 우리를 통해 인도하신 모든 것을 하게 하시고 그것에 필요한 모든 것을 공급해 주시기를 기도하기 시작했습니다. 그 해가 끝나 갈 무렵 저는 우리 회계에게 우리가 얼마만큼의 헌금을 받았는지 물었습니다. 캐나다로부터, 미국으로부터, 또 세계 각지로부터 우리는 2억 1천1백2십만원($264,000)을 받았습니다. 각지에서 많은 사람들이 도움을 주려고 몰려왔습니다. 박람회가 진행되는 동안 우리는 거의 2만 명이나 되는 사람들이 예수님을 만나도록 촉매역할을 했습니다. 우리는 이것을 하나님이 개입하셨다고밖에는 달리 설명할 수 없습니다. 오로지 하나님만이 그런 일을 하실 수 있습니다. 하나님은 주인이 쓰실 수 있는 종이 되기로 결단하고 항상 하나님께서 원하시는 대로 변화받을 각오를 갖고 대기하던 사람들을 사용해서 역사하셨던 것입니다.

이 단원의 암송구절 나는 포도나무요 너희는 가지니 저가 내 안에, 내가 저 안에 있으면 이 사람은 과실을 많이 맺나니 나를 떠나서는 너희가 아무것도 할 수 없음이라.
—요한복음 15:5

제 1과 예수님이 당신의 길입니다

당신이 하루하루 예수님을 따라가면, 예수님은 당신을 하나님의 뜻 가운데 서도록 잡아 주실 것이다

서 론

예수님은 "영생은 곧 유일하신 참 하나님과 그의 보내신 자 예수 그리스도를 아는 것이니이다"(요 17 : 3)라고 말씀하셨습니다. 영생과 이 공부의 핵심은 당신이 하나님을 아는 것과 그가 보내신 예수님을 아는 것입니다. 하나님을 아는 것은 어떤 프로그램이나 방법을 통해 얻어지는 것이 아닙니다. 그것은 어떤 한 인격체와의 관계입니다. 그것은 하나님과의 친밀한 사랑의 관계입니다. 이 관계를 통해서 하나님께서는 자신의 뜻을 밝히고 또한 당신을 자신이 이미 하고 계신 역사 가운데로 초청하십니다. 당신이 순종할 때, 하나님은 그 분만이 하실 수 있는 어떤 일을 당신을 사용하셔서 이루십니다. 그때 당신은 당신을 통해서 일하시는 하나님을 경험함으로 그 분을 좀더 친밀하게 만날 수 있습니다.

하나님을 아는 것은 어떤 프로그램이나 방법을 통해 얻어지는 것이 아니다.

하나님과 맺는 사랑의 관계

저는 당신과 하나님의 관계가 영생을 가장 풍성하게 경험하는 그러한 관계로 옮겨가도록 돕고 싶습니다. 예수님은 말씀하셨습니다. "…내가 온 것은 양으로 생명을 얻게 하고 더 풍성히 얻게 하려는 것이라"(요 10 : 10). 한번 그 풍성한 삶을 경험하고 싶지 않습니까? 하나님이 사랑의 관계를 맺자고 당신을 부르실 때 응한다면 얼마든지 경험할 수 있습니다.

예수님과의 관계—필수 조건

"육에 속한 사람은 하나님의 성령의 일을 받지 아니하나니 저희에게는 미련하게 보임이요 또 깨닫지도 못하나니 이런 일은 영적으로라야 분변함이니라."
—고린도전서 2 : 14

이 교과과정에 앞서 저는 당신이 이미 예수 그리스도를 구주로 영접하고 그 분을 당신 삶의 주인으로 시인했다고 가정할 것입니다. 만일 당신이 인생에서 가장 중요한 이 결정을 내리지 않은 상태라면, 이 교과과정은 당신에게 별 의미를 주지 못할 것입니다. 영적인 것은 오직 하나님의 영이 있는 사람이라야만 깨달을 수 있기 때문입니다(고전 2 : 14).

➡ **당신이 예수님을 구주와 주인으로 영접해야 할 필요를 느낀다면, 바로 지금 이 순간 하나님과 이 문제를 해결하십시오. 당신이 아래의 성경구절들을 읽을 때 하나님께서 당신에게 말씀해 주시길 기도하십시오.**

- ☐ 로마서 3 : 23—모든 사람이 죄를 범함.
- ☐ 로마서 6 : 23—영생은 하나님의 선물임.
- ☐ 로마서 5 : 8—사랑하시므로, 예수님이 당신의 죄값을 치르시려고 십자가에서 죽으심.
- ☐ 로마서 10 : 9-10—예수님을 구주로 시인하고 하나님이 그를 부활하게 하신 것을 믿음.
- ☐ 로마서 10 : 13—하나님께 당신을 구원해 달라고 기도하면 구원해 주심.

예수님을 믿고 그가 주시는 영생의 선물을 받기 위해 당신은,

- 죄인이기 때문에 예수님의 구원이 필요함을 인식해야 합니다.
- 당신의 죄를 고백해야 합니다(당신의 죄를 인정하십시오).
- 회개해야 합니다(죄로부터 돌이켜 하나님께로 삶의 방향을 바꾸십시오).
- 예수님께 당신을 그 분의 은혜로 구원해 달라고 기도해야 합니다.
- 인생의 주권을 예수님께 드리고 예수님을 당신의 주인으로 삼아야 합니다.

➡ **도움이 필요하면 교회 목사님이나 집사님, 혹은 그리스도인 친구에게 전화하십시오. 이 중대한 결정을 스스로 내렸다면 누구에게든지 전화해서 하나님께서 하신 이 놀랍고 기쁜 소식을 함께 나누십시오. 그리고 당신의 결단을 교회 성도들과도 나누시기 바랍니다.**

당신은 지금까지 하나님을 경험한 것에서 무언가를 더 찾고 계시지 않습니까?

당신은 어쩌면 신앙생활을 하는 가운데 하나님께서 당신이 경험하고 있는 것보다 더 풍성한 삶을 준비해 놓으신 것을 알기 때문에 좌절감을 느끼셨을지도 모릅니다. 또는 당신의 삶과 사역에 있어 하나님의 인도하심을 간절하게 바라고 있을 수도 있습니다. 당신의 인생 행로에는 커다란 비극이 있었을 수도 있습니다. 인생의 고비에서 당황하고 있을 때 당신은 어쩔 줄 모를 것입니다. 당신의 현재 상황이 어떻든 간에, 저의 간절한 기도는, 함께 공부하면서 당신이 아래의 것들을 할 수 있게 되는 것입니다.

- 하나님이 당신에게 말씀하고 계실 때 들음.
- 당신의 삶 가운데 일어나는 하나님의 역사를 분명히 인지함.
- 하나님이 약속하시는 모든 것이 그대로 이루어질 것을 확신함.
- 당신의 신조와 성품과 행동이 주님께 그리고 그의 뜻에 따라 조종됨.
- 하나님께서 당신에게 주시는 삶의 방향과 하나님께서 당신의 삶을 통해 하시고자 하는 것이 무엇인지를 깨달음.
- 하나님이 당신의 삶에서 하시고 계신 일에 대한 반응으로 당신이 무엇을 해야 하는지 바로 앎.
- 오직 하나님께서만 하실 수 있는 일을 당신을 통해 하고 계시는 하나님을 경험함.

공부에 필요한 가이드 저는 당신이 공부하는 동안 안내자 겸 격려자로 당신이 하나님과 더욱 깊은 교제를 나누며 동행하게 되는 데 촉매역할을 할 수 있기를 원합니다. 저는 하나님께서 제 삶과 사역 안에서 보여 주신 성경적 원리를 당신과 나누게 될 것입니다. 또한 하나님의 사람들이 성경적 원리를 따라 하나님을 좇는 삶을 살았기 때문에 하나님께서 하신 많은 놀라운 일들을 경험하게 되는 사건들도 나누게 될 것입니다. 이 교과과정 동안 저는 당신 스스로 하나님과 상호교제하도록 초청할 것입니다. 그래야 하나님께서 당신에게 어떻게 당신의 삶과 사역과 교회 안에서 그 원리들을 적용시키실 것인지를 알려 주실 수 있습니다.

당신의 선생님 성령님께서 당신의 개인적인 선생님이 되어 주실 것입니다(요 14 : 26). 그 분이 하나

님의 뜻에 따라서 성경적 원리를 당신의 삶에 어떻게 적용시킬지 가르쳐 주실 것입니다. 그 분은 하나님과 하나님의 목적과 길을 당신에게 알려 주시는 일을 하고 계십니다. 예수님은 "사람이 하나님의 뜻을 행하려 하면 이 교훈이 하나님께로서 왔는지 내가 스스로 말함인지 알리라"(요 7 : 17)고 하셨습니다. 이 교훈은 이 교과과정에서도 적용이 될 것입니다. 당신 안에서 행하시는 성령께서 친히 성경의 진리를 당신의 마음 속에 확인시켜 주실 것입니다. 제가 성경적 원리를 소개할 때, 당신은 성령님께 의지하여 제가 가르치는 것이 과연 하나님으로부터 오는 것인지 구분할 수 있을 것입니다. 그러므로 당신이 하나님과 친밀히 교제하고 묵상하며 말씀을 공부하는 것이 이 교과과정을 공부하는 동안 빠져서는 안 되는 부분입니다.

"보혜사 곧 아버지께서 내 이름으로 보내실 성령 그가 너희에게 모든 것을 가르치시고 내가 너희에게 말한 모든 것을 생각나게 하시리라."

—요한복음 14 : 26

당신의 권위의 원천

성경은 하나님이 당신에게 주시는 말씀입니다. 성령님은 당신에게 말씀하실 때 하나님의 말씀을 존중하며 또한 사용하십니다. 말씀이 당신의 믿음과 실생활에 있어서 권위의 원천이어야 합니다. 당신은 관습(전통)이나 당신의 체험, 혹은 다른 사람들의 체험 등을 하나님의 뜻과 길을 찾는 데 적절한 권위로 신뢰할 수는 없습니다. 체험과 관습(전통)이 성경의 가르침에 비추어서 맞는지를 항상 시험해 봐야 합니다.

무슨 일이든지 당신의 삶에 의미 있는 일이 생기면 그것은 하나님께서 당신의 삶에 개입하신 결과입니다. 하나님은 당신의 삶에 당신이나 제가 상상할 수 없는 엄청난 관심을 가지고 계십니다. 성령님이 당신을 "우리 가운데서 역사하시는 능력대로 우리의 온갖 구하는 것이나 생각하는 것에 더 넘치도록 능히 하실 이(우주의 하나님)에게"(엡 3 : 20) 좀더 밀접하게 하시도록 기도하십시오.

평신도 훈련 과정(The Lay Institute For Equipping)

*하나님을 경험하는 삶 : 하나님의 뜻을 알고 행하는 길*은 평신도훈련의 한 과정이다. 라이프(LIFE)는 하나의 훈련체계이며 평신도가 제자훈련, 지도자훈련 그리고 목회사역에 있어서 수준 있는 교육을 받도록 만들어졌다. 라이프의 모든 과정에는 공통되는 특성이 있다. *하나님을 경험하는 삶*에도 이런 특성들이 적용된다.

- 참가자는 매일 30분 내지 60분 동안 자율적으로 학습교재를 공부한 후 서로 나누어 학습활동과 관련된 삶을 행한다.
- 참가자는 매주 한두 시간 가량의 소그룹 학습모임에 참여한다.
- 지도자는 반원들이 한 주간 동안 공부한 것을 되새겨 토론하게 한 후 매일의 삶에 실제로 적용하게끔 인도한다. 이 작은 그룹은 반원들이 성서의 말씀을 이해하고 생활에 적용시키도록 서로 돕는 후원자가 된다.

이 책으로 공부할 때 유의할 점

이 책은 당신이 친숙해져 있는 대부분의 책들과 다릅니다. 이 책은 그저 맨 앞장부터 끝장까지 죽 읽어 나가도록 고안되어 있지 않습니다. 저는 당신이 이 책을 공부하고 성경의 원리를 당신의 생활에 적용시키기를 원합니다. 이 도전적인 목표는 시간을 요합니다. 이 교과과정을 가장 효과적으로 만들기 위해서 당신은 한번에 꼭 한 과씩 공부해야 합니다. 한 번에 여러 과를 끝내려 하지 마십시오. 한과 한과에서 배우는 내용

이 당신의 머리에 파고들어 실천이 되려면, 내용을 소화시킬 시간이 필요합니다. 당신은 한 인격체를 경험하고 싶은 것입니다. 즉, 예수님을. 성령님께서 당신의 인생에 예수님이 실제적으로 나타나게 하시는 데는 시간과 묵상이 필요합니다.

어느 연습문제도 뛰어넘지 마시오.

어느 질문도 뛰어넘어서는 안 됩니다. 이 질문들은 당신이 삶의 진리를 배우고 적용하는 것을 도와 주도록 고안되어 있습니다. 또한 매일 하나님과 동행하는 삶을 확립하도록 도와 줄 것입니다. 많은 부분이 기도와 묵상, 성경공부를 통해서 하나님과 교제하도록 당신을 이끌어 줄 것입니다. 이 질문들을 그냥 지나쳐 버림으로 인해서 당신은 하나님께서 당신의 인생을 근본적으로 변화시키시려는 기회를 놓칠지도 모릅니다. 당신은 하나님과 당신의 관계가 하나님의 뜻을 알고 실천하는 데 있어 가장 중요하다는 것을 배우게 될 것입니다. 하나님과 친밀한 관계를 갖지 못하면 당신은 하나님께서 당신의 일생을 통해 또 당신의 일생에서 이루고자 하시는 바를 알 수가 없습니다.

➡ **연습문제는 이 문장에서처럼 항상 화살표로 시작될 것입니다. 주어진 설명에 따라 질문에 답하십시오. 연습문제를 모두 끝내면 다시 본 내용으로 돌아오게 됩니다.**

보통 연습문제 바로 뒤에 정답이 따라올 것입니다. 그때 당신의 답과 맞추어 보십시오. 그러나 항상 정답을 보기 전에 당신 자신의 답을 쓰셔야 합니다. 어떤 경우에는 당신의 의견을 묻는 문제들이 있을 수 있습니다. 그런 경우는 따로 정답이 없습니다. 연습문제를 하는 데 어려움이나 질문이 있으면 빈칸에 적어 두셨다가 토의시간 때 함께 나누거나 선생님과 개인적으로 토론하기 바랍니다.

작은 모임을 통한 공동 학습

매주 한 번 당신은 모임에 참석하여 전주에 공부한 내용을 토론하고 깨달음과 간증을 서로 나누어 용기를 북돋고 함께 기도해야 합니다. 반원은 최대한 10명을 넘지 않아야 효과적입니다. 큰 그룹은 친밀감, 개인적인 나눔이 적고 장기 결석자와 중도 탈락자가 많습니다. 만일 10명 이상이 과정을 이수하고자 할 때는 각 반에 보조 지도자를 참가시키십시오.

작은모임
(공동학습)

당신이 이미 혼자 "하나님을 경험하는 삶"을 공부하고 있거나 하려 한다면, 혼자 하지 말고 몇몇 친구들을 모아(10명 이내) 모임을 만들어 공부하십시오. 그리스도의 지체들은 하나님의 뜻을 온전히 깨닫고 이해하는 데 서로서로 큰 도움이 된다는 것을 발견하게 될 것입니다. 공동 학습이 안된다면 이 과정에서 의도하고 있는 학습의 중요 의도를 대부분 놓치고 말 것입니다.

예수님이 당신의 길입니다

저는 캐나다의 새스커툰에서 12년 동안 목회를 했습니다. 어느날 한 농부가 제게 자기의 농장으로 찾아오지 않겠느냐고 제의했습니다. 그는 이렇게 찾아오면 된다고 말해 주었습니다. "시내를 지나서 한 4백 미터(1/4 마일)쯤을 가다보면 왼쪽으로 빨간색을 칠한 큰 축사가 보일 것입니다. 그러면 다음 길에서 왼쪽으로 도세요. 그 길을 따라 약 1천2백 미터(3/4 마일) 정도 더 가시면 나무가 한 그루 있습니다. 거기서 오른쪽으로 돌아 한 6천4백 미터(4 마일)쯤 가면 큰 바위가 하나 있습니다." 저는 그가 말하는 그대로 적어 두었습니다. 그리고 어느날 거기를 찾아갔습니다.

다음번에도 그 농부의 농장에 가서 그를 만났습니다. 그의 농장으로 가는 길은 여러 갈래가 있기 때문에 그는 그가 원하는 대로 여러 가지 다르게 오는 방법을 가르쳐 줄 수 있었습니다. 그가 바로 제 '지도'였던 것을 아시겠지요? 제가 해야 했던 일은 무엇이었습니까? 그저 그의 말을 듣고 그대로 따라한 것뿐입니다. 그가 "돌아라" 하면 그렇게 했습니다. 그는 제가 한 번도 가본 일이 없는 길도 갈 수 있도록 해 주었습니다. 저 혼자서는 그 길을 절대로 갈 수 없었을 것입니다. 그 농부가 제 지도였습니다. 그가 길을 알고 있었던 것입니다.

➡ **예수님께 당신의 일생에 대한 그 분의 뜻을 물으려고 할 때 당신은 어떤 질문을 하시겠습니까? 아래에서 당신의 답을 골라 ×표 하십시오.**

☐ 1. 주여! 제가 무엇을 하길 원하십니까? 언제, 어떻게 해야 할까요? 어디서, 누구와 함께 하길 원하십니까? 아! 그리고 저에게 그 결과를 알려 주십시오.

☐ 2. 주여! 그저 한 번에 하나씩 제가 뭘 해야 할지 말씀해 주세요. 그대로 하겠습니다.

우리는 대개 1번을 하지 않습니까? 우리는 하나님께 자세한 지도를 달라고 부탁하지 않습니다. 우리는 "하나님! 우리가 어디를 가야 하는지만 알려 주십시오. 그러면 우리가 어떻게 해서든지 알아서 찾아갈게요." 합니다. 하나님께서는 이렇게 말씀하십니다. "그럴 필요 없다. 네가 할 일은 하루하루 나를 따라오는 것이다."

"내가 곧 길이요 진리요 생명이니…."
—요한복음 14 : 6

누가 진정 하나님의 목적을 당신 삶에서 이루는 방법을 알고 있습니까? 바로 하나님께서 아십니다. 예수님께서는 "내가 곧 길이요"라고 말씀하십니다.

- 예수님은 "내가 길을 보여주겠다"고 하지 않으셨습니다.
- 예수님은 "내가 지도를 주겠다"고 하지 않으셨습니다.
- 예수님은 "내가 어떤 길로 가라고 말해 주겠다"고 하지 않으셨습니다.
- 예수님은 "내가 곧 길이요"라고 하셨습니다.

➡ **당신이 하루하루 모든 일에서 예수님이 하라는 대로 하고 산다면 당신은 하나님의 뜻 가운데서 하나님이 원하시는 대로 살고 있는 것일까요? 당신의 답에 ×표 하십시오.**

☐ 1. 아니오, 예수님은 하나님이 내 인생에서 무엇을 원하시는지 잘 모릅니다.

☐ 2. 아니오, 예수님은 나를 잘못된 길로 인도하실지도 모릅니다.

☐ 3. 글쎄요, 예수님이 모든 자세한 것을 나에게 설명해 주실 때까지 기다려 봐야죠.

☐ 4. 예, 예수님을 하루하루 따라가면 나는 하나님의 뜻 안에서 생활할 수 있습니다.

당신이 걸음을 뗄 때마다 예수님이 당신을 인도해 주신다는 사실을 믿게 되면, 당신은 새로운 자유를 경험하게 될 것입니다. 당신이 예수님을 이렇게 믿지 않으면서 어떤 결정을 내려야 할 순간 어떻게 해야 할지를 모른다고 생각해 보십시오. 어떤 결정을 내릴 때마다 당신은 걱정하고 고민해야 합니다. 뿐만 아니라 경직되고 결정을 내리지도 못합니다. 하나님은 당신이 이렇게 살기를 원치 않으십니다.

저는 제 인생에서 하나님께 모든 주권을 내어드릴 수 있다는 사실을 발견했습니다. 하루하루 저는 하나님께서 제게 명령하시는 모든 일을 해 나가는 것입니다. 주님은 제게 하루종일 할 만한 양의 일감을 주십니다. 한 가지 한 가지가 모두 뜻이 있고 목적이 있는 일들이지요. 예수님이 하라고 하시는 일을 다하면 나는 하나님의 뜻 가운데 살고 있으므로, 하나님께서는 원하시는 때에 나를 하나님의 특별한 사역을 수행하는 도구로 쓰십니다.

하루하루 따라간 아브람

아브람 아브람(후에 하나님께서 아브라함이라는 새 이름을 주심)은 이 원칙을 아주 적절하게 뒷받침해 주는, 성경에 나오는 인물의 예입니다. 그는 믿음으로 행하고, 보이는 대로 행하지 않았습니다.

➡ **하나님께서 어떻게 아브람을 부르셨는지 창세기 12 : 1-5을 지금 읽어보십시오. 하나님께서 아브람에게 "나를 따르라"고 하시기 전 얼마나 자세히 그에게 할 바를 일러주셨는지 살펴보십시오. 그가 어디로 가야 했는지, 그리고 무얼 해야 했는지 해당 구절에 밑줄을 그으십시오.**

> 여호와께서 아브람에게 이르시되 너는 너의 본토 친척 아비 집을 떠나 내가 네게 지시할 땅으로 가라 내가 너로 큰 민족을 이루고 네게 복을 주어 네 이름을 창대케 하리니 너는 복의 근원이 될지라 너를 축복하는 자에게는 내가 복을 내리고 너를 저주하는 자에게는 내가 저주하리니 땅의 모든 족속이 너를 인하여 복을 얻을 것이니라 하신지라 이에 아브람이 여호와의 말씀을 좇아갔고 롯도 그와 함께 갔으며 아브람이 하란을 떠날 때에 그 나이 칠십오 세였더라 아브람이 그 아내 사래와 조카 롯과 하란에서 모은 모든 소유와 얻은 사람들을 이끌고 가나안 땅으로 가려고 떠나서 마침내 가나안 땅에 들어갔더라(창 12 : 1-5).

하나님이 무엇이라고 말씀하셨습니까? 하나님은 얼마나 상세하셨습니까? "떠나" "가라!" 어디로 갑니까? "내가 네게 지시할 땅으로."

➡ **당신은 아브람처럼 하나님의 뜻을 따를 준비가 되어 있습니까? 당신의 답에 × 표 하십시오.**

☐아니오. 제 생각에 하나님께서는 저에게 먼저 길을 보여 주지 않고 무턱

대고 어디론가 가라고 명령하실 것 같지 않아요.

□ 글쎄요…, 잘 모르겠는데요.

□ 예, 저는 보이는 대로 살지 않고 믿음으로 하나님을 따르기를 원합니다.

□ 기타 : ______________________

많은 경우 아브람과 같이 하나님은 그저 "따라오라"는 한마디로 사람을 부르십니다(다음 과에서 이에 대한 예들을 보겠습니다). 하나님은 아마 당신에게도 그러한 방법을 사용하실 겁니다. 당신이 하나님의 뜻을 행하려고 하루하루 순종하는 삶을 시작하지 않는 한 그는 당신에게 자신의 상세한 계획을 보여 주실 리가 없습니다. 함께 공부하는 동안 성경에 나오는 인물들을 통해서 당신은 이 사실을 더욱 확실히 깨닫게 될 것입니다.

"너희는 먼저 그의 나라와 그의 의를 구하라 그리하면 이 모든 것을 너희에게 더하시리라 그러므로 내일 일을 위하여 염려하지 말라 내일 일은 내일 염려할 것이요 한 날 괴로움은 그날에 족하니라."

—마태복음 6 : 33-34

➡ **우선 왼쪽에 있는 마태복음 6 : 33-34을 읽으신 후 잠시 멈추고 기도하십시오.**

- 하나님은 절대적으로 신뢰할 만하다는 사실에 동의하십시오.
- 당신이 하루하루 하나님을 따르는 삶을 살 것을 하나님과 동의하십시오.
- 하나님께서 모든 것을 자세히 일러주시지 않아도 그 분을 따를 것에 동의하십시오.
- 하나님께서 당신의 길이 되시는 것에 동의하십시오.

지금 위의 어느 하나라도 동의할 수 없는 것이 있다면 당장 하나님께 당신의 고충을 열어 놓고 고백하십시오. 당신이 하나님의 뜻을 그 분의 방법대로 하시길 원하게 해 달라고 도움을 요청하십시오. 하나님의 약속의 말씀을 의지하십시오. "너희 안에서 행하시는 이는 하나님이시니 자기의 기쁘신 뜻을 위하여 너희로 소원을 두고 행하게 하시나니"(빌 2 : 13).

매일 하는 복습

매일 한 과가 끝날 때마다 저는 당신에게 그날 배운 것을 복습하고 기도할 것을 요구할 것입니다. 그 과에서 배운 것 중에서, 하나님께서 당신으로 하여금 이해하고 배우고 실천하기를 원하는 구절이나 성구를 하나나 둘쯤 지적해 주시도록 기도하십시오. 이것은 개인 적용문제로서 따로 정답이 없습니다. 하나님께서 어떤 구절을 당신 마음에 의미 있게 와 닿게 하시면, 바로 그것이 정답인 것입니다. 저는 또한 당신이 그 구절을 당신의 말로 정리해서 하나님 말씀에 대한 반응의 기도를 드리도록 요구할 것입니다. 하나님께서 그 말씀에 대한 반응으로 무엇을 원하실까에 대해 기도하십시오. 이 시간은 매일의 기도와 묵상의 시간으로 당신이 공부를 한 내용 중에서 그 분의 뜻을 묻는 기회가 되어야 합니다. 공부를 하면서 왼쪽의 여백에다 느끼신 바를 그때 그때 적어 나가는 것도 좋습니다. 하나님께서는 한 단원에서도 여러 개의 배울 점을 주실 수 있습니다. 작은 것 하나라도 잊지 마십시오. 쓰십시오. 나중에 복습할 수 있도록. 하나님이 말씀하실 때 쓰는 것이 중요합니다. 경건 일기를 쓰는 것도 좋은 생각입니다. 경건 일기에 관해서는 나중에 따로 얘기하도록 하겠습니다.

오늘의 학습을 마친 후 당신은 이렇게 대답할 수 있습니다.

오늘 학습한 내용 중 어떤 구절이나 성구가 가장 뜻있게 와 닿았습니까?

내가 곧 길이요 진리요 생명이니…

예수님만이 나의 길이다. 어떠한 완벽한 지도도 소용없다.

위의 구절이나 성구를 하나님께 대한 당신의 기도로 바꾸십시오.

주여! 길을 모를지라도 저는 당신을 따르겠습니다.

오늘의 학습에 대한 반응으로 하나님은 당신이 무엇을 하길 원하십니까?

내일 일을 걱정하지 말고 하루하루 나의 삶을 인도하시도록 예수님만을 의지하겠다.

➡ 오늘 배운 것을 복습하십시오. 오늘 학습한 내용 중에서 하나님께서 당신으로 하여금 이해하고, 배우고, 실천하기 원하는 구절이나 성구를 하나나 둘쯤 지적해 주시기를 기도하십시오. 그리고 난 후 아래의 질문에 답하십시오.

오늘 학습한 내용 중 어떤 구절이나 성구가 가장 뜻 있게 와 닿았습니까?

나를 떠나서는 너희가 아무것도 할수 없음이라

위의 구절이나 성구를 하나님께 대한 당신의 기도로 바꾸십시오.

예수님만이 나의 길이요. 근심하지 않고 예수님만을 의지 하겠습니다.

오늘의 학습에 대한 반응으로 하나님은 당신이 무엇을 하기 원하십니까?

하나님을 따르기를 원합니다.

이 단원의 암송구절을 써 보십시오. 암송구절은 매일 외우십시오.

나는 포도나무요 너희는 가지니 저가 내안에, 내가 저 안에 있으면 이 사람은 과실을 많이 맺나니 나를 떠나서는 너희가 아무것도 할수 없음이라.

이 과의 요점

- 내가 하루하루 예수님을 따라가면 그가 나를 하나님의 뜻 가운데에 거하게 하실 것이다.
- 예수님이 나의 길이다. 나는 다른 어떤 지도도 필요치 않다.

제 2 과 예수님이 당신의 표본입니다

예수님은 하나님께서 어디서 일하시는지 보고 그의 뜻에 동참하셨다.

말씀으로 경험을 해석하는 것

이 교과과정을 배우는 동안이나 당신의 인생에서, 당신은 당신의 경험이나 지혜에 의존해서 일을 처리하고 싶을 때가 있을 것입니다. 그런 방법은 당신을 곤란에 빠뜨릴 것입니다. 이것이 당신의 지침이 되어야 합니다. 언제나 성경으로 돌아가서 진리를 찾으십시오(혹은 성령님께서 진리를 드러내 주시도록 기도하십시오).

> 하나님께서 무엇이라고 말씀하시는지, 어떻게 역사하시는지 성경에서 찾아보십시오. 무슨 일을 결정할 때나 당신의 경험을 평가할 때 항상 성경의 원리들을 기준으로 삼으십시오.

성경을 공부할 때 당신의 판단기준을 어떤 고립된 한 구절에만 두지 마십시오. 성경 전체를 통해서 하나님께서 어떻게 역사하시는지 살펴보아야 합니다. 하나님께서 역사를 통해 어떻게 일하여 오셨는지를 배우고 나면, 당신은 하나님께서 그것과 비슷한 방법으로 당신의 인생에도 나타나실 것을 기대할 수 있습니다. 당신의 경험은 성경에 비추어서 확인되었을 때만 타당한 것입니다. 제가 어떤 사람이 겪은 일 자체를 부정하는 것이 아닙니다. 그렇지만 경험을 해석하는 것은 온전히 내가 아는 성경의 이해범위에 따릅니다. 때때로 어떤 사람들은 저에게 화가 나서 이렇게 말합니다. "흥, 당신이 뭐라든지 난 상관 안 해요. 난 엄연히 이것을 체험했으니까."

저는 제가 아는 한 최대로 친절하게 이렇게 답변합니다. "저는 당신의 경험 자체를 부인하지 않습니다. 저는 단지 경험한 그것을 해석하는 데 대해서 의문을 가지고 있는 것입니다. 왜냐하면 당신의 해석은 제가 알고 있는 성경의 말씀에 위배되거든요." 우리의 경험들은 우리의 지침이 될 수가 없습니다. 모든 경험은 성경말씀에 따라서 조종받아야만 하고 또한 이해되어야 합니다. 성경에 나타난 하나님은 변하지 않습니다.

➡ **당신이 이 개념을 이해했는지 알아봅시다. 다음 문장이 맞으면 ○표, 틀리면 ×표 하십시오.**

X___ 1. 나의 경험에 대한 인간적인 해석이 하나님을 알고 따르는 데 효과적인 방법이다.

○___ 2. 나는 항상 나의 경험을 성경에서 찾은 진리에 비추어 해석한다.

○___ 3. 나의 경험을 성경의 진리에 의해 판단해 보지 않으면 하나님을 잘못 이해할 수 있다.

○___ 4. 나는 하나님이 성경에서 역사하신 것과 비슷한 방법으로 내 인생에서 역사하신다고 믿을 수 있다.

1번만 틀리고 2,3,4번은 모두 맞습니다. 1번에서 당신의 경험은 성경에 의해 조명되어 해석해야 합니다. 경험 자체만은 좋은 길잡이가 되지 못합니다. 성경의 전후 맥락에 상관없이 하나의 경험을 고립시키지 않도록 조심하십시오. 당신은 하나님이 성경 전체에서 어떻게 역사하시는지를 알고 싶은 것입니다. 성령님이 조명해 주시는 대로 성경을 당신의 길잡이로 삼으면 당신은 절대로 틀릴 수 없습니다.

성경이 당신의 길잡이입니다

현대 그리스도인들은 성경을 그들의 믿음과 생활의 길잡이로 생각하는 것에서부터 점점 멀어지고 있습니다. 그 결과로 그들은 영적인 문제에 대한 해답으로 세상적인 해결책, 프로그램, 방법 들로 돌아서고 있습니다. 저는 성경말씀에서 해답을 찾는 것이 우리들이 해야 할 일이라고 굳게 믿고 하나님의 말씀을 길잡이로 사용합니다. 어떤 이들은 말합니다. "헨리, 그것은 실용적이지 못해." 그들은 저를 성경으로부터 멀어지게 하고 세상적인 방법과 개인적인 경험에 기대도록 합니다. 예수님의 제자로서 나는 성경에서 찾은 지침을 포기할 수 없습니다. 성경만이 나의 믿음과 생활의 길잡이입니다.

당신은 어떻게 하나님의 말씀이 당신의 길잡이가 되게 합니까? 제가 하나님이 인도하시는 방향을 찾을 때, 저는 성경에서 보는 하나님의 명령들을 따라갈 것을 고집합니다. 어제의 학습이 하나의 본보기입니다. 하나님께서 인간에게 그를 따르라고 하실 때 모든 세부 사항을 가르쳐 주지 않은 채로 부르십니까? 아브람을 그렇게 부르시고 따르라고 하셨음을 우리는 알고 있습니다. 그 예가 성경 전체에서 일관성이 있습니까?

➡ **다음의 성경구절(하나님/예수님께서 사람들을 따르라고 부르신 예들)들을 읽으시오. 미래에 어떻게 될지 자세히 가르쳐 주시지 않았지만 그래도 주님을 따랐던 사람들의 이름을 적어 넣으시오.**

1. 마태복음 4 : 18-20 ____________________
2. 마태복음 4 : 21-22 ____________________
3. 마태복음 9 : 9 ____________________
4. 사도행전 9 : 1-20 ____________________

어떤 경우에는 다른 경우들보다 좀더 세밀한 설명이 주어졌습니다. 하나님께서 평소보다 사명의 모습을 좀더 자세히 보여 주신 모세의 경우를 살펴보겠습니다. 그러나 모든 경우, 하나님의 뜻을 수행했던 사람들은 모두 매일매일 하나님의 인도하심에 따라 행동했습니다. 하나님께서는 모세와 이스라엘 민족을 낮에는 구름기둥으로 밤이면 불기둥으로 매일 인도해 주셨습니다. 베드로, 안드레, 야고보, 요한, 마태와 바울(위 문제의 정답)에게 하나님은 그들의 사명에 대해 거의 아무 설명도 하지 않으셨습니다. "그냥 나를 따라오라. 내가 너에게 보여 주겠다."라고만 간단하게 말씀하셨습니다.

내 인생을 향한 하나님의 뜻은 무엇인가?

많은 사람들이 하나님의 뜻을 알고 행하고자 할 때 이런 질문을 합니다. "내 인생을 향한 하나님의 뜻은 과연 무엇인가?" 제 신학교 교수시던 게인스 도빈스 박사님은 "잘못된 질문을 하면 잘못된 답을 얻는다"라고 말하곤 했습니다. 우리는 종종 모든 질문은 타당한 질문이라고 생각합니다. 답을 찾으려는 데 항상 틀린 답만 나올 때 우리는 뭐가 잘못되어 있는지 알지 못합니다. 답을 찾기 전에 당신이 과연 올바른 질문을 하고 있는지를 점검해 보십시오.

올바른 질문은 : 하나님의 뜻이 무엇일까?

"내 인생을 향한 하나님의 뜻이 무엇일까?"라고 하는 것은 올바른 질문이 아닙니다. 제 생각에 바른 질문은 "하나님의 뜻이 무엇일까?"입니다. 하나님의 뜻을 일단 파악하면 나는 인생을 하나님에게 맞출 수 있습니다. 다시 말해서, 지금 내가 처한 곳에서 하나님이 목적하고 계신 것이 무엇이냐는 것입니다. 일단 하나님이 무엇을 하고 계신지 알게 되면 나는 내가 해야할 일이 무엇인지 알 수 있습니다. 초점은 내 인생이 아니라 '하나님'께 맞춰져야 합니다!

예수님의 예

하나님의 뜻을 찾아 일을 하고자 할 때 예수님보다 더 좋은 표본을 찾을 수는 없을 것입니다. 33년 정도를 이 땅에 사시면서 예수님은 하나님이 주신 모든 사명을 완수하셨습니다. 예수님은 아버지께서 주신 사명을 하나도 빠뜨림이 없이 지키셨습니다. 그는 죄를 지은 적이 없으십니다. 예수님께서 어떻게 하나님의 뜻을 알고 실행하게 되었는지 알고 싶지 않으십니까?

"예수께서 저희에게 이르시되 내 아버지께서 이제까지 일하시니 나도 일한다 하시매, 그러므로 예수께서 저희에게 이르시되 내가 진실로 진실로 너희에게 이르노니 아들이 아버지의 하시는 일을 보지 않고는 아무것도 스스로 할 수 없나니 아버지께서 행하시는 그것을 아들도 그와 같이 행하느니라 아버지께서 아들을 사랑하사 자기의 행하시는 것을 다 아들에게 보이시고 또 그보다 더 큰일을 보이사 너희로 기이히 여기게 하시리라."
—요한복음 5 : 17, 19-20

➡ **요한복음 5 : 17, 19-20을 읽고 다음의 질문에 답하십시오.**

1. 누가 항상 일하고 계십니까? ____________
2. 아들이 혼자 할 수 있는 일이 얼마만큼이나 됩니까? ____________
3. 아들은 무엇을 합니까? ____________
4. 아버지는 왜 아들에게 그가 하시는 일을 보여 주십니까? ____________

위 구절은 예수님이 하나님께서 무엇을 하실지를 어떻게 알게 되셨는지 보여주는 예입니다. 그분의 뜻을 알고 행하신 예수님의 접근방법을 요약해 보겠습니다.

예수님의 예

- 아버지께서 이제까지 일하셨다.
- 나도 일한다.
- 나는 아무것도 스스로 할 수 없다.
- 나는 아버지께서 하시는 일을 주시하여 본다.
- 나는 아버지께서 이미 행하고 계신 일을 보고 행한다.
- 아버지께서는 아들을 사랑하신다.
- 아버지께서는 자기의 행하시는 것을 다 아들에게 보이신다.

하나님께서 일하고 계신 곳을 주시하여 보고 함께 일하라!

이 표본은 당신 개인과 당신의 교회에 적용됩니다. 이것은 그저 하나님의 뜻을 알고 행하는 데 있어서의 단계적인 접근방식이 아닙니다. 이것은 하나님이 예수님과의 사랑의 관계를 통해서 그 분의 목적을 이루고 계심을 보여 줍니다. 그것을 다음과 같이 결론지을 수 있습니다. "하나님이 어디서 일하고 계신지 찾아서 그 분의 뜻에 동참하십시오."

하나님은 항상 당신 주위에서 일하고 계신다

지금 이 순간 하나님은 당신과 당신의 인생 안에서 일하고 계십니다. 하나님의 사람으로서, 하나님을 경험하고 싶어하는 사람들이 겪고 있는 가장 큰 비극 중의 하나는 그들이 하나님을 매일 경험함에도 불구하고 어떻게 하나님을 알아보는지 모른다는 것입니다. 이 책을 끝낼 때쯤 되면 당신은 당신의 인생 안에서, 그리고 당신의 주위에서 일어나고 있는 하나님의 역사를 정확히 알아보는 여러 가지 방법을 터득하게 될 것입니다. 성령님과 말씀은 당신에게 언제 어디서 하나님이 역사하고 계신지 가르치시고 도와 주실 것입니다. 일단 하나님이 어디서 일하고 계신지 알게 되면, 당신은 하나님이 일하시는 곳에서 하나님과 합류하기 위해 당신의 삶을 조정하게 될 것입니다.

당신은 하나님이 당신을 통해서 역사하심을 경험할 것입니다. 하나님과 이런 친밀한 사랑의 관계에 들어가면, 당신은 이제껏 경험하지 못한 새로운 방법으로 그 분을 경험하고 그 분의 뜻을 깨닫고 실천하게 될 것입니다. 저는 이 목적을 당신의 인생 안에 성취시키지 못합니다. 오직 하나님만이 당신을 이런 사랑의 관계로 끌어들이실 수 있습니다.

➡ **이 교재의 맨 뒤에 첨부된 도표를 보십시오. "하나님을 경험하는 삶의 일곱 가지 실체"를 모두 읽고, 첫번째 문장을 당신 자신의 표현으로 써보십시오. '당신' 이라고 되어 있는 부분은 '나' 라고 고쳐서 쓰십시오.**

____

____

➡ **오늘 배운 것을 복습하십시오. 오늘 학습한 내용 중에서 하나님께서 당신으로 하여금 이해하고, 배우고, 실천하기 원하는 구절이나 성구를 하나나 둘쯤 지적해 주시기를 기도하십시오. 그리고 난 후 아래의 질문에 답하십시오.**

오늘 학습한 내용 중 어떤 구절이나 성구가 당신에게 가장 뜻 있게 와 닿았습니까?

아버지께서 아들을 사랑하사 자기의 행하시는 것을 보이시고

또 그보다 더 큰 일을 보이사 너희로 기이히 여기게 하시리라.

위의 구절이나 성구를 하나님께 대한 당신의 기도로 바꾸십시오.

저를 이곳에 주십시오

오늘의 학습에 대한 반응으로 하나님은 당신이 무엇을 하기 원하십니까?

하나님의 뜻에 합당한 삶을 살기를 원함

이 과의 요점

- 하나님께서 무어라고 말씀하시는지, 어떻게 일하시는지 성경을 상고하겠다. 성경의 원리에 의해서 결정을 내리고 나의 경험을 평가할 것이다.
- 성경이 나의 믿음과 생활의 길잡이이다.
- 올바른 질문은 "하나님의 뜻이 무엇일까?" 하는 것이다.
- 하나님이 어디서 일하시는지 보고 그 분의 뜻에 동참할 것이다.
- 하나님은 항상 내 주위에서 일하고 계시다.

제 3 과 하나님의 종이 되기를 배우는 것

하나님의 종이 되기 위해서 당신은 빚어져야 하고 항상 주님의 손 안에 남아 있어야 한다.

성경의 많은 구절들이 예수님을 하나님의 종으로 표현합니다. 그는 하나님의 종으로 세상에 오셔서 하나님의 뜻인 인류의 구원을 이루셨습니다. 빌립보서 2：5-8을 보면 바울이 예수님의 그런 면을 표현해 놓았습니다.

> 너희 안에 이 마음을 품으라 곧 그리스도 예수의 마음이니 그는 근본 하나님의 본체시나 하나님과 동등됨을 취할 것으로 여기지 아니하시고 오히려 자기를 비어 종의 형체를 가져 사람들과 같이 되었고 사람의 모양으로 나타나셨으매 자기를 낮추시고 죽기까지 복종하셨으니 곧 십자가에 죽으심이라(빌 2：5-8).

예수님 자신도 마태복음 20：26-28에서 제자들에게 섬김의 도를 가르치시면서 자신이 종으로 이 세상에 오셨음을 밝히셨습니다.

> 너희 중에는 그렇지 아니하니 너희 중에 누구든지 크고자 하는 자는 너희를 섬기는 자가 되고 너희 중에 누구든지 으뜸이 되고자 하는 자는 너희 종이 되어야 하리라 인자가 온 것은 섬김을 받으려 함이 아니라 도리어 섬기려 하고 자기 목숨을 많은 사람의 대속물로 주려 함이니라(마 20：26-28).

예수님께서는 또한 예수님과 우리의 관계를 이렇게 설명하셨습니다. "아버지께서 나를 보내신 것같이 나도 너희를 보내노라"(요 20：21).

➡ **위에 인용된 구절들이나 당신이 알고 있는 다른 성경 구절에 의거해서 볼 때 당신은 하나님의 종입니까? 예 ☑ 아니오 ☐**

당신은 하나님을 섬기려고 최선을 다했지만 계속 그렇게 할 수 없어서 좌절감을 느껴 본 일이 있습니까? 예 ☑ 아니오 ☐

종이란 무엇입니까? 당신 자신의 말로 종의 의미를 써보십시오.

따르는 자

___

___

종이란 무엇인가?

당신의 답은 혹시 '종이란 주인의 뜻을 알아낸 후에 그의 뜻을 준행하는 사람'이 아니었습니까? 세상적인 종의 개념으로 보면 종은 주인에게 가서 '주인님, 제가 무엇을 하기를 원하십니까?'라고 묻고 주인은 그에게 지시합니다. 종은 가서 스스로 그의 할 바를 합니다. 이것은 성경적인 의미에서의 종의 개념이 아닙니다. 당신은 성경의 진리를 세상적으로 정의해서는 안 됩니다. 어떤 단어의 개념이든 성경에서 그 의미를 찾아야 합니다.

토기장이와 진흙

"여호와께로부터 예레미야에게 임한 말씀에 가라사대 너는 일어나 토기장이의 집으로 내려가라 내가 거기서 내 말을 네게 들리리라 하시기로 내가 토기장이의 집으로 내려가서 본즉 그가 녹로로 일을 하는데 진흙으로 만든 그릇이 토기장이의 손에서 파상하매 그가 그것으로 자기 의견에 선한 대로 다른 그릇을 만들더라 때에 여호와의 말씀이 내게 임하니라 가라사대 나 여호와가 이르노라 이스라엘 족속아 토기장이의 하는 것같이 내가 능히 너희에게 행하지 못하겠느냐 이스라엘 족속아 진흙이 토기장이의 손에 있음같이 너희가 내 손에 있느니라."

—예레미야 18 : 1-6

제가 이해하는 종은 토기장이의 진흙과 같습니다(예레미야 18 : 1-6을 읽으십시오). 진흙은 두 가지의 일을 해야 합니다. 첫째, 진흙은 토기장이에 의해 빚어져야 합니다. 진흙은 토기장이가 그의 생각에 선한 대로 그릇을 만들도록 응해야 합니다. 둘째, 진흙은 토기장이의 손에 남아 있어야 합니다. 토기장이가 자기가 원하는 그릇을 만들고 난 후 그 그릇은 스스로 어떤 일도 할 능력이 없습니다. 그릇은 토기장이의 손에 남아 있어야 합니다. 토기장이가 진흙을 빚어 컵을 하나 만들었다고 가정합시다. 그 컵은 토기장이가 원하는 대로 쓸 수 있도록 그의 손에 남아 있어야 합니다.

이것은 세상적인 종의 의미와는 매우 다릅니다. 당신이 하나님께로 나올 때 하나님께서는 우선 당신을 그 분이 원하시는 도구로 새로 빚으시고 만드시도록 허락하기를 바라십니다. 그리고 난 후에야 하나님은 당시의 인생을 거두사 하나님의 목적을 이루시는 곳에서 쓰이도록 인도하십니다. 마치 토기장이의 컵이 토기장이를 떠나서는 아무 일도 할 수 없는 것처럼 당신이 주님께서 원하시는 곳에 있지 않으면 주님의 명령을 이행할 수 없습니다.

➡ **다음 종이 되는 것에 관한 질문에 답하시오.**

1. 종은 혼자서 얼마만큼의 일을 할 수 있습니까? ______________

2. 하나님께서 그의 종을 통해서 일하실 때 종은 얼마만큼의 일을 할 수 있습니까?

____

3. 하나님께 쓰임을 받기 위해서 종이 해야 할 일 두 가지는 무엇입니까?

____

____

종이 해야 할 일은 하나님의 빚으심을 받는 것과 주님의 손에 남아 있는 것입니다. 그제서야 주님은 그의 도구를 원하는 대로 쓰실 수 있습니다. 종은 자기 혼자서는 결코 하나님 나라에 기록될 만한 가치 있는 일을 할 수 없습니다. 예수님이 말씀하셨던 것과 같습니다. "아들이 아버지의 하시는 일을 보지 않고는 아무것도 스스로 할 수 없나니"(요 5 : 19). "나를 떠나서는 너희가 아무것도 할 수 없음이라"(요 15 : 5). 하나님께서 그의 종을 통하여 일하시면 그 종은 하나님이 하실 수 있는 모든 것을 할 수 있습니다. 아! 그 무한한 가능성! 종이 되는 것은 반드시 순종을 요구합니다. 종은 지시대로 일해야 합니다. 그러나 종은 누가 일을 성취하시는가를 명심해야 합니다. 하나님이 하십니다.

당신이 지금까지 세상적인 의미의 종으로 하나님을 섬겨 왔다면, 위의 성경적인 종의 개념은 당신이 하나님을 섬기는 방법을 바꾸어 줄 것입니다. 당신은 명령을 받고 나가서 혼자 일을 하는 것이 아닙니다. 하나님과 관계를 맺고 그 분에게 반응하고 당신의 인생을 하나님의 뜻에 맞춰 나가야 합니다. 하나님께서 하고자 하시는 일이면 무엇이든지 당신의 인생을 통해서 하실 수 있도록.

엘리야

엘리야가 바알의 선지자들에게 누가 참 하나님인지를 단번에 판가름하라고 도전했을 때, 그는 하나님의 종으로서 큰 위험을 무릅쓴 것입니다.

➡ **열왕기상 18 : 16-39을 읽은 후 다음 질문에 답하십시오.**

1. 엘리야는 하나님의 종이었습니다. 갈멜산에서 엘리야를 대적한 이방신을 섬기던 선지자들은 몇 명이었습니까?

   ____

2. 참 하나님을 분별하는 방법으로 엘리야가 제시한 것은 무엇이었습니까?

   ____

3. 엘리야는 하나님의 제단에 무엇을 했습니까?

   ____

4. 누구의 제안으로 엘리야는 도전했습니까? 자신의 제안입니까 아니면 하나님의 제안입니까?

   ____

5. 엘리야는 이 경험을 통해서 무엇을 증명하고자 했습니까?

   ____

6. 사람들은 이 도전에 대해 어떤 반응을 보였습니까?

   ____

7. 이 사건에서 하나님이 하신 일은 무엇입니까?

   ____

8. 이 사건에서 엘리야가 한 일은 무엇입니까?

   ____

엘리야 엘리야는 850 대 1이라는 숫자적인 열세에 있었습니다. 하나님께서 엘리야가 제시한 대로 번제물과 제단을 불로 태워 주심으로 자신의 역사를 보여 주시지 않았다면, 엘리야는 완전히 실패했을 것입니다. 그랬다면 엘리야는 목숨을 잃었을 것입니다. 엘리야는 하나님의 제단을 보수했습니다. 그는 하나님과 동행해야 했고, 하나님께서 시키시는 대로 모든 일을 했습니다. 그는 하나님의 명령에 복종했을 뿐, 자기 발의에 의한 일은 하지 않았습니다. 그는 하나님이 가라고 하신 곳으로 하나님이 말씀하신 때에 가서 하나님이 말씀하신 것을 행했습니다. 그 때 하나님은 엘리야를 통해 자신의 뜻을 이루셨습니다. 엘리야는 사람들이 하나님을 한 분이신 참 하나님으로 확인하기를 바랐습니다. 그것이 바로 사람들의 반응이었습니다.

엘리야가 하늘에서 불을 내렸습니까, 아니면 하나님께서 내리셨습니까? 물론, 하나님이시죠. 그럼 엘리야는 무엇을 하고 있었습니까? 그는 하나님께 순종하고 있었습니다. 엘리야에게는 하나님께서 하시고자 하는 일을 할 만한 능력이 전혀 없었습니다. 하나님께서 하나님만이 하실 수 있는 일을 하시자, 모든 사람들은 하나님만이 참 하나님이심을 깨달았습니다. 그리고 하나님은 그 일을 그의 순종하는 종을 통해서 하셨습니다.

묵상의 시간

➡ **다음의 생각하게 하는 질문들을 읽어보십시오. 다음 질문으로 넘어가기 전 마음속으로 질문 하나하나에 답하여 보십시오. 빈칸에 당신의 생각을 적어 보는 것도 좋습니다.**

1. 하나님이 일하실 때와 당신이 일할 때, 섬김의 질과 그것의 지속적인 영적 결과에는 어떤 차이점이 있습니까?

   하나님이 일하실때 더욱 의미가 있음.
   ___

2. 당신의 개인생활과 교회생활에서 하나님의 개입하심이 없이는 이루어지지 않는 어떤 부분이 있습니까? 혹시 우리 생활의 많은 부분이 하나님과 전혀 상의 없이 되어질 수 있습니까?

   없습니다.
   ___

3. 우리가 어떤 일을 끝내고 난 후 좌절되고 지속적인 영적인 열매가 보이지 않으면 혹시 우리가 하나님이 하실 일을 너무 조금밖에 남겨 두지 않았기 때문이 아닐까요?

   맞습니다
   ___

"덮어놓고 무슨 일을 하는 것을 그만두십시오."

우리는 일을 그저 덮어놓고 '하는' 사람들입니다. 우리는 언제든지 무언가를 하고 싶어합니다. 종종 사람들은 이렇게 말합니다. "거기 서 있지만 말고 뭐라도 좀 해!"

제가 생각하기에 하나님께서는 이렇게 우리에게 외치고 계십니다. "덮어놓고 아무 일이나 하지 말고 거기 서 있어! 나와의 사랑의 관계에 들어와서 나와 좀 사귀어 보자. 너를 나에게 맞추도록 해라. 나로 너를 사랑하게 하고, 너를 통해 일함으로 나를 너에게 보여 주고 싶구나." 무언가를 해야 할 때가 반드시 옵니다. 그러나 하나님과의 관계를 건너뛸 수는 없습니다. 하나님과의 관계가 최우선이 되어야 합니다.

예수께서 말씀하셨습니다. "나는 포도나무요 너희는 가지니 저가 내 안에, 내가 저 안에 있으면 이 사람은 과실을 많이 맺나니 나를 떠나서는 너희가 아무것도 할 수 없음이라"(요 15:5). 당신은 그 분을 믿습니까? 그 분이 없이는 당신은 아무것도 할 수 없습니다. 그분의 말씀은 바로 이 뜻입니다.

➡ **이 교재 맨 뒤의 도표를 다시 한 번 보십시오. "하나님을 경험하는 삶의 일곱 가지 실체"를 모두 읽고 마지막 문장을 당신 자신의 표현으로 써보십시오. '당신' 이라고 되어 있는 부분은 '나' 라고 고쳐서 쓰십시오.**

___

___

하나님은 당신이 경험을 통해 하나님에 대해 더 큰 지식을 갖기를 바라십니다. 그 분은 당신과 사랑의 관계에 놓이게 되기를 원하십니다. 하나님은 당신이 그 분 나라의 일에 참여하기를 원하시며 당신을 통해서 일하고 싶어하십니다.

주님이 어디 계시는지 알아보십시오. 그곳이 바로 당신이 있어야 할 곳이다.

하나님의 종이 되고 싶으십니까? 주님이 어디 계시는지 알아보십시오. 그 곳이 바로 당신이 있어야 할 곳입니다. 주님이 무엇을 하고 계시는지 알아보십시오. 그것이 바로 당신이 하고 있어야 할 일입니다. 예수님은 이렇게 말씀하십니다. "사람이 나를 섬기려면 나를 따르라 나 있는 곳에 나를 섬기는 자도 거기 있으리니 사람이 나를 섬기면 내 아버지께서 저를 귀히 여기시리라"(요 12 : 26).

➡ **오늘 배운 것을 복습하십시오. 오늘 학습한 내용 중에서 하나님께서 당신으로 하여금 이해하고, 배우고, 실천하기 원하는 구절이나 성구를 하나나 둘쯤 지적해 주시기를 기도하십시오. 그리고 난 후 아래의 질문에 답하십시오.**

오늘 학습한 내용 중 어떤 구절이나 성구가 가장 뜻있게 와 닿았습니까?

___

위의 구절이나 성구를 하나님께 대한 당신의 기도로 바꾸십시오.

___

오늘의 학습에 대한 반응으로 하나님은 당신이 무엇을 하기 원하십니까?

___

이 단원의 암송구절을 소리내어 연습하고 연습장에 써보십시오.

이 과의 요점

- 하나님의 종으로서 나는 하나님께 빚음 받고 주님의 손에 남아 있어야 한다.
- 하나님을 떠나서 나는 아무것도 할 수 없다.
- 하나님이 나를 통해서 일하시면 나는 하나님이 하실 수 있는 모든 것을 할 수 있다.
- 주님이 계신 그 곳이 바로 내가 있어야 할 곳임을 나는 안다.
- 내가 주님께 순종함으로 하나님께서는 나를 통해 일하시고 나는 하나님을 경험으로 알게 된다.

제 4 과 하나님은 그의 종들을 통해서 일하신다, 제1부

당신은 변화되지 않은 당신 그대로의 상태로 하나님과 동행할 수 없다.

우리는 마치 하나님께서 그 분이 원하시는 것을 우리에게 명령하고 보내셔서 우리 스스로 힘써 해 보라고 하신 듯이 행동합니다. 그러면서도 우리가 하나님을 필요로 하면 언제든지 부를 수 있고, 하나님은 우리를 도와 주실 것이라고 생각합니다. 이것은 결코 성서적이지 못합니다. 하나님께서는 무슨 일을 하시려 할 때 하나님의 사람들에게 그 분의 뜻을 보여 주십니다. 하나님은 하나님의 사람들, 곧 하나님의 종을 통해서 하십니다.

하나님께서 당신을 통해 일하고 싶으시면, 당신이 있는 곳에서부터 그 분이 계신 곳으로 당신을 끌어내십니다. 거기서 하나님은 자기가 무엇을 하고 계신지 당신에게 오셔서 말씀해 주실 것입니다('언제 하나님께서 당신에게 말씀하시나'에 대해서는 나중에 더 설명해 드리겠습니다). 당신이 하나님께서 무엇을 하고 계신지 알 때, 당신은 당신이 무엇을 해야 되는지 알게 됩니다. 하나님이 하고 계신 일에 동참해야 합니다. 당신이 있는 그 곳에서 하나님이 무엇을 하고 계시다는 것을 알게 되는 순간, 당신의 인생은 하나님을 향해 정반대 입장에 놓이게 됩니다. 당신은 변화되지 않은 당신 그대로의 상태로 하나님과 동행할 수 없습니다.

하나님을 경험하는 삶의 일곱 가지 실체

아래의 도표(이 교재 맨 뒤에 첨부된 도표와 같음)는 당신의 삶 속에서 역사하시는 하나님께 어떻게 민감하게 반응할 수 있을지 그 방법을 요약하는 데 도움을 줄 것입니다.

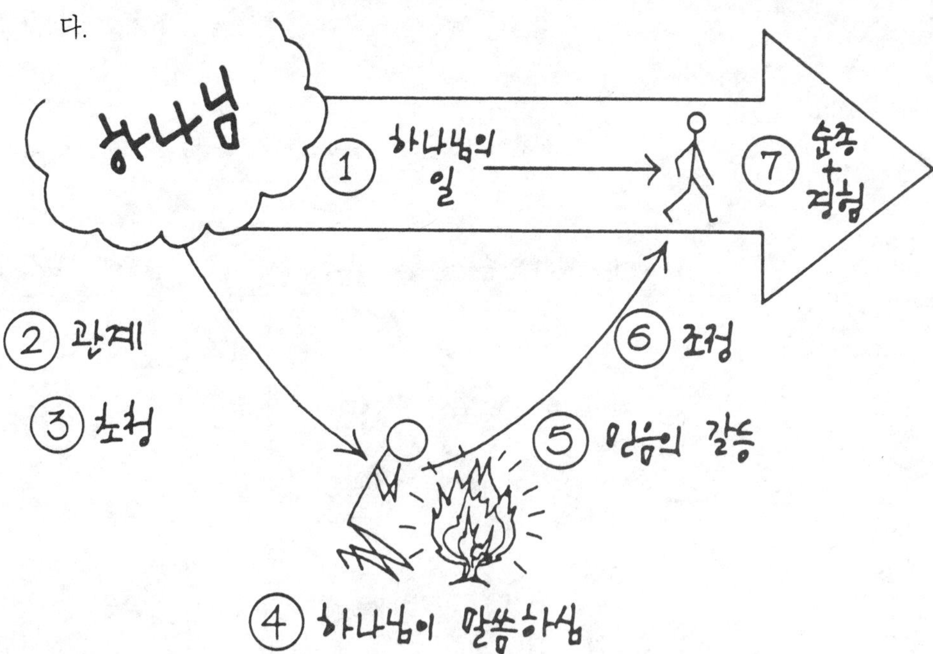

1. 하나님은 항상 당신의 주위에서 일하고 계십니다.
2. 하나님은 당신과 실질적이고 개인적인, 지속적인 사랑의 관계를 추구하십니다.
3. 하나님은 당신이 그 분의 일에 참여하도록 당신을 초청하십니다.
4. 하나님은 자신과 그의 목적들과 그의 길들을 보여주기 위하여, 성령님에 의해 성경, 기도, 환경과 교회를 통해서 말씀하십니다.
5. 하나님의 부르심은 항상 당신을 믿음의 갈등으로 몰아넣고, 결단과 그에 따른 행동을 요구합니다.
6. 당신은 하나님의 역사에 참여하기 위해서 당신의 인생을 하나님의 뜻에 맞게 조정해야 합니다.
7. 당신이 하나님께 순종하고, 하나님이 당신을 통해서 그 분의 일을 성취시킴으로 말미암아, 당신은 경험으로 하나님을 알게 됩니다.

➡ **A. 당신으로 하여금 일곱 가지 실체를 기억나게 하는 단어나 문장에 동그라미 하시오.**

B. 동그라미 친 단어나 문장을 써보시오.

주위에서
____

참여
____

역사
____

경험
____

C. 일곱 가지 실체를 하나하나 주의 깊게 읽어 보고 의문사항이나 이해가 잘 안 되는 부분을 써보시오.

없음
____

____

____

D. B에 쓴 단어나 문장만을 보고 일곱 가지 실체를 요약할 수 있는지 마음속으로 자신을 확인하십시오. 그런 다음에 다음 문제로 가시오.

E. 지금 기억나는 대로 연습장에다 일곱 가지 실체를 써보시오. 토씨 하나까지 모두 다 맞춰야 될 필요는 없습니다. 그러나 중심이 되는 개념들은 모두 쓰십시오.

이 학습 과정의 대부분에서, 저는 일곱 가지 실체 중 한두 가지에 초점을 맞춰 나가면서, 일곱 가지 실체를 당신이 보다 정확하게 이해할 수 있도록 도울 것입니다. 당신은 제가 자주 일곱 가지 실체의 여러 다른 양상들에 대해서 반복하는 것을 알아차리게 될 것입니다. 다른 경우에도 반복을 사용해서 당신 인생 속에 개입하시는 하나님의 역사에 당신이 어떻게 반응해야 할지를 배울 수 있게 도와드릴 것입니다.

위의 질문의 답으로 당신은 여러 가지 다른 단어나 문장들을 선택할 수 있었을 것입니다. 당신의 답은 저의 답과 틀릴 수도 있습니다. 그러나 다음은 제가 선택한 단어와 문장들입니다. *하나님/일, 사랑의 관계, 하나님의 일에 참여, 하나님이 말씀하심, 믿음의 갈등, 조정, 순종.* 당신은 다음과 같은 질문을 할 수도 있습니다.

- 하나님과 사랑의 관계에 들어가려고 할 때 필요한 것이 무엇인가?
- 하나님이 언제 나에게 말씀하고 계신지를 어떻게 알 수 있는가?
- 하나님이 어디서 일하고 계신지 어떻게 아는가?
- 하나님은 내 인생에 어떤 조정을 해야 한다고 요구하시는가?
- 조정하는 것과 순종하는 것의 차이점은 무엇인가?

많은 사람들과 개인적으로 혹은 그룹으로 함께 공부하면서 저는 위와 같은 질문들을 많이 받아 왔습니다. 남아 있는 학습 과정에서 저는 될 수 있는 대로 많은 질문에 답하도록 노력할 것입니다.

성경에 나오는 하나님이 쓰신 인물들의 삶에서 공통적으로 볼 수 있는 세 가지 특성 :

- 하나님께서 그들에게 말씀하셨을 때, 그들은 그 분이 하나님이심을 알았다.
- 그들은 하나님이 무슨 말씀을 하시는지 알아들었다.
- 그들은 하나님의 말씀에 대한 반응으로 그들이 무엇을 해야 하는지를 알았다.

당신과 하나님의 관계도 위의 것과 같아서 당신을 통해서도 하나님께서 같은 방법으로 역사하시는 것을 원치 않으십니까? 하나님께서는 당신을 그런 관계로 인도하시기를 원하십니다. 이 공부가 당신을 도와 줄 것을 믿습니다.

모세의 예

모세를 부르신 것과 그의 사역은 하나님께서 성경의 인물들과 어떻게 함께 일하셨는지를 보여 주는 좋은 예입니다. 출애굽기 2-4장을 살펴보면 모세의 유년기와 하나님의 부르심에 관해 기록되어 있습니다. 성경의 다른 부분들도 모세가 어떻게 하나님의 뜻을 알고 따르게 되었는지 우리에게 가르쳐 줍니다. 이 교재의 맨 뒤에 첨부된 도표의 순서와 연관지어서 하나님께서 모세를 부르신 것과 모세의 반응을 살펴봅시다(출애굽기 2-4장을 읽고 이야기의 배경을 파악하시기 바랍니다).

1. 하나님은 이미 모세의 주위에서 일하고 계셨다.

> 이스라엘 자손은 고역으로 인하여 탄식하며 부르짖으니 그 고역으로 인하여 부르짖는 소리가 하나님께 상달한지라 하나님이 그 고통 소리를 들으시고 아브라함과 이삭과 야곱에게 세운 그 언약을 기억하사 이스라엘 자손을 권념하셨더라.
>
> (출 2 : 23-25)

2. 하나님은 모세와의 개인적이고 실제적인 사랑의 관계를 계속 추구하셨다.

하나님은 불이 붙은 떨기나무를 통해 모세에게 나타나심으로 먼저 모세와의 사랑의 관계를 제안하셨습니다. 하나님은 모세에게 함께 애굽으로 들어가시겠다고 말씀하셨습니다. 출애굽기, 레위기, 민수기, 신명기의 여러 곳에서 하나님께서 모세와의 사랑의 관계를 지속적으로 추구하셨음을 볼 수 있습니다. 여기 하나의 예가 있습니다.

> 여호와께서 모세에게 이르시되 너는 산에 올라 내게로 와서 거기 있으라 너로 그들을 가르치려고 내가 율법과 계명을 친히 기록한 돌판을 네게 주리라…, 모세가 산에 오르매 구름이 산을 가리며 여호와의 영광이 시내산 위에 머무르고…, 모세는 구름 속으로 들어가서 산 위에 올랐으며 사십 일 사십 야를 산에 있으니라(출 24 : 12, 15-16, 18).

3. 하나님은 모세가 하나님의 역사에 동참하도록 그를 초청하셨다.

> 내가 내려와서 그들을 애굽인의 손에서 건져내고 그들을 그 땅에서 인도하여 아름답고 광대한 땅, 젖과 꿀이 흐르는 땅…에 이르려 하노라…, 이제 내가 너를 바로에게 보내어 너로 내 백성 이스라엘 자손을 애굽에서 인도하여 내게 하리라.
> (출 3 : 8,10)

➡ **위의 세 가지 기술에 대한 다음 질문에 답하시오.**

1. 이스라엘과 관련되어 하나님은 무슨 일을 이미 하고 계셨습니까?

2. 하나님이 모세와 개인적이고 실제적인 사랑의 관계를 추구하셨다는 것을 나타내는 증거가 무엇이라고 생각됩니까?

3. 하나님이 이미 하고 계신 역사에 어떻게 모세를 동참시키셨습니까?

1) 하나님은 모세 당대에 무언가 하시려는 목적을 가지고 계셨습니다. 비록 광야의 도망자 신세로 있었지만 모세는 하나님의 계획에 꼭 맞게 준비되어 있었으며 하나님이 정하신 때와 하나님의 뜻 한가운데 서 있었습니다. 하나님은 이스라엘 자손들을 애굽에서 구원하시려 했습니다. 중요한 것은 모세를 향한 하나님의 뜻이 아니라 이스라엘 백성 전체에 대한 하나님의 뜻이었습니다. 2) 하나님은 끊임없이 여러 번 모세와 이야기하자고, 함께 있자고 초청하셨습니다. 하나님이 먼저 모세와 관계를 맺으시고 지속시키셨습니다. 이 관계는 사랑에 기초되어 있었고, 하나님은 매일 하나님의 '친구'인 모세를 통해서 그의 목적들을 이루어 나가셨습니다(사랑의 관계에 관한 또 다른 예는 출애굽기 33 : 7-34 : 10, 혹은 민수기 12 : 6-8에서도 찾을 수 있습니다). 3) 하나님의 목적은 이스라엘 자손을 애굽에서 구원하시는 것이었습니다. 모세가 바로 하나님이

그 뜻을 성취하시기 원하는 데 쓰임을 받은 장본인이었습니다.

"주 여호와께서는 자기의 비밀을 그 종 선지자들에게 보이지 아니하시고는 결코 행하심이 없으시리라."
—아모스 3 : 7

언제든지 무슨 일을 하시고자 하면, 하나님은 어떤 개인이나 그의 사람들에게 그가 하고자 하는 것을 보여 주십니다(아모스 3 : 7 참조). 하나님은 그의 사람들을 통해서 그분의 일을 이루십니다. 이것이 하나님이 당신과 함께 일하시는 방법입니다. 성경은 당신이 하나님의 방법을 이해할 수 있도록 제시되어 있습니다. 그 결과, 하나님께서 당신의 삶에 역사하기 시작하시면 그 분이 하나님이라는 것을 알게 될 것입니다.

이 주제는 두 부분으로 되어 있기 때문에 여기서 학습을 마치고, 다음 과에서 일곱 가지 실체 중 4번부터 시작하겠습니다.

➡ **오늘 배운 것을 복습하십시오. 오늘 학습한 내용 중에서 하나님께서 당신으로 하여금 이해하고, 배우고, 실천하기 원하는 구절이나 성구를 하나나 둘쯤 지적해 주시기를 기도하십시오. 그리고 난 후 아래의 질문에 답하십시오.**

오늘 학습한 내용 중 어떤 구절이나 성구가 당신에게 가장 뜻 있게 와 닿았습니까?

주 여호와께서는 자기의 비밀을 그 종 선지자들에게 보이지
아니하시고는 결코 행하심이 없으시리라

위의 구절이나 성구를 하나님께 대한 당신의 기도로 바꾸십시오.

주여! 저를 인도해 주십시오

오늘의 학습에 대한 반응으로 하나님은 당신이 무엇을 하기 원하십니까?

성경공부를 열심히 하길 원하십니다

4과의 요점은 제 5과 마지막 부분에 요약됩니다.

제 5 과 하나님은 그의 종들을 통해서 일하신다, 제2부

하나님은 하시고자 하는 일을 드러내신다. 이것이 그 분의 뜻에 동참하라는 하나님의 초청이다.

지난 과에서 일곱 가지 실체 중 세 가지를 배웠습니다. 이제 나머지 네 가지를 살펴봅시다.

4. 하나님은 그 자신과 자신의 목적과 길을 드러내기 위해 말씀하셨다.

> 여호와의 사자가 떨기나무 불꽃 가운데서 그에게 나타나시니라…하나님이 떨기나무 가운데서 그를 불러 가라사대 모세야 모세야 하시매 그가 가로되 내가 여기 있나이다 하나님이 가라사대 이리로 가까이하지 말라 너의 선 곳은 거룩한 땅이니 네 발에서 신을 벗으라 또 이르시되 나는 네 조상의 하나님이니 아브라함의 하나님, 이삭의 하나님, 야곱의 하나님이니라…내가 애굽에 있는 내 백성의 고통을 정녕히 보고 그들이 그 간역자로 인하여 부르짖음을 듣고 그 우고를 알고 내가 내려와서 그들을 애굽인의 손에서 건져내고 그들을 그 땅에서 인도하여 아름답고 광대한 땅, 젖과 꿀이 흐르는 땅…에 이르려 하노라.(출 3 : 2-8)

> 내 말을 들으라 너희 중에 선지자가 있으면 나 여호와가 이상으로 나를 그에게 알리기도 하고 꿈으로 그와 말하기도 하거니와 내 종 모세와는 그렇지 아니하니 그는 나의 온 집에 충성됨이라 그와는 내가 대면하여 명백히 말하고….
> (민 12 : 6-8)

5. 하나님의 부르심은 모세를 믿음의 갈등으로 몰아넣고 그에게 결단과 그에 따른 행동을 요구했다.

모세는 이 믿음의 갈등을 하나님께 이렇게 고백했습니다.

> 내가 누구관대 바로에게 가며 이스라엘 자손을 애굽에서 인도하여 내리이까…내가 이스라엘 자손에게 가서 이르기를 너희 조상의 하나님이 나를 너희에게 보내셨다 하면 그들이 내게 묻기를 그의 이름이 무엇이냐 하리니 내가 무엇이라고 그들에게 말하리이까…그러나 그들이 나를 믿지 아니하며 내 말을 듣지 아니하고 이르기를 여호와께서 네게 나타나지 아니하셨다 하리이다…주여 나는 본래 말에 능치 못한 자라 주께서 주의 종에게 명하신 후에도 그러하니 나는 입이 뻣뻣하고 혀가 둔한 자니이다…주여 보낼 만한 자를 보내소서.
> (출 3 : 11,13 ; 4 : 1,10,13)

모세의 갈등은 결단과 그에 따른 행동을 요구했습니다.

> 믿음으로 모세는 장성하여 바로의 공주의 아들이라 칭함을 거절하고 도리어 하나님의 백성과 함께 고난받기를 잠시 죄악의 낙을 누리는 것보다 더 좋아하고…믿음으로 애굽을 떠나 임금의 노함을 무서워 아니 하고 곧 보이지 아니하는 자

를 보는 것같이 하여 참았으며 믿음으로 유월절과 피 뿌리는 예를 정하였으니 이는 장자를 멸하는 자로 저희를 건드리지 않게 한 것이며 믿음으로 저희가 홍해를 육지같이 건넜으니 애굽 사람들은 이것을 시험하다가 빠져 죽었으며.
(히 11 : 24-29)

6. 모세는 하나님의 역사에 참여하기 위해 그의 인생을 하나님의 뜻에 맞도록 크게 조정했다.

여호와께서 미디안에서 모세에게 이르시되 애굽으로 돌아가라 네 생명을 찾던 자가 다 죽었느니라 모세가 그 아내와 아들들을 나귀에 태우고 애굽으로 돌아가는데….
(출 4 : 19-20)

7. 모세가 하나님께 순종하고, 하나님이 그를 통해서 그 분의 일을 성취시킴으로 말미암아, 그는 경험으로 하나님을 알게 되었다.

출애굽기, 레위기, 민수기와 신명기의 여러 부분에서 하나님이 자신을 모세에게 드러내신 것을 찾아볼 수 있습니다. 모세가 하나님께 순종함으로써 자신의 힘으로는 도저히 이룰 수 없던 것을 자기를 통해서 하나님이 이루시도록 하였습니다. 출애굽기 14 : 15-31을 읽으십시오. 어떻게 모세와 이스라엘 백성들이 하나님이 그들의 구원자라는 사실을 확인하게 되었는지에 대한 좋은 예가 나옵니다.

여호와께서 모세에게 이르시되 너는 어찌하여 내게 부르짖느뇨 이스라엘 자손을 명하여 앞으로 나가게 하고 지팡이를 들고 손을 바다 위로 내밀어 그것으로 갈라지게 하라 이스라엘 자손이 바다 가운데 육지로 행하리라 내가 애굽 사람들의 마음을 강퍅케 할 것인즉 그들이 그 뒤를 따라 들어갈 것이라 내가 바로와 그 모든 군대와 그 병거와 마병을 인하여 영광을 얻으리니…모세가 바다 위로 손을 내어민대 여호와께서 큰 동풍으로 밤새도록 바닷물을 물러가게 하시니 물이 갈라져 바다가 마른 땅이 된지라 이스라엘 자손이 바다 가운데 육지로 행하고 물은 그들의 좌우에 벽이 되니 애굽 사람들과 바로의 말들, 병거들과 그 마병들이 다 그 뒤를 쫓아 바다 가운데로 들어오는지라…여호와께서 모세에게 이르시되 네 손을 바다 위로 내어밀어 물이 애굽 사람들과 그 병거들과 마병들 위에 다시 흐르게 하라 하시니 모세가 곧 손을 바다 위로 내어밀매 새벽에 미쳐 바다의 그 세력이 회복된지라 애굽 사람들이 물을 거스려 도망하나 여호와께서 애굽 사람들을 바다 가운데 엎으시니…그러나 이스라엘 자손은 바다 가운데 육지로 행하였고 물이 좌우에 벽이 되었었더라 그날에 여호와께서 이같이 이스라엘을 애굽 사람의 손에서 구원하시매 이스라엘이 바닷가의 애굽 사람의 시체를 보았더라 이스라엘이 여호와께서 애굽 사람들에게 베푸신 큰일을 보았으므로 백성이 여호와를 경외하며 여호와와 그 종 모세를 믿었더라.(출 14 : 15-17, 21-23, 26-27, 29-31)

➡ 일곱 가지 실체 중 뒤의 네 가지에 관한 다음 질문에 답하시오.

4. 하나님은 모세에게 자신의 어떤 면, 목적 그리고 길을 드러내셨습니까?

5a. 모세가 하나님에 대해 믿기 힘들었던 부분은 어디입니까?

b. 히브리서 11장에 등장하는 모세의 믿음을 당신은 어떻게 요약할 수 있습니까?

6. 모세는 자기의 인생을 어떻게 조정해야 했습니까?

7. 하나님이 모세를 통해서 이스라엘 민족을 애굽에서 구원해 내셨을 때 모세는 어떻게 느꼈을까요?

4) 하나님은 모세에게 나타나셔서 자신의 뜻에 대해 말씀하셨습니다. 하나님은 모세가 애굽으로 가기를 원하셨으며, 그 결과 하나님은 그를 통하여 이스라엘 민족을 구원하실 수 있었습니다. 하나님은 아브라함에게 한 약속을 이행하시고, 이스라엘에게 약속하신 땅을 주기 위하여 모세에게 자신의 거룩하심, 자비하심, 능력, 자신의 이름, 목적을 계시하셨습니다. 5a) 모세는 하나님께 많은 핑계를 대면서 이의를 제기했습니다. 그는 과연 하나님께서 자기를 사용하셔서 뜻을 이루실 수 있을지에 대해서 의심했습니다(출 3 : 11). 또한 백성들이 자기를 믿지 않을 것이라고 생각했고(출 4 : 1), 과연 그가 사명을 이루기에 충분할 정도로 말을 잘할 수 있을는지에 대해서도 확신이 없었습니다(출 4 : 10). 세 가지의 경우 모두에서 모세는 자기의 능력을 의심했다기보다는 하나님을 의심한 것입니다. 그는 믿음의 갈등에 접하게 된 것입니다. 과연 하나님이 그가 말씀하시는 모든 것을 이루실 수 있을까 라고 생각한 것입니다. 5b) 히브리서에서 모세의 믿음은 자기를 희생하며 전능하신 하나님을 의존한 것으로 나와 있습니다. 하나님은 자신이 무엇을 하시려는지 모세에게 알려주셨습니다. 그 계시는 모세로 하여금 하나님의 일에 동참하라는 하나님의 초청이었습니다.

하나님은 자신이 무슨 일을 하려는지를 계시하신다. 그 계시는 하나님의 일에 동참하라는 초청이다.

6) 모세는 자기의 인생을 하나님께 향하도록 조정했습니다. 모세는 하나님께서 하시겠다고 말씀하신 모든 것을 다 하실 수 있음을 믿고 그의 직업과 처가를 버려 두고 애굽으로 갔습니다. 이렇게 삶을 조정한 후에야 그는 하나님께 순종할 수 있는 자리에 서게 되었습니다. 그러나 그것은 모세가 하나님을 위해서 무언가를 자기 힘으로 혼자 해 보겠다는 뜻은 아니었습니다. 그것은 모세가 하나님이 이미 일하고 계신 곳으로 갔다는 뜻이며, 그 결과 하나님이 처음부터 계획하신 목적을 이룰 수 있게 되었다는 뜻입니다. 모세는 하나님께서 빚으실 수 있는 하나님의 종으로서 그 분이 선택하시는 대로 쓰임받고자 하나님의 손 안에 머물러 있었습니다. 하나님은 그를 통해 하나님의 목적들을 이루셨습니다. 하나님이 하나님의 크기에 해당하는 일(God-sized work)을 당신의 삶을 통해 행하시면, 당신은 하나님 앞에서 겸손해질 수밖에 없습니다. 7) 모세는 그렇게 엄청나고 중요한 일에 자신이 쓰임받았음을 깨닫고 지극히 겸손한 마음으로 자기가 얼마나 무가치한 존재인가를 느꼈을 것입니다. 모세는 순종함으로 하나님이 그에게 말씀하신 모든 것을 행하였습니다. 그러는 동안 하나님은 모세를 쓰셔서 하시고자 하는 모든 일을 이루셨습니다. 모세(그리고 이스라엘 백성들)는 그 순종의 단계가 올라감에 따라 하나님을 더욱 가까이 알게 되었습니다.(출 6 : 1-8)

한 명의 '평범한' 사람이 무슨 일을 할 수 있습니까?

"엘리야는 우리들과 다름없는 평범한 사람이었다."

이럴 때 용기를 주는 놀라운 말씀 – "엘리야는 우리와 성정이 같은 사람이로되 저가 비 오지 않기를 간절히 기도한즉 삼 년 육 개월 동안 땅에 비가 아니 오고 다시 기도한즉 하늘이 비를 주고 땅이 열매를 내었느니라"(약 5 : 17, 18). 우리처럼 엘리야도 '평범한' 사람이었습니다. 그가 기도했을 때 하나님께서 응답하셨습니다.

베드로와 요한

무식하나 능력 있음

하나님께서 베드로를 통해 앉은뱅이를 고쳐 주셨을 때, 베드로와 요한은 유대인들의 공회에 끌려가서 그들이 행한 일을 설명해야 했습니다. 베드로는 성령의 충만함을 입고 담대하게 유대 종교지도자들 앞에서 증거하였습니다. 지도자들의 반응을 살펴봅시다. "저희가 베드로와 요한이 기탄없이 말함을 보고 그 본래 학문 없는 범인으로 알았다가 이상히 여기며 또 그전에 예수와 함께 있던 줄도 알고"(행 4 : 13).

성경에 나오는 인물들은 모두 평범한 사람들이었습니다. 하나님과의 관계와 하나님이 그들에게 역사하심이 그들을 특별하게 만들었습니다. 유대교 지도자들이 베드로와 요한을 보고 '예수와 함께 있던 줄' 알았다는 구절이 당신의 눈에 띄었습니까? 시간을 투자해서 하나님과 친밀한 관계를 맺고 싶어하는 사람은 누구나 하나님이 그 사람의 인생에서 상상을 초월하는 일들을 하시는 것을 볼 수 있습니다.

드와이트 L. 무디

드와이트 L. 무디는 학별도 없고 목사 안수도 받지 못한 신발 외판원이었는데, 복음을 전파하라는 하나님의 부르심을 느끼게 되었습니다. 어느날 이른 아침, 그와 몇몇

신발 외판원에서 열렬한 복음전도자로

친구들은 기도와 회개와 성화의 모임을 갖기 위해서 어느 건초장에 모였습니다. 헨리 바알리가 어렇게 말했습니다. "이 세상은 아직 온전히 헌신된 한 사람이 없습니다. 그 온전히 헌신적인 한 사람이 나타나면 하나님께서 그를 통해서 그와 함께, 그를 위해, 그 안에서 일하실 것입니다.

무디는 그 말에 깊은 감명을 받았습니다. 나중에 그는 훌륭한 설교자인 찰스 H.스펄전 목사님의 설교를 듣고 이렇게 생각했습니다.

"그래, 아직 한 사람이 없다! 바알리는 누구든 가능하다고 얘기했어. 바알리는 그 사람의 교육수준이 높아야 한다든지, 뛰어나야 한다든지 하는 그 어떤 조건에 대해서도 말하지 않았어! 단지 '한 사람'이라고만 했지. 성령님이 그의 안에 거하시면 나 무디도 그런 사람이 되는 거야." 갑자기 무디는 지금까지 한 번도 깨닫지 못하던 무언가를 그 교회당에서 보았습니다. 그것은 스펄전 목사님이 아니었습니다. 결국 모든 것을 하고 계신 분—하나님—을 본 것입니다. "하나님이 스펄전 목사님을 쓰신다면 그 외의 사람들을 안 쓰실 리 없다. 주님의 발 앞에 머리를 조아리고 '나를 보내 주세요. 나를 써 주세요!' 라고 말씀드리자."

드와이트 무디는 예수님께 온전히 헌신되기를 원하던 평범한 사람이었습니다. 그의 평범한 삶을 통해서 하나님은 특별한 일을 시작하셨습니다. 무디는 근대의 가장 훌륭한 복음전도자 중 한 사람이 되었습니다. 그는 미국과 영국에서 복음전도 집회를 열고 설교하여 수많은 사람들을 예수님께로 인도하였습니다.

➡ **하나님께서 하나님 나라의 중요한 일을 성취하시기 위해 특별한 방법으로 당신의 삶을 통해 일하실 수 있습니까? 예 ☑ 아니오 ☐**

당신이 아무런 중요한 일도 당신을 통해서는 일어날 수 없다고 얘기할 때 당신은 당신 자신에 관해 얘기했다기보다는 하나님에 대한 당신의 믿음에 대해서 얘기한 것이다.

당신은 "글쎄, 나는 드와이트 무디가 아닌데…"라고 말할지도 모릅니다. 당신은 드와이트 무디일 필요가 없습니다. 하나님은 당신이 드와이트 무디가 되길 원하지 않으십니다. 하나님은 당신 자신이길 원하시고, 당신을 통해서 그 분이 선택하신 것을 하시기 원하십니다. 당신이 아무런 중요한 일도 당신을 통해서는 일어날 수 없다고 얘기할 때, 당신은 당신 자신에 대해 얘기했다기보다는 하나님에 대한 당신의 믿음에 대해서 얘기한 것입니다. 당신은 하나님이 당신을 통해 중요한 일을 하실 능력이 없다고 말하는 것입니다. 사실 하나님은 평범한 한 사람이 헌신했을 때 하나님이 기뻐하시는 어떤 일도 하실 수 있습니다.

하나님의 기준은 사람의 기준과 다르다

침례 요한

"더 큰 이가 없음"

하나님이 우수하다고 평가하는 기준과 사람의 평가기준이 다르다는 사실에 놀라지 마십시오. 침례 요한이 공중 앞에서 사역한 기간은 얼마 동안이었습니까? 아마도 6개월 정도였겠지요? 침례 요한의 삶에 대한 예수님의 평가는 어떠했습니까? "내가 너희에게 말하노니 여자가 낳은 자 중에 요한보다 큰 이가 없도다"(눅 7 : 28). 더 큰 이가 없도다! 여섯 달을 꽉 차게 하나님께 바친 요한의 삶에 하나님의 아들이 승인의 도장을 꽝 찍어 주셨습니다.

당신의 삶을 세상의 기준으로 판단하지 마시오.

당신의 삶을 세상의 기준으로 판단하지 마십시오! 그러나 많은 교회와 목사님들과 지도자들이 그렇게 하고 있습니다. 생각해 보십시오. 그러한 개인이나 교회가 세상적으로는 괜찮아 보일 수 있습니다. 그러나 하나님의 눈에는 절대로 용납할 수 없게 보일 수도 있는 것입니다. 반대로, 하나님을 기쁘시게 하는 교회가 세상 사람들에게는 하찮아 보일 수 있습니다. 시골 한구석 작은 마을에서 하나님을 신실하게 섬기는 목사님이 하나님을 기쁘시게 할 수 있을까요? 물론입니다. 하나님께서 그 분을 거기로 보내셨다면요. 하나님은 책임의 경중을 막론하고 충성을 다하는 사람에게 상을 주십니다.

당신이 약하다고, 제한된 존재라고, 평범하다고 느끼면 당신이야말로 하나님이 쓰시기에 적합한 사람이다.

하나님은 평범한 사람을 쓰는 것을 가장 좋아하십니다. 사도 바울은 고린도전서 1 : 26-31에서 하나님은 세상에서 약하고 멸시받는 것을 일부러 찾으신다고 했습니다. 거기서 하나님이 가장 큰 영광을 받으시기 때문입니다. 그래야 모든 사람들이 하나님이 하신 일임을 믿게 됩니다. 당신이 약하다고, 제한된 존재라고, 평범하다고 느낀다면 당신이야말로 하나님이 쓰시기에 적합한 사람입니다.

➡ **오늘 배운 것을 복습하십시오. 오늘 학습한 내용 중에서 하나님께서 당신으로 하여금 이해하고, 배우고, 실천하기 원하는 구절이나 성구를 하나나 둘쯤 지적해 주시기를 기도하십시오. 그리고 난 후 아래의 질문에 답하십시오.**

오늘 학습한 내용 중 어떤 구절이나 성구가 가장 뜻 있게 와 닿았습니까?

____

위의 구절이나 성구를 하나님께 대한 당신의 기도로 바꾸십시오.

____

오늘의 학습에 대한 반응으로 하나님은 당신이 무엇을 하기 원하십니까?

____

암송구절을 복습하시고 모임에서 한 사람과 맞추어 볼 수 있도록 준비하십시오.

이 과의 요점

- 하나님은 그가 하고자 하는 일을 드러내신다.
- 계시로 드러내시는 것은 그 분에게 동참하라는 초청이다.
- 내가 변하지 않은 그 상태에서는 하나님과 동행할 수 없다.
- 하나님은 한 평범한, 하나님께 온전히 헌신된 사람을 통해서 하나님이 기뻐하시는 일은 무엇이든지 할 수 있다.
- 하나님이 우수성을 판단하시는 기준은 사람의 기준과 다르다.

제2단원 하나님을 바라보라

대학 캠퍼스에서의 성경공부

훼이스(Faith) 침례교회에서는 대학 캠퍼스에 나가서 선교하라는 하나님의 인도하심을 느끼기 시작했습니다. 저는 한 번도 대학생 선교의 경험이 없었습니다. 우리 교회 역시 그런 경험이 없었습니다. 우리 교단의 학생선교부에서는 우리에게 기숙사에서 성경공부반 하나를 시작하는 것으로 출발해 보라고 권유하였습니다. 우리는 1년이 넘게 기숙사에서 성경공부반을 조직하려고 애를 썼지만 허사였습니다.

어느 주일날 저는 교회 학생들을 모두 불러모아 놓고 이렇게 얘기했습니다. "이번 주에는 여러분이 캠퍼스로 나가서 하나님께서 어디서 일하고 계신지 찾아서 그 분의 일에 동참하기를 바랍니다." 학생들은 저에게 무슨 뜻인지 설명해 달라고 하였습니다. 하나님께서는 제 마음에 두 개의 성경구절을 떠오르게 하셨습니다.

- 로마서 3 : 10-11—기록한 바 의인은 없나니 하나도 없으며 깨닫는 자도 없고 하나님을 찾는 자도 없고.
- 요한복음 6 : 44—나를 보내신 아버지께서 이끌지 아니하면 아무라도 내게 올 수 없으니 오는 그를 내가 마지막 날에 다시 살리리라.

이 구절을 읽은 후 저는 설명을 계속했습니다. "이 말씀에 따르면 아무도 자기 스스로 하나님을 찾는 사람은 없다고 합니다. 하나님께서 그 사람의 인생에 개입하시지 않는 한 아무도 영적인 것에 대해 질문하지 않을 것입니다. 어떤 사람이 하나님을 찾고 있거나 영적인 것에 대해 묻는 것을 보면 당신은 바로 하나님께서 일하고 계신 것을 보는 것입니다.

만일 어떤 사람이 당신에게 영적인 질문을 하면 당신이 계획했던 다른 모든 것을 제쳐두십시오. 당신이 하고 있던 일을 중단하십시오. 그 사람과 함께 가서 하나님께서 그의 인생에 어떻게 일하고 계신지 알아보십시오." 그 주간에 학생들은 하나님께서 어디서 일하고 계신지 찾아 나서서 하나님께서 하고 계신 일에 동참하였습니다.

그 다음 수요일 한 여학생이 저에게 이런 보고를 하였습니다. "오, 목사님! 오늘 수업이 끝난 뒤, 저와 2년 동안 한반에서 공부하던 여학생 한 명이 저에게로 왔어요. 그녀가 저에게 '내 생각에 너는 그리스도인인 것 같은데 너랑 얘기를 꼭 했으면 좋겠어.'라고 하는 게 아녜요? 저는 곧 목사님께서 주일에 하신 말씀을 기억해냈지요. 저는 바로 수업이 있었지만 빠지고 그녀와 함께 구내식당으로 가서 이야기를 했어요. 그녀는 저에게 이렇게 물었어요. '열한 명이 성경을 공부해 왔는데 우리 중에는 그리스도인이 하나도 없어. 혹시 우리 성경공부반을 지도해 주실 만한 분을 누구 알고 있니?"

이것을 계기로 우리는 여자 기숙사에서 세 반, 남자 기숙사에서 두 반을 맡아 성경공부를 시작하게 되었습니다. 2년간 우리는 스스로 하나님을 위해서 무언가를 해 보겠다고 하다가 실패했습니다. 그리고 나서 사흘 동안 하나님께서 어디서 일하고 계신지 찾아서 그 분이 하고 계신 일에 동참하였습니다. 그것이 얼마나 큰 효과를 보았는지요!

이 단원의 암송구절 혹은 병거, 혹은 말을 의지하나 우리는 여호와 우리 하나님의 이름을 자랑하리로다. —시편 20 : 7

제 1과 하나님 중심으로 사는 삶

하나님의 뜻을 알고 행하려면, 당신은 자신을 부인하고 하나님 중심의 삶으로 돌아와야만 한다.

창세기의 많은 부분이 하나님께서 아브라함을 통해 어떻게 그 분의 목적을 이루셨는지를 기록하고 있습니다. 그것은 아브라함이 어떻게 하나님과 동행하는 삶을 살았는지를 기록한 것이 아닙니다. 당신은 강조점이 어떻게 다른지 구분할 수 있습니까? 성경의 초점은 하나님입니다. 죄의 본질은 하나님 중심에서 자기 중심으로 옮겨가는 것입니다. 구원의 본질은 자기를 부인하는 것이지 자기를 세우는 것이 아닙니다. 우리는 모두 자기를 부인하고 하나님 중심으로 우리의 인생을 돌이켜야 합니다. 그럴 때 하나님께서는 창세 전부터 계획하신 목적을 우리를 통해서 성취하실 수 있습니다. 자기 중심으로 사는 사람과 하나님 중심으로 사는 사람의 삶에서 나타나는 바를 다음에 적어 보았습니다. 비교해 보십시오.

자기 중심

- 인생의 초점이 자기에게 맞춰짐.
- 자기 자신과 자기가 이루어 놓은 것에 대해 자랑스럽게 생각함.
- 자기를 신뢰함.
- 자신과 자신의 능력에 의존함.
- 자기를 세우고 높임.
- 세상과 세상의 방식에 받아들여지기를 바람.
- 사람의 입장에서 환경을 바라봄.
- 이기적이고 평범한 생활.

하나님 중심

- 하나님을 신뢰함.
- 하나님과 하나님의 능력과 채워주심에 의존함.
- 하나님과 하나님이 하고 계신 일에 인생의 초점을 맞춤.
- 하나님 앞에 겸손함.
- 자기를 부인함.
- 하나님 나라와 그의 의를 먼저 구함.
- 하나님의 입장에서 모든 환경을 봄.
- 거룩하고 경건한 생활.

➡ **당신 자신의 말로 다음 단어들의 뜻을 써보십시오.**

자기 중심 내가 잘되야 내 가족이 잘 된다 ______________________

____

____

하나님 중심 ______________________________

____

다음에 인용된 성경에 나오는 예들을 보고 하나님이 중심이 된 것에는 '하', 자신이 중심이 된 것에는 '자'라고 써넣으십시오. 예들은 두 가지씩 묶여 있습니다.

_____ 1a. 하나님께서 아담과 하와를 아름답고 비옥한 에덴동산에 두셨습니다. 하나님께서 동산 각종 나무의 실과는 임의로 먹되 선악을 알게 하는 나무의 실과는 먹지 말라고 하셨습니다. 하와는 이 나무를 보고 먹음직스럽기도 하고 지혜롭게 할 것도 같아 선악과를 먹었습니다(창 2 : 16-17 ; 3 : 1-7).

_____ b. 보디발의 아내는 날마다 요셉에게 동침하기를 청하였습니다. 요셉은 그녀에게 큰 악을 행하여 하나님께 득죄할 수 없다고 하였습니다. 그녀가 억지로 그를 붙들었지만 그는 유혹에 빠지지 않고 도망하여 감옥에 갇히게 되었습니다(창 39장).

하나님께서는 가나안 땅을 이스라엘에게 주기로 약속하셨습니다. 모세는 12명의 정탐꾼을 약속의 땅으로 보내서 보고를 들었습니다. 땅은 비옥하였으나 거민들은 강해 보였습니다(민 13-14).

_____ 2a. 10명의 정탐꾼들은 이렇게 말했습니다. "우리는 능히 올라가서 그 백성을 치지 못하리라 그들은 우리보다 강하니라"(민 13 : 31).

_____ b. 여호수아와 갈렙은 이렇게 말했습니다. "여호와께서 우리를 기뻐하시면 우리를 그 땅으로 인도하여 들이시고 그 땅을 우리에게 주시리라…그들을 두려워 말라…"(민 14 : 8,9).

_____ 3a. 아사 왕이 구스 사람 세라와 전투하게 되었을 때 이렇게 말했습니다. "여호와여 강한 자와 약한 자 사이에는 주밖에 도와줄 이가 없사오니 우리 하나님 여호와여 우리를 도우소서 우리가 주를 의지하오며 주의 이름을 의탁하옵고 이 많은 무리를 치러 왔나이다 여호와여 주는 우리 하나님이시오니 원컨대 사람으로 주를 이기지 못하게 하옵소서"(대하 14 : 9-11).

_____ b. 유다 왕 아사는 이스라엘 왕 바아사의 침략을 두려워하고 있었습니다. 아사 왕은 여호와의 전 곳간과 왕궁 곳간의 금과 은을 다메섹의 아람 왕 벤하닷에게 보내서 도움을 요청했습니다(대하 16 : 1-3).

> "내가 진실로 진실로 너희에게 이르노니 한 알의 밀이 땅에 떨어져 죽지 아니하면 한 알 그대로 있고 죽으면 많은 열매를 맺느니라 자기 생명을 사랑하는 자는 잃어버릴 것이요 이 세상에서 자기 생명을 미워하는 자는 영생하도록 보존하리라."
>
> —요한복음 12 : 24-25

자기 중심적인 것은 아주 미묘한 덫입니다. 그것은 너무나 당연해 보입니다(인간적으로 보기에). 아사 왕과 같이 한 번은 피해 갔다가 다음 번에는 올지에 걸릴 수 있습니다. 하나님 중심의 삶은 날마다 나를 죽이고 하나님께 순복하는 것을 요구합니다(요 12 : 24-25). 하나님 중심적이었던 예들은 1b,2b,3a입니다. 다른 것들은 자기 중심적인 것들입니다.

우리의 계획이 아니고 하나님의 목적

하나님 중심의 삶을 살기 위해서 당신은 삶의 초점을 당신이 세운 계획이 아닌 하나님의 목적에 맞추어야 합니다. 당신은 자신의 비뚤어진 인간적인 관점을 버리고 하나님의 관점에서 보아야 합니다. 하나님께서는 세상에서 무언가를 시작하시려고 할 때, 먼저 사람에게 나타나셔서 말씀하십니다. 하나님은 어떤 거룩한 뜻으로 선택하신 사람들을 그 분의 목적을 이루시는 데 사용하십니다.

➡ **다음 질문에 답하십시오. 답이 생각나지 않으면 성경구절을 찾아보십시오.**

1. 하나님께서 노아에게 방주를 지으라고 나타나셨을 때, 하나님께서는 무엇을 하시려 했습니까?(창 6 : 5-14)

   잣나무로 방주를 짓고 역청으로 안팎에 칠하라
   ____

2. 하나님께서 아브라함에게 나타나셨을 때, 소돔과 고모라를 어떻게 하시려 했습니까?(창 18 : 16-21 ; 19 : 13)

   멸하려 함
   ____

3. 하나님께서 기드온에게 나타나셨을 때, 무엇을 하시려 했습니까?(삿 6 : 11-16)

   이스라엘을 구원하라고 함
   ____

4. 하나님께서 다메섹 도상에서 사울(나중에 바울이 됨)에게 나타나셨을 때, 무엇을 하시려 했습니까? (행 9 : 1-16)

   하나님의 이름을 전하라고
   ____

5. 위에 나오는 예들에서 가장 중요한 점은 무엇입니까? 당신의 답에 ×표 하십시오.
   ☐ 그들이 하나님을 위해서 무엇을 하고 싶어했는가.
   ☒ 하나님께서 무엇을 하시려고 했는가.

노아에게 나타나셨을 때 하나님께서는 세상을 물로 심판하시려 했습니다. 하나님께서 소돔과 고모라를 멸망시키려 하셨을 때 아브라함에게 나타나셨습니다. 미디안의 압제로부터 이스라엘을 구원하려 하셨을 때 하나님께서 기드온에게 나타나셨습니다. 하나님은 사울이 세계의 이방인들에게 복음을 전파할 준비가 되었을 때 그에게 나타나셨습니다. 각 상황에서 중요했던 것은 하나님께서 무엇을 하려 하셨는가입니다.

하나님께서는 어떤 사람에게 하나님을 위해 무엇을 할 것인지를 연구해 보라고 명령하시지 않는다.

노아의 예를 살펴봅시다. 하나님을 섬기려던 노아의 모든 계획은 어떻게 되었습니까? 다가올 홍수로 인한 멸망을 생각한다면 그것은 아무 소용도 없겠지요? 노아는 자기가 하나님을 섬기려고 설정해 놓은 꿈을 실현시키는 데 도와달라고 하나님께 외친 적이 없습니다. 당신은 하나님께서 어떤 사람에게 자기를 위해 무엇을 할 것인지를 연구해 보라고 명령하시는 것을 결코 볼 수 없을 것입니다.

순복
기다림
찾음
동참

우리는 앉아서 하나님을 위해서 무엇을 할 것인지 궁리하고 하나님께 그것을 할 수 있도록 도움을 요청하지 않습니다. 성경을 보면 먼저 우리가 하나님께 순복하고,

- 하나님께서 우리에게 무엇을 하실 것인지 보여주실 때까지 기다리든지,
- 우리 주위에서 하나님께서 무엇을 하고 계신지 찾아서 그 분이 하고 계신 일에 동참해야 한다는 것입니다.

➡ **오늘 배운 것을 복습하십시오. 오늘 학습한 내용 중에서 하나님께서 당신으로 하여금 이해하고, 배우고, 실천하기 원하는 구절이나 성구를 하나나 둘쯤 지적해 주시기를 기도하십시오. 그리고 난 후 아래의 질문에 답하십시오.**

오늘 학습한 내용 중 어떤 구절이 가장 뜻있게 와 닿았습니까?

___

위의 구절이나 성구를 하나님께 대한 당신의 기도로 바꾸십시오.

___

오늘의 학습에 대한 반응으로 하나님은 당신이 무엇을 하기 원하십니까?

___

이 단원의 암송구절을 다음 빈칸에 써보십시오.

___

1단원의 암송구절을 복습하십시오.

이 과의 요점

- 하나님의 뜻을 알고 행하기 위해서 나는 자신을 부인하고 하나님 중심의 삶으로 돌아와야 한다.
- 나는 삶의 방향을 하나님 쪽으로 돌이켜야만 한다.
- 나는 나의 계획이 아닌 하나님의 목적에 내 인생의 초점을 맞추어야 한다.
- 나는 나의 그릇된 관점을 버리고 하나님의 관점에서 보도록 해야 한다.
- 하나님께서 나를 통해 무엇을 하려는지 보여주실 때까지 기다려야 한다.
- 나는 하나님께서 내 주위에서 어떻게 역사하고 계신지 찾아 그 분이 하고 계신 일에 동참해야 한다.

제 2 과 하나님의 계획 대 나의 계획

내가 있는 곳에서 하나님이 무엇을 하실 것인지를 이해하는 것이 내가 하나님을 위해 무엇을 하고 싶다고 말하는 것보다 중요하다.

"모세가 장성한 후에 한번은 자기 형제들에게 나가서 그 고역함을 보더니 어떤 애굽 사람이 어떤 히브리 사람 곧 자기 형제를 치는 것을 본지라 좌우로 살펴 사람이 없음을 보고 그 애굽 사람을 쳐 죽여 모래에 감추니라 이튿날 다시 나가니 두 히브리 사람이 서로 싸우는지라 그 그른 자에게 이르되 네가 어찌하여 동포를 치느냐 하매 그가 가로되 누가 너로 우리의 주재와 법관을 삼았느냐 네가 애굽 사람을 죽임같이 나도 죽이려느냐 모세가 두려워하여 가로되 일이 탄로 되었도다. 바로가 이 일을 듣고 모세를 죽이고자 하여 찾은지라 모세가 바로의 낯을 피하여 미디안 땅에 머물며 하루는 우물 곁에 앉았더라."

—출애굽기 2 : 11-15

누가 이스라엘 백성을 애굽에서 구원해냈습니까? 모세입니까, 하나님입니까? 물론 하나님이시죠. 하나님께서 이스라엘을 구원하시는 데 쓰시기 위해 모세를 선택하셔서 하나님과 친밀한 관계로 인도하신 것입니다. 모세가 이스라엘 자손들의 문제를 스스로 해결하고자 했던 적이 있습니까? 있지요.

출애굽기 2 : 11-15을 읽으십시오. 모세가 자기 민족을 위한다고 스스로의 방법을 주장했습니다. 만일 모세가 인간적인 방법으로 이스라엘 자손을 애굽에서 구원하였다면 과연 어떤 일이 일어났을까요? 아마도 수천 명이 죽임을 당했을 것입니다. 모세는 자기 손으로 이스라엘의 문제를 해결하려고 하다가 그것의 대가로 미디안 광야로 도망하여 40년간 목자생활을 하며 하나님 중심으로 삶의 방향을 바꾸어야만 했습니다.

하나님께서 이스라엘 자손을 구출하셨을 때, 몇 명의 인명 피해가 있었습니까? 단 한 명도 없었지요? 구출하시는 과정에서 오히려 애굽인들로 하여금 금, 은, 의복을 이스라엘 백성들에게 주도록 하셨습니다. 애굽은 빼앗김을 당했고, 군대는 파멸을 당했습니다. 반면 이스라엘은 단 한 명의 인명 피해도 당하지 않았습니다.

우리는 왜 하나님의 방법이 언제나 최상의 방법이라는 것을 깨닫지 못하는 것일까요? 우리는 우리 나름대로의 계획을 갖고 있기 때문에 종종 교회에서 실수와 실패를 경험합니다. 우리는 우리가 할 수 있는 것만 겨우 계획합니다. 하나님(예수님)은 교회라는 몸의 머리입니다. 하나님께서 머리가 되도록 하면 얼마나 놀라운 변화를 맛보겠습니까? 그 분은 우리가 60년에 걸쳐서 할까말까 한 일을 하나님께 헌신된 사람들을 사용하셔서 6개월도 안 걸려 끝내실 것입니다.

하나님의 방법들

➡ **다음의 성경구절을 읽고 하나님의 방법을 따르지 않는 사람들에게 하나님이 어떻게 반응하셨는지 살펴보십시오. 그리고 나서 다음 질문에 답하십시오.**

"나는 너를 애굽 땅에서 인도하여 낸 여호와 네 하나님이니 네 입을 넓게 열라 내가 채우리라 하였으나 내 백성이 내 소리를 듣지 아니하며 이스라엘이 나를 원치 아니하였도다 그러므로 내가 그 마음의 강퍅한 대로 버려 두어 그 임의대로 행케 하였도다"(시 81 : 10-12).

1. 하나님께서 이스라엘을 위해서 이미 무엇을 하셨습니까?

이스라엘 백성에게 만족 함

2. 하나님께서 그의 백성들에게 무엇을 약속하셨습니까?

백성들의 입을 채움

3. 백성들은 하나님께 어떻게 반응하였습니까?

4. 하나님께서는 백성들의 태도를 보시고 어떻게 하셨습니까?

다음 구절을 읽고 이스라엘에 어떤 일이 일어날 수 있었을까 생각해 보신 후, 5번 문제에 답하십시오.

> "내 백성이 나를 청종하며 이스라엘이 내 도 행하기를 원하노라 그리하면 내가 속히 저희 원수를 제어하며 내 손을 돌려 저희 대적을 치리니."(시 81 : 13-14)

5. 이스라엘이 하나님 말씀을 듣고 따랐다면 어떻게 되었을까요?

히브리서 3 : 7-19을 읽으신 후, 마지막 문제에 답하십시오.

6. 왜 이스라엘 백성들이 약속의 땅에 들어가지 못하게 되었습니까?

우리는 하나님의 종이고 우리는 하나님께서 무엇을 하시려는지에 따라 우리의 인생을 조정해야 한다.

우리는 하나님께서 원하시는 일을 우리를 통해 하실 수 있도록 우리 자신을 하나님께 맞추어야 합니다. 하나님은 우리의 종이 아니시기 때문에 우리의 계획에 맞춰 변하실 수 없습니다. 우리는 하나님의 종이므로 하나님께서 무엇을 하시려는지에 따라 우리의 인생을 조정해야 합니다. 우리가 순종치 않으면 하나님께서는 우리가 멋대로 하도록 버려 두실 것입니다. 그렇게 되면 우리는 하나님께서 우리를 위해 혹은 우리를 통해 하기 원하시는 일이 무엇인지 경험할 수 없게 됩니다.

이스라엘은 많은 기사와 이적을 거쳐 애굽에서 나오게 되었습니다. 당신은 그들이 하나님께서는 무엇이든지 하실 수 있다고 믿었을 것이라는 생각이 듭니까? 그들은 하나님께서 그들에게 약속의 땅을 주실 수 있다는 것을 믿지 못했습니다. 이 불신앙 때문에 그들은 40년을 광야에서 헤매다 죽어가는 신세가 되었습니다. 시편 81편은 이스라엘이 자기들의 생각을 따르지 않고 하나님의 방법에 순종했다면 하나님께서 훨씬 더 빨리 그들의 대적들을 정복해 주셨을 것이라는 점을 깨우쳐 줍니다.

➡ 깊이 생각하면서 다음 질문에 대답하십시오.

1. 사람들을 통해 그 분의 계획과 목적을 이루어 나가시는 동안 하나님이 바뀌셨습니까?

2. 당신은 자신이 세운 계획을 실천하면서 영적인 광야에서 헤매기를 원하십니까, 아니면 하나님의 방법을 따름으로 재빨리 영적인 약속의 땅에 들어

가시겠습니까?

하나님의 방법을 따름

당신은 하나님께서 무엇을 하시려는지 알아야만 합니다

지역사회의 보다 나은 미래를 위해서 우리가 긴 안목을 가지고 강조해야 될 것이 무엇인가를 의논하기 위해 몇 년 전 우리 교단의 지도자들이 밴쿠버에 모였습니다. 많은 단체의 요직에 있는 분들이 우리와 함께 거창한 일들을 하기로 되어 있었습니다. 그러나 저는 속으로 이렇게 물었습니다. "만일 하나님께서 그때가 되기 전에 우리나라를 심판하시면 어쩌지?" 저는 하나님께서 밴쿠버에 대해서 어떤 생각을 가지고 계신지 알아야 할 필요성을 절실히 느꼈습니다. 내가 미래에 무엇을 하고 싶은가는 전혀 상관이 없는 얘기가 될 수도 있기 때문입니다.

선지자들을 부르셨을 때, 하나님은 대개 양면성 있는 메시지를 주셨습니다. 하나님께서 첫째로 원하시는 것은 "백성들을 내게로 돌아오게 하라"는 것이었습니다. 백성들이 첫번째 메시지에 응하지 않으면 두번째 메시지를 전해야 했습니다. "심판의 때가 어느 때보다도 가까웠음을 그들에게 알리라." 하나님이 선지자들에게 하신 말씀은 "백성들에게 이렇게 말하라. 이것이 내가 하고 있던 일이다. 이것이 내가 지금 하고 있는 일이다. 이것이 내가 하려는 일이다. 그들로 응답하게 하라"는 것입니다.

당신은 선지자들이 하나님께서 무엇을 하시려는지를 이해하는 것이 중요했다고 생각하십니까? 하나님께서 예루살렘을 무섭게 심판하시고 온 도성을 멸망시키시려는 것을 아는 것이 중요했습니까? 물론이지요!

➡ **당신은 당신의 나라에 하나님의 심판이 얼마나 빨리 올 것이라고 생각하십니까? 하나에만 ×표 하세요.**

- [ ] 1. 하나님께서 우리나라에 심판을 내릴 것이라고 믿지 않습니다.
- [ ] 2. 하나님의 심판은 아주 먼 훗날에나 내릴 것이라고 믿습니다.
- [ ] 3. 저는 왜 하나님께서 여태껏 심판을 하지 않으셨는지 이해가 가지 않습니다. 우리나라는 큰 심판의 위기에 놓여 있다고 믿습니다.
- [x] 4. 이사야 5 : 1-7에 나와 있는 것처럼 우리나라는 이미 징계의 심판을 경험하고 있다고 믿습니다.
- [ ] 5. 우리나라는 벌써 하나님의 심판을 경험했다고 믿습니다.

당신에게 위의 질문에 대답한 것을 뒷받침할 만한 증거가 있다면 아래의 빈칸에 써보십시오.

구름에게 [illegible] 비를 내리지 말라고 하심

하나님의 심판에 대한 당신의 견해가 당신의 생활에 어떤 영향을 주고 있습니까?

예, 생활에서 조심하고 있음.

당신이 속한 반에서 당신의 답을 논의할 기회를 갖게 됩니다.

> 하나님께서 당신이 현재 있는 곳에서 무엇을 하실 것인가를 이해하는 것이 당신이 하나님을 위해 무엇을 하고 싶다고 말하는 것보다 중요합니다.

소돔과 고모라가 멸망당하기 하루 전날 아브라함이 그 곳에 가서 가가호호 심방하고 전도할 계획을 짜고 있다고 하나님께 말씀드렸다면 그것이 무슨 소용이 있겠습니까? 당신 교회의 장기계획을 짜는 것이 무슨 소용이 있겠습니까? 만일 하나님께서 그 계획이 실행에 옮겨지기도 전에 심판을 내리신다면 말입니다.

당신은 지금 이 역사의 한 장에서 하나님께서 당신의 교회와 당신의 나라에 어떤 계획을 갖고 계신지 알아야 합니다. 그래야 더 늦기 전에 하나님께서 일하고 계신 곳에 합류시켜 주시도록 자신을 조정할 수 있습니다. 하나님께서는 대개 처음부터 자세한 계획을 가르쳐 주시지는 않지만, 당신과 당신의 교회가 어떻게 하나님이 하시는 일에 응답해야 하는지 한 번에 한 걸음씩 가르쳐 주실 것입니다.

➡ **지금 당신이 어떻게 하나님께 응답해야 하는지 가르쳐 주시기를 기도하십시오.**

- 당신의 개인생활에서
- 당신의 가정에서
- 당신의 교회에서
- 당신의 직장에서
- 당신의 지역사회에서
- 우리나라에서

교재의 여백이나 다른 종이에 메모를 해두셔도 됩니다

마틴 루터

마틴 루터에게 "믿음으로 의롭게 된다"고 말씀하셨을 때 하나님께서는 무엇을 하려 하셨습니까? 하나님께서는 그 당시 유럽에 살고 있던 모든 사람들에게, 구원은 하나님의 공짜 선물로서 누구나 하나님과 직접적인 관계를 가질 수 있다는 것을 알려주려고 하셨습니다. 하나님께서는 큰 개혁을 일으키고 계셨던 것입니다. 당신이 교회사를 통해 하나님께서 어떻게 큰 운동을 일으키셨는지 공부하면, 당신은 모든 경우에 하나님께서 어떤 사람에게 오셨는지 알 수 있을 것입니다. 또 그 사람이 하나님께 목숨을 내어 놓았던 것을 보게 될 것입니다. 그럴 때 하나님은 그 사람을 통해서 그 분의 목적을 이루기 시작하셨습니다.

존 웨슬리와 찰스 웨슬리
조지 휫필드

존 웨슬리와 찰스 웨슬리에게 말씀하셨을 때, 하나님께서는 영국을 뒤흔드는 영적 부흥을 준비하고 계셨고 또한 영국을 불란서와 같은 피의 혁명에서 구원하셨습니다. 조지 휫필드와 몇몇 사람을 통하여 하나님께서는 영국을 완전히 뒤엎어 놓는 거대한 일을 하실 수 있었습니다.

당신이 지금 속해 있는 지역사회에서 다른 사람들의 인생에 어떤 일이 막 일어나려고 하는지도 모릅니다. 하나님께서 그 생명들을 구하시길 원하십니다. 하나님께서 그 일을 당신을 통해서 하시고자 한다고 가정합시다. 하나님께서 당신에게 오셔서 말씀하십니다. 그런데 당신은 너무나 자기 중심적이어서 이렇게 응답합니다. "저는 훈련이 덜되어 있어요. 저는 못 할 것 같아요. 그리고 저는…."

무슨 일이 일어나고 있는지 아시겠어요? 초점이 자기 자신에 와 있는 것입니다. 하나님께서 당신의 인생에 들어오시는 것을 느끼는 순간, 당신은 왜 당신이 적격자가 아닌지 왜 시간이 안 맞는지 핑계를 대기 시작합니다(출 3 : 11 ; 4 : 1). 저는 당신이 하나님의 관점이 무엇인지 찾아보기를 바랍니다. 하나님께서는 당신 스스로 그것을 할 수 없다는 것을 알고 계십니다. 그러나 하나님께서는 당신을 사용하셔서 스스로 하시기를 원하십니다.

➡ **오늘 배운 것을 복습하십시오. 오늘 학습한 내용 중에서 하나님께서 당신으로 하여금 이해하고, 배우고, 실천하기 원하는 구절이나 성구를 하나나 둘쯤 지적해 주시기를 기도하십시오. 그리고 난 후 아래의 질문에 답하십시오.**

오늘 학습한 내용 중 어떤 구절이나 성구가 가장 뜻있게 와 닿았습니까?

____

위의 구절이나 성구를 하나님께 대한 당신의 기도로 바꾸십시오.

____

오늘의 학습에 대한 반응으로 하나님은 당신이 무엇을 하기 원하십니까?

____

이 과의 요점

- 모든 일을 하나님의 방법으로 하라.
- 하나님께서는 우리가 하나님 없이 60년이 걸려야 할 수 있는 일을 하나님께 온전히 순종한 사람들을 통해 6개월도 채 걸리지 않고 하실 수 있다.
- 나는 하나님의 종이다. 나는 하나님이 무엇을 하시려는가에 따라 내 인생을 조정한다.
- 하나님께서 내가 현재 있는 곳에서 무엇을 하실 것인가를 이해하는 것이 내가 하나님을 위해 무엇을 하고 싶다고 말하는 것보다 중요하다.

제 3 과 하나님이 주도권을 잡으신다

하나님이 그 분의 역사를 계시하시는 것은 당신으로 하여금 동참하라는 초청이다.

하나님이 주도하시지 당신이 주도하는 것이 아닙니다

성경 전체를 통틀어 볼 때 하나님이 주도권을 잡으십니다. 하나님께서 어떤 사람에게 오시면 하나님은 그에게 항상 자신과 자신이 하는 일을 계시하십니다. 이것은 언제나 그 사람에게 자신의 삶을 하나님께로 조정하라는 초청입니다. 하나님께서 만나신 사람들은 절대로 살던 그대로 머물러 있을 수 없었습니다. 그 사람들은 하나님께 순종하며 하나님과 동행하는 삶을 살기 위해서 자신들의 인생에 획기적인 조정을 해야만 했습니다.

"너희 안에서 행하시는 이는 하나님이시니 자기의 기쁘신 뜻을 위하여 너희로 소원을 두고 행하게 하시나니."
—빌립보서 2 : 13

하나님은 절대 주권자이십니다. 하나님이 주도권을 잡고 계시기 때문에 저는 제 인생이 하나님 중심이 되도록 노력합니다. 하나님이 항상 하시고자 하는 일에 주도권을 잡으십니다. 당신이 하나님 중심적일 때 하나님이 기뻐하시는 일을 하고 싶은 마음까지도 하나님의 주장하심으로 인해 당신의 인생 안에 생깁니다(빌 2 : 13)

하나님이 일하시는 것을 볼 때 우리는 종종 어떻게 합니까? 우리는 곧바로 하나님 중심적이기보다는 나 중심적이 됩니다. 우리는 어떻게 해서든지 우리의 인생이 하나님을 향하게 해야 합니다. 우리는 하나님의 안목으로 모든 것을 보는 방법을 배워야 합니다. 우리는 하나님이 그 분의 인격을 우리 안에 심어서 자라게 하시도록 허락해야 합니다. 하나님의 생각을 우리에게 계시하도록 해야만 합니다. 그럴 때만 우리의 인생은 삶에 대한 올바른 안목을 가지게 됩니다.

하나님 중심의 삶을 살면 당신은 바로 하나님이 하시는 일 곁에서 살게 될 것입니다. 하나님이 당신 주위에서 일하시는 것을 보면 당신은 기쁨에 들떠 속으로 이렇게 생각할 것입니다. "하나님 아버지, 감사합니다. 저를 당신이 일하시는 곳에 참여하게 하시니 감사합니다." 저의 경우, 제가 하나님의 역사 한가운데 있음을 발견하고 하나님이 제 눈을 뜨게 하셔서 하나님의 역사하는 곳을 보여주시면, 저는 항상 하나님이 저에게 동참하기를 원하신다고 생각합니다.

➡ **당신의 반응을 생각하면서 다음 질문에 답하십시오.**

1. 당신이 하나님의 뜻을 알고 행하는 데 있어서 누가 주도권을 가지고 있습니까?
   - ☐ a. 제가요. 하나님은 제가 하나님을 위해 무엇을 할 것인지 정할 때까지 기다리십니다.
   - ☐ b. 하나님이요. 하나님께서 하시고자 하는 일에 동참하도록 저를 초청하십니다.

2. 하나님이 당신에게 하나님의 계획과 목적을 가르쳐 주시는 모든 방법에 ×표 하십시오.
   - ☒ a. 하나님이 벌써 제 주위에서 일하고 계심을 보여주십니다.

☒ b. 성경을 통해서 말씀하시고 저의 마음에 와 닿게 하셔서 진리를 실제 삶에 적용하게 하십니다.
☒ c. 기도할수록 하나님의 뜻을 이루고자 하는 원함이 커지게 하십니다.
☒ d. 저에게 기회의 문이 열리도록 주위 환경을 조성하십니다.

하나님께서 항상 주도권을 잡으십니다(1b). 하나님은 우리가 하나님을 위해 무엇을 할 것인지 정할 때까지 기다리시지 않습니다. 하나님이 우리에게 오시기로 확정한 뒤에야 우리가 하나님이 원하시는 대로 우리의 인생을 조정하고 하나님이 쓰시도록 자신을 내어놓을 때까지 기다리십니다. 2번의 a,b,c,d 모두가 하나님의 계획과 목적을 우리에게 보여주시는 방법입니다. 다른 방법을 사용하셔서 보여주시기도 합니다. 그러나 c번과 d번은 주의를 기울여서 보아야 합니다. 자기 중심적인 사람은 하나님의 뜻과 자기의 뜻을 혼동하는 경향이 있습니다. 환경이 언제나 하나님의 인도하심을 정확히 일러준다고 말할 수는 없습니다. 기회가 열리거나 열리지 않거나 하는 것도 항상 하나님의 인도하심을 일러주는 것은 아닙니다. 하나님의 인도하심을 구하는 데 있어서, 당신이 하나님이 인도하고 계신다고 생각하는 방향이 기도와 말씀과 환경에 모두 일치하고 있는지 확인해 보아야 합니다.

당신은 아직도 이렇게 속으로 얘기하고 있을지 모릅니다. "다 좋은 얘기지. 그러나 나에게는 좀더 실질적으로 이 개념들을 내 삶에 적용시킬 수 있는 도움이 필요해." 어떤 경우에든 하나님은 당신의 어떤 방법보다 하나님을 의지하기를 요구하십니다. 문제는 방법이 아니라 관계성입니다. 자, 기도와 믿음으로 하나님과 동행하는 삶을 살게 된 한 사람의 예를 당신에게 소개하는 것이 도움이 되었으면 합니다.

조지 뮬러의 믿음으로 살아간 삶

조지 뮬러

조지 뮬러는 19세기에 영국에 살았던 목사님입니다. 그는 하나님의 사람들이 용기를 잃은 것에 대해 매우 마음을 썼습니다. 그들은 더 이상 하나님이 어떤 평범 이상의 일을 하시는 것을 바라지 않고 있었습니다. 그들은 기도에 응답해 주시는 하나님을 신뢰하지 않았습니다. 그들의 믿음은 너무나 적었습니다.

하나님은 뮬러가 기도하도록 인도하기 시작하셨습니다. 그 기도 내용은 하나님의 사역이라고밖에는 설명될 수 없는 일을 할 수 있도록 하나님의 인도를 구하는 것이었습니다. 뮬러는 하나님이 신실하시며 기도에 응답하시는 분이라는 것을 사람들이 알기를 원했습니다. 그는 시편 81 : 10(당신이 지난 제2과의 학습에서 읽은 말씀)에 다다랐습니다. "네 입을 넓게 열라 내가 채우리라." 하나님은 뮬러의 간증을 읽은 모든 이들의 삶을 놀랍도록 멋진 믿음의 삶으로 인도하셨습니다.

뮬러는 하나님이 어떤 일을 하라고 인도하심을 느꼈을 때, 그것에 필요한 물질에 대해서 하나님께만 기도로 아뢰고 다른 누구에게도 알리지 않았습니다. 그는 하나님께서 기도와 믿음의 응답으로만 모든 필요를 채워주심을 모든 사람이 알기를 바랐던 것입니다. 브리스톨에서 사역할 때 그는 성경 보급과 기독교 교육을 위해서 기관(Scriptural Knowledge Institute)을 창설했습니다. 또한 고아원도 운영하기 시작했습니다. 뮬러는 세상을 떠날 때까지 4개의 고아원을 운영하며 한번에 2,000명의 아이들을 돌보았습니다. 10,000명이 넘는 고아들이 그 고아원들에서 키워졌습니다. 그는 기도의 응답으로 그에게 기부된 800만 불이 넘는 돈을 모두 나누었습니다. 그가 93세에 세상을 떠났을 때, 그의 수중의 전 재산은 800불에 지나지 않았습니다.

뮬러는 어떻게 하나님의 뜻을 알고 행했습니까?

➡ **다음의 문장을 읽고 뮬러가 무엇을 해야 할지 아는 데 도움을 준 일들을 열거해 보십시오. 그리고 하나님의 뜻을 아는 데 있어서 뮬러로 하여금 실수하도록 이끈 일들도 써보십시오.**

> "하나님의 뜻을 찾는 데 있어서 말씀을 통한 성령님의 깨우쳐 주심에 진지하고 참을성 있게 임했던 때를 저는 기억하지 못합니다. 그럼에도 불구하고 저는 항상 바른 인도를 받았습니다. 그러나 하나님 앞에 솔직한 마음과 바른 관계를 갖지 못했거나, 하나님의 지도를 참을성 있게 기다리지 않았었거나, 살아계신 하나님의 말씀보다 주위 사람들의 의견을 더 존중했을 때, 저는 많은 실수를 하였습니다."

뮬러로 하여금 하나님의 뜻을 알도록 도와준 일들은 무엇입니까?

기도.

___

___

뮬러로 하여금 실수하도록 이끈 일들은 무엇입니까?

하나님을 신뢰하지 않았습

___

___

뮬러로 하여금 하나님의 뜻을 알도록 도와준 일들 :
- 하나님의 인도하심을 진지하게 찾음
- 하나님이 말씀해 주실 때까지 인내하며 기다림
- 성령님께서 말씀을 통해 가르쳐 주시기를 바람

뮬러로 하여금 실수하게 한 일들 :
- 솔직한 마음이 없음
- 하나님과 바른 관계에 있지 않음
- 하나님의 뜻을 참을성 있게 기다리지 못함
- 하나님의 말씀보다 주위 사람들의 의견을 더 존중함

다음은 뮬러가 어떻게 하나님과 마음이 통하는 관계를 갖게 되었는지, 어떻게 하나님의 음성을 구별할 수 있게 되었는지를 뮬러 자신이 직접 간추린 것입니다.

1. 처음에 저는 하고자 하는 일에 대하여 제 마음에 한 치라도 자신의 뜻이 남아 있지 않는 상태가 되기를 구합니다. 보통 사람들의 문제 중 90%는 여기에서 시작됩니다. 우리의 마음이 하나님의 뜻을 행하려는 자세를 가지고 있을 때 문제의 90%는 벌써 해결이 된 것입니다.

2. 이것이 된 후에 저는 제 느낌이나 감상에 결과를 맡겨 놓지 않습니다. 그렇게 하면, 저는 제 자신을 큰 착각에 빠뜨리게 되는 것입니다.

3. 저는 성령의 뜻을 성경에서 혹은 성경에 관련해서 찾습니다. 성령님과 말씀은 언제나 조화를 이루어야 합니다. 말씀 없이 성령님께 의지하려고 하면 여기서도 저는 제 자신을 큰 착각에 빠지도록 방치하는 것입니다. 성령님이 우리를 인도하시고 있다면 그 분은 절대로 말씀에 위배되지 않게, 말씀에 있는 대로 우리를 인도하십니다.

4. 그 후에 저는 제게 주어진 환경을 봅니다. 이것은 하나님의 말씀과 성령에 관련지어져서 하나님의 뜻을 그대로 반영시켜 줍니다.

5. 저는 하나님의 뜻을 바로 가르쳐 주시기를 하나님께 기도합니다.

6. 그러므로 첫째, 하나님께 기도함으로, 둘째, 말씀을 공부함으로, 셋째, 말씀을 반영함으로 저는 제 능력과 지식이 닿는 한의 신중한 판단을 하게 됩니다. 그리고 제 마음이 계속 평안하고, 두세 번 더 간구할 때까지도 계속 평안이 있으면 실천에 옮깁니다.

➡ **바른 답에 ×표 하십시오.**

1. 뮬러는 하나님의 뜻을 찾고자 할 때 어떻게 시작했습니까?
   - ☐ a. 그는 하나님을 위하여 자기가 무엇을 해야 할지를 정했습니다.
   - ☐ b. 그는 자신의 뜻이 남아 있지 않는지를 확인했습니다.
   - ☐ c. 그는 하나님의 뜻만을 원하는 자리까지 가도록 노력했습니다.
   - ☒ d. b 와 c 모두.

2. 뮬러가 어떤 것들이 착각이나 틀린 방향으로 인도할 가능성이 있다고 한 것은 무엇입니까?
   - ☐ a. 느낌에 따라 판단하여 결정하는 것.
   - ☐ b. 감정을 좇는 것.
   - ☐ c. 성령님의 인도하심만 바라는 것.
   - ☒ d. a, b, c 모두.

3. 뮬러는 어떤 것들이 서로 동의할 때를 찾았습니까?
   - ☐ a. 자기가 원하는 것과 주위 환경.
   - ☒ b. 성령님과 말씀.
   - ☐ c. 주위 사람들의 의견과 자신이 원하는 것.

☐ d. 주위 환경과 평안한 느낌.

4. 무엇이 뮬러로 하여금 하나님의 뜻에 대해 판단 내리게 하는 마지막 시험이었습니까?
   ☐ a. 그는 하고자 하는 일에 대해 문이 열렸는지 닫혔는지 보았습니다.
   ☐ b. 그는 친구 목사님에게 그의 생각을 물었습니다.
   ☐ c. 그는 그의 육감을 따르고 과연 되는지 보았습니다.
   ☒ d. 그는 기도와 성경공부와 그것의 반영을 통해서 진행되고 있는 일에 대해 지속되는 평안이 있는지 살폈습니다.

정답은 1번은 d, 2번도 d, 3번은 b, 4번은 d입니다. 아직까지 추상적이라는 생각이 들어도 실망하지 마십시오. 아직도 함께 많은 시간을 투자해야 합니다. 다음 과의 학습은 실생활에서 하나님이 어떻게 역사하시는지의 예를 듦으로써 시작하겠습니다.

➡ **오늘 배운 것을 복습하십시오. 오늘 학습한 내용 중에서 하나님께서 당신으로 하여금 이해하고, 배우고, 실천하기 원하는 구절이나 성구를 하나나 둘쯤 지적해 주시기를 기도하십시오. 그리고 난 후 아래의 질문에 답하십시오.**

오늘 학습한 내용 중 어떤 구절이나 성구가 가장 뜻있게 와 닿았습니까?

너희 안에 행하시는 이는 하나님 이시니.

위의 구절이나 성구를 하나님께 대한 당신의 기도로 바꾸십시오.

저의 안에서 행하여 주십시오

오늘의 학습에 대한 반응으로 하나님은 당신이 무엇을 하기 원하십니까?

기도.

이 단원의 암송구절을 큰 소리로 외우거나 종이에 써보십시오.

이 과의 요점

- 하나님이 그 분의 활동을 계시하심은 동참하라는 초청이다.
- "저는 하고자 하는 일에 대하여 제 마음에 한 치라도 자신의 뜻이 남아 있지 않는 상태로 되기를 구합니다."
- "저는 제 느낌이나 감상의 결과에 맡겨 놓지 않습니다."
- "저는 성령의 뜻을 성경에서 혹은 성경에 관련해서 찾습니다."

제 4 과 하나님은 그의 사람들에게 말씀하신다

하나님은 변하지 않으셨다. 하나님은 아직도 그의 사람들에게 말씀하신다.

저는 몇 년 전에 한번 젊은 목사님들이 모인 자리에서 강사로 이야기를 한 적이 있었습니다. 제가 첫번 강의를 마치자 한 목사님이 저를 불러세우고 이렇게 말했습니다. "난 하나님께 절대로 당신 같은 사람의 말은 다시 듣지 않겠다고 맹세했소. 당신은 마치 하나님이 개인적이고 실제적으로 당신에게 말씀하시는 것처럼 말하고 있지 않소? 나는 그런 사람을 멸시하는 사람이오."

저는 그에게 물었습니다. "하나님이 당신에게 말씀하시도록 하는 데 어려움을 겪고 있습니까?" 우리는 시간을 두고 길게 이야기를 했습니다. 얼마 시간이 지나지 않아서 우리는 무릎을 꿇었습니다. 그는 눈물을 흘리며 하나님께서 자기에게 말씀해 주신 것에 감사를 드렸습니다. 오, 아무도 하나님이 당신에게 말씀하시는 것에 대해 당신을 위축시키게 두지 마십시오.

➡ **다음의 성경구절을 읽고 질문에 답하십시오.**

> 히브리서 1 : 1—옛적에 선지자들로 여러 부분과 여러 모양으로 우리 조상들에게 말씀하신 하나님이.
>
> 요한복음 14 : 26—보혜사 곧 아버지께서 내 이름으로 보내실 성령 그가 너희에게 모든 것을 가르치시고 내가 너희에게 말한 모든 것을 생각나게 하시리라.
>
> 요한복음 16 : 13-14—그러하나 진리의 성령이 오시면 그가 너희를 모든 진리 가운데로 인도하시리니 그가 자의로 말하지 않고 오직 듣는 것을 말하시며 장래 일을 너희에게 알리시리라. 그가 내 영광을 나타내리니 내 것을 가지고 너희에게 알리겠음이니라.
>
> 요한복음 8 : 47—하나님께 속한 자는 하나님의 말씀을 듣나니 너희가 듣지 아니함은 하나님께 속하지 아니하였음이로다.

1. 구약 시대(옛적)에는 하나님께서 어떻게, 누구를 통해서 말씀하셨습니까?

___

2. 신약 시대(이 모든 날 마지막)에는 하나님께서 어떻게 말씀하셨습니까?

___

3. 요한복음 14 : 26절에서 예수님은 아버지께서 누구를 예수님의 이름으로 보내실 것이라고 약속하셨습니까?

___

4. 요한복음 14 : 26 ; 16 : 13,14에서 나오는 성령님의 역할은 무엇입니까?

5. 하나님께서 말씀하시는 것을 듣는 자는 누구입니까?

6. 요한복음 8 : 47에서 하나님의 말씀을 듣지 않는 사람들에 대해서 뭐라고 말하고 있습니까?

위의 구절들에서 하나님의 말씀하심에 대해 뭐라고 말하고 있는지 당신의 말로 정리해 보십시오.

구약성경에서 하나님은 여러 번, 여러 가지 다른 방법으로 말씀하셨습니다. 예수님의 생애 동안에 하나님은 예수님을 통해서 그의 사람들에게 직접 말씀하셨습니다. 지금은 하나님께서 성령님을 통해 말씀하십니다. 성령님은 당신에게 모든 것을 가르쳐주실 것입니다. 예수님이 하신 말씀을 생각나게 해주시고, 당신을 진리로 인도하시며, 아버지께 들은 말씀을 당신에게 해주시며, 무슨 일이 닥칠 것인지 알려주시고, 예수님을 당신에게 증거하시며 예수님께 영광을 돌리실 것입니다.

하나님이 오늘도 정말 그 분의 사람들에게 말씀하십니까? 하나님이 당신을 쓰고자 하실 때 당신에게 하나님이 일하고 계신 것을 계시하실까요? 그렇습니다. 하나님은 변하지 않으셨습니다. 하나님은 아직도 그 분의 사람들에게 말씀하십니다.

당신이 하나님의 음성을 듣는 데 어려움을 겪고 있다면, 당신의 그리스도인 생활의 가장 중요한 부분에 이상이 있는 것이다.

하나님이 말씀하고 계실 때 어떻게 알 수 있는가?

죄는 우리에게 너무나도 큰 영향을 미쳤습니다(롬 3 : 10-11). 당신과 나는 성령님의 조명하심이 없이는 하나님의 진리를 이해할 수 없습니다. 성령님이 당신에게 하나님의 말씀을 가르치실 때, 앉아서 그 분에게 응답하십시오. 당신이 기도할 때, 성령님이 어떻게 당신의 마음에 하나님의 말씀을 확인시켜 주시는지 살펴보십시오. 그 분이 당신의 주위 환경에서 무엇을 하고 계신지 보십시오. 당신이 기도할 때 말씀하시고 성경을 읽을 때 말씀하시는 하나님이 당신의 주위에서 일하고 계십니다.

➡ **하나님을 경험하는 삶의 일곱 가지 실체 중 4번을 읽은 후 다음 질문에 답하십시오.**

1. 예수님께서 승천하신 후 삼위일체 하나님 중 누가 하나님의 사람들에게 말하도록 보냄을 받았습니까?
   □ a. 아버지 하나님
   □ b. 예수님
   □ c. 성령님

2. 하나님이 말씀하시는 네 가지 방법은 무엇입니까?

____

3. 하나님이 말씀하실 때 무엇을 계시하십니까?

____

하나님은 자신과 자신의 목적과 방법을 계시하기 위해서, 성령님에 의해 성경, 기도, 환경과 교회를 통해서 말씀하십니다. 나중에 몇 과에 걸쳐서 하나님이 말씀하시는 방법에 대해서 배우기로 하겠습니다. 저는 당신에게 어떤 공식을 줄 수는 없습니다. 그러나 이때가 하나님이 당신에게 말씀하시는 때라고 말해 줄 수는 있습니다. 저는 성경에서 말씀하고 계신 것을 당신과 나누겠습니다. 성경의 증거가 당신에게 용기를 북돋워 줄 것입니다. 하나님께서 성경에서 어떤 사람에게 말씀하시고자 했을 때, 그 사람은 그것이 하나님인 것을 알았고 또 하나님이 무엇을 말씀하시는지를 알았습니다.

요한복음 10：2-4,14에서 예수님은 이렇게 말씀하셨습니다.

- 문으로 들어가는 이가 양의 목자라
- 양은 그의 음성을 듣는다
- 양들이 그의 음성을 아는 고로 따라간다
- 나는 선한 목자라 내가 내 양을 알고 양도 나를 아는 것이

하나님의 음성을 아는 것의 열쇠는 어떤 공식이 아닙니다. 어떤 방법이라서 당신이 따를 수 있는 것도 아닙니다. 하나님의 음성을 아는 것은 친밀한 사랑의 관계에서 비롯됩니다. 그렇기 때문에 관계를 갖고 있지 못한 사람들(하나님께 속하지 않은 사람들)은 하나님께서 말씀하시는 것을 듣지 못합니다(요 8：47). 당신은 하나님께서 어떻게 당신에게 독특하게 말씀하시는지 살펴보아야 합니다. 당신은 어떤 다른 것도 의지할 수 없습니다. 하나님께만 의뢰해야 합니다. 당신의 하나님과의 관계가 무엇보다도 중요합니다.

➡ **다음의 문장들 중 어떤 것이 당신에게 하나님의 음성을 알게 하는 방법을 가장 잘 설명하고 있습니까?**

□ a. 하나님이 기적적인 표적을 주시면 저는 하나님이 제게 말씀하셨음을 압니다.
□ b. 하나님과의 친밀한 사랑의 관계에서 저는 하나님의 음성을 감지하게 됩니다.
□ c. 올바른 공식을 배워서 그대로 하면 하나님의 음성을 들을 수 있습니다.

□d. 저는 성경을 펴서 제가 사용하고 싶은 구절을 뽑아 제 환경에 하나님의 말씀을 갖다 붙이고 하나님의 말씀이 임했다고 주장합니다.

하나님의 음성을 아는 열쇠는 무엇입니까?

하나님과의 관계가 하나님이 말씀하실 때 그 분의 음성을 듣는 데 있어서의 열쇠입니다. b가 바로 위 질문의 답입니다. 그럼 a,c,d는 왜 틀립니까? 성경에 보면 가끔 하나님이 기적적인 표적을 통해서 사람들에게 그 분의 말씀을 확인시켜 주신 이야기가 나옵니다. 기드온이 하나의 예입니다(삿 6장). 하나님께 표적을 구하는 것은 종종 불신앙의 증거가 됩니다. 서기관들과 바리새인들이 예수님께 표적을 구했을 때, 예수님께서는 그들을 "악하고 음란한 세대"라고 저주하셨습니다(마 12 : 38-39). 그들은 너무도 자기 중심적이었고 죄로 가득 찼기 때문에 하나님이 그들 중에 계신 것을 깨닫지도 못했습니다(눅 19 : 41-44).

"올바른 공식"도 옳은 방법이 아닙니다. 모세의 경우와 같이 불붙은 떨기나무를 본 사람이 또 있습니까? 한 명도 없지요. 하나님은 당신이 어떤 공식을 숙련공처럼 사용하게 되는 것을 원치 않으십니다. 그는 당신과 친밀한 사랑의 관계를 맺기 원하십니다. 하나님은 당신이 오직 그 분께만 의지하기를 바라십니다. 하나님의 음성을 듣는 것은 어떤 방법이나 공식에 달린 것이 아니라 하나님과의 관계 속에서 이루어지는 것입니다.

어떤 사람들은 왜 d가 틀렸을까 속으로 의아해할지도 모릅니다. 그들은 이렇게 물을 것입니다. "성경을 펴서 하나님의 말씀을 받을 수 없다는 말인가?" 물론 당신은 그럴 수 있습니다. 그러나 성령님만이 당신이 처한 상황에서 하나님이 주시려고 하는 진리를 보여주실 수 있습니다. d가 얼마나 자기 중심적인지 살펴보십시오. "저는 성경을 펴고… 제가 사용하고 싶은 구절을 뽑고… 제 환경에 맞추고…" 아무리 환경이 당신의 생각과 일치하더라도 오직 하나님만이 당신의 환경에 필요한 말씀을 보여주실 수 있습니다.

당신은 하나님의 말씀을 받았다고 주장하는 것에 주의해야 할 필요가 있습니다. 하나님께 말씀을 받았다고 주장하는 것은 아주 심각한 문제입니다. 만일 당신이 하나님의 말씀을 받았다면, 당신은 그것이 이루어질 때까지 계속 정진해야 합니다(아브라함처럼 그것이 25년이 되더라도). 만일 당신이 하나님의 말씀을 받지 않고도 받은 것처럼 얘기하면, 당신은 거짓 선지자로 심판대 앞에 서야 합니다.

> "네가 혹시 심중에 이르기를 그 말이 여호와의 이르신 말씀인지 우리가 어떻게 알리요 하리라. 만일 선지자가 있어서 여호와의 이름으로 말한 일에 증험도 없고 성취함도 없으면 이는 여호와의 말씀하신 것이 아니요 그 선지자가 방자히 한 말이니 너는 그를 두려워 말지니라." (신 18 : 21-22)

구약성경에서 거짓 선지자에 대한 벌은 사형이었습니다(신 18 : 20). 그것은 분명히 아주 무서운 벌입니다. 하나님께 말씀을 받는 일을 가볍게 다루지 마십시오.

하나님은 당신을 사랑하십니다. 그리고 당신과 친밀한 관계를 맺기를 원하십니다. 하나님의 말씀을 구하고자 할 때, 하나님은 오직 당신에게만 의지하기를 원하십니다. 하나님은 당신이 하나님의 음성 듣기를 배우고 하나님의 뜻을 알기를 원하십니다. 당신의 하나님과의 관계가 하나님이 당신에게 말씀하실 때 당신이 들을 수 있는 열쇠입니다.

➡ 다음의 기도를 한번 고려해 보십시오. "하나님 저는 당신과 그런 사랑의 관계를 맺음으로 당신이 말씀하실 때 듣고 응답하게 되기를 기도합니다."

오늘 배운 것을 복습하십시오. 오늘 학습한 내용 중에서 하나님께서 당신으로 하여금 이해하고, 배우고, 실천하기 원하는 구절이나 성구를 하나나 둘쯤 지적해 주시기를 기도하십시오. 그리고 난 후 아래의 질문에 답하십시오.

오늘 학습한 내용 중 어떤 구절이나 성구가 당신에게 가장 뜻있게 와 닿았습니까?

하나님께 속한 자는 하나님의 말씀을 듣나니.

위의 구절이나 성구를 하나님께 대한 당신의 기도로 바꾸십시오.

하나님의 말씀을 듣게 인도해 주십시오

오늘의 학습에 대한 반응으로 하나님은 당신의 무엇을 하기 원하십니까?

하나님의 말씀을 듣게

이 과의 요점

- 하나님은 변하지 않으셨다. 하나님은 아직도 그의 사람들에게 말씀하신다.
- 내가 하나님의 음성을 듣는 데 어려움을 겪고 있다면 나의 그리스도인 생활의 가장 중요한 부분에 이상이 있는 것이다.
- 하나님은 성령님으로 더불어 성경, 기도, 환경과 교회를 통해서 자신에 대해서, 자신의 뜻과 방법에 대해서 말씀하신다.
- 하나님의 음성을 아는 일은 하나님과 친밀한 사랑의 관계를 맺는 데서 비롯된다.

제 5 과 하나님은 목적을 가지고 말씀하신다

하나님은 주어진 임무를 수 행할 수 있도록 거기에 맞는 성품을 키워주신다.

우리는 종종 하나님이 우리에게 말씀하셔서 헌신하고자 하는 마음이 저절로 생겨 하루 종일 기분 좋은 상태가 되기를 바랍니다. 만일 만유의 하나님이 당신에게 말씀하시길 원하신다면, 당신은 하나님이 당신이 있는 그 자리에서 무엇을 하고 계신지를 보여주시기에 합당한 준비가 되어 있어야 합니다. 성경에서 하나님은 사람들과 대화를 나누려고 나타나지는 않으셨습니다. 하나님은 항상 무언가를 염두에 두고 계셨습니다. 하나님께서 성경, 기도, 환경, 교회 혹은 어떤 다른 것을 통해 당신에게 말씀하실 때, 그분은 당신의 인생에 목적을 가지고 계십니다.

아브람

하나님이 아브람에게 말씀하셨을 때 하나님은 무엇을 하려 하고 계셨습니까?(창 12장) 하나님은 한 나라를 세우려는 계획을 가지고 계셨습니다. 하나님의 시기를 살펴보십시오. 왜 하나님은 하필이면 그때 아브람에게 말씀하셨습니까? 하나님께서 바로 그 때 한 나라를 세우시기를 원하셨기 때문이지요. 하나님이 무엇을 하시려는지 알게 된 바로 그 순간에 아브람은 자기의 인생을 하나님이 원하시는 쪽으로 조정해야 했습니다. 그는 하나님이 하라시는 대로 즉시 따랐어야 했습니다.

하나님께서 당신에게 말씀하시는 바로 그 순간에 하나님은 당신이 응답하기를 원하신다.

하나님은 당신에게 말씀하시는 바로 그 순간 당신이 응답하기를 바라십니다. 우리는 대부분 서너 달 동안 그것에 대해 생각할 시간이 있다고 가정하고 또 과연 지금이 하나님이 원하시는 시기인지 아닌지를 결정하려고 합니다. 하나님이 당신에게 말씀하시는 바로 그 순간이 하나님의 시기입니다. 그렇기 때문에 하나님은 그 때를 택해서 말씀하신 것입니다. 하나님은 그 분의 종이 움직일 준비가 되어 있을 때 그에게 말씀하십니다. 그렇지 않았다면 하나님은 당신에게 말씀하지 않으셨을 것입니다. 하나님이 당신 삶의 중심으로 들어오실 때, 당신의 응답의 시기는 매우 중요합니다. 하나님이 당신에게 말씀하실 때, 당신은 하나님을 믿고 신뢰할 필요가 있습니다.

하나님이 당신에게 말씀하시는 바로 그 순간이 하나님의 시기이다.

하나님이 아브람(나중에 아브라함이라고 이름지어 주심)에게 이삭을 주겠다고 하셨을 때로부터 얼마 후에 그 약속된 아이 이삭이 태어났습니까? 25년 후입니다(창 12 : 4 ; 21 : 5). 왜 하나님은 25년을 기다리셨습니까? 하나님이 이삭에게 어울리는 아버지를 만드시는 데 25년이 걸린 것입니다. 하나님은 아브람에게보다는 한 나라에 더 관심이 있으셨습니다. 그 아버지의 품성이 따라오는 여러 세대의 성향을 좌우합니다. 조상에 따라서 자손들이 나오기 마련인 것입니다. 하나님은 아브람을 좋은 품성을 지닌 사람으로 만드시려고 많은 시간을 투자하셨습니다. 아브람은 곧 하나님께로 자신의 인생을 조정해야 했습니다. 이삭이 태어나기까지 기다렸다가 하나님이 원하시는 품성의 아버지로 갑자기 바뀔 수는 없었으니까요.

➡ **맞는 문장에는 ○표, 틀린 문장에는 ×표 하십시오.**

_X_ 1. 하나님은 내가 헌신된 마음을 갖고 하루 종일 기분 좋은 상태에 있게 하시려고 나에게 말씀하신다.

_____ 2. 하나님이 내 인생에 어떤 목적을 갖고 계실 때 나에게 말씀하신다.

_____ 3. 하나님이 내게 말씀하실 때 나는 여유 있게 언제, 어떻게 응답할 지 생각해도 된다.

_____ 4. 하나님이 내게 말씀하실 때 나는 즉시 응답하고 나의 인생을 하나님께로, 하나님의 목적으로, 하나님의 방법으로 조정해야 한다.

_____ 5. 하나님이 말씀하시는 바로 그 순간이 하나님의 시기이다.

우리는 너무 빠른 응답에 급급해서 종종 하나님이 우리의 품성을 바꾸시는 일을 소홀히 여깁니다. 하나님께서 말씀하실 때 하나님은 당신의 인생에 대해 어떤 목적을 마음에 품고 계십니다. 하나님이 당신에게 말씀하시는 순간 당신의 응답은 시작되어야 합니다. 1번과 3번은 틀리고, 2,4,5번은 맞습니다.

하나님은 주어진 임무를 수행할 수 있도록 거기에 맞는 성품을 키워주신다

하나님이 아브람을 부르셨을 때 이렇게 말씀하셨습니다. "네 이름을 창대케 하리니…" (창 12 : 2). 그것은 "내가 너에게 줄 임무를 수행할 수 있도록 거기에 맞는 성품을 키워주겠다"라는 말씀과 같습니다. 큰 임무를 수행하는 사람이 왜소한 성품을 갖고 있는 것보다 병적인 것은 또 없습니다. 우리는 대개 우리 자신의 성품을 돌아보기는 거부하면서 그저 하나님이 큰 임무를 맡겨주시기만을 기대합니다.

한 목사님이 큰 교회에서 그를 담임 목사님으로 초빙하기를 기다리고 있다고 생각해 봅시다. 그런데 어떤 작은 교회에서 그 목사님에게 전화를 해서 이렇게 말합니다. "와이오밍 서부에 오셔서 직장생활을 하시면서 동시에 목사님으로 봉사해 주실 수 있으시겠습니까?"

"글쎄요, 안되겠는데요."라고 그 물망에 오른 목사님이 대답합니다. 그리고 그는 이렇게 생각합니다. "나는 여기서 하나님이 주실 임무를 기다리고 있어. 나는 너무나 많은 교육을 받았어. 나의 인생을 그런 세상적인 직업을 가짐으로 허비할 순 없지. 나는 온전히 사역해야 해. 나는 그것보다는 좀더 중요한 일을 해야 해."

➡ **목사님의 응답을 어떻게 평가할 수 있습니까?**

☐ 하나님 중심의 응답이었다.
☐ 자기 중심의 응답이었다.

"잘하였도다 착하고 충성된 종아 네가 작은 일에 충성하였으매 내가 많은 것으로 네게 맡기리니, 네 주인의 즐거움에 참예할지어다."
—마태복음 25 : 21

그 목사님의 응답이 얼마나 자기 중심적인지 보셨습니까? 인간의 판단력은 하나님의 관점을 당신에게 줄 수 없습니다. 당신이 작은 일에 충성하지 않으면 하나님은 당신에게 큰 임무를 맡기지 않으십니다. 하나님은 당신의 인생과 성품을 작은 임무에 맞게 조정하신 후 나중에 그것을 통해서 큰 임무를 맡기십니다. 이것이 하나님이 일을 시작하시는 곳입니다. 당신이 그렇게 자신을 조정하고 순종할 때, 하나님을 경험으로 알게 됩니다. 당신이 하나님을 알게 되는 것, 그것이 당신의 인생에 있어서 하나님의 목적입니다. 하나님이 능력으로 당신의 삶에서, 당신을 통하여 일하시는 것을 경험하고 싶으십니까? 그렇다면 당신의 인생을 하나님께로 맞추고 하나님이 당신을 어디로 인도하시든 따라가는 그런 관계를 맺으십시오. 하나님께서 주시는 임무가 작건, 중요치 않

건 간에, 당신은 "잘하였도다. 착하고 충성된 종아"라는 말을 듣고 싶지 않으십니까? (마 25 : 21)

이제 당신은 이렇게 물으실지 모릅니다. "그 목사님이 받으신 와이오밍 서부로 오라는 요청은 작은 임무이니까 자동적으로 하나님으로부터 온 것이라고 가정할 수 있습니까?" 아니지요. 임무가 당신이 보기에 작건 크건 간에 그것이 하나님으로부터 온 것인지 아닌지 확인해야 합니다. 그러나 당신은 언제나 하나님께서 당신에게 말씀해 주시도록 해야 합니다. 크고 작은 어떤 임무건 간에 당신의 선입견 때문에 가능성을 배제하는 일은 없어야 합니다. 이것을 기억하세요. 당신은 하나님과의 관계를 통해서 알게 될 것입니다. 관계성을 뛰어넘을 생각은 마십시오.

관계성을 통해서 당신은 알게 될 것이다.

➡ **다음 학습으로 넘어가기 전에 이 물음에 답해 보십시오. 당신이 낚시를 가려 했거나, 월요일 밤 미식축구경기를 보려 했거나, 쇼핑을 갈 계획을 가지고 있었다고 가정합시다. 그런데 하나님께서 당신에게 그 분의 일에 참여할 기회를 주신다면 당신은 어떻게 하겠습니까?**

☐ 1. 나는 우선 내 계획을 모두 실현한 뒤 하나님의 계획을 남는 시간에 끼워 넣을 것입니다.
☐ 2. 나는 하나님께서 이미 나의 모든 계획을 알고 계신다는 것을 믿기 때문에, 새로운 계획이 제시된다면 그것은 하나님께로부터 온 것이 아닙니다.
☐ 3. 내가 하고 싶은 것과 하나님이 원하시는 것을 둘 다 하려고 최선을 다 할 것입니다.
☐ 4. 나의 계획을 하나님이 하시고자 하는 일에 따라 조정할 것입니다.

주인되심

저는 낚시나 미식축구를 즐기는 것은 세상이 없어져도 방해받을 수 없다고 생각하는 사람들을 알고 있습니다. 그들은 마음속으로는 하나님을 섬기고 싶다고 하지만 자기들의 계획에 방해가 되는 것이면 어떤 것이라도 그들의 인생에서 제해 버리고 있는 것입니다. 그들은 너무나 자기 중심적이기 때문에 하나님이 그들에게 오실 때를 알아차리지 못합니다. 당신이 하나님 중심으로 사는 사람이라면 당신의 환경을 하나님이 원하시는 대로 조정할 것입니다.

> 하나님은 당신의 생활을 방해하실 권리가 있으십니다. 그는 주인이십니다. 당신이 하나님을 주인으로 모실 때, 당신은 하나님께서 언제 어느 때라도 원하시는 그때에 당신의 인생에 들어오실 수 있는 권리를 드린 것입니다.

주인이 종에게 무언가를 지시했을 때, 종이 열 번 중 다섯 번을 이렇게 대답했다고 가정합시다. "죄송하지만 저는 나름대로의 계획이 있는데요." 주인이 어떻게 하겠습니까? 아마도 그 종의 버릇을 고쳐놓을 것입니다. 만일 그 종이 주인이 버릇을 고치려

해도 응하지 않는다면, 주인은 그 종에게 다시는 어떤 임무도 맡기지 않을 것입니다.

당신은 이렇게 말하고 있을지 모릅니다. "오, 나도 존이나 수지처럼 하나님이 나를 통해 일하시는 것을 경험하고 싶다." 그러나 존이나 수지는 하나님이 그들에게 오실 때마다 자기를 하나님께 조정하고 하나님께 순종합니다. 그들이 작은 일에 충성했을 때, 하나님은 그들에게 좀더 중요한 임무를 맡기셨습니다.

당신이 작은 일에 충성하기를 원하지 않는다면 하나님은 당신에게 보다 큰 임무를 맡기실 수 없다.

당신이 작은 일에 충성하기를 원하지 않는다면 하나님은 당신에게 보다 큰 임무를 맡기실 수 없습니다. 작은 일들은 항상 하나님이 원하시는 성품을 키워나가는 데 사용됩니다. 하나님은 항상 주어질 임무에 걸맞는 성품을 만들어내십니다. 하나님께서 당신에게 훌륭한 임무를 맡기고 싶어하시면, 임무를 맡기시기 전에 당신 성품을 그 임무에 맞도록 훌륭하게 키워주실 것입니다.

➡ **하나님의 주인되심과 임무에 따라 성품을 키워주시는 것에 대해 생각해 보시고 다음의 질문에 답하십시오.**

1. 하나님께서 어떤 임무를 당신에게 맡겨주시기를 원해 왔습니까? 그것에 관련된 삶의 영역에서 좌절감이나 실망을 느끼신 일이 있습니까?

2. 당신은 하나님이 당신을 사용하려고 하신다는 것을 느꼈지만 그의 인도를 받지 않기로 결정한 기억이 있습니까? 그렇다면 그때의 상황을 짧게 써보십시오.

3. 성령님께서 지금 당신의 성품에 대해서 당신에게 말씀하고 계시지 않습니까? 무엇이라고 말씀하십니까?

4. 당신의 행동은 예수님이 당신의 주인임을 당신의 삶에서 반영합니까? 그렇지 않다면 예수님이 지금 당신 삶의 주인임을 주장하실 때 어떻게 반응하겠습니까?

하나님은 어떤 임무를 위해 당신을 준비시키는 시간이 필요하시다.

하나님이 당신에게 어떤 지시를 내리실 때, 그것을 받아들이고 정확히 이해한 뒤 하나님께서 당신을 그 임무에 믿고 맡길 수 있는 적절한 사람으로 변화시키시도록 충분한 시간을 드리십시오. 하나님께서 부르신 그 순간에 당신이 하나님께서 주실 임무에 준비되었다고 가정하지 마십시오.

다윗 다윗은 사무엘을 통해서 하나님이 왕으로 부르신 지 얼마 만에 왕위에 올랐습니까? 아마 10년 내지 12년 후였을 것입니다. 하나님은 그 기간 동안 무엇을 하고 계셨습니까? 하나님은 다윗으로 하여금 하나님과의 관계를 키우도록 하셨습니다. 왕이 그런 관계가 되면 그 나라도 그렇게 되는 것입니다. 당신은 성품을 그냥 지나칠 수 없습니다.

바울 살아 계신 주님을 만난 지 얼마 만에 사도 바울은 그의 첫 전도 여행을 떠났습니까? 아마 10년 내지 11년 후일 것입니다. 초점은 바울에게 맞춰질 것이 아니라 하나님께 맞추어져야 합니다. 하나님은 잃어버린 세상을 구원하시려고 했고, 또한 바울을 통해서 이방인들의 구원을 시작하신 것입니다. 하나님은 바울을 준비시키기 위해서 그만큼의 시간을 필요로 하셨던 것입니다.

하나님께서 당신이라는 사람을 위해서 당신을 준비시키는 데 시간을 투자하시는 것입니까? 아닙니다. 당신만을 위한 것이 아니라 당신을 통해 하나님께서 찾으시려는 사람들도 위한 것입니다. 그들을 위해서, 우리가 말하고 있는 이 하나님과의 관계로 당신을 드리십시오. 그러면 하나님이 당신에게 임무를 맡기실 때, 당신을 통해 찾으시고자 하는 사람들의 인생에서 원하는 모든 일을 이루실 것입니다.

➡ **오늘 배운 것을 복습하십시오. 오늘 학습한 내용 중에서 하나님께서 당신으로 하여금 이해하고, 배우고, 실천하기 원하는 구절이나 성구를 하나나 둘쯤 지적해 주시기를 기도하십시오. 그리고 난 후 아래의 질문에 답하십시오.**

오늘 학습한 내용 중 어떤 구절이나 성구가 당신에게 가장 뜻있게 와 닿았습니까?

네가 충성하였으니 내가 많은 것으로 너에게 맡기리라,

위의 구절이나 성구를 하나님께 대한 당신의 기도로 바꾸십시오.

충성할 수 있도록, [illegible] 주십시오

오늘의 학습에 대한 반응으로 하나님은 당신이 무엇을 하기 원하십니까?

충성.

이 단원의 암송구절을 한번 써보십시오(시 20 : 7).

혹은 병거, 혹은 말을 의지하나 우리는 여호와

우리 하나님의 이름을 자랑하리로다

지금까지 외운 암송구절들을 복습하고 모임에서 한 사람과 맞추어 볼 수 있도록 준비하십시오.

이 과의 요점

- 나에게 말씀하시는 바로 그 순간 하나님은 내가 응답하기를 원하신다.
- 하나님이 내게 말씀하시는 순간이 하나님의 시기이다.
- 하나님은 내게 주실 임무에 맞도록 나의 성품을 키워주신다.
- 하나님은 나의 생활을 방해하실 권리가 있으시다. 내가 하나님을 주님으로 모실 때, 나는 하나님께서 언제 어느 때라도 원하시는 때에 나의 인생에 들어오실 수 있는 권리를 드린 것이다.

제3단원 하나님은 사랑의 관계를 추구하신다

캐리의 암

제 아이들 중 한 녀석은 자기 맘대로 해주지 않으면, "아빠는 나를 사랑하지 않지요?" 라고 말하지만 제 사랑엔 변함이 없었습니다. 단지 그 아이에 대한 저의 사랑이 그 아이가 원하는 방법과는 다르게 표현되었을 뿐입니다. 우리의 외동딸 캐리가 열여섯살 때, 암에 걸려 화학요법과 방사선치료를 받았습니다. 우리는 캐리가 고통받는 것을 보면서 함께 고통을 받았습니다. 어떤 사람들은 그와 같은 경험을 할 때 왜 하나님이 더 이상 사랑해 주시지 않느냐고 불평을 합니다. 캐리의 투병은 우리에게 절망적인 경험일 수도 있었습니다. 그러나 그 분의 사랑이 변했습니까? 아니지요.

이런 상황에 처했을 때, 하나님께 무슨 일이 일어나고 있는지 보여달라고 부탁할 수 있습니다. 우리는 그렇게 했습니다. 우리는 하나님께 우리가 무엇을 해야 할지를 여쭈어 보아야 했습니다. 우리는 이와 같이 모든 종류의 질문을 했지만, "주님, 당신은 아마 저를 사랑하지 않으시는가 보군요."라고 말한 적은 없었습니다.

때때로 저는 하나님 앞에 나아가서 딸 아이 뒤에 있는 십자가를 보았습니다. "아버지, 환경 때문에 하나님의 사랑을 의심하지 않도록 도와주십시오. 저를 향한 당신의 사랑은 십자가에서 이미 다 해결되었습니다. 저에게 그 사실은 변하지 않았고 또한 변하지 않을 것입니다." 이 기도는 하나님 아버지와의 사랑의 관계가 어려울 때 고비를 넘기도록 우리를 지켜주었습니다.

환경이 어떻든지 하나님의 사랑은 결코 변하지 않습니다. 캐리가 암에 걸리기 훨씬 전부터 제가 결심한 게 있는데, 그것은 어떤 환경이 닥치든지 십자가의 공로를 생각지 않고는 그 환경을 보지 않기로 한 것입니다. 예수 그리스도의 죽음과 부활을 통해서 하나님은 저에 대한 그 분의 사랑을 영원토록 확신시켜 주셨습니다. 십자가와 예수 그리스도의 죽음과 부활이야말로 하나님 사랑의 전체적이고, 완전하며, 최종적인 표현입니다. 하나님의 사랑을 결단코 의심하지 마십시오. 하나님을 경험하고 알고 싶어하기 전에 하나님이 당신을 사랑한다는 사실을 우선 확실하게 해놓으십시오. 하나님은 사랑의 관계를 위해서 당신을 창조하셨습니다. 그 분은 당신을 그 관계로 불러들이려고 노력하십니다. 하나님과 당신의 모든 교제는 그 분의 당신에 대한 사랑의 표현입니다. 만일 하나님께서 완전한 사랑이 아닌 다른 방법으로 자신을 표현하신다면, 하나님은 하나님이기를 멈추셔야 할 것입니다.

이 단원의 암송구절 **예수께서 가라사대 네 마음을 다하고 목숨을 다하고 뜻을 다하여 주 너의 하나님을 사랑하라 하셨으니 이것이 크고 첫째 되는 계명이요.**
—마태복음 22 : 37-38

제 1과 사랑의 관계를 위하여 창조되다

하나님과의 사랑의 관계가 당신의 인생에 있어서 그 어떤 것보다도 가장 중요한 요소이다.

지난 두 단원에서, 저는 하나님의 뜻을 알고 행하는 데 있어서 기초가 되는 몇 가지 원칙들을 소개했습니다. 1단원의 '하나님을 경험하는 삶의 일곱 가지 실체'는 하나님께서 그 분의 뜻을 이루시는 데 사용하시는 관계를 잘 요약해 줍니다. 제가 전에도 말씀드린 바와 같이, 이 책은 당신에게 하나님의 뜻을 알고 행하는 데 있어서의 어떤 프로그램이나 방법 또는 공식을 가르치기 위해 쓰여진 것이 아닙니다. 이 책은 당신의 눈을 당신과 하나님과의 관계에 돌리도록 하기 위하여 쓰여진 것입니다. 하나님은 그 관계를 바탕으로 당신을 통해서 하나님의 기뻐하시는 일을 하실 것입니다.

➡ **복습하는 뜻에서, 아래의 하나님을 경험하는 삶의 일곱 가지 실체에 빈칸을 채워보십시오. 도움이 필요하면 책의 맨 뒤에 첨부된 도표를 보셔도 됩니다.**

1. ____________ 항상 당신의 주위에서 일하고 계십니다.
2. 하나님은 당신과 실질적이고 ____________, 지속적인 사랑의 ____________를 추구하십니다.
3. 하나님은 당신이 그 분의 ____________에 ____________ 당신을 초청하십니다.
4. 하나님은 자신과 그의 ____________과 그의 길들을 보여주기 위하여 ____________성경, ____________, 환경과 ____________를 통해서 말씀하십니다.
5. 하나님의 부르심은 항상 당신을 ____________의 갈등으로 몰아넣고 ____________과 그에 따른 행동을 요구합니다.
6. 당신은 하나님의 역사에 참여하기 위해서 당신의 인생을 하나님의 뜻에 맞게 ____________해야 합니다.
7. 당신이 하나님께 ____________하고, 하나님이 당신을 통해서 그 분의 일을 성취시킴으로 말미암아, 당신은 ____________으로 하나님을 알게 됩니다.

본 단원은 두번째 실체에 중점을 두고 공부하게 됩니다. 아래에 '당신'이라는 말을 '나'로 고쳐서 두번째 실체를 써보십시오.

____

____

____

당신의 답을 책의 맨 뒤에 첨부된 도표와 비교해 보십시오.

사랑의 관계

이 과를 공부하는 동안 하나님께서 당신과의 사랑의 관계를 추구하고 계심을 당신이 볼 수 있도록 제가 돕고 싶습니다. 하나님이 바로 당신을 이러한 관계로 불러들이는 데 있어서 주도권을 잡고 계시는 장본인이십니다. 그 분은 당신을 그 분과의 사랑의 관계를 위해 창조하셨습니다. 그것이야말로 당신 인생의 목적이 되는 것입니다. 이 사랑의 관계는 당신에게 실질적이고, 개인적일 수 있으며, 또 그렇게 되어야만 합니다.

➡ **만일 당신이 하나님 앞에 서 있다면, 당신은 '저는 당신을 제 마음을 다하고 목숨을 다하고 뜻을 다하여 사랑합니다' 라고 하나님과 당신의 관계를 설명할 수 있습니까? 예 ☐ 아니오 ☐ 왜 그런지 이유를 쓰십시오.**

____

____

당신은 하나님과 당신의 관계를 "저는 당신을 제 마음을 다하여 사랑합니다" 라고 진지하게 말할 수 있습니까?

우리 교회의 성도 중 한 분은 그의 개인생활, 가정, 직장, 그리고 교회에서 항상 어려움을 겪고 있었습니다. 하루는 제가 그 분에게 물었습니다. "당신은 하나님과 당신의 관계를 '저는 당신을 제 마음을 다하여 사랑합니다' 라고 진지하게 말할 수 있습니까?"

그의 얼굴은 아주 의아하다는 표정이었습니다. "아무도 그런 것에 대해 묻지 않았어요. 하나님과 저의 관계를 그렇게 설명할 수는 없습니다. 저는 다만 제가 그 분께 순종하고, 그 분을 섬기고, 그 분을 예배하며, 그 분을 경외한다고 얘기할 수는 있습니다. 그러나 저는 그 분을 사랑한다고 얘기할 수는 없어요."

저는 그의 인생의 모든 것이 뒤죽박죽되어 있음을 깨닫게 되었는데, 그 이유는 그에 대한 하나님의 근본적인 목적이 뒤죽박죽되어 있었기 때문이었습니다. 하나님은 우리를 그 분과의 사랑의 관계를 위하여 창조하셨습니다. 당신이 만일 당신과 하나님과의 관계를 설명할 때 '저는 하나님을 제 모든 목숨을 다하여 사랑합니다' 라고 하지 못한다면, 지금 당신은 성령님께 그런 관계에 들어갈 수 있게 해달라고 기도해야 합니다.

➡ **당신이 그런 관계에 놓일 필요가 있고 그렇게 되기를 진심으로 원한다면, 지금 당신이 하던 일을 잠깐 멈추고, 온 마음을 다하여 하나님을 사랑할 수 있는 관계로 당신을 이끌어 주시도록 성령님께 부탁하십시오.**

하나님을 향한 당신의 사랑을 표현하는 것에 기도 시간을 할애하십시오. 하나님이 당신에게 보여주신 사랑을 인하여 하나님께 감사를 드리십시오. 감사 제목을 자세하게 하나씩 나열하십시오. 왼쪽의 빈공간에라도 적어보십시오. 하나님의 사랑과 인자하심을 인하여 하나님을 찬양하십시오.

제가 만일 구약성경을 전체적으로 요약해야 한다면, 다음의 구절을 빌려서 표현할 것입니다. "이스라엘아 들으라 우리 하나님 여호와는 오직 하나인 여호와시니 너는 마음을 다하고 성품을 다하고 힘을 다하여 네 하나님 여호와를 사랑하라"(신 6 : 4-5).

가장 큰 계명

당신의 그리스도인 생활의 모든 것, 당신이 하나님을 알고 경험하고 그 분의 뜻을 아는 모든 것은 당신과 하나님과의 사랑의 관계의 질에 따라 좌우된다.

하나님의 마음에서 나오는 이 절규는 구약 전체를 통해 표현되고 있습니다. 신약의 핵심 또한 구약과 같습니다. 신명기를 인용하시면서, 예수님은 가장 큰 계명이 "네 마음을 다하고 목숨을 다하고 뜻을 다하고 힘을 다하여 주 너의 하나님을 사랑하라 하신 것이요" (막 12 : 30) 라고 하셨습니다. 모든 것의 근원은 이것에 달려 있습니다! 당신의 그리스도인 생활의 모든 것, 당신이 하나님을 알고 경험하고 그 분의 뜻을 아는 모든 것은 당신과 하나님과의 사랑의 관계의 질에 따라 좌우됩니다. 만약 그것이 바로 되어 있지 않다면, 당신의 인생에 있어서 아무것도 바로 되지 못할 것입니다.

➡ **다음의 성경구절들을 찾아서 읽으십시오. 다음 구절들은 모두 사랑의 관계에 대해서 얘기하고 있습니다. 읽어내려가면서 '사랑' 이란 단어가 나올 때마다 강조하는 뜻에서 동그라미를 치십시오.**

신명기 30 : 19-20상—내가 오늘날 천지를 불러서 너희에게 증거를 삼노라 내가 생명과 사망과 복과 저주를 네 앞에 두었은즉 너와 네 자손이 살기 위하여 생명을 택하고 네 하나님 여호와를 사랑하고 그 말씀을 순종하며 또 그에게 부종하라 그는 네 생명이시요 네 장수시니

요한복음 3 : 16—하나님이 세상을 이처럼 사랑하사 독생자를 주셨으니 이는 저를 믿는 자마다 멸망치 않고 영생을 얻게 하려 하심이니라

요한복음 14 : 21—나의 계명을 가지고 지키는 자라야 나를 사랑하는 자니 나를 사랑하는 자는 내 아버지께 사랑을 받을 것이요 나도 그를 사랑하여 그에게 나를 나타내리라

로마서 8 : 35, 37, 39—누가 우리를 그리스도의 사랑에서 끊으리요 환난이나 곤고나 핍박이나 기근이나 적신이나 위험이나 칼이랴 그러나 이 모든 일에 우리를 사랑하시는 이로 말미암아 우리가 넉넉히 이기느니라 높음이나 깊음이나 다른 아무 피조물이라도 우리를 우리 주 그리스도 예수 안에 있는 하나님의 사랑에서 끊을 수 없으리라

요한일서 3 : 16—그가 우리를 위하여 목숨을 버리셨으니 우리가 이로써 사랑을 알고 우리도 형제들을 위하여 목숨을 버리는 것이 마땅하니라

요한일서 4 : 9-10, 19—하나님의 사랑이 우리에게 이렇게 나타난 바 되었으니 하나님이 자기의 독생자를 세상에 보내심은 저로 말미암아 우리를 살리려 하심이니라 사랑은 여기 있으니 우리가 하나님을 사랑한 것이 아니요 오직 하나님이 우리를 사랑하사 우리 죄를 위하여 화목제로 그 아들을 보내셨음이니라 우리가 사랑함은 그가 먼저 우리를 사랑하셨음이라

➡ **위에서 찾은 성경구절들을 토대로 다음의 질문에 대답하십시오.**

1. 누가 당신의 "생명"입니까? ____________

2. 하나님은 어떤 방법들로 우리를 향한 그 분의 사랑을 보여주셨습니까?

____

____

3. 우리는 어떻게 하나님께 향한 우리의 사랑을 보여드릴 수 있습니까?

____

____

4. 우리가 하나님을 사랑하는 것에 대해 하나님은 무엇을 해주신다고 약속하십니까?

____

____

____

____

5. 누가 먼저 사랑했습니까? 우리입니까, 하나님입니까? ____________

정답 : 1) 주님이 당신의 생명입니다. 2) 하나님이 우리를 그 분에게로 이끄셨습니다. 하나님은 우리에게 영생을 주시려고 독생자를 보내셨습니다. 예수님은 우리를 위해서 목숨을 버리셨습니다. 3) 영원한 생명을 택하고, 하나님의 음성에 귀를 기울이고, 하나님을 굳게 잡고, 하나님의 독생자를 믿으며, 예수님의 계명과 가르침을 지키고, 우리의 형제들을 위하여 기꺼이 목숨을 바침으로. 4) 우리와 우리 후손이 하나님의 축복 아래서 살고, 예수님을 믿음으로 영생을 얻고, 하나님의 사랑을 받고, 하나님이 오셔서 우리 안에 하나님의 거하시는 처소를 만드시며, 모든 어려움을 넉넉히 이기는 사람들로 만드시며, 하나님의 사랑에서 결코 끊어지지 않게 하신다는 약속. 5) 하나님께서 먼저 우리를 사랑하셨습니다. "하나님은 사랑이시라"(요일 4 : 16). 그 분의 본성이 바로 사랑이십니다.

하나님과의 사랑의 관계가 당신의 인생에 있어서 그 어떤 것보다도 가장 중요한 요소이다.

하나님께서 당신에게 원하시는 한 가지가 무엇입니까? 그 분은 당신이 당신의 목숨을 다해 그 분을 사랑하기를 원하십니다. 당신이 하나님을 경험하는 것은 이 사랑의 관계를 갖는 것에 달려 있습니다. 하나님과의 사랑의 관계가 당신의 인생에 있어서 그 어떤 것보다도 제일 중요한 요소입니다.

➡ **오늘 배운 것을 복습하십시오. 오늘 학습한 내용 중에서 하나님께서 당신으로 하여금 이해하고, 배우고, 실천하기 원하는 구절이나 성구를 하나나 둘쯤 지적해 주시기를 기도하십시오. 해당되는 것에 밑줄을 그으십시오. 그리고 난 후**

아래의 질문에 답하십시오.

오늘 학습한 내용 중 어떤 구절이나 성구가 당신에게 가장 뜻있게 와 닿았습니까?

위의 구절이나 성구를 하나님께 대한 당신의 기도로 바꾸십시오.

오늘의 학습에 대한 반응으로 하나님은 당신이 무엇을 하기 원하십니까?

이 단원의 암송구절을 다음에 써보십시오. 그리고 다른 단원의 암송구절들도 복습하십시오.

이 단원의 제3과에서 당신은 미리 생각하고 준비해 두면 좋은 숙제를 하게 될 것입니다. 제3과의 마지막 부분에 나오는 '제3과의 숙제'를 지금 보시고 미리 생각해 두십시오.

이 과의 요점

- 나의 그리스도인 생활은 나와 하나님의 사랑의 관계의 질에 따라 좌우된다.
- 하나님은 나를 그 분과의 사랑의 관계를 위해서 창조하셨다.
- 하나님이 하시는 모든 말씀과 그의 하시는 모든 일은 사랑의 표현이다.
- 하나님과의 사랑의 관계는 나의 인생에 있어서 그 어떤 것보다도 가장 중요한 요소이다.

제 2 과 하나님과의 사랑의 관계

하나님께 사랑받는 것이 인생에서 가장 고귀한 관계이며, 가장 고귀한 성취이며, 가장 고귀한 지위이다.

높은 사다리 하나가 벽에 세워져 있는 것을 마음에 그려 보십시오. 그리고 당신의 인생이 그 사다리에 오르는 과정이라고 생각해 보십시오. 사다리 끝까지 다 오른 후에, 당신이 실수로 사다리를 다른 벽에 놓았음을 알게 된다면, 그것은 비극이 아닐까요? 오직 한 번뿐인 인생인데 당신은 잘못 살아버린 것입니다!

앞의 단원에서 당신의 삶이 하나님 중심이 되는 것에 대해 배운 바 있습니다. 그것은 당신의 삶이 하나님과의 올바른 관계 안에 있어야 함을 뜻합니다. 당신이 사랑의 관계를 위해 창조되었다는 말이 바로 이것입니다. 즉 하나님을 중심으로 한 사랑의 관계를 위해, 당신과 하나님(성부, 성자, 성령)의 관계가 당신의 인생에서 가장 중요한 요소입니다. 이것이 바르게 되어 있지 못하면, 다른 아무것도 중요하지 않습니다.

당신이 갖고 있는 모든 것이 하나님과의 관계성 뿐이라면, 당신은 그것으로 완전한 만족을 느끼시겠습니까? 많은 사람들은 이렇게 말할 것입니다. “글쎄요, 그런 관계를 가지고는 싶지만 그 외에 뭔가 다른 것도 하고 싶습니다.” 또는 “하나님께서 제게 무언가 사역이나 다른 할 일을 주시면 좋겠는데요.” 우리는 실로 무엇인가를 “하는” 사람들입니다. 우리는 우리가 무엇을 하느라고 바쁘지 않으면 무가치하고 쓸 데 없다고 느낍니다. 그러나 성경은 하나님께서 무엇을 얘기하고 계신지 가르쳐 줍니다. 하나님은 말씀하십니다. “나는 네가 무엇보다도 나를 사랑하기를 원한다. 네가 나와 사랑의 관계를 맺고 있다면 있어야 할 모든 것을 가진 것이다.” 하나님께 사랑받는 것이 인생에서 가장 고귀한 관계이며, 가장 고귀한 성취이며, 가장 고귀한 지위입니다.

그것은 당신이 하나님께 대한 사랑의 표현으로 결코 아무것도 하지 않을 것이라는 뜻은 아닙니다. 하나님은 당신이 그 분께 순종하고 또 하나님이 요구하시는 것이라면 무엇이든지 행하도록 당신을 부르실 것입니다. 그러므로 당신은 자신의 성취감을 위해서 무언가를 할 필요는 없습니다. 당신은 하나님과의 관계만으로도 완전한 성취감을 느낄 수 있습니다. 하나님으로 가득 찼을 때, 당신에게 무엇이 더 필요하단 말입니까?

➡ **조지 베벌리 셰이의 다음 찬송을 읽고 예수님으로부터 사람들의 사랑과 관심을 떼어 놓는 것들에 동그라미를 치십시오.**

은이나 금보다 나는 예수님을 갖고 싶네
재물보다 더 나는 그를 소유하고 싶네
집이나 땅보다 나는 예수님을 갖고 싶네
나는 차라리 그의 못자국 난 손에 이끌리려네

사람들의 박수보다 나는 예수님을 갖고 싶네
나는 그의 사랑을 인해 충성을 바치려네
세상의 인기보다 나는 예수님을 갖고 싶네
나는 그의 거룩한 이름에 진실하고 싶네

그는 활짝 핀 백합보다 존귀하며
그는 벌집에서 나온 꿀보다 더 달도다
그는 나의 갈급한 영혼을 모두 채우시네
나는 차라리 예수님을 갖고 그를 따르겠네

〈후렴〉
큰 나라의 왕이 되어 죄의 무서운 지배 속에 있는 것보다도
이 세상이 지금 주는 어떤 것보다도 나는 예수님을 갖고 싶네

단어들의 뜻을 잘 생각해 보십시오. 다음의 짝지어 놓은 것을 보고, 2개 중의 하나를 가져야 할 때 당신은 솔직하게 어떤 것을 택하겠습니까?

1. 내가 갖고 싶은 것 : 예수님··················(　　)
   은, 금, 재물, 집, 땅···(　　)
2. 내가 갖고 싶은 것 : 예수님··················(　　)
   인기, 사람들의 박수 ···(　　)
3. 내가 갖고 싶은 것 : 예수님··················(　　)
   큰 나라의 왕이 되는 것 (　　)

당신은 진정으로 하나님, 당신의 주님을 당신의 마음을 다해서 사랑하고 싶습니까? 그 분은 아무런 경쟁자도 허락지 않으십니다. 그 분은 이렇게 말씀하십니다.

"너희가 하나님과 재물을 겸하여 섬기지 못하느니라."

> 한 사람이 두 주인을 섬기지 못할 것이니 혹 이를 미워하며 저를 사랑하거나 혹 이를 중히 여기며 저를 경히 여김이라. 너희가 하나님과 재물을 겸하여 섬기지 못하느니라(마 6 : 24).

"너로 배불리 먹게 하실 때에 너는 조심하여… 여호와를 잊지 말고… 너희 중에 계신 너희 하나님 여호와는 질투하시는 하나님이신즉."

> 네 하나님 여호와께서 네 열조 아브라함과 이삭과 야곱을 향하여 네게 주리라 맹세하신 땅으로 너로 들어가게 하시고 네가 건축하지 아니한 크고 아름다운 성읍을 얻게 하시며 네가 채우지 아니한 아름다운 물건이 가득한 집을 얻게 하시며 네가 파지 아니한 우물을 얻게 하시며 네가 심지 아니한 포도원과 감람나무를 얻게 하사 너로 배불리 먹게 하실 때에 너는 조심하여 너를 애굽 땅 종 되었던 집에서 인도하여 내신 여호와를 잊지 말고 네 하나님 여호와를 경외하며 섬기며 그 이름으로 맹세할 것이니라 너희는 다른 신들 곧 네 사면에 있는 백성의 신들을 좇지 말라 너희 중에 계신 너희 하나님 여호와는 질투하시는 하나님이신즉 너희 하나님 여호와께서 네게 진노하사 너를 지면에서 멸절시키실까 두려워하노라(신 6 : 10-15).

당신이 하나님만 사랑할 때, 당신을 향한 사랑 때문에 하나님은 당신의 모든 필요를 채워주십니다.(마 6 : 31-33)

제한된 시간만을 위해서가 아니라 영원을 위해서 창조됨

하나님은 당신을 제한된 시간만을 위해서가 아니라 영원을 위해서 창조하셨습니다. 제한된 시간(당신이 지상에서 사는 동안) 중에는 하나님과 사귈 기회를 줍니다. 또한 그것은 하나님이 당신으로 하여금 하나님을 닮도록 당신의 성품을 키워 나가시는 기회입니다. 그리고 나면 영원한 천국이 당신에게 충만하게 펼쳐질 것입니다.

당신이 이 제한된 시간(지금 지상에서의)만을 위해서 산다면, 당신은 창조의 궁극적인 목적을 놓치게 될 것입니다. 당신이 이 제한된 시간만을 위해서 산다면, 당신의 과거가 현재의 당신의 삶을 좌우하도록 놔두게 될 것입니다. 그러나 하나님의 자녀로서 당신의 삶은 미래(언젠가 나타나게 될 당신의 모습)에 의해 만들어져야 합니다. 하나님은 지구상에서의 미래 뿐 아니라, 당신의 영원한 미래를 위해서 당신의 현재 시간을 당신을 다듬고 만들어 가는 데 사용하십니다.

➡ **당신에게 있어 과거의 어떤 일들이 당신의 현재 생활에 강하게 영향을 주고 왔습니까? 그것은 어떤 신체적, 정신적 장애나 불우한 가정 환경, 실패, 개인적인 혹은 가족에 대한 부끄러운 비밀 등이 될 수도 있고, 자존심, 성공, 인기, 인정받는 것, 지나치게 많은 재산 등을 의미할 수도 있습니다.**

____

____

당신은 자신의 과거에 의해서 좌우되고 있습니까? 아니면 당신의 미래에 의해서 좌우되고 있습니까? 이유는 무엇입니까?

____

____

바울 바울도 이와 같은 문제로 고심했습니다. 그가 자신의 과거와 미래에 대해서 어떻게 생각하고 있었는지 빌립보서 3 : 4-14에 나와 있습니다.

빌립보서 3 : 4-14

그러나 나도 육체를 신뢰할 만하니 만일 누구든지 다른 이가 육체를 신뢰할 것이 있는 줄로 생각하면 나는 더욱 그러하리니 내가 팔 일 만에 할례를 받고 이스라엘의 족속이요, 베냐민의 지파요, 히브리인 중의 히브리인이요 율법으로는 바리새인이요 열심으로는 교회를 핍박하고 율법의 의로는 흠이 없는 자로라

그러나 무엇이든지 내게 유익하던 것을 내가 그리스도를 위하여 다 해로 여길 뿐더러 또한 모든 것을 해로 여김은 내 주 그리스도 예수를 아는 지식이 가장 고상함을 인함이라 내가 그를 위하여 모든 것을 잃어버리고 배설물로 여김은 그리

스도를 얻고 그 안에서 발견되려 함이니 내가 가진 의는 율법에서 난 것이 아니요 오직 그리스도를 믿음으로 말미암은 것이니 곧 믿음으로 하나님께로서 난 의라 내가 그리스도와 그 부활의 권능과 그 고난에 참예함을 알려하여 그의 죽으심을 본받아 어찌하든지 죽은 자 가운데서 부활에 이르려 하노니

내가 이미 얻었다 함도 아니요 온전히 이루었다 함도 아니라 오직 내가 그리스도 예수께 잡힌 바 된 그것을 잡으려고 좇아가노라 형제들아 나는 아직 내가 잡은 줄로 여기지 아니하고 오직 한 일 즉 뒤에 있는 것은 잊어버리고 앞에 있는 것을 잡으려고 푯대를 향하여 그리스도 예수 안에서 하나님이 위에서 부르신 부름의 상을 위하여 좇아가노라

➡ **빌립보서 3：4-14에 나온 바울의 이야기를 읽고 다음 질문에 답하십시오.**

1. 바울의 과거 중에서 바울의 현재에 영향력을 미쳤을 만한 것들이 무엇이 있습니까? (4－6절)

2. 바울은 이런 것들에 어떤 가치를 두었습니까? (8절)

3. 바울은 어째서 그의 과거를 그렇게 하찮고 믿을 수 없는 것으로 여겼습니까?(8-11절)

4. 바울은 미래의 상을 위해서 어떤 준비를 했습니까? (13－14절)

잊음 ____________________

잡음 ____________________

좇아감 ____________________

정답：1) 그는 히브리인 중의 히브리인(참되고 충성스러운 유대인)이었고 왕가 족속인 베냐민 지파에 속했었다. 그는 율법을 지키는 데 있어서 흠이 없는 바리새인이었다. 하나님에 대해 매우 열심이 있었다. 2) 그는 그 모든 것을 배설물로, 해로 여겼다. 3) 바울은 예수님을 알고 싶어했고 그 안에서 발견되기를 원했으며 예수님과 같이 되기를 (어찌하든지 부활에 이르기를) 원했다. 4) 그는 뒤에 있는 것(과거)은 잊고 앞에 있는 것을 잡으려고 위에서 부르신 부름의 상을 위해서 푯대를 향하여 좇아갔다.

바울이 진정으로 원하던 것은 예수님을 알고 그 분과 같이 되는 것이었습니다. 당신도 당신의 인생을 하나님의 인도하심 아래 두어, 예수님을 알게 되고 그 분만을 사랑하고 그 분을 닮아갈 수 있습니다. 당신의 현재가 예수님이 빚으셔서 예수님을 닮아가는 당신의 미래에 의해 좌우되게 하십시오. 당신은 영원을 위해 창조되었습니다!

미래에 투자하는 것

"너희를 위하여 보물을 땅에 쌓아 두지 말라 거기는 좀과 동록이 해하며 도적이 구멍을 뚫고 도적질하느니라 오직 너희를 위하여 보물을 하늘에 쌓아 두라 거기는 좀이나 동록이 해하지 못하며 도적이 구멍을 뚫지도 못하고 도적질도 못하느니라 네 보물 있는 그곳에는 네 마음도 있느니라 … 너희는 먼저 그의 나라와 그의 의를 구하라 그리하면 이 모든 것을 너희에게 더하시리라."
—마태복음 6 : 19-21, 33

당신의 인생을 하나님의 목적에 맞추기 시작해야 합니다. 그 분의 목적은 현재의 시간을 초월해서 영원에까지 이릅니다. 당신의 인생, 시간, 재물 등을 계속 남을 것에 투자하고 지나가 버릴 것에 하지 마십시오. 하나님이 영원을 위해서 당신을 창조하셨음을 깨닫지 못한다면, 당신은 엉뚱한 방향으로 투자할 것입니다. 당신은 당신의 보화를 하늘에 쌓도록 해야 합니다(마태복음 6 : 19-21, 33을 보십시오).

하나님과의 사랑의 관계가 그토록 중요한 이유가 바로 이것입니다. 하나님은 당신을 사랑하십니다. 그 분은 당신에게 있어서 무엇이 최고인지를 아십니다. 오직 그 분만이 당신의 인생을 가장 가치 있는 방법으로 투자하게끔 인도하실 수 있습니다. 하나님과 동행하며 그 분의 음성을 듣는 삶을 살 때, 하나님은 이 방법들을 가르쳐 주실 것입니다.

➡ 당신은 어디에 당신의 인생과 시간과 재물을 투자하고 있습니까? 두 종류의 목록을 만들어봅시다. 왼쪽 칸에는 지나가버릴 것들을, 오른쪽 칸에는 영원한 가치를 가진 것들을 나열해 보십시오.

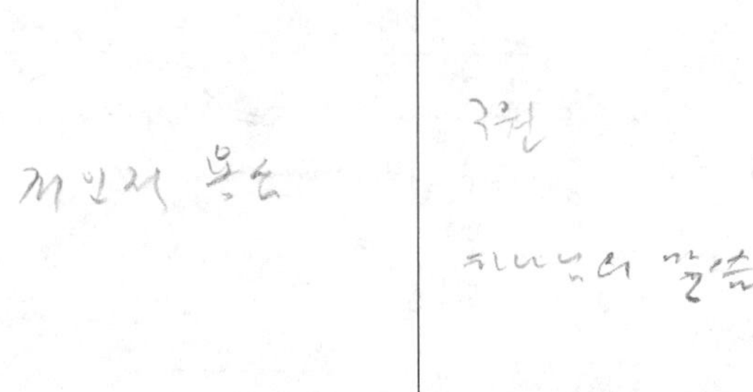

당신이 인생에 투자하는 방법에 있어서 조정을 해야 될 필요가 있는 것은 무엇인가에 대해 생각해 보고 기도하십시오. 하나님께 당신의 인생에 대한 그 분의 견해를 여쭈어보십시오. 하나님께서 조정하라고 하심을 느낀다면 어떤 것들인지 아래에 써보십시오.

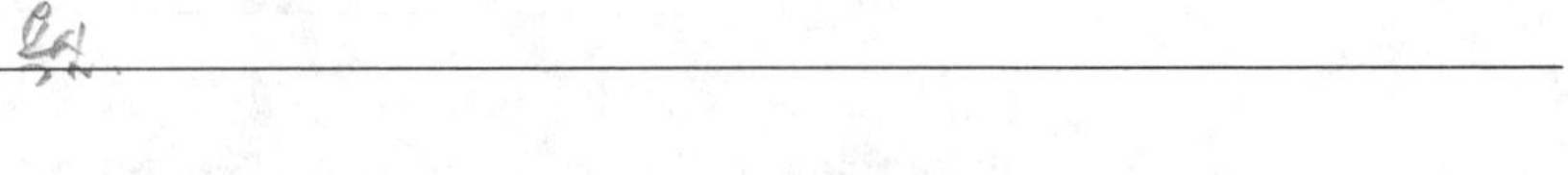

➡ 오늘 배운 것을 복습하십시오. 오늘 학습한 내용 중에서 하나님께서 당신으로 하여금 이해하고, 배우고, 실천하기 원하는 구절이나 성구를 하나나 둘쯤 지적

해 주시기를 기도하십시오. 해당되는 것에 밑줄을 그으십시오. 그리고 난 후 아래의 질문에 답하십시오.

오늘 학습한 내용 중 어떤 구절이나 성구가 당신에게 가장 뜻있게 와 닿았습니까?

하나님은 당신의 모든 필요를 채워주신다.

위의 구절이나 성구를 하나님께 대한 당신의 기도로 바꾸십시오.

저의 필요를 채워주십시오

오늘의 학습에 대한 반응으로 하나님은 당신이 무엇을 하기 원하십니까?

기도

이 과의 요점

- 하나님께 사랑받는 것이 인생에서 가장 고귀한 관계이며, 가장 고귀한 성취이며, 가장 고귀한 지위이다.
- 하나님은 나를 제한된 시간을 위해 창조하지 않으셨다. 하나님은 나를 영원을 위해서 창조하셨다.
- 나는 나의 현재가 예수님이 빚으셔서 예수님을 닮아가는 미래에 의해 좌우되도록 해야 한다.
- "그의 나라와 그의 의를 먼저 구하라."
- 나는 내 인생을 영원한 가치가 있는 것에 투자하고 있는지를 확인해야 한다.
- 오직 하나님만이 나의 인생에 가치 있게 투자하는 방법을 가르쳐 주실 수 있다.

제 3 과 하나님과 동행함

당신이 하나님과 바른 관계를 가지고 있다면, 당신은 항상 아버지 하나님과 교제하고 있을 것이다.

하나님은 첫 남자와 첫 여자인 아담과 하와를 하나님과의 사랑의 관계를 위해서 창조하셨습니다. 아담과 하와는 죄를 지은 뒤, 날이 서늘할 때 동산을 거니시는 하나님의 음성을 들었습니다. 그들은 두렵고 창피해서 하나님을 피해 숨었습니다. "네가 어디 있느냐?" 라고 질문하시는 사랑에 가득 찬 하나님의 마음을 느껴보십시오(창 3 : 9). 하나님은 사람들과의 사랑의 관계에 이상이 생겼음을 아셨습니다.

아담과 하와

당신이 하나님과 바른 관계를 가지고 있다면, 당신은 항상 아버지 하나님과 교제하고 있을 것입니다. 당신은 하나님과의 사랑의 관계를 기대하면서 하나님의 임재 가운데 있을 것입니다. 아담과 하와가 그렇지 못했을 때 이상이 생겼습니다.

하나님과 갖는 경건의 시간

매일 아침 일찍이 저는 하나님과의 약속이 있습니다. 저는 종종 저를 사랑하시는 하나님이 저를 만나려고 오실 때 무슨 일이 일어날까에 대해 생각해 보곤 합니다. "헨리야, 네가 어디 있느냐?"고 하나님이 물으실 때 제가 그 자리에 없다면, 하나님이 어떻게 느끼시겠습니까? 저는 주님과 함께 동행하면서 다음의 사실들을 발견하게 되었습니다. 제가 하나님과 단둘이서 보내는 시간을 지키는 것은 사랑의 관계를 만들기 위해서가 아니라, 오히려 관계를 가지고 있기 때문이라는 것입니다. 제가 주님과 그런 사랑의 관계를 가지고 있기 때문에, 경건의 시간을 통해서 그 분과 만나고 싶은 것입니다. 바로 거기서 저는 주님과의 시간을 보내고 있습니다. 그 분과의 시간은 그 분과의 관계를 더욱 진하고 깊이있게 만들어 줍니다.

저는 많은 사람들이 "나는 하나님과 단둘이 있는 시간을 갖기 위해 온갖 애를 다 쓰고 있어." 라고 하는 것을 듣습니다. 이것이 당신의 문제라면 제게 한 가지 제안이 있습니다. 당신은 전심을 다해 주님 사랑하는 것을 당신 인생의 최고 우선으로 놓으십시오. 그것이 당신이 경건의 시간을 갖는 데 당하는 어려움의 대부분을 해결해 줄 것입니다. 당신이 경건의 시간을 갖는 것은 당신이 그 분에 대해서 배우려는 이유 뿐만 아니라 그 분을 알고 사랑하기 때문입니다. 사도 바울은 말하기를 "그리스도의 사랑이 우리를 강권하신다"고 했습니다(고후 5 : 14).

➡ **당신이 사랑하고 결혼하기로 마음먹은 사람과 데이트를 하고 있다고 가정해 봅시다. 당신이 그 사람과 데이트를 하는(시간을 함께 보내는) 가장 큰 이유는 무엇입니까? 해당하는 답을 하나만 고르십시오.**

- ☐ 1. 그 사람이 무얼 좋아하는지 싫어하는지 알아보려고
- ☐ 2. 그 사람의 가정 형편을 알아보려고
- ☐ 3. 그 사람의 교육 수준과 지식을 알아보려고
- ☐ 4. 그 사람을 사랑하고 그 사람과 함께 있는 것이 좋아서

두 사람이 사랑하고 결혼을 약속하면 서로에 대해서 많은 것을 아는 데에 관심을 둡니

다. 그러나 그것이 데이트를 하는 가장 중요한 이유는 아닙니다. 그들은 서로 사랑하고 함께 있는 것을 즐기기 때문에 시간을 같이 보내는 것입니다.

마찬가지로, 당신은 하나님에 대해서 많은 것을 배울 것입니다. 그 분의 말씀, 목적, 그 분의 길 등을 시간을 함께 보내면서 배울 것입니다. 당신의 인생 안에서, 당신의 삶을 통해서 일하시는 하나님을 경험함으로 당신은 하나님을 더욱 잘 알게 될 것입니다. 그러나 하나님에 대해서 배우는 것이 당신이 경건의 시간을 갖는 가장 중요한 이유가 될 수는 없습니다. 하나님을 더욱 알고 체험할수록 당신은 그 분을 더욱 사랑하게 될 것입니다. 그러면 당신은 하나님을 사랑하고 그 분과 함께 있는 것을 즐기기 때문에 그 분과 단둘이 있는 시간을 갖고 싶어할 것입니다.

제3과의 숙제

다음의 과제를 할 시간을 더 주기 위해서 제3과는 보통 과보다 조금 짧게 되어 있습니다. 이 과제는 지금 당장 하실 수 있을 것입니다. 그러나 따로 시간을 내서 하실 수도 있을 것입니다. 다음 모임 전에 계획을 하고 적용을 하십시오. 당신의 개인사정에 따라 자유롭게 계획하십시오.

➡ **아담과 하와는 날이 서늘할 때 하나님과 함께 산책했습니다. 한 번에 적어도 30분 이상 "하나님과 산책하는 시간"을 따로 마련하십시오. 만일 당신이 건강하고 날씨도 좋고 장소가 허락된다면 집 밖에서 산책할 장소를 선택하십시오. 이 시간을 당신의 일상생활에서 벗어나는 기회로 삼으십시오. 홀로 하나님과 함께 할 이 시간을 위해 특별히 한나절 동안 어디를 다녀와도 좋습니다. 장소는 아래와 같은 곳이면 됩니다.**

—집에서 가까운 동네
—시내에 있는 공원
—정원
—호숫가
—교외의 숲이 우거진 곳
—모래사장
—산길
—아무곳이라도

이 시간을 하나님과 걸으면서 대화하는 데 사용하십시오. 만일 장소만 허락한다면 크게 소리를 내어서 이야기하십시오. 당신의 생각을 하나님 아버지의 사랑에 집중시키십시오. 하나님의 사랑과 자비하심을 찬양하십시오. 당신에게 그의 사랑을 표현해 주심에 대해서 감사를 드리십시오. 구체적으로 얘기하십시오. 하나님께 그 분을 향한 당신의 사랑을 표현하십시오. 그 분을 예배하고 경배하는 데 시간을 들이십시오.

하나님과 걷는 시간을 가진 후 당신의 느낀 바를 아래에 쓰십시오. 만일 해당된다면 다음의 질문에 답하십시오.

- 하나님과 걸으며 대화하는 동안 어떤 느낌을 받았습니까?
- 당신과 하나님 사이에 있는 사랑의 관계의 어떤 면에 대해서 깨달았습니까?
- 만일 이 시간이 힘들고 감정적으로 불편한 시간이었다면, 왜 그랬을 거라고 생각하십니까?
- 특별히 뜻깊거나 기뻤던 일이 생겼습니까?

이 단원의 암송구절을 소리내서 외우거나 다른 종이에 써보십시오.

이 과의 요점

- 하나님과 바른 관계를 가지고 있는 한 나는 항상 아버지 하나님과 교제하고 있을 것이다.
- 하나님을 진심으로 사랑하는 것이 내 인생에서 가장 중요한 것이 되도록 할 것이다.
- 나는 하나님과의 관계를 갖기 위해서가 아니라 하나님과 관계를 가지고 있기 때문에 경건의 시간을 가지는 것이다.

제 4 과 하나님은 사랑의 관계를 추구하신다

하나님이 주도권을 잡으신다. 하나님이 우리를 선택하셨고, 사랑하셨으며 우리의 인생을 위해 그 분의 영원한 목적을 계시하신다.

항상 하나님이 이 사랑의 관계의 주도권을 잡으십니다. 우리가 하나님을 경험하려면, 하나님께서 주도권을 잡으시고 우리에게 오셔야 합니다. 이것이 성경 전체가 증거하는 바입니다. 하나님께서 아담과 하와를 찾아 동산으로 오셨습니다. 사랑 안에서 하나님이 그들과 교제하셨고 그들도 그러하였습니다. 그 분이 노아, 아브라함, 모세 그리고 다른 선지자들에게 나타나셨습니다. 하나님께서 주도권을 잡으시고, 구약에 나오는 각 사람에게 개인적인 사랑의 교제를 통해 그 분을 경험하게 하셨습니다. 이것은 신약에서도 마찬가지입니다. 예수님께서 제자들에게 찾아오셔서 그들을 선택하시고 그 분의 사랑을 경험하게 하셨습니다. 그 분이 다메섹 도상으로 바울을 찾아오셨습니다. 우리 인간의 자연적인 상태로는 스스로 하나님을 찾지 않습니다.

아무도 자기 스스로 하나님을 찾지 않는다

"기록한 바 의인은 없나니 하나도 없으며 깨닫는 자도 없고 하나님을 찾는 자도 없고 다 치우쳐 한가지로 무익하게 되고 선을 행하는 자는 없나니 하나도 없도다."
—로마서 3 : 10-12

➡ **로마서 3 : 10-12을 읽고 다음 질문에 답하십시오.**

1. 몇 사람이나 스스로 의롭습니까? ____________
2. 몇 사람이나 영적인 것을 스스로 이해합니까? ____________
3. 몇 사람이나 하나님을 스스로 찾습니까? ____________
4. 몇 사람이나 스스로 선행을 합니까? ____________

한 사람도, 단 한 사람도 없습니다. 죄가 우리에게 너무나 큰 영향을 끼쳤기 때문에 아무도 스스로 하나님을 찾지 않습니다. 그러므로 우리가 하나님과, 혹은 하나님의 아들과 어떠한 관계라도 가지려면, 하나님께서 그것의 주도권을 잡으셔야 합니다. 이것이 바로 그 분이 하시는 일입니다.

하나님께서 우리를 그 분에게로 이끄신다

"나를 보내신 아버지께서 이끌지 아니하면 아무라도 내게 올 수 없으니 오는 그를 내가 마지막 날에 다시 살리리라 선지자의 글에 저희가 다 하나님의 가르치심을 받으리라 기록되었은즉 아버지께 듣고 배운 사람마다 내게로 오느니라 …이러하므로 전에 너희에게 말하기를 내 아버지께서 오게 하여 주지 아니하시면 누구든지 내게 올 수 없다 하였노라 하시니라."
—요한복음 6 : 44-45, 65

➡ **왼쪽의 구절을 읽고 다음 질문에 답하십시오.**

1. 누가 아버지께서 이끌어 주시지 않아도 예수님께 올 수 있습니까?

____

2. 아버지의 음성을 듣고 배우는 사람들은 무엇을 합니까?

____

3. 예수님께 사람들이 올 수 있는 단 하나의 방법은 무엇입니까?

____

예레미야 31 : 3—나 여호와가 옛적에 이스라엘에게 나타나

이르기를 내가 무궁한 사랑으로 너를 사랑하는 고로 인자함으로 너를 인도하였다 하였노라

호세아 11 : 4—내가 사람의 줄 곧 사랑의 줄로 저희를 이끌었고 저희에게 대하여 그 목에서 멍에를 벗기는 자같이 되었으며 저희 앞에 먹을 것을 두었었노라

하나님께서 당신의 인생에 집중하시는 사랑은 세세토록 있는 사랑입니다. 그 사랑을 인해서 하나님은 당신을 그 분에게로 이끄신 것입니다. 당신이 하나님의 친구가 아닌 원수가 되었을 때, 하나님은 사랑의 줄로 당신을 이끄신 것입니다. 그 분은 당신을 위하여 죽을 독생자를 주셨습니다. 하나님을 경험하고 그 분의 뜻을 아는 데 있어서 든든한 닻을 내리려면, 당신을 향한 하나님의 사랑에 절대적인 확신을 가져야 합니다.

➡ **하나님이 당신을 사랑한다는 것을 어떻게 압니까? 하나님이 당신을 사랑하신다는 것을 확증할 만한 이유들을 아래에 적어 보십시오.**

____

____

____

바울 하나님께서 사울(나중에 바울이 됨)을 찾아오셨습니다(행 9 : 1-19). 사울은 그 때 사실상 하나님을 대적해서 하나님의 아들인 예수님과 싸우고 있었습니다. 예수님께서 그를 찾으셔서 하나님이 그를 사랑하시는 목적을 가르쳐 주었습니다. 이것은 우리의 인생에서도 마찬가지입니다. 우리가 그 분을 선택하는 것이 아닙니다. 그 분이 우리를 선택하시고, 사랑하시며, 우리의 인생을 향한 그 분의 영원하신 목적을 계시하시는 것입니다.

사도들 예수님은 그의 제자된 자들에게 이렇게 말씀하셨습니다. "너희가 나를 택한 것이 아니요 내가 너희를 택하여 세웠나니…, 너희는 세상에 속한 자가 아니요 도리어 세상에서 나의 택함을 입은 자인 고로 세상이 너희를 미워하느니라"(요 15 : 16, 19). 베드로가 예수님을 따르기를 선택했습니까? 아닙니다. 예수님께서 베드로를 선택하셨습니다. 베드로는 하나님의 초청에 응했던 것입니다. 하나님께서 주도권을 잡으셨습니다.

예수님과 베드로 예수님은 베드로가 하나님이 주도하신 초청에 응하였다고 말씀하셨습니다(마 16 : 13-17). 예수님은 사람들이 예수님을 누구라고 하는지를 제자들에게 물으셨습니다. 그리고 나서 그들에게 "너희는 나를 누구라 하느냐?"고 물으셨습니다. 베드로가 옳게 대답을 했습니다. "주는 그리스도이십니다." 그러자 예수님께서 매우 중요한 말씀을 하셨습니다. "이를 네게 알게 한 이는 혈육이 아니요 하늘에 계신 내 아버지시니라."

➡ **누가 베드로에게 예수님이 그리스도이며 약속된 메시야라는 것을 계시했습니까?**

____

예수님께서 하신 말씀은 결국 이것입니다. "베드로야, 내 아버지께서 네 안에서 일하

고 계시지 않는 한 네가 나를 구주라고 고백할 수 없다. 하나님이 너에게 내가 누군지를 알게 하셨다. 너는 아버지께서 네 인생에서 하고 계신 일에 응하고 있구나. 좋다."

당신은 하나님이 당신을 사랑하기로 결정하신 것을 깨닫고 있습니까? 그렇지 않았다면 당신은 그리스도인이 될 수 없었을 것입니다. 당신을 부르셨을 때, 하나님께서는 무언가 계획을 갖고 계셨습니다. 그 분이 당신의 인생에 일을 벌이기 시작하셨습니다. 당신은 하나님이 주도하신 이 사랑의 관계를 체험하기 시작했습니다. 당신이 이해할 수 있도록 하나님께서 당신의 마음문을 열기 시작하셨습니다. 또 하나님께서는 자신에게로 당신을 이끄셨습니다.

➡ **당신은 어떻게 하셨습니까? 답에 ×표 하십시오.**

☒ 1. 저는 하나님께서 사랑의 관계로 초청하실 때 응했습니다.
☐ 2. 저는 하나님의 초청을 거절했습니다.

당신이 초대에 응했을 때 하나님께서 당신을 사랑의 관계로 데려오십니다. 그러나 하나님께서 먼저 주도권을 잡지 않으셨다면 당신은 결코 하나님의 사랑을 알지도 못했을 것이고 그 사랑 안에 거할 수도 없었을 것이고 그 사랑을 깨닫지도 못했을 것입니다.

> 하나님께서 주도권을 잡고 그 분을 당신에게 보여주시지 않는 한 당신은 하나님의 역사를 알 수 없습니다.

➡ **다음의 하나님과의 사랑의 관계가 발전하는 단계를 1번부터 4번까지 순서대로 번호 매겨 보십시오.**

__4__ a. 하나님께서 내 인생에 들어오셔서 나와 교제를 나누신다.
__3__ b. 하나님이 나의 인생에 역사하시는 데 응하여 내 인생에서 원하는 일을 하시도록 초대한다.
__2__ c. 하나님이 그 분의 사랑을 내게 보여주시고 자신을 드러내신다.
__1__ d. 하나님은 사랑이시기 때문에 나를 선택하신다.

위의 단계 중 어떤 것들은 거의 동시에 일어나는 것처럼 보입니다. 그러나 우리에게 이것 한 가지는 확실합니다. 하나님이 먼저 주도권을 잡으시고 우리는 그것에 응답하는 것입니다. 저는 이렇게 번호를 매겼습니다. a-4, b-3, c-2, d-1. 하나님은 언제나 우리를 사랑하시는 데 있어서 주도권을 잡으십니다.

➡ **다음의 성경구절들은 하나님께서 사랑으로 관계하시는 데에 주도권을 잡으신다는 것을 뒷받침해 줍니다. 한 문장씩 차근차근 읽고, 하나님이 어떻게 역사하시는지, 혹은 어떻게 주도하시는지를 간단히 요약해서 쓰십시오.**

신명기 30:6—네 하나님 여호와께서 네 마음과 네 자손의 마음에 할례를 베푸사 너로 마음을 다하며 성품을 다하여 네 하나님 여호와를 사랑하게 하사 너로 생명을 얻게 하실 것이며

____

누가복음 10 : 22—내 아버지께서 모든 것을 내게 주셨으니 아버지 외에는 아들이 누군지 아는 자가 없고 아들과 또 아들의 소원대로 계시를 받는 자 외에는 아버지가 누군지 아는 자가 없나이다 하시고

____

요한복음 15 : 16—너희가 나를 택한 것이 아니요 내가 너희를 택하여 세웠나니 이는 너희로 가서 과실을 맺게 하고 또 너희 과실이 항상 있게 하여 내 이름으로 아버지께 무엇을 구하든지 다 받게 하려 함이니라.

____

빌립보서 2 : 13—너희 안에서 행하시는 이는 하나님이시니 자기의 기쁘신 뜻을 위하여 너희로 소원을 두고 행하게 하시나니

____

요한일서 3 : 16—그가 우리를 위하여 목숨을 버리셨으니 우리가 이로써 사랑을 알고 우리도 형제들을 위하여 목숨을 버리는 것이 마땅하니라

____

요한계시록 3 : 20—볼지어다 내가 문밖에 서서 두드리노니 누구든지 내 음성을 듣고 문을 열면 내가 그에게로 들어가 그로 더불어 먹고 그는 나로 더불어 먹으리라

____

아래 단어 중에서 하나를 골라 다음 문장의 빈 곳을 알맞게 채우십시오.

전혀 가끔 종종 항상

하나님은 ______________ 나와의 사랑의 관계를 만드실 때 먼저 주도권을 가지고 초청하신다.

오늘 배운 것을 복습하십시오. 오늘 학습한 내용 중에서 하나님께서 당신으로 하여금 이해하고, 배우고, 실천하기 원하는 구절이나 성구를 하나나 둘쯤 지적해 주시기를 기도하십시오. 해당되는 것에 밑줄을 그으십시오. 그리고 난 후 아래의 질문에 답하십시오.

오늘 학습한 내용 중 어떤 구절이나 성구가 당신에게 가장 뜻있게 와 닿았습니까?

나를 보내신 하나님께서 이끌지 아니하면 아무도 내게 올수 없으니

위의 구절이나 성구를 하나님께 대한 당신의 기도로 바꾸십시오.

저를 이끌어 주십시오

오늘의 학습에 대한 반응으로 하나님은 당신이 무엇을 하기 원하십니까?

하나님의 뜻에 합당하게 살아가길 원하심

이 과의 요점

- 하나님께서 항상 사랑의 관계의 주도권을 잡으신다.
- 내가 하나님을 선택하는 것이 아니라 하나님께서 나를 선택하시고, 사랑하시고, 나를 향한 그 분의 영원하신 목적을 계시하시는 것이다.
- 하나님께서 주도권을 잡으시고 먼저 나에게 알려 주시지 않는 한 나는 하나님의 역사를 알 수 없다.

제 5 과 사실적이고, 개인적이고, 실제적인 관계

하나님의 나라를 이루어 나가시려는 그 분의 계획은 하나님과 그 분의 사람들과의 관계에 달려 있다.

하나님이 당신과 맺고자 하는 관계는 사실적이고, 개인적인 것입니다. 어떤 사람들은 이런 질문을 합니다. "사람이 진짜 하나님과 사실적이고, 개인적이고, 실제적인 관계를 가질 수 있을까요?" 그들은 하나님이 어딘가 멀리 계시고 우리의 매일매일 생활에는 관심이 없으신 분이라고 생각합니다. 그런 하나님은 우리가 성경에서 보는 하나님이 아닙니다.

➡ **다음의 성경구절들을 읽고 하나님께서 거기 나온 사람들과 사실적, 개인적, 실제적인 관계를 갖고 계신 사실 중 적어도 한 가지를 써보십시오. 먼저 제가 한 예를 보여드리겠습니다.**

타락한 뒤의 아담과 하와—창세기 3 : 20-21

____

하갈이 사래의 앞에서 도망할 때—창세기 16 : 1-13

____

솔로몬이 지혜를 구했을 때—열왕기상 3 : 5-13;4 : 29-30

____

예수님께서 열두 제자를 전도 여행 보내셨을 때—마가복음 6 : 7-12

____

베드로가 감옥에서 재판을 기다리고 있을 때—사도행전 12 : 1-17

____

요한이 밧모섬에 있을 때—요한계시록 1 : 9-20

____

아담과 하와

창세기로부터 요한계시록에 이르기까지 우리는 하나님께서 사람들과 사실적이고, 개인적이고, 실제적인 관계를 갖고 계셨던 것을 봅니다. 하나님은 아담과 하와와 날이 서늘할 때 함께 걸으시며 친밀한 관계를 가지셨습니다. 그들이 죄를 지었을 때, 하나님은 그들에게 찾아오셔서 사랑의 관계를 다시 회복하셨습니다. 하나님은 그들의 가장 실제적인 필요를 채워주셨습니다. 그 분은 그들의 벗은 몸을 가리는 옷을 지어 주신 것입니다.

하갈

하갈은 이용당했고, 부당한 대우를 받았으며, 사래에게 학대를 받았습니다. 그녀는 목숨을 부지하려고 도망쳤습니다. 스스로 할 수 있는 모든 것의 한계에 다다랐을 때, 아무데도 갈 곳이 없었을 때, 모든 소망이 사라졌을 때, 그녀는 하나님께로 왔습니다.

하나님과의 관계를 통해 하갈은 하나님께서 그녀를 지켜보아 주심과 그녀의 필요를 아심과 그녀의 필요를 사랑으로 채워주신다는 것을 깨달았습니다. 하나님은 매우 개인적이십니다.

솔로몬 솔로몬의 아버지 다윗은 하나님을 전심으로 찾던 사람이었습니다. 솔로몬도 아버지의 믿음과 순종을 물려받았습니다. 그는 하나님께 자기가 원하는 것이면 무엇이든지 구할 수 있는 기회가 있었습니다. 그는 지혜를 구함으로써, 하나님의 사람들을 사랑하는 마음을 보여주었습니다. 하나님은 그의 소원을 들어주셨고, 거기에다 부귀와 영화를 더해 주셨습니다. 솔로몬은 하나님과의 관계가 매우 실제적이라는 것을 발견했습니다.

열두 제자 열두 제자들도 예수님(하나님의 아들)과 사실적이고, 개인적이고, 실제적인 관계를 가졌습니다. 그들과 함께 하시려고 예수님은 그들을 선택하셨습니다. 예수님과 그런 친밀한 관계를 갖는다는 것은 그 얼마나 신나는 일일까요! 그들에게 어려운 과제를 주실 때, 예수님은 그들을 도움없이 그냥 보내지 않으셨습니다. 예수님은 그들에게 그들이 생각지도 못한 귀신을 내쫓는 권세를 주셨습니다.

베드로 역사를 통해 볼 때 세계 각처에서 예수를 믿음으로 인해 많은 사람들이 감옥에 갇힌 신세가 되었습니다. 이것이 베드로의 경험이었습니다. 그의 기도에 대한 응답으로 주님께서는 그를 기적적으로 구출하셨습니다. 너무나 극적이고 실제적이어서, 베드로는 처음에 그것이 꿈이라고 생각했습니다. 기도를 하고 있던 성도들은 그가 유령인 줄 알았습니다. 그러나 곧 그들은 하나님의 구출이 사실적이라는 것을 발견했습니다. 아마도 그 기적이 베드로의 목숨을 구했을 것입니다.

요한 밧모섬에 유배되어 있을 때, 요한은 주일을 하나님과의 교제로 보냈습니다. 성령 안에서 이 교제를 하고 있는 동안, 예수님이 "속히 될 일을 그 종들에게 보이시려고 그 천사를 그 종 요한에게 보내"셨습니다(계 1 : 1). 이 메시지는 요한의 세대로부터 이날까지 교회들에게 진정한 도전과 위로가 되어 왔습니다.

위의 성경구절을 읽는 동안 하나님이 거기 나온 사람들에게 사실적이고 개인적으로 관계를 가지셨다고 느끼셨습니까? 또, 그들이 하나님과 실제적인 관계를 가진 것을 느끼셨습니까? 그리고 하나님은 이밖에도 노아, 아브라함, 모세, 이사야 등의 사람들에게 또한 사실적이었습니까? 그렇습니다! 하나님께서 바뀌셨나요? 아니지요. 이것은 구약성경 전체에서 사실이었습니다. 이것은 또한 예수님의 생애와 사역의 기간 동안에도 사실이었습니다. 오순절날 성령이 강림하신 이후에도 이것은 사실이었습니다. 하나님께서 당신의 인생에 역사하실 때 응함으로써, 당신도 하나님과 이런 종류의 사실적이고, 개인적이고, 실제적인 관계를 가질 수 있습니다.

➡ **간단하게 당신 자신의 인생에서 하나님을 그렇게 사실적이고, 개인적이고, 실제적으로 경험했을 때를 설명해 보십시오.**

사랑은 반드시 사실적이고 개인적이어야 합니다. 한 사람이 사랑할 때 어떤 대상이 없이는 사랑할 수 없습니다. 하나님과의 사랑의 관계는 두 명의 사실적인 인격과 인격이 만날 때 이루어집니다. 하나님과의 관계는 사실적이고 개인적입니다. 이것이 하나님이 항상 갈망해 오신 것입니다. 하나님은 이 갈망을 현실화시키기 위해서 모든 노력을 기울이십니다. 하나님은 자신의 생명을 당신에게 쏟아부으시는 인격체이십니다.

어떤 이유에서든지 하나님과 당신의 관계가 사실적, 개인적, 실제적이었던 경험을 생각해 낼 수 없다면, 당신은 하나님과 당신의 관계를 시간을 두고 심각하게 점검해 볼 필요가 있습니다. 주님 앞에 기도함으로 나아가서 하나님께 그 분과 당신 관계의 참 본질이 어떤 것인지 알려주시기를 간구하십시오. 하나님께 당신과의 관계를 사실적, 개인적, 실제적인 것이 되게 해달라고 기도하십시오. 당신이 구원의 순간이 없었음을 깨달았다면, 이 책의 제일 첫 단원의 첫머리로 돌아가서 가장 중요한 그 문제를 우선 해결하십시오. 그것이 지금 해야 할 일입니다.

당신의 인생에서 하나님의 임재하심과 역사하심은 실제적인 것입니다

하나님은 실제적이시다.

어떤 사람들은 저에게 이런 말을 합니다. "헨리, 하나님의 뜻을 이루는 데 그렇게 하라는 당신의 제안은 요즘 세상에서는 실제적이지 못해요." 저는 언제나 이런 사람들과 의견을 달리합니다. 하나님은 굉장히 실제적인 하나님이십니다. 하나님은 성경에 계시되셨고 오늘도 여전하십니다. 이스라엘 민족에게 만나와 메추라기와 물을 주셨을 때, 하나님은 실제적이셨습니다. 예수님이 오천 명을 먹이셨을 때도 그 분은 실제적이셨습니다. 성경에 계시된 하나님은 사실적이고, 개인적이고, 실제적이십니다. 저는 하나님이 저에게도 사실적, 개인적, 실제적이심을 믿습니다.

하나님께서 지속적으로 임재하시는 것이 당신의 인생과 사역에 있어 가장 중요한 실질적 부분이다.

하나님께서 지속적으로 임재하시는 것이 당신의 인생과 사역에 있어 가장 중요한 실질적 부분입니다. 불행히도 우리는 많은 경우, 하나님을 우리 인생의 한 고립된 영역으로 제한합니다. 그리고 언제든지 필요할 때만 그 분을 찾습니다. 그것은 우리가 하나님의 말씀에서 보는 것과는 정반대가 되는 것입니다. 그 분은 이 세상에서 역사하시는 분입니다. 하나님께서 그 분의 뜻을 당신을 통해 이루시려고 당신을 초청하십니다. 하나님의 나라를 이루어 나가시려는 그 분의 계획은 하나님과 그 분의 사람들과의 관계에 달려 있습니다.

성경에서 사실적이고 개인적인 관계를 통해 하나님을 알고 경험하는 것은 매우 실제적입니다. 우리가 함께 공부하는 동안 인내심을 가지시기 바랍니다. 분명히 당신은 이런 종류의 하나님과의 동행이 대단히 실제적임을 발견하실 것입니다. 하나님은 당신의 가족, 교회, 그리고 다른 사람들과의 관계에서 실제적인 변화를 일으키실 수 있습니다. 하나님을 경험하는 것을 당신 자신이 알 수 있도록 하나님을 대면하게 될 것입니다.

➡ **당신은 하나님과 당신의 관계를 사실적이고, 개인적이고, 실제적이라고 표현할 수 있습니까? 그 이유는 무엇입니까?**

____

다음은 하나님을 경험하는 삶의 두번째 실체입니다. 빈칸을 채우고 개인적인 문장으로 만들어 보십시오.

1. 하나님은 언제나 나의 주위에서 일하고 계신다.

2. 하나님은 __________ 지속적인 __________

____

오늘 배운 것을 복습하십시오. 오늘 학습한 내용 중에서 하나님께서 당신으로 하여금 이해하고, 배우고, 실천하기 원하는 구절이나 성구를 하나나 둘쯤 지적해 주시기를 기도하십시오. 해당되는 것에 밑줄을 그으십시오. 그리고 난 후 아래의 질문에 답하십시오.

오늘 학습한 내용 중 어떤 구절이나 성구가 당신에게 가장 뜻있게 와 닿았습니까? __________

____

위의 구절이나 성구를 하나님께 대한 당신의 기도로 바꾸십시오.

____

____

오늘의 학습에 대한 반응으로 하나님은 당신이 무엇을 하기 원하십니까?

____

____

이 단원의 암송구절을 복습하고 다음 모임 때 사람들 앞에서 외울 수 있도록 준비하십시오.

만일 '제3과의 숙제'를 위해 시간을 내지 않았고 또 그 경험을 기록하지 않으셨다면, 다음 모임 전에 꼭 하셔야만 합니다.

이 과의 요점

- 하나님께서 나와 갖고 싶어하시는 관계는 사실적이고 개인적인 것이다.
- 하나님의 나라를 이루어 나가시려는 그 분의 계획은 하나님과 그 분의 사람들과의 관계에 달려 있다.

제4단원 하나님의 사랑과 초청

잭 코너 : 지교회 목사님

우리 훼이스(Faith) 침례교회에서는 첫 지교회를 개척하면서 잭 코너 목사님을 지교회 담임자로 초빙하였습니다. 그러나 우리는 그 분에게 이사비용이나 사례비를 드릴 돈이 없었습니다. 코너 목사님에게 학교 다니는 세 아이가 있었기 때문에, 우리는 적어도 한 달에 6십8만원($ 850) 정도를 드려야 한다고 생각했습니다. 우리는 하나님께서 그 분의 이사비용과 생활비를 채워달라고 기도하기 시작했습니다. 캘리포니아에 있는 몇몇 아는 사람을 제외하고는 우리를 경제적으로 도와줄 만한 사람을 저는 아무도 모르고 있었습니다. 저는 제 자신에게 물었습니다. "세상에 도대체 하나님께서 무슨 수로 이 필요를 채워주신단 말인가?" 그 후 저는 서광이 비치는 것을 느꼈습니다. 하나님이 저의 위치를 알고 계시는 한 이 세상의 어떤 사람들에게든지 제 위치를 알리실 수 있다는 사실을 깨달은 것입니다. 하나님이 저의 필요를 알고 계신 이상, 하나님이 선택하신 그 누구의 마음에 저의 필요를 알려주실 것이라고.

코너 목사님은 이민국의 허가를 받았고 믿음으로 이사를 했습니다. 그때 저는 아칸소 주에 있는 파얏트빌(Fayetteville) 제일 침례교회로부터 편지 한 통을 받았습니다. 그 분들은 이렇게 편지에 썼습니다. "하나님께서 우리 교회 선교예산의 1%를 서스캐처원 선교에 쓸 것을 저희 마음에 알려 주셨습니다. 동봉하는 돈은 여러분의 교회에서 알아서 써주십시오." 도대체 저는 어떻게 그 교회와 우리 교회가 연결이 되었는지 알지 못했습니다. 그러나 바로 그때 8십8만원($ 1,100)짜리 수표가 도착한 것입니다.

어느날 저는 집에서 전화를 받았습니다. 어떤 분이 1년 동안 매달 코너 목사님의 사례비로 6십8만원($850)을 서약하신 것입니다. 제가 그 전화를 끊자마자, 코너 목사님이 저희집에 도착했습니다. "코너 목사님, 이사하는 데 얼마나 드셨습니까?" "잘 계산해 봐야 알겠지만 제 생각엔 8십8만원($ 1,100) 정도 든 것 같습니다."

우리의 필요를 아시는 하나님은 세상의 어떤 사람이든 감동시키셔서 우리의 위치를 알려주실 수 있는 분이라는 믿음으로 우리는 첫 믿음의 발을 내디뎠던 것입니다. 우리는 하나님이 원하시는 대로 조정했고 순종했습니다. 우리는 코너 목사님을 부르신 하나님이 또한 그에게 "내가 너의 필요를 채워주는 자다"라고 말씀하셨음을 믿습니다. 우리가 순종할 때, 하나님은 자신이 우리의 필요를 채워주는 자이심을 보여주셨습니다. 그 경험은 모든 것을 충만하게 채우시는 하나님과의 더 깊은 사랑의 관계로 우리를 인도하였습니다.

이 단원의 암송구절 나의 계명을 가지고 지키는 자라야 나를 사랑하는 자니 나를 사랑하는 자는 내 아버지께 사랑을 받을 것이요 나도 그를 사랑하여 그에게 나를 나타내리라.
—요한복음 14 : 21

제 1과 하나님을 알라

하나님과의 경험을 통해서 하나님이 자신을 계시하심에 따라 나는 하나님을 더 친밀하게 안다.

이 단원은 계속해서 하나님과의 사랑의 관계에 우리의 초점을 맞춥니다. 당신은 하나님과의 관계로 부르시는 것은 또한 하나님과 함께 사역하자고 부르시는 것임을 발견하게 될 것입니다. 당신이 하나님의 뜻을 알기 원한다면, 하나님을 사랑하라는 초청에 마음을 다 바쳐 응해야 할 것입니다. 하나님은 하나님이 사랑하시는 자들로 하나님 나라의 목적을 세상에서 이루어 나가도록 하십니다. 이 단원을 공부하는 동안, 우리는 하나님께서 그 분의 일에 동참하도록 어떻게 당신을 초청하시는지를 살펴보게 될 것입니다.

경험으로 하나님을 아는 것

당신은 그저 하나님에 대해서 아는 것으로 결코 만족하지 못할 것입니다. 하나님을 아는 것은 오직 하나님이 자신을 당신에게 계시하심을 통한 경험으로만 가능합니다. 모세가 불붙는 떨기나무 앞에 있을 때, 그는 하나님께 이렇게 물었습니다. "내가 이스라엘 자손에게 가서 이르기를 너희 조상의 하나님이 나를 너희에게 보내셨다 하면 그들이 내게 묻기를 그의 이름이 무엇이냐 하리니 내가 무엇이라고 그들에게 말하리이까" (출 3 : 13).

나는 스스로 있는 자니라

하나님이 대답하시기를 "나는 스스로 있는 자니라 또 이르시되 너는 이스라엘 자손에게 이같이 이르기를 스스로 있는 자가 나를 너희에게 보내셨다 하라"(출 3 : 14)고 하셨습니다. "나는 스스로 있는 자니라"고 하셨을 때 하나님은 "내가 바로 영원한 자요, 미래에도 나 그대로 있는 자니라"(I am the Eternal One. I will be what I will be.) 라고 말씀하신 것입니다. 하나님은 "나는 네가 필요로 하는 전부이니라"라고 하신 것입니다. 모세는 그후 40년 동안, 여호와 혹은 야훼, 위대한 스스로 계신 자로서의 하나님을 경험적으로 알게 되었습니다.

하나님의 이름들

성경에서 하나님은 사람들이 하나님 자신을 경험적으로 알도록 자신을 계시하는 일을 주도하셨습니다. 종종 하나님이 한 사람에게 자신을 계시하실 때, 그 사람은 하나님에게 새로운 이름을 붙이거나 색다른 방법으로 하나님을 표현했습니다. 히브리 사람들에게 있어서, 어떤 사람의 이름은 그 사람의 성격이나 본질을 나타내는 것이었습니다. 이러한 이유로 우리는 성경상의 인물이 하나님을 경험한 사건 뒤에 하나님에게 새로운 이름이나 칭호를 붙이는 경우를 종종 보게 됩니다. 하나님을 이름으로 아는 것은 하나님의 임재하심을 개인적으로 경험하는 것을 요구합니다.

하나님의 성경상의 이름과 칭호와 표현은 성경에 등장하는 인물들이 어떻게 하나님을 개인적으로 알게 되었는지를 우리에게 분명히 확인시켜 줍니다. 성경말씀은 하나님이 인간에게 자신을 계시하신 기록입니다. 하나님의 이름 하나하나가 그 계시의 일부분입니다.

여호와 닛시

한 예를 들어보겠습니다. 여호수아와 이스라엘 민족이 아말렉 족속과 싸우고 있었습니다. 모세는 가까운 산꼭대기에서 이 싸움을 보고 있었습니다. 그가 하나님을 향하여 손을 들고 있을 때는 이스라엘이 이겼습니다. 그가 손을 내리면 지기 시작했습니다. 하나님은 그날 이스라엘을 통해서 아말렉 족속을 물리치셨습니다. 모세는 단을 쌓고 "여호와 닛시(여호와는 나의 깃발이시다)"라고 그 이름을 지었습니다. 깃발이란 보통 군대 앞에서 그 군대가 누구를 대표하는지 알려주는 역할을 하는 것입니다. "여호와 닛시"는 우리는 하나님의 사람들이다라고 말하는 것입니다. 하나님이 우리의 신이라고 말하는 것입니다. 모세의 들려진 손은 이 싸움은 하나님께 속했으며 이스라엘도 하나님께 속했다는 것을 나타냄으로써 계속적으로 하나님께 영광을 돌렸습니다. 자신들은 하나님의 사람들이며 여호와는 그들의 깃발이라는 사실을 새롭게 깨달음으로 인해서 이스라엘 민족은 하나님을 좀더 확실히 알게 되었습니다(출 17 : 8-15을 읽으십시오).

➡ **또 다른 예로 창세기 22 : 1-18을 읽어보고 다음 질문들에 답하시오.**

1. 하나님은 아브라함에게 무엇을 하라고 하셨습니까?(2절)

____

2. 8절은 아브라함에 대해 무엇을 나타내고 있다고 생각합니까?

____

3. 하나님은 아브라함을 위해서 무엇을 하셨습니까?(13절)

____

4. 아브라함은 그곳에 무슨 이름을 붙였습니까?(14절)

____

5. 하나님은 왜 아브라함에게 복을 주시겠다고 약속하셨습니까?(15-18절)

____

여호와 이레

하나님은 아브라함이 한 민족의 아버지가 되도록 그의 성품을 발전시키는 과정에 계셨습니다. 하나님은 아브라함의 믿음과 순종을 시험하셨습니다. 이것은 아브라함을 믿음의 갈등으로 몰아넣었습니다. 아브라함은 하나님이 준비하시리라는 믿음을 가지고 있었습니다(8절). 그는 하나님이 공급해 주시는 자라는 그의 믿음을 실천에 옮기기 위해서 그의 인생을 조정했습니다. 그는 하나님께 순종했습니다. 하나님께서 숫양을 준비해 주셨을 때, 아브라함은 공급해 주시는 자이신 하나님을 경험함으로써 친밀하게 하나님을 알게 되었습니다.

➡ **이 교재 뒤에 첨부된 하나님을 경험하는 삶의 일곱 가지 실체를 보십시오. 아브라함의 경험을 이 일곱 단계에 어떻게 결부시킬 수 있습니까?**

____

이 단원의 첫 부분에서 당신은 훼이스(Faith) 침례교회와 잭 코너 목사님이 어떻게 하나님을 공급해 주시는 자로 알게 되었는지를 읽었을 것입니다. 하나님은 우리의 삶에서 역사하시면서 우리가 하나님을 경험하는 것을 통해 자신을 계시하십니다.

배우자를 준비해 주시는 하나님

대학생들의 목사로서 저는 학생들을 정기적으로 불러서 그들과 대화를 가졌습니다. 저는 그들이 급격한 변화의 시기를 보내고 있음을 알았습니다. 저는 그들이 인생에 있어서 중요한 결정을 내려야 하는 데 도움을 주고 싶었습니다. 간호학을 전공하던 한 여학생이 제 사무실로 찾아왔습니다. 저는 쉐리를 위해서, 그녀의 인생에서 하나님이 무엇을 하고 계신지에 대해서 기도해오고 있었습니다. 우리는 알콜 중독자인 그녀의 아버지에 대해서 이야기를 했습니다. 그리고 그녀가 간호학을 계속 공부해야 할지에 대해서도 이야기를 나누었습니다. 그리고 나서 저는 쉐리를 바라보고 이렇게 말했습니다. “쉐리, 하나님께서 쉐리의 남편감을 위해서 내게 기도하라고 일러주시는데, 알고 있으면 해요.”

“목사님, 그 말씀이 진담이세요?” 쉐리가 물었습니다.

저는 다시 이렇게 말했습니다. “쉐리, 내 말의 심각성을 알기 바라요. 쉐리가 알콜 중독자인 아버지 때문에 겪어야 했던 혼란과 마음의 고통을 하나님이 아시기 때문에, 하나님은 쉐리를 쉐리 그 자체로 사랑해 줄 수 있는 좋은 남성을 쉐리에게 주시기 원하신다는 것을 나는 믿어요. 오늘부터 당장 나는 하나님께서 쉐리에게 아주 좋은, 사랑이 많은 남편감을 주시도록 기도하겠어요.”

그녀는 울었습니다. 쉐리와 저는 하나님께 그녀의 배우자를 준비해 주시기를 기도드렸습니다. 그리고 나서 한 3개월 후에, 하나님은 공학을 공부하는 아주 좋은 청년을 우리 교회로 보내주셨습니다. 그들은 사랑에 빠졌고, 저는 그들의 결혼식에 주례를 서 주었습니다. 그들은 현재 적어도 두 명의 자녀를 갖고 있고, 충성스럽게 주님을 섬기고 있습니다. 쉐리의 최근 소식은 그녀가 말할 수 없이 행복하다는 것이었습니다.

쉐리는 어떻게 하나님이 남편감을 준비해 주시는 하나님이라는 것을 알았습니까? 그녀는 하나님이 누구시라는 것을 확실하게 알고 하나님이 하시는 일을 보면서 기도했습니다. 그녀는 하나님께서 주시는 사람을 받아들이려고 열린 마음을 가지고 임했습니다. 하나님께서 선택한 사람을 그녀에게 보여주셨을 때, 그녀는 하나님께 순종하며 받아들여야 했습니다. 그리고 난 후 그녀는 배우자를 준비해 주시는 하나님을 알게 되었습니다.

➡ **하나님이 당신의 인생을 통해 일하고 계심을 알게 하신 사건을 하나 써보십시오.**

그 사건에서 당신이 경험한 하나님을 표현하는 데 어떤 하나님의 이름을 사용할 수 있습니까?

다음의 이름, 칭호, 표현들을 읽어보십시오. 당신이 개인적으로 경험한 하나님을 표현한 것들에 동그라미를 치십시오.

나의 보인(욥 16 : 19)
위로자(렘 8 : 18)
기묘자, 모사(사 9 : 6)
내 구원의 능력(시 140 : 7)
우리 아버지(사 64 : 8)
견고한 기초돌(사 28 : 16)
전능한 하나님(창 17 : 1)
나를 위하여 보수하시는 하나님(시 18 : 47)
나의 구원의 하나님(시 51 : 14)
교회의 머리(엡 5 : 23)
나의 은신처(시 32 : 7)
네 가운데 거하는 거룩한 자(호 11 : 9)
나의 소망(시 71 : 5)
의로우신 재판장(딤후 4 : 8)
우리의 머리(대하 13 : 12)
생명의 빛(요 8 : 12)
추수하는 주인(마 9 : 38)
지극히 거룩한 자(단 9 : 24)
평강의 왕(사 9 : 6)
피난처, 힘(시 46 : 1)
나의 구주(시 42 : 5)
주재(눅 2 : 29)
나의 의지(삼하 22 : 19)
생명의 떡(요 6 : 35)
나의 의지(사 71 : 5)
과부의 재판장(시 68 : 5)
충신과 진실(계 19 : 11)
소멸하는 불(신 4 : 24)
나의 친구(욥 16 : 20)
모든 위로의 하나님(고후 1 : 3)
인도하시는 하나님(시 48 : 14)
우리의 도움(시 33 : 20)
큰 대제사장(히 4 : 14)
질투의 하나님(출 34 : 14)
왕의 왕(딤전 6 : 15)
우리 생명(골 3 : 4)
만왕의 왕(딤전 6 : 15)
중보(딤전 2 : 5)
우리의 화평(엡 2 : 14)
나의 구속자(시 19 : 14)
나의 구원(출 15 : 2)
선한 목자(요 10 : 11)
나의 산성(시 18 : 2)
선한 선생님(막 10 : 17)

시간이 나는 대로 위의 각난에 해당하는 경험을 통해서 하나님을 알게 된 경우가 있으면 옆의 빈칸에 써넣어 보십시오.

당신은 경험을 통해 하나님을 알게 된다는 것을 보셨습니까? 하나님이 하신 일에 대한 경험을 생각지 않고도 동그라미를 칠 수 있었습니까? 예를 들면, 당신이 슬픔 가운데 있을 때에 하나님의 위로를 경험하지 못했다면, 당신은 하나님을 "위로자"로 알 수는 없을 것입니다. 당신은 하나님이 당신에게 자신을 계시하실 때에 하나님을 알게 되는 것입니다. 당신은 하나님을 경험하는 대로 그를 알게 됩니다. 그게 바로 우리가 이 공부과정을 "하나님을 경험하는 삶"이라고 제목 붙인 이유입니다.

➡ **당신은 어떻게 하나님을 개인적이고 친밀하게 알게 됩니까?**

____

하나님이 당신의 경험을 통해서 자신을 계시하시는 대로 당신은 하나님을 더욱 친밀하게 알게 됩니다.

➡ **오늘 배운 것을 복습하십시오. 오늘 학습한 내용 중에서 하나님께서 당신으로 하여금 이해하고, 배우고, 실천하기 원하는 구절이나 성구를 하나나 둘쯤 지적해 주시기를 기도하십시오. 그리고 난 후 아래의 질문에 답하십시오.**

오늘 학습한 내용 중 어떤 구절이나 성구가 가장 뜻있게 와 닿았습니까?

____

위의 구절이나 성구를 하나님께 대한 당신의 기도로 바꾸십시오.

____

____

오늘의 학습에 대한 반응으로 하나님은 당신이 무엇을 하기 원하십니까?

____

이 단원의 암송구절을 다음에 써 보십시오. 다른 단원의 암송구절들을 복습하십시오.

____

____

이 과의 요점

- 하나님을 아는 것은 오직 하나님이 자신을 나에게 계시하시는 경험을 통해서만 이루어질 수 있다.
- 하나님이 나의 경험을 통해서 자신을 계시하실 때 나는 하나님을 보다 친밀하게 느낄 수 있다.

제 2 과 하나님을 예배하라

"여호와 우리 주여 주의 이름이 온 땅에 어찌 그리 아름다운지요" (시 8 : 1).

바로 앞과에서 당신은 하나님의 주도하에 경험을 통해서 하나님을 알게 됨을 배웠습니다. 히브리 이름은 사람의 성격과 본질을 나타냄도 배웠습니다. 이름은 그 사람 자체와 그 사람의 임재(출현)와 밀접한 관계를 갖고 있었습니다. 그러므로 어떤 사람의 이름을 부르는 것은 임재(출현)을 구하는 것이었습니다. 하나님의 이름은 장엄하고 우리의 찬양을 받으시기에 합당합니다. 하나님의 이름을 고백하는 것은 하나님을 그 분 그대로 인정하는 것입니다. 그 분의 이름을 부르는 것은 당신이 그 분의 임재하심을 구하고 있다는 표시입니다. 그 분의 이름을 찬양한다는 것은 곧 그 분을 찬양하는 것입니다. 성경말씀에 있는 하나님의 이름들은 당신으로 하여금 하나님을 예배하라는 부르심이 될 수 있습니다.

오늘 하루를 하나님의 이름을 통해서 하나님을 예배하는 데에 보내십시오. 관심의 초점을 그 분의 이름에 맞추는 것은 그 이름을 가진 하나님께 관심의 초점을 맞추는 것입니다. 그 분의 이름은 그 분의 임재를 나타냅니다. 예배하는 것은 하나님을 경배하고 영광되게 하는 것이고, 당신으로부터 찬양받으시기에 합당하신 하나님을 고백하는 것입니다. 시편은 하나님의 이름을 통해 하나님을 향한 예배를 드리는 방법을 깊이 있게 보여줍니다.

➡ **다음의 성경구절들을 읽고 하나님의 이름들을 통해서 당신이 하나님께 예배드릴 수 있는 방법을 보여주는 단어나 문장들에 동그라미를 치거나 밑줄을 그어 보십시오.**

여호와께 노래하여 그 이름을 송축하며 그 구원을 날마다 선파할지어다(시 96 : 2).

우리를 소생케 하소서 우리가 주의 이름을 부르리이다(시 80 : 18).

내가 주의 이름을 형제에게 선포하고 회중에서 주를 찬송하리이다(시 22 : 22).

여호와여 주의 도로 내게 가르치소서 내가 주의 진리에 행하오리니 일심으로 주의 이름을 경외하게 하소서(시 86 : 11).

여호와 우리 하나님이여 우리를 구원하사 열방 중에서 모으시고 우리로 주의 성호를 감사하며 주의 영예를 찬양하게 하소서(시 106 : 47).

주여 주의 지으신 모든 열방이 와서 주의 앞에 경배하며 주의 이름에 영화를 돌리리이다(시 86 : 9).

그 성호를 자랑하라 무릇 여호와를 구하는 자는 마음이 즐거울지로다(시 105 : 3).

주께서 이를 행하셨으므로 내가 영영히 주께 감사하고 주의 이름이 선함으로 주의 성도 앞에서 내가 주의 이름을 의지하리이다(시 52 : 9).

여호와여 주의 이름을 아는 자는 주를 의지하오리니 이는 주를 찾는 자들을 버리지 아니하심이니이다(시 9 : 10).

이러므로 내 평생에 주를 송축하며 주의 이름으로 인하여 내 손을 들리이다(시 63 : 4).

오직 주에게 피하는 자는 다 기뻐하며 주의 보호로 인하여 영영히 기뻐 외치며 주의 이름을 사랑하는 자들은 주를 즐거워하리이다(시 5 : 11).

우리가 종일 하나님으로 자랑하였나이다 우리가 하나님의 이름을 영영히 감사하리이다(시 44 : 8).

즐거운 소리를 아는 백성은 유복한 자라 여호와여 저희가 주의 얼굴빛에 다니며 종일 주의 이름으로 기뻐하며 주의 의로 인하여 높아지오니(시 89 : 15-16).

여호와여 내가 밤에 주의 이름을 기억하고 주의 법을 지켰나이다(시 119 : 55).

여호와여 수치로 저희 얼굴에 가득케 하사 저희로 주의 이름을 찾게 하소서(시 83 : 16).

내가 여호와의 의를 따라 감사함이여 지극히 높으신 여호와의 이름을 찬양하리로다(시 7:17).

온 땅이 주께 경배하고 주를 찬양하며 주의 이름을 찬양하리이다 할지어다(시 66 : 4).

우리 마음이 저를 즐거워함이여 우리가 그 성호를 의지한 연고로다(시 33 : 21).

하나님을 예배하는 방법들

그의 이름을 송축함	그의 이름을 자랑함	그의 이름을 즐거워함
그의 이름을 부름	그의 이름을 바람	그의 이름을 기억함
그의 이름을 선포함	그의 이름을 앎	그의 이름을 찾음
그의 이름을 경외함	그의 이름으로 손을 듦	그의 이름을 찬송함
그의 이름을 감사함	그의 이름을 사랑함	그의 이름을 노래함
그의 이름에 영광을 돌림	그의 이름을 찬양함	그의 이름을 의지함

➡ 위의 방법으로 지금 하나님을 예배하십시오. 오늘 남은 공부 시간은 하나님을 예배하는 것으로 대신하십시오. 하나님의 이름들은 당신의 관심을 그 분에게로, 그 분의 존재로, 그 분이 하시는 일로 이끌 것입니다. 하나님이 하나님이

심을 그 자체로 찬양하십시오. 하나님이 해주신 일에 대해서 감사를 드리십시오. 그 분을 영화롭게 하십시오. 그 분을 사랑하고 경배하십시오. 그 분을 찾으십시오. 그 분을 의지하십시오. 그 분을 찬송하십시오. 하나님을 예배하는 데에 할 수 있는 한 많은 시간을 할애하십시오. 이 시간을 당신과 주님의 사랑의 관계를 경험하는 뜻 있는 시간으로 만드시기 바랍니다.

간단하게 이 예배 시간에서의 당신의 생각, 느낌, 경험 등을 정리해 보십시오. 이 예배 시간 중에서 당신에게 가장 뜻깊었던 부분은 무엇이었습니까?

____

____

____

____

제 3 과 하나님을 사랑하라

내가 그 분을 사랑한다면 그 분에게 순종할 것이다.

하나님이 당신과의 사랑의 관계를 추구하시기 위해 주도권을 잡으십니다. 그러나 이 사랑의 관계는 일방적인 관계가 아닙니다. 그 분은 당신이 그 분을 알고 예배하기를 원하십니다. 무엇보다도 그 분을 사랑하기를 원하십니다.

"나의 계명을 가지고 지키는 자라야 나를 사랑하는 자니 나를 사랑하는 자는 내 아버지께 사랑을 받을 것이요 나도 그를 사랑하여 그에게 나를 나타내리라"
—요한복음 14 : 21

➡ **왼쪽에 있는 이 단원의 암송구절을 읽고 다음 질문에 답하시오.**

1. 누가 예수님을 사랑하는 사람입니까? 그는 무엇을 해야 합니까?

____

2. 예수님을 사랑하는 자에게 아버지 하나님은 어떻게 반응하십니까?

____

3. 자기를 사랑하는 자에게 예수님은 어떤 것 두 가지를 약속하십니까?

____

____

사랑하십니까?

순종하십시오!

예수님은 "너희가 나를 사랑하면 나의 계명을 지키리라"고 하셨습니다(요 14 : 15). 당신이 예수님께 순종할 때, 그것은 예수님을 사랑하고 의지한다는 표현입니다. 아버지는 그의 아들을 사랑하는 자들을 사랑하십니다. 자기를 사랑하는 자들을 예수님도 사랑하시고 그들에게 자신을 나타내겠다고 말씀하셨습니다. 순종은 당신이 하나님을 사랑한다는 것을 바깥으로 나타내는 것입니다.

사랑과 순종한 데 대한 보상은 예수님이 당신에게 자신을 나타내는 것입니다. 예수님은 그의 생애를 통해서 당신에게 한 표본을 제시하셨습니다. 예수님께서 말씀하셨습니다. "오직 내가 아버지를 사랑하는 것과 아버지의 명하신 대로 행하는 것을 세상으로 알게 하려 함이로라"(요 14 : 31). 예수님은 아버지의 모든 명령을 준행하셨습니다. 예수님은 순종함으로 아버지에 대한 그의 사랑을 보여주셨습니다.

➡ **당신은 어떻게 하나님께 대한 당신의 사랑을 보여줄 수 있습니까?**

____

하나님과의 사랑의 관계는 당신이 하나님께 순종함으로 사랑을 표현하는 것을 요구합니다. 이것은 명령을 그대로 따르는 것뿐 아니라 그 명령의 동기를 알아 그것을 따르는 것도 포함합니다. 당신이 순종하는 데 문제를 가지고 있다면, 사랑에도 문제를 가지고 있는 것입니다. 당신의 관심을 하나님의 사랑에 집중시키십시오.

하나님의 본질

하나님은 사랑이시다.

하나님의 본질은 사랑입니다. 하나님은 하나님 자신의 본질과 상반되게 일하실 수 없

하나님의 뜻은 항상 최선이다.

습니다. 하나님은 완전한 사랑의 표현이 없이, 당신을 향한 자신의 뜻을 결코 당신의 인생에 나타내지 않으실 것입니다. 그렇게 하실 수 없습니다! 하나님은 당신에게 차선의 것을 주실 수 없습니다. 그 분의 본질상 그는 그렇게 할 것입니다. 하나님은 죄에 계속 빠져서 하나님을 대적하는 사람들에게 연단과 심판과 진노를 가져다 주십니다. 그러나 하나님의 연단은 항상 사랑에 근거합니다(히 12 : 6). 하나님의 본질이 사랑이기 때문에 저는 하나님이 어떤 방식으로 자신을 나타내시든지 그것이 항상 최선임을 확신합니다. 아래의 두 성경구절은 우리를 향한 하나님의 사랑을 잘 나타내고 있습니다.

- 요한복음 3 : 16—하나님이 세상을 이처럼 사랑하사 독생자를 주셨으니….
- 요한일서 3 : 16—그가 우리를 위하여 목숨을 버리셨으니 우리가 이로써 사랑을 알고….

"하나님은 사랑이시라"(요일 4 : 16). 하나님의 사랑의 본질에 대한 당신의 믿음은 결정적인 것입니다. 이것이 제 인생에 강력한 영향을 주어 왔습니다. 저는 절대로 십자가를 생각하지 않고 환경을 바라보지 않습니다. 하나님과 저의 관계가 제가 하는 모든 일을 결정합니다.

➡ **다음 빈칸을 채우시오.**

하나님은 ______________이시다. 하나님의 뜻은 항상 _________입니다.

현재 당신과 하나님의 관계가 당신이 하나님에 관해서 무엇을 믿고 있는가를 드러냅니다. 당신이 한 가지를 믿으면서 다르게 행동하는 것은 영적으로 불가능합니다. 당신이 진정으로 하나님이 사랑이심을 믿는다면, 당신은 하나님의 뜻이 최선이라는 사실을 또한 받아들일 것입니다.

하나님은 전지하시다.

하나님의 인도하심은 항상 옳다.

하나님은 본질적으로 전지하십니다. 즉 모든 것을 다 아십니다. 하나님은 모든 지식을 갖고 계십니다. 다시 말해 과거, 현재, 미래 그 무엇도 하나님의 지식의 범주를 벗어나지 못합니다. 그러므로 언제든지 하나님께서 당신에게 자신을 나타내실 때, 그 분의 인도하심은 항상 옳습니다.

당신은 하나님께 여러 가지 길을 보여달라고 기도한 적이 있습니까? 그래서 당신은 가장 좋은 것을 고를 수 있도록, 하나님이 도대체 몇 가지를 보여주셔야 당신이 옳은 것을 가질 수 있습니까? 하나님은 언제나 맨 처음에 옳은 것을 주십니다.

➡ **다음 빈칸을 채우시오.**

하나님은 ______하시다. 하나님의 인도하심은 항상 _____________

언제든지 하나님이 지시를 내려주시면, 그것은 항상 옳습니다. 하나님의 뜻이 항상 최선입니다. 당신은 하나님의 뜻이 최선인가 혹은 옳은가를 절대로 물어볼 필요가 없습니다. 그것은 항상 최선이고 옳은 것입니다. 이것은 그 분이 당신을 사랑하시며 전능하신 분이기 때문에 사실입니다. 하나님이 당신을 완전하게 사랑하시기 때문에, 당신은 하나님을 믿고 그 분께 철저하게 순종할 수 있습니다.

하나님은 전능하시다.

하나님은 당신으로 하여금 그 분의 뜻을 행하게 하실 수 있다.

하나님은 전능하십니다. 즉 못 하시는 것이 없으십니다. 하나님은 무에서 천지만물을 창조하실 수 있습니다. 하나님은 목적하신 모든 것을 이루실 수 있습니다. 하나님이 당신에게 무엇을 하라고 지시하신다면, 그 분이 스스로 당신에게 행할 수 있는 힘을 주실 것입니다. 이것에 관해서는 5과에서 더 자세히 살펴보기로 하겠습니다.

➡ **다음 빈칸을 채우시오.**

하나님은 ________하시다. 하나님은 나로 하여금 그 분의 뜻을 ________ ________있다.

왼쪽의 하나님의 본질과 오른쪽의 서술 중에서 서로 연관되는 것끼리 줄로 연결해 보십시오.

1. 하나님은 사랑이시다.	A. 하나님의 인도하심은 항상 옳다.
2. 하나님은 전지하시다.	B. 하나님은 나로 하여금 그 분의 뜻을 행하게 하실 수 있다.
3. 하나님은 전능하시다.	C. 하나님의 뜻은 항상 최선이다.

하나님의 역사 가운데 당신의 삶이 놓여져 있다면, 당신은 당신의 많은 생각들을 다시 정리하기 시작할 것입니다. 하나님의 뜻과 생각은 당신과 저의 생각과는 판이하게 다르고 때로는 틀리거나 미친 것처럼 들립니다. 당신은 하나님을 철저하게 믿고 의지할 준비가 되어 있어야 합니다. 당신은 하나님이 하시는 일이 당신에게 최선임을 믿을 필요가 있습니다. 무슨 일이 있어도 하나님을 의심하지 마십시오. 오직 그 분이 하나님이시도록 하십시오. 답은 1-C, 2-A, 3-B 입니다.

하나님은 마치 어린 아이에게 하시듯이 단순한 방법으로 자신을 당신에게 알려주시기 시작하실 것입니다. 당신이 아이처럼 그 분께 온전히 의지하면, 당신은 당신 앞에 펼쳐질 인생을 새롭게 보는 방법을 발견하게 될 것입니다. 그러면 당신의 인생은 만족스러운 것이 될 것입니다. 당신은 허무감이나 목적의 상실감도 절대로 느끼지 못할 것입니다. 하나님은 항상 그 분 자신으로 당신의 인생을 채워주실 것입니다. 당신이 하나님을 가질 때, 당신은 천지에 있는 모든 것을 가진 것입니다.

➡ **계명, 심판, 법칙, 계율 등의 단어들을 들을 때 떠오르는 느낌은 어떤 것입니까?**

부정적이다 ☐ **긍정적이다** ☐

하나님의 계명

하나님의 계명들은 하나님의 사랑의 본질의 표현입니다. 신명기 10 : 12—13에서 하나님은 계명이 우리를 위한 것이라고 말씀하십니다.

> 이스라엘아 네 하나님 여호와께서 네게 요구하시는 것이 무엇이냐 곧 네 하나님 여호와를 경외하여 그 모든 도를 행하

"그들에게 이르되 내가 오늘날 너희에게 증거한 모든 말을 너희 마음에 두고 너희 자녀에게 명하여 이 율법의 모든 말씀을 지켜 행하게 하라 이는 너희에게 허사가 아니라 너희의 생명이니 이 일로 인하여 너희가 요단을 건너 얻을 땅에서 너희의 날이 장구하리라."
—신명기 32 : 46-47

고 그를 사랑하며 마음을 다하고 성품을 다하여 네 하나님 여호와를 섬기고 내가 오늘날 네 행복을 위하여 네게 명하는 여호와의 명령과 규례를 지킬 것이 아니냐

➡ **왼쪽에 있는 신명기 32 : 46-47을 읽으시오. 하나님의 말씀이 당신에게 얼마나 중요합니까?**

____

이 구절은 사랑의 관계에 기초해 있습니다. 당신이 하나님을 경험으로 알게 될 때 그 분의 사랑을 확인할 것입니다. 당신이 하나님의 사랑을 확인할 때 당신은 하나님을 믿고 의지합니다. 그 분을 의지할 때 당신은 순종할 수 있습니다. 그 분을 사랑하면 그 분께 순종하는 것이 아무런 문제도 되지 않습니다. "하나님을 사랑하는 것은 이것이니 우리가 그의 계명들을 지키는 것이라 그의 계명들은 무거운 것이 아니니로다"(요일 5 : 3).

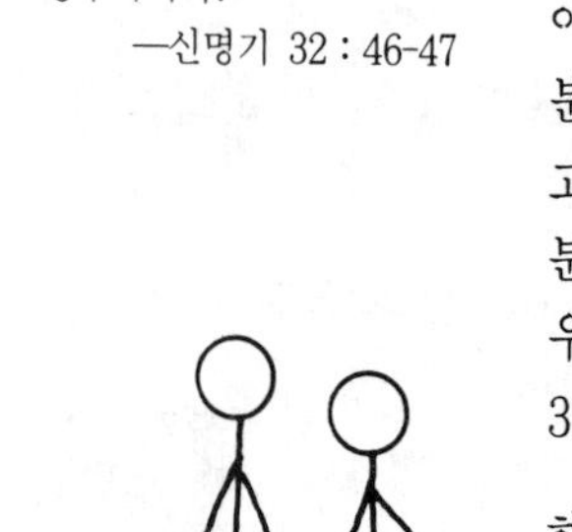

하나님은 당신을 깊고, 심오하게 사랑하십니다. 그가 당신을 사랑하시기 때문에 그 사랑의 관계에 있어 풍성한 것을 손해보지 않도록 삶의 지침을 주신 것입니다. 인생은 당신을 완전히 파멸시킬 수도 있고 당신의 삶을 망쳐버릴 수 있는 지뢰와 같은 것을 지니고 있습니다. 하나님은 당신이 그 분이 주시는 최선의 것들을 하나라도 잃어버리기를 원치 않으십니다. 그리고 당신의 인생이 망쳐지는 것을 원치 않으십니다.

당신이 지뢰밭을 가로질러 가야 한다고 가정합시다. 그 때 그 지뢰밭에 지뢰가 어디에 묻혀 있는지 정확히 알고 있는 사람이 당신을 인도해 주겠다고 자청했습니다. 당신은 그 사람에게 "나에게 이래라 저래라 하지 말아요. 나는 당신이 당신의 길을 나에게 강요하는 것을 원치 않습니다"라고 말하겠습니까?

"후일에 네 아들이 네게 묻기를 우리 하나님 여호와의 명하신 증거와 말씀과 규례와 법도가 무슨 뜻이뇨 하거든 너희는 네 아들에게 이르기를… 여호와께서 우리에게 이 모든 규례를 지키라 명하셨으니 이는 우리로 우리 하나님 여호와를 경외하여 항상 복을 누리게 하기 위하심이며 또 여호와께서 우리로 오늘날과 같이 생활하게 하려 하심이라 우리가 그 명하신 대로 이 모든 명령을 우리 하나님 여호와 앞에서 삼가 지키면 그것이 곧 우리의 의로움이니라 할지니라."
—신명기 6 : 20-25

당신이 어떻게 하려는지는 모르지만, 저라면 할 수 있는 한 그 사람에게 바싹 붙어서 따라갈 것입니다. 저는 당연히 이리저리 방황하고 헤매지 않을 것입니다. 그가 나를 인도하는 지침이 되어 나의 생명을 지켜줄 것입니다. 그는 아마 이렇게 말하겠지요. "그쪽으로 가면 안돼요. 그 길은 당신을 죽음으로 몰아넣을 것입니다. 이쪽으로 오십시오. 그러면 당신은 살 것입니다."

그것이 하나님이 계명을 주신 목적입니다. 그 분은 당신이 생명을 얻고 더욱 풍성히 살기를 원하십니다. 주님이 당신에게 계명을 주실 때 그 것은 당신을 위해서 마련해 놓으신 최선을 보전하시기 위함입니다. 그 분은 당신이 그 것을 놓치기를 바라지 않으십니다. 하나님이 계명을 주시는 것은 당신을 제한하는 것이 아닙니다. 당신을 자유케 하시려는 것입니다.

➡ **왼쪽에 있는 신명기 6 : 20-25을 읽고 하나님의 계명, 규례, 약정, 율법 등의 목적을 표현해 보시오.**

하나님의 계명의 목적은 무엇입니까? ____________________

____

그래서 당신이 항상 복을 누리고 풍성한 삶을 살도록.

하나님은 당신이 항상 복을 누리며 풍성한 삶을 살도록 계명을 주셨습니다. 제가 예를 하나 들어보겠습니다. 주님께서 이렇게 말씀하셨다고 가정해 봅시다. "아름답고 멋진 사랑의 표현이 어떤 것인지 알려주마. 너에게 배우자를 준비해 줄게. 그리고 이 사람과 갖는 관계에서 너의 좋은 면이 나타나게 될거야. 그것은 인간의 사랑에서 가장 깊은 경지에 도달하는 기회를 줄거야. 그 사람은 네 속에 잠재해 있는 멋있는 것들이 밖으로 표출되도록 도와줄 것이고, 네 마음이 상할 때 너에게 힘을 줄거야. 또한 너를 사랑하고 믿어주고 의지하게 될거야. 나는 너희에게 아이들을 줄 것이고 그들은 너의 무릎에 앉아서 "아빠, 사랑해요"라고 속삭일거야."

그러나 하나님은 또 이렇게 말씀하십니다. "간음하지 말라"(마 5 : 27). 이 명령이 당신을 제한시키거나 구속하려는 말씀입니까? 아닙니다! 그것은 당신을 보호하고 당신이 인간 사랑의 최고의 경지를 맛보게 하려는 것입니다. 당신이 이 명령을 어기고 간음을 한다면 어떻게 됩니까? 남편과 아내와의 사랑의 관계에는 금이 갑니다. 신뢰는 없어집니다. 아픔이 자리를 잡습니다. 죄책감과 괴로움이 몰려듭니다. 아이들까지도 당신을 대하는 태도가 달라집니다. 상처는 당신과 당신의 배우자가 누릴 수 있는 미래의 사랑의 관계를 심하게 제한할 것입니다.

그 분을 아십시오.
그 분을 사랑하십시오.
그 분을 믿으십시오.
그 분을 의지하십시오.
그 분에게 순종하십시오.

하나님의 계명은 당신을 최선의 인생으로 인도하기 위해서 계획된 것입니다. 그러나 당신이 그 분을 믿고 의지하지 않으면 당신은 그 분에게 순종하지 않을 것입니다. 당신이 그 분을 사랑하지 않으면 그 분을 믿을 수 없습니다. 당신이 그 분을 알지 못하면 그 분을 사랑할 수 없습니다.

그러나 만일 하나님께서 당신에게 자신을 계시하시는 대로 진정으로 그 분을 알게 되면 당신은 그 분을 사랑하게 될 것입니다. 당신이 그 분을 사랑하면 그 분을 믿고, 의지할 것입니다. 당신이 그 분을 믿고 의지하면 그 분에게 순종할 것입니다.

하나님은 사랑이십니다. 그 분이 사랑이시기 때문에 당신을 향한 그 분의 뜻은 항상 최선입니다. 그 분은 진지하시기 때문에 그 분의 지침은 언제나 옳습니다. 그 분의 계명은 당신이 항상 복을 누리고 풍성한 삶을 살기 위한 것입니다. 당신이 그 분을 사랑하면 당신은 그 분에게 순종할 것입니다! 순종하지 않으면 당신은 그 분을 진정으로 사랑하는 것이 아닙니다(요 14 : 24).

➡ **오늘 배운 것을 복습하십시오. 오늘 학습한 내용 중에서 하나님께서 당신으로 하여금 이해하고, 배우고, 실천하기 원하는 구절이나 성구를 하나나 둘쯤 지적해 주시기를 기도하십시오. 해당되는 것에 밑줄을 그으십시오. 그리고 아래의 질문에 답하십시오.**

오늘 학습한 내용 중 어떤 구절이나 성구가 당신에게 가장 뜻 있게 와 닿았습니까? ________________________________

____

위의 구절이나 성구를 하나님께 대한 당신의 기도로 바꾸십시오.

오늘의 학습에 대한 반응으로 하나님은 당신이 무엇을 하길 원하십니까?

이 단원의 암송구절을 소리내서 외우거나 종이에 써 보십시오.

이 과의 요점

- 순종이 하나님을 향한 나의 사랑의 표출이다.
- 순종하는 데 문제가 있으면 나는 사랑의 문제를 가지고 있다.
- 하나님은 사랑이시다. 그 분의 뜻은 항상 최선이다.
- 하나님은 전지하시다. 그 분의 인도하심은 항상 옳다.
- 하나님은 전능하시다. 그 분은 나로 하여금 그 분의 뜻을 행하게 하실 수 있다.
- 하나님의 모든 계명은 하나님의 사랑의 본질의 표현이다.
- 하나님이 계명을 주실 때 나를 제한하시는 것이 아니라 자유케 하신다.
- 내가 하나님을 사랑하면 나는 그 분께 순종한다.

제 4 과 하나님은 그 분에게 참여하라고 당신을 초청하신다

하나님이 당신의 주위에서 일하고 계신 것을 보면 그것이 하나님께로 당신의 인생을 조정하고 하나님이 하고 계신 일에 참여하라는 하나님의 초청이다.

성경은 하나님이 세상에서 역사하시는 일의 기록입니다. 성경 안에서 하나님은 자신(그 분의 본질), 목적, 계획 그리고 방법을 계시하십니다. 성경은 단순히 하나님과 어떤 특정 인물들(아브라함, 모세, 혹은 바울)과의 관계에 대한 책이 아닙니다. 오히려 성경은 하나님이 하시는 일과 그 분이 각 개인과 갖고 계셨던 관계를 기록한 책입니다. 성경의 초점은 하나님과 그 분의 하시는 일에 맞춰져 있습니다.

➡ **지금까지 공부해 온 하나님을 경험하는 삶의 일곱 가지 실체 중에서 앞의 네 가지를 복습하십시오. 다음 빈칸에 알맞는 단어를 적어넣으십시오. 도움이 필요하다면 맨 뒤에 첨부된 도표와 설명을 참고로 하십시오.**

1. ________________은 항상 당신의 주위에서 일하고 계십니다.
2. 하나님은 당신과의 실질적이고 _____적인, 지속적인 사랑의 ________를 추구하십니다.
3. 하나님은 당신이 그 분의 _____________에 _____________하도록 당신을 초청하십니다.
4. 하나님은 자신과 그의 __________들과 그의 길들을 보여주기 위하여 ______에 의해 성경, __________, 환경과 ________를 통해서 말씀하십니다.

하나님은 사람들을 통해서 일하신다

하나님은 세상에서 활동하고 계신다.

성경은 하나님이 항상 세상과 연관되어 계심을 계시합니다. 하나님은 세상을 떠나시거나 역사 속에서 일어나는 일로부터 멀어지신 적이 없습니다. 성경을 볼 때, 우리는 하나님의 이 세상에서의 구속의 역사를 읽습니다. 우리는 하나님이 역사를 주도하시고 그 분이 선택하신 사람들을 역사에 참여시키는 것을 봅니다. 하나님은 그 분의 목적을 성취하시기 위해서 그 사람들을 통하여 일하시기를 선택하십니다.

- 하나님이 세상을 심판하실 준비가 되셨을 때 노아를 찾아오셨습니다. 하나님은 무언가를 하시되 노아를 통해서 하실 작정이셨습니다.
- 하나님이 자신을 위해서 한 나라를 세울 준비가 되셨을 때 아브라함을 찾아오셨습니다. 하나님은 아브라함을 통해서 그 분의 뜻을 이루시기로 작정하셨습니다.
- 하나님이 이스라엘 자손의 울부짖음을 들으시고 그들을 구원하시기로 결정하시고 나서 모세에게 나타나셨습니다. 하나님은 그 분 스스로 세우신 목적을 위해서 모세에게 나타나셨습니다. 그 분은 모세를 통해서 이스라엘을 구원하시기로 계획하셨던 것입니다.

이것은 구약과 신약 전체를 통틀어 볼 때 사실입니다. 하나님이 그의 아들을 통해서 잃어버린 세상을 구속하실 때가 되었을 때, 하나님은 아들에게 12명을 주셔서 그들로 하여금 그의 목적을 이루도록 준비시키셨습니다.

하나님은 그의 일에 사람들을 참여시킬 때에 주도권을 잡으신다.

하나님이 무언가를 하시려고 할 때, 하나님은 자기가 주도권을 잡으시고 한 사람 혹은 여러 명의 하나님의 종들에게 오십니다. 하나님은 자기가 무엇을 하시려는가를 그들에게 알게 하십니다. 하나님은 그들의 인생을 하나님께로 조정하라고 초청하셔서, 그들을 통해 하나님의 일을 성취하십니다. 아모스 선지자는 "주 여호와께서는 자기의 비밀을 그 종 선지자들에게 보이지 아니하시고는 결코 행하심이 없으시리라" (암 3 : 7) 라고 말했습니다.

➡ **다음의 문장이 맞으면 ○표, 틀리면 ×표 하십시오.**

_____ 1. 하나님은 세상을 창조하신 뒤 스스로 돌아가도록 방치하셨다.
_____ 2. 하나님은 잠자코 계시지 않는다. 그는 세상에서 활동적으로 일하고 계신다.
_____ 3. 사람들이 하나님의 일을 할 때 자신들이 좋다고 생각하는 일을 스스로 결정해서 해도 된다.
_____ 4. 하나님은 사람들을 그 분의 일에 참여시키신다.
_____ 5. 하나님은 그 분의 일에 사람들을 참여시키기 위해 항상 주도권을 잡으신다.

위의 질문들이 당신에게 복습이 되기를 바랍니다. 2, 4, 5번만 맞는 문장입니다. 나머지는 틀립니다.

하나님의 계시가 당신에 대한 초청이다

당신은 "하나님은 어떻게 내가 하나님의 일에 참여하도록 초청하실까?"라고 물으실지 모릅니다. 1단원에서 공부했던 요한복음 5 : 17, 19-20에 나오는 예수님의 예를 복습해 봅시다.

"예수께서 저희에게 이르시되 내 아버지께서 이제까지 일하시니 나도 일한다 하시매… 그러므로 예수께서 저희에게 이르시되 내가 진실로 진실로 너희에게 이르노니 아들이 아버지의 하시는 일을 보지 않고는 아무것도 스스로 할 수 없나니 아버지께서 행하시는 그것을 아들도 그와 같이 행하느니라 아버지께서 아들을 사랑하사 자기의 행하시는 것을 다 아들에게 보이시고 또 그보다 더 큰일을 보이사 너희로 기이히 여기게 하시리라."
—요한복음 5 : 17, 19-20

예수님의 예

1. 아버지께서 이제까지 일하신다.
2. 나도 일한다.
3. 나는 아무것도 스스로 할 수 없다.
4. 나는 아버지가 하시는 일을 주시하여 본다.
5. 나는 아버지께서 이미 행하고 계신 일을 보고 행한다.
6. 아버지께서는 아들을 사랑하신다.
7. 아버지께서는 자기의 행하시는 것을 다 아들에게 보이신다.

➡ 예수님은 아버지의 일을 하는 데 있어서 무슨 일을 해야하는지 어떻게 아셨습니까?

____

____

예수님은 어떻게 반응하셨습니까? ______________________

____

하나님을 개인적으로 경험하려면, 하나님이 우리가 살고 있는 이 세상에서 태초부터 활동하고 계셨으며 지금 이 순간에도 일하고 계신다는 것을 기억해야 합니다. 예수님은 그 분의 생애를 통해 이것을 나타내셨습니다. 예수님은 자신의 뜻을 행하려고 세상에 오신 것이 아니라 자기를 보내신 아버지의 뜻을 행하러 오셨다고 밝히셨습니다(요 4:34; 5:30; 6:38; 8:29; 17:4). 예수님은 아버지의 뜻을 알기 위해서 아버지께서 자기의 주위에서 하시는 일을 주시하여 보고 그 일에 참여하셨다고 말씀하셨습니다.

아버지는 아들을 사랑하시고 주도권을 잡으시고 하시고자 하는 일을 계시하셨습니다. 아들은 아버지가 무엇을 하고 계신지를 찾아서 자기의 인생을 아버지의 일에 연합시켰습니다.

➡ **앞의 네모칸 안에 있는 예수님의 예 중 4번에서, 예수님이 아버지가 그 분의 일에 참여하도록 초청하심을 알기 위해서 무엇을 하셨는지를 말하고 있는 가장 중요한 단어를 찾아서 동그라미 치십시오.**

하나님께 순종하는 자녀로서, 당신은 하나님과 사랑의 관계에 놓여 있습니다. 하나님은 당신을 사랑하시기 때문에 당신이 그 분의 일에 참여하기를 원하십니다. 그 분은 자신이 어디에서 일하고 계심을 당신에게 보여주시고 당신으로 하여금 동참할 수 있게 하실 것입니다. 4번에서 가장 중요한 단어는 "주시하여 본다"입니다. 예수님은 하나님이 어디서 일하고 계신지를 주시하여 보셨습니다. 예수님은 아버지가 하고 계시는 일이 무엇인지를 보고 행하셨습니다. 예수님에게 있어서, 아버지가 어디서 일하고 계시는지를 보여주는 계시는 하나님의 일에 참여하라는 아버지의 초청이었습니다. 당신이 아버지께서 당신의 주위에서 활동하시는 것을 볼 때, 그것은 하나님께로 당신의 인생을 조정하고 그가 하고 계신 일에 참여하라는 하나님의 초청입니다.

하나님의 계시는 당신으로 하여금 그 분에게 참여하라는 초청이다.

엘리사의 사환

하나님이 당신의 주위에서 일하고 계심에도 불구하고 당신이 그것을 알아차리지 못하는 것이 가능합니까? 물론입니다. 엘리사와 그의 사환이 도단이란 도시에서 아람 사람들의 군대에 포위되어 있었습니다. 사환은 겁에 질려 있었지만 엘리사는 여유만만했습니다. 엘리사가 "기도하여 가로되 여호와여 원컨대 저의 눈을 열어서 보게 하옵소서 하니 여호와께서 그 사환의 눈을 여시매 저가 보니 불말과 불병거가 산에 가득하여 엘리사를 둘렀더라"(왕하 6:17). 오직 주님이 사환의 눈을 열었을 때, 비로소 그는 그의 주위를 둘러싸고 있는 하나님의 활동을 보았습니다.

예루살렘의 지도자들 예수님은 A.D.70년에 이루어질 예루살렘의 멸망을 예언하시면서 예루살렘과 예루살렘의 지도자들을 불쌍히 여겨 우셨습니다. "너도 오늘날 평화에 관한 일을 알았더면 좋을 뻔하였거니와 지금 네 눈에 숨기웠도다"라고 예수님은 말씀하셨습니다(눅 19:42). 하나님께서 놀라운 표적과 기사를 바로 거기서 행하고 계셨음에도 불구하고 그들은 하나님을 깨닫지 못했습니다.

두 가지 요소 하나님이 당신 주위에서 일하고 계심을 깨닫는 데 중요한 두 가지 요소가 있습니다.

1. 당신은 하나님과의 친밀한 사랑의 관계 속에 살고 있어야 합니다.
2. 하나님께서 주도권을 잡고 당신의 영적인 눈을 열어주셔서 하나님이 무엇을 하고 계신지를 당신이 볼 수 있어야 합니다.

➡ **다음의 빈칸을 채우십시오.**

하나님이 그의 일하시는 것을 계시하시는 것은 나로 하여금 그 분에게 참여하라는 ________________이다.

하나님이 당신 주위에서 일하고 계심을 깨닫는 데 중요한 두 가지 요소가 무엇입니까?

1. ____

2. ____

하나님께서 자신이 어디서 일하고 계신지를 당신에게 알려주시지 않는 한, 당신은 그것을 보지 못할 것입니다. 하나님이 당신에게 어디서 일하고 계신지 계시하시면 그것이 바로 당신으로 하여금 그 분의 일에 참여하라는 초청인 것입니다. 하나님의 활동을 아는 것은 당신과 하나님과의 관계성과, 하나님이 주도권을 잡고 당신의 영적인 눈을 열어 그것을 보도록 하시는 데에 달려있습니다.

하나님이 활동하시는 곳에서 일하는 것

교회 개척 우리 교회에서는 중서부 캐나다 전역에 새 교회들을 개척하는 데 우리가 도와주기를 하나님께서 원하고 계심을 감지했습니다. 거기에는 복음주의 교회가 하나도 없는 수백 개의 중소도시들이 있었습니다.

➡ **만약 당신이 이런 경우에 처했다면 어떤 곳에 교회를 세울지 어떻게 결정하겠습니까?**

____

____

____

어떤 교회들은 인구조사나 설문조사를 함으로 일을 시작할 것입니다. 그리고 그들은 인간적인 논리를 이용해서 어디에 세워야 제일 미래가 보장되고 효과적일지를 결정할 것입니다. 지금쯤 당신은 우리가 다른 관점에서 이 문제에 접근했을 것이란 사실을 알아차리셨을 것입니다. 우리는 하나님께서 우리 주위에서 이미 무엇을 하고 계신지를 찾아내기 위해서 노력했습니다. 우리는 하나님이 어디서 일하고 계신지 보여주실 것을 믿었고, 그 계시가 우리로 하여금 그 분에게 참여하라는 초청이 될 것을 믿었습니다. 우리는 기도하면서 하나님이 기도의 응답으로 다음에 무엇을 하실지 주시하여 보기 시작했습니다.

알랜

알랜은 새스커툰에서 약 64킬로미터(40마일) 가량 떨어진 작은 마을이었습니다. 그 곳에는 한번도 개신교 교회가 세워진 일이 없었습니다. 우리 교회 교인 중 한 분이 그 곳에서 아이들을 위한 여름성경학교를 열어 가르치라는 인도하심을 느꼈습니다. 우리는 이렇게 말했습니다. "자! 하나님이 여기서 일하시는지를 알아봅시다."

그래서 우리는 여름성경학교를 열었습니다. 그리고 그 주말에 부모들을 위한 밤을 마련했습니다. 우리는 거기 모인 분들에게 이렇게 얘기했습니다. "우리는 하나님께서 이 마을에 침례교회를 세우기를 원하실지도 모른다고 믿고 있습니다. 여러분 중에 누구든지 정기적으로 성경공부를 하고 싶거나 새 교회의 일원이 되고 싶으신 분은 강단 앞으로 나오시겠습니까?"

"저는 30년 동안을 기도해 왔습니다…"

뒷줄에서부터 어떤 여인이 앞으로 나왔습니다. 그녀는 울고 있었습니다. 그녀는 이렇게 말했습니다. "저는 이 마을에 침례교회가 세워지기를 원해 30년 동안 기도해 왔습니다. 그런데 당신들이 바로 첫번째로 응답한 사람들입니다."

"저는 하나님이 이 마을에 침례교회를 보내주시기까지 하루에 네 다섯 시간 동안 기도하기로 하나님께 약속했습니다."

바로 그 뒤로 한 노인장이 따라나오셨습니다. 그 분 역시 깊은 감동을 받아 울고 있었습니다. 그는 이렇게 말했습니다. "오랫동안 저는 침례교회에서 활동적으로 일했었습니다. 그런 뒤 저는 술에 빠져들기 시작했어요. 그러다가 약 5년 전에 주님 앞에 다시 돌아왔습니다. 그 때 저는 하나님이 이 마을에 침례교회를 보내주시기까지 하루에 네 다섯 시간 동안 기도하기로 하나님께 약속했습니다. 그런데 당신들이 거기에 응답한 첫번째 사람들입니다."

우리는 설문조사를 할 필요가 없었습니다. 하나님이 직접 어디서 일하고 계신지를 보여주신 것입니다! 그것이 우리로 하여금 하나님께 동참하라는 초청이었습니다. 우리는 우리 교회로 돌아와서 기쁘게 하나님께서 무슨 일을 하고 계신지를 다른 교우들과 나누었습니다. 우리 교회는 즉시 알랜에 새 교회를 세우기로 결정하였습니다. 그 결과 그때 세워진 알랜의 그 교회는 한 교회를 더 세웠고, 또 두개의 지교회를 세웠습니다.

하나님이 활동하시는 곳에서 일하라.

하나님은 우리에게 어디 멀리 가서 그 분을 위해 일하라고 부탁하시지 않았습니다. 하나님은 버려진 세상을 그에게로 이끄시려고 이미 일하고 계셨고 그것을 우리에게 알려주셨습니다. 우리가 하나님과의 사랑의 관계 안에서 우리의 인생을 그 분에게로 조정할 때 하나님은 자신이 어디서 일하고 계신지를 보여주십니다. 그 계시가 바로 그 분에게 동참하라는 초청인 것입니다. 그리고 우리가 그 분에게 동참할 때 하나님은 우리를 통해서 그 분의 일을 완성시키십니다.

➡ **오늘 배운 것을 복습하십시오. 오늘 학습한 내용 중에서 하나님께서 당신으로 하여금 이해하고, 배우고, 실천하기 원하는 구절이나 성구를 하나나 둘쯤 지적**

해 주시기를 기도하십시오. 해당되는 것에 밑줄을 그으십시오. 그리고 난 후 아래의 질문에 답하십시오.

오늘 학습한 내용 중 어떤 구절이나 성구가 당신에게 가장 뜻있게 와 닿았습니까?

____

____

위의 구절이나 성구를 하나님께 대한 당신의 기도로 바꾸십시오.

____

____

____

오늘의 학습에 대한 반응으로 하나님은 당신이 무엇을 하기 원하십니까?

이 과의 요점

- 하나님은 세상에서 활동하고 계신다.
- 하나님은 내가 하나님의 일에 참여하는 것을 주도하신다.
- 하나님이 나의 영혼의 눈을 여는 일을 주도하셔야 내가 하나님이 무엇을 하고 계신지 볼 수 있다.
- 하나님이 내 주위에서 역사하심을 보면 그것이 바로 내 인생을 하나님께 조정하고 그 분의 역사에 참여하라는 초청이다.
- 하나님이 계시하시는 것이 그 분을 따르라는 초청이다.

제 5 과 하나님이 어디서 일하고 계신지 아는 것

어떤 일들은 오직 하나님만이 하실 수 있다.

때때로 하나님은 우리의 관심을 집중시키기 위해서 자신이 어디서 일하고 계신지를 계시하십니다. 우리는 이것을 보지만 당장 그것이 하나님이 하신 일이라고 간주하지 않습니다. 우리는 스스로에게 이렇게 말합니다. "글쎄, 하나님이 내가 이 일에 참여하기를 원하시는지 아닌지 모르겠는데, 기도를 해 보는 게 좋을 것 같아"라고. 그러나 우리가 그 상황을 벗어나서 기도하게 되면 하나님께 참여하는 기회는 이미 지나가 버리고 맙니다. 민감하고 예민한 마음을 가진 사람만이 하나님이 주시는 아주 세밀한 자극에도 반응을 보일 준비가 되어있습니다. 하나님은 우리가 이미 얘기해 온 그 사랑의 관계 안에서 당신의 마음을 민감하고 예민하게 만들어 주십니다.

당신이 하나님의 일에 참여하고자 한다면, 당신은 하나님이 어디서 일하고 계신지를 알아야 합니다. 성경은 오직 하나님만이 하실 수 있는 일들에 대해서 이야기합니다. 당신은 이런 것들을 확인하는 방법을 배워야 합니다. 그래야 당신의 주위에서 하나님만이 하실 수 있는 일이 벌어졌을 때, 당신은 그것을 보고 하나님이 활동하시는 것임을 알 수 있는 것입니다. 이러한 방법을 배우기만하면 절로 하나님의 활동을 알 수 있는 것은 아닙니다. 하나님이 당신의 영적인 눈을 열어주시지 않으면 당신은 그 것이 하나님이 하신 일임을 깨달을 수 없습니다.

하나님만이 하실 수 있는 일

➡ **이 책의 2단원 첫부분에 나오는 "대학 캠퍼스에서의 성경 공부"를 통해서 하나님만이 하실 수 있는 일의 예화를 하나 소개해 드렸습니다. 그 예화를 다시 한 번 읽어보고 하나님만이 하실 수 있는 일을 써보십시오.**

____

____

아버지께서 이끌지 않으시면 아무도 예수께로 나올 수 없다고 성경은 말합니다(요 6 : 44). 성령님이 그 사람의 인생에서 활동하시지 않는 한, 그 누구도 하나님을 찾거나 영적인 일을 추구하지 않습니다. 당신의 이웃이나 친구 혹은 당신 자녀 중 하나가 영적인 일에 관해서 물어왔다고 가정해 봅시다. 당신은 그 것이 하나님께서 그 사람을 이끄시고 있는지 아닌지 물어볼 여지가 없습니다. 하나님만이 그런 일을 하실 수 있습니다. 하나님이 그 사람의 인생에서 일하고 계시지 않는 한 아무도 하나님을 찾아 나서지 않을 것입니다.

삭개오

예를 들어봅시다. 예수님은 군중들 사이로 지나가시면서도 항상 아버지께서 어디서 일하고 계신지를 찾았습니다. 모든 군중이 추수할 밭은 아니었습니다. 추수할 밭은 그 군중 속에 있었습니다. 예수님은 나무 위에 매달려 있던 삭개오를 보셨습니다. 예수님이 속으로 이렇게 말씀하셨을는지 모릅니다. "내 아버지가 그의 마음에서 역사하고 계시지 않는 한 아무도 저런 열성을 가지고 나를 찾을 수 없을 것이다." 그래서 예수님은 군중으로부터 떨어져 나오셔서 "삭개오야 속히 내려오라 내가 오늘 네 집에 유하여야 하겠다"라고 말씀하셨습니다(눅 19 : 5). 그리고 무슨 일이 일어났습니까? 그날 저녁에 구원이 그 집에 이르렀습니다. 예수님은 항상 하나님이 일하고 계신 곳이 어디인지를 찾아다니셨고, 찾으시면 곧 하나님께 동참하셨습니다. 예수님이 자신의 인생을 하나님의 역사에 맞춘 결과 구원은 이루어졌던 것입니다.

➡ **다음의 성경구절들을 읽고 다음 질문에 답하십시오.**

> **요한복음 14 : 15-17**—너희가 나를 사랑하면 나의 계명을 지키리라 내가 아버지께 구하겠으니 그가 또 다른 보혜사를 너희에게 주사 영원토록 너희와 함께 있게 하시리니 저는 진리의 영이라… 너희는 저를 아나니 저는 너희와 함께 거하심이요 또 너희 속에 계시겠음이라.

1. 만일 당신이 예수님을 사랑하고 순종하면, 하나님이 누구를 당신에게 주신다고 하셨습니까? 그 분의 이름 중 두 가지를 열거해 보십시오.

____

2. 그 분은 어디에 거하십니까? ____________________

> **요한복음 14 : 26**—보혜사 곧 아버지께서 내 이름으로 보내실 성령 그가 너희에게 모든 것을 가르치시고 내가 너희에게 말한 모든 것을 생각나게 하시리라.

3. 성령님이 예수님의 제자들을 위해서 하실 일 두 가지는 무엇입니까?

____

____

> **요한복음 16 : 8**—그가 와서 죄에 대하여, 의에 대하여, 심판에 대하여 세상을 책망하시리라.

4. 성령님이 더 행하시는 세 가지의 일은 무엇입니까?

____

____

구원을 받을 때, 당신은 예수 그리스도(하나님 자신)와 사랑의 관계에 들어갑니다. 그 순간 보혜사, 진리의 영이 당신의 인생에 들어와 거하십니다. 그 분은 영원히 당신을 가르치시기 위해서 계십니다. 성령님은 사람들의 죄를 책망하시기도 하십니다. 그 분은 세상의 죄와 의와 심판에 대하여 책망하십니다. 다음은 하나님만이 하실 수 있는 일들을 요약한 것입니다.

하나님만이 하실 수 있는 일

1. 하나님은 사람들을 자기에게로 이끄신다.
2. 하나님은 사람들로 하여금 하나님을 찾도록 만드신다.
3. 하나님은 영적 진리를 드러내신다.
4. 하나님은 세상의 죄에 대해서 책망하신다.
5. 하나님은 세상의 의에 대해서 책망하신다.
6. 하나님은 세상의 심판에 대해서 책망하신다.

하나님은 무엇을 하고 계십니까…

당신은 위의 일 중에서 한 가지가 일어나고 있는 것을 보면 하나님이 일하고 계시다는 것을 알 수 있습니다. 어떤 사람이 예수님께로 나오거나, 영적인 것에 대해 묻거나, 영적인 진리를 깨닫게 되거나, 죄에 대해서 가책을 느끼거나, 예수님의 의에 대해서 이해를 하게 되거나, 심판에 대해서 이해하는 것을 보면 이것이 바로 하나님의 역사인 것입니다.

당신의 일터에서
당신의 가정에서
당신의 교회에서

제가 어떤 모임에서 말씀을 전하고 있을 때, 어떤 공장에서 감독으로 일하고 계신 빌이라는 분이 이렇게 말했습니다. "저는 한번도 직장에서 하나님의 역사를 보고 찾은 일이 없는 것 같네요." 그는 그가 일하는 공장의 요직에 있는 그리스도인들에 대해 이야기했습니다. 그는 하나님이 정말로 어떤 목적을 가지고 그 사람들을 그와 같은 지위에 오르게 하신 것인지 의구심이 들 정도였습니다. 그는 그의 직장 동료들과 함께 모여 이렇게 이야기하기로 결정했습니다. "하나님께서 우리로 하여금 이 공장 전체를 예수님 앞으로 인도하게 하시기를 원하시는지 우리 한번 알아봅시다." 그의 말이 하나님이 원하는 일인 것처럼 들리십니까? 물론 그렇습니다.

➡ **당신이 빌의 입장에 있다고 가정합시다. 당신이 그 공장 내의 그리스도인을 모으기로 결정하고 계획을 짭니다. 그 다음에 무엇을 할 것인지를 당신은 어떻게 알 수 있습니까?**

____

____

당신은 기도함으로 시작합니다. 오직 하나님만이 그 분이 목적하신 바를 알고 계십니다. 하나님은 그 목적을 이루는 최선의 길을 알고 계십니다. 하나님은 왜 그 사람들을 한 공장에서 일하도록 묶어놓았는지, 왜 빌에게 그들을 그리스도께로 인도해야 하는 부담을 주시게 되었는지까지도 아십니다. 당신은 기도를 마친 후 일어나서 하나님이 그 다음엔 무엇을 하시는지 주목하여 보십시오. 사람들이 당신에게 와서 무슨 말을 하는지 주목하여 들으십시오. 빌이 다니는 공장 동료 하나가 빌에게 와서 이렇게 말했다고 가정해 봅시다. "우리 가정은 요즘 경제적으로 무척 심한 고충을 겪고 있어요. 특히 우리집 아이들(십대청소년) 때문에 걱정이에요."

빌은 방금 기도를 했습니다. "오! 하나님, 당신이 어디서 역사하고 계신지 저에게 보여주십시오"라고. 그는 그의 기도와 다음에 일어난 일을 연관지어 보아야 합니다. 연관을 짓지 않으면 당신은 당신의 기도에 대한 하나님의 응답을 모르고 지나칠 수 있습니다. 언제든지 다음에 일어나는 일과 당신의 기도를 연관지어 생각하십시오. 그리고 나서 빌이 할 수 있는 일은 무엇입니까?

하나님이 이미 하고 계신 일이 있는지 찾아보십시오.

그 사람의 삶에 무슨 일이 일어나고 있는지를 알게 할 만한 질문들을 그에게 던지십시오. 당신의 삶을 지나치는 모든 사람들의 인생에서 하나님이 무슨 일을 하고 계신지를 당신이 파악할 수 있도록 질문하는 법을 배우십시오. 예를 들면 아래와 같은 질문들입니다.

심중을 파악하는 질문들

- 제가 당신을 위해서 어떻게 기도해 드릴 수 있을까요?
- 제가 당신을 위해서 무엇을 기도할 수 있습니까?
- 당신은 얘기하고 싶으세요?
- 당신의 인생에 있어서 가장 큰 도전은 무엇이라고 보십니까?
- 현재 당신에게 일어나고 있는 일 중에서 가장 중요한 것은 무엇입니까?
- 하나님이 당신의 인생에서 하시고 계신 일이 무엇인지 이야기해 주실 수 있으십니까?
- 하나님이 당신의 인생에 구체적으로 드러내신 것이 있습니까?
- 하나님이 당신에게 어떤 특정한 부담을 주셨습니까?

귀기울여 들으십시오.

그 사람이 대답합니다. "저는 사실 하나님과 아무런 관계가 없어요. 그렇지만 요즘 얼마 동안 제 아이들(십대청소년) 문제를 갖고 씨름하면서 하나님에 대해서 생각을 많이 했어요." 혹은 "제가 어렸을 때는 교회 주일학교엘 다녔었어요. 제 부모님이 가도록 만드셨죠. 저는 거기서 도망쳤었지만, 이 경제적인 어려움을 겪으면서 저는 하나님에 대해서 많이 생각하게 되었어요." 이와 같은 대답들은 하나님이 그 사람의 인생에서 무언가 일하시고 계심을 나타내는 것처럼 들립니다. 하나님이 그 사람을 자신에게로 이끄시려고 그 사람이 하나님을 찾고 죄에 대해서 인식하게 하시는지도 모릅니다.

➡ **다음 질문에 답하십시오.**

A. 위의 문장에 표현된 행동들 중에서 어떤 상황에 부딪쳤을 때 하나님이 역사하시는 것을 당신이 알도록 도와주는 것들은 무엇입니까?

____

____

____

____

B. "하나님만이 하실 수 있는 일"을 적은 앞의 네모칸을 다시 보십시오. 당신의 주위 사람들의 인생에서 하나님의 역사를 찾고자 할 때 당신이 주의해서 볼 것은 무엇입니까? 적어도 세 가지를 써보십시오.

저는 이런 사람들을 찾아보겠습니다.

1. ____________________

2. ____________________

3. ____________________

C. 당신 주위의 사람들 중 앞에 나오는 하나님의 역사하심을 한 가지라도 체험하고 있는 사람이 있다면 위에 있는 답의 옆 빈칸에 그 사람의 이름을 적어보십시오.

당신의 주위에서 하나님이 무엇을 하고 계신지 알고 싶으면 기도하십시오. 무슨 일이 그 다음에 생기는지 주목해서 보십시오. 당신의 기도와 다음에 생긴 일을 연관지어 보십시오. 심중을 파악하는 질문을 던짐으로 하나님이 무슨 일을 하고 계신지를 알아내십시오. 그리고 귀기울여 들으십시오. 하나님이 무엇을 하고 계신지 그 분에게 동참하기 위해 조정해야 될 것이 무엇이든지 준비하십시오.

"우연히" 찾아온 방문객

우리 교회를 우연히 방문하신 분이 계셨습니다. 그는 우리 교회 게시판 아래쪽에 쓰여 있는 "우리 교회의 카일(Kyle) 선교를 위해 기도하십시오. 프린스 알버트(Prince Albert) 선교를 위해 기도하십시오. 러브(Love) 선교를 위해 기도하십시오. 레지나(Regina) 선교를 위해 기도하십시오. 블레인 레이크(Blain Lake) 선교를 위해 기도하십시오" 등의 문구를 보았습니다. 그는 이것이 무슨 뜻인지를 물었습니다.

"하나님이 성경 공부반이나 교회를 원하는 사람을 보여주시기만 하면 우리 교회는 반응을 보일 것이다."

저는 우리 교회가 서약한 바에 대하여 설명하였습니다. 하나님이 성경공부반이나 교회를 원하는 사람을 보여주시기만 하면 우리 교회는 반응을 보일 것입니다. 그는 물었습니다. "그렇다면 제가 당신들에게 우리 마을에 와서 침례교회를 세우는 일을 도와달라고 하면, 거기에 반응을 보이겠다는 말씀입니까?" 저는 그렇다고 대답했고, 그는 울기 시작했습니다. 그는 우리 교회로부터 약 120킬로미터쯤 떨어진 리로이(Leroy)라는 곳에서 건축일을 하는 사람이었습니다. 그는 사람들에게 리로이에 침례교회를 세우자고 24년 동안을 탄원하고 다녔다고 말했습니다. 그를 도와주기를 원하는 사람은 아무도 없었습니다. 그는 우리에게 혹시 와서 도와줄 수 있겠느냐고 물었습니다.

우리는 리로이에 교회를 설립했습니다. 우리는 메인 스트리트(Main Street)에 두 구획의 터를 샀습니다. 그는 너무나도 감격한 나머지 학교 건물을 사서 그 터로 옮겼습니다. 그는 지금 평신도 목회자로 리로이를 포함한 그 일대에서 사역하고 있습니다. 그의 두 아들은 모두 하나님의 복음의 사역자로 부르심에 응하였습니다.

우리 교회는 하나님만이 할 수 있는 일에 익숙해져 있었습니다. 하나님이 어디서 일하고 계신지 우리에게 보여주시면, 우리는 그것이 우리를 초청하시는 것이라는 것을 즉각 알았습니다. 많은 경우 우리가 하나님의 일에 동참하지 못하는 이유는 우리가 그만큼 하나님의 일에 참여하기에 헌신되어 있지 않기 때문입니다. 우리는 하나님이 복 주시기만을 원하고 하나님이 우리를 사용하셔서 일하시기는 바라지 않는 것입니다. 당신은 하나님이 어떻게 당신에게 복 주실 것인가에 대해 주목하지 마십시오. 하나님이 어떻게 자신을 당신에게 계시하시고, 당신을 통해서 일하시며, 당신의 능력을 초월하는 하나님의 목적을 이루실지를 기대하십시오. 하나님이 당신 안에서 일하심 자체가 당신에게 복을 가져다 줄 것입니다. 복은 당신의 순종과 하나님이 당신 안에서 일하심을 경험하는 것의 부산물입니다.

한 낯선 사람이 당신 교회에 방문하는 것이 얼마나 큰 의미를 줄 수 있는지 누가 알 수 있습니까? 그 사람이 처한 곳에서 하나님이 어떤 역사를 하고 계신지 질문하여 보십시오. 그러면 당신은 당신의 인생이 하나님의 도구가 되기 위해서 어떤 조정을 필요로 하는지 알게 됩니다. 하나님은 그로써 하나님이 원하시는 일을 하실 수 있습니다. 하나님이 움직이고 계심을 보기 시작하면 당신의 인생을 조정하고 반응을 보이십시오.

➡ **위의 예화가 당신이 당신의 주위, 가정, 직장, 교회 등에서 하나님의 역사를 볼 수 있게 되는 데 어떤 도움을 주었습니까? 만약 그렇다면 어떤 도움인지 적어 보십시오.**

____

____

____

____

당신이 답으로 써넣은 당신이 받은 인상들은 하나님께로부터 직접 온 것일 수 있습니다. 그 분은 자기의 역사를 찾아보라고 당신을 초청하고 계신지도 모릅니다. 이 기회를 놓치지 마십시오. 기도하시고, 다음에 무슨 일이 일어나는지 주시해서 보십시오.

더 강조하고 싶은 두 가지 점들

우리는 지난 두 과를 통해서 하나님이 그 분의 역사에 당신이 참여하도록 초청하신다는 것에 초점을 맞추어서 공부했습니다. 제가 더 강조하고 싶은 두 가지 점들을 이 사실과 연결시켜 볼 필요가 있습니다.

1. 하나님은 그 분의 목적을 막 이루시려고 하실 그 때에 말씀하신다.

1. 하나님은 그 분의 목적을 막 이루시려고 하실 그 때에 말씀하신다.

하나님이 당신에게 자신이 하고 계신 일을 계시하시는 그 순간이 당신이 응답해야 할 때입니다. 하나님은 그 분의 목적을 막 이루시려고 하시는 그 때에 말씀하십니다. 이것은 성경 전체에 걸쳐 사실입니다. 그러나 마음에 둘 것은 모든 것의 최종 완성은 오래 걸릴 수도 있다는 것입니다. 아브람의 아들은 하나님의 약속을 받은 지 25년 후에 태어났습니다. 하지만 하나님이 당신에게 오시는 시간이 바로 당신이 반응해야 할 시간입니다. 당신은 당신의 인생을 하나님께로 조정하기 시작해야 합니다. 당신은 하나님이 당신을 통해 이루시려는 일을 위해 많은 준비를 해야 할지도 모릅니다.

2. 하나님이 주도하신 일은 하나님이 성취하신다.

2. 하나님이 주도하신 일은 하나님이 성취하신다.

하나님이 이사야를 통해서 말씀하셨을 때, 그는 이 사실을 확인했습니다. "내가 동방에서 독수리를 부르며 먼 나라에서 나의 모략을 이룰 사람을 부를 것이라 내가 말하였은즉 정녕 이룰 것이요 경영하였은즉 정녕 행하리라"(사 46 : 11). 이전에 그는 하나님의 사람들을 이렇게 경고한 바 있습니다. "만군의 여호와께서 맹세하여 가라사대 나의 생각한 것이 반드시 되며 나의 경영한 것이 반드시 이루리라…만군의 여호와께서 경영하셨은즉 누가 능히 그것을 폐하며 그 손을 펴셨은즉 누가 능히 그것을 돌이키랴"(사 14 : 24, 27). 만일 하나님이 그의 사람들에게 그 분이 무엇을 할 것인지를 보여주시는 것은 벌써 그 일이 성취된 것과 다름없다고 하나님은 말씀하십니다. 하나님 자신이 그것을 성취시키실 것입니다(열왕기상 8 : 56과 빌립보서 1 : 6도 꼭 읽어보십시오).

하나님이 말씀하신 것은, 하나님이 그것의 성취됨을 보증하십니다. 이것은 우리 믿는 개인이나, 교회나, 교단에 암시를 줍니다. 우리가 처해있는 상황에서 하나님의 역사하심을 알기 위해 하나님께로 나아갈 때, 우리는 역시 하나님이 성취시켜 주심을 확신할 수 있는 것입니다.

➡ **다음의 문장에 동의하십니까 아니면 반대하십니까?**
"하나님이 주도하신 일은 언제나 하나님이 성취하신다."
동의합니다 ☐ 반대합니다 ☐ 동의하거나 반대하는 이유를 써보십시오.

____

____

____

____

여러분 중에서 어떤 분들은 위의 주장에 반대했을지도 모릅니다. 항상 당신의 하나님에 대한 이해가 단지 자기의 개인적인 의견이나 경험을 토대로 한 것이 아니라, 성경을 바탕으로 했는지를 확실히 하십시오. 역사를 통해서 많은 사람들이 하나님께로부터 말씀을 받았다고 하고 이루어지지 못한 일이 많았습니다. 당신은 하나님을 이해하는 데 대한 결정을 함에 있어서, 그런 종류의 경험에 기초할 수는 없습니다.

영적 지도자들이여 주의하십시오.

영적 지도자들에게 강한 주의의 말씀이 요청됩니다. 만약 당신이 하나님의 사람들에게 하나님으로부터 말씀을 받았음을 나타냈다면, 당신은 하나님께서 성취하실 때까지 그 말씀을 붙들고 있어야 할 책임이 있습니다. 하나님이 말씀하시기를, 누구든지 "여호와의 이름으로 말한 일에" 성취함이 없으면 그 사람은 거짓 선지자로 여기라고 하셨습니다(신 18 : 18-22 ; 렘 28 : 9 ; 겔 12 : 24, 25). 하나님의 참 선지자는 하나님께로부터 말씀을 받고 그 말씀이 성취되는 사람입니다. 하나님의 본질이 그것을 요구합니다! 하나님이 말씀하신 것은 성취됩니다.

➡ **오늘 배운 것을 복습하십시오. 오늘 학습한 내용 중에서 하나님께서 당신으로**

하여금 이해하고, 배우고, 실천하기 원하는 구절이나 성구를 하나나 둘쯤 지적해 주시기를 기도하십시오. 해당되는 것에 밑줄을 그으십시오. 그리고 난 후 아래의 질문에 답하시오.

오늘 학습한 내용 중 어떤 구절이나 성구가 당신에게 가장 뜻있게 와 닿았습니까?

____

____

____

____

위의 구절이나 성구를 하나님께 대한 당신의 기도로 바꾸십시오.

____

____

____

____

오늘의 학습에 대한 반응으로 하나님은 당신이 무엇을 하기 원하십니까?

____

____

____

이 단원의 암송구절을 복습하고 다음 모임 때 사람들 앞에서 외울 수 있도록 준비하십시오.

이 과의 요점

- 민감하고 예민한 마음을 가진 사람만이 하나님이 주시는 아주 세밀한 자극에도 반응을 보일 준비가 되어있다.
- 기도한 후 다음에 하나님이 무엇을 하시는지 주목하여 본다.
- 연관을 지어본다. 심중을 파악하는 질문을 던진다. 귀기울여 듣는다.
- 하나님은 그 분의 목적을 이루시려고 하는 그 때에 말씀하신다.
- 하나님이 주도하신 일은 하나님이 성취하신다.

제5단원 하나님이 말씀하신다, 제1부

프린스 알버트(Prince Albert)에 교회를 시작하다

제가 캐나다의 서스캐처원주에 있는 새스커툰 훼이스(Faith) 침례교회의 목사로 갈 것을 결정했을 때, 그 교회에는 약 10명 정도의 사람들밖에는 남아 있지 않았습니다. 그들은 최근에 교회 문을 닫을 것인가에 대한 회의를 열었습니다. 그들은 하나님의 말씀을 기다리려는 마음이 있었기 때문에 "하나님께서 여기서 무엇을 하실 수 있단 말인가, 하나님이 무엇을 하시기 원하셨는가, 하나님이 무엇을 하고 계신가" 하고 주목하여 보기로 하였습니다.

1970년 어느 추운 토요일 아침 제가 그 곳에 도착했을 때, 다섯 사람을 실은 차 한 대가 도착해서 우리는 그들과 점심 식사를 하게 되었습니다. 그들은 거기서 북쪽으로 145킬로미터(90마일) 가량 떨어진, 약 30,000명 정도의 사람이 살고 있는 프린스 알버트라는 도시에서 온 사람들이었습니다. 그들은 제가 새스커툰에 온다는 소식을 듣고 달려온 것이었습니다. 그 후 그들은 기도를 시작했고 제가 그들의 목사도 되어야 할 것이라고 확신하게 되었습니다. 그들은 그들이 받은 하나님의 말씀을 우리와 나누려고 온 것입니다.

그들은 제가 거의 20년 전, 십대 소년으로서 하나님께 이렇게 말씀드렸다는 것에 대해서는 잘 몰랐을 것입니다. "하나님, 만일 당신이 저를 목회 사역으로 부르시고, 또 제가 운전할 수 있는 거리에 사는 사람들이 성경공부반이나 교회를 원한다면 저는 가겠습니다." 이 사람들이 저에게 오라고 부탁했을 때 저는 "안돼요"라고 말할 수 없었습니다.

훼이스(Faith) 교회는 한 번도 지교회를 지원한 일이 없었습니다. 저 역시 지교회를 지원하는 교회에서 목회한 일이 없었습니다. 우리 자신의 기술이나 경험을 믿고 우리는 일을 진행시킬 수 없었습니다. 우리는 전적으로 하나님의 인도하심에 매달릴 수밖에 없었습니다. 프린스 알버트에 있는 하나님의 사람들의 마음을 움직이는 것은 하나님의 역사라고 우리는 확신하게 되었습니다. 그들이 우리에게 오도록 인도된 이상 우리는 그것이 하나님께서 우리가 어디에서 하나님을 섬겨야 하는지를 보여주신 것임을 깨달았습니다.

하나님은 프린스 알버트를 향한 그 분의 큰 뜻을 보여주시기 시작하셨습니다. 하나님은 이 교회를 발전시키셨습니다. 그들은 목사님을 세웠고, 땅과 건물을 얻었습니다. 그리고 그들의 교인수는 증가하기 시작했습니다. 그들은 러브(Love), 스미톤(Smeaton), 멜퍼트(Melfort), 티즈달(Tisdale), 그리고 리오빌(Leoville)에 각각 새 교회를 세웠습니다. 그들은 프린스 알버트에 아메리칸 인디언들을 위한 지교회를 세우고, 세 개의 인디언 보호구역에도 교회들을 세웠습니다. 그리고 그들은 니피완(Nipiwan), 라론즈(LaRonge), 데샴벌트(Deschambault), 컴버런드 하우스(Cumberland House) 등의 이웃 도시에도 중요한 사역을 시작했습니다. 그들은 인디언 추장들을 위한 연례 회의와 부족들을 위한 모임과 북서스캐처원주에 널리 퍼져있는 인디언들의 모임을 시작했습니다. 진정으로 하나님은 우리가 요구했던 것, 상상했던 것을 초월하여 일하십니다(엡 3 : 20-21).

이 단원의 암송구절 하나님께 속한 자는 하나님의 말씀을 듣나니 너희가 듣지 아니함은 하나님께 속하지 아니하였음이로다.
—요한복음 8 : 47

제 1과 하나님은 여러 다른 방법으로 말씀하신다

그리스도인이 언제 하나님이 말씀하시는지를 알지 못한다면, 그는 그리스도인으로서의 생활에 핵심적인 문제를 가지고 있는 것이다.

하나님을 이해하고 경험하는 데 있어서 핵심은 하나님이 언제 말씀하시는지를 명확히 아는 것입니다. 그리스도인이 언제 하나님이 말씀하시는지를 알지 못한다면, 그는 그리스도인으로서의 생활에 문제를 가지고 있는 것입니다! 우리는 하나님이 어떻게 성령님을 통해 그 분 자신과 목적들과 길들을 계시하시는지에 초점을 맞추기로 하겠습니다. 이 과에서는 하나님께서 성경, 기도, 환경, 교회 혹은 다른 믿는 자들을 통해서 어떻게 말씀하시는지 알아보겠습니다.

여러 가지 다른 방법들

구약에서 하나님은 여러 가지 다른 방법으로 말씀하셨다.

"옛적에 선지자들로 여러 부분과 여러 모양으로 우리 조상들에게 말씀하신 하나님이" (히 1 : 1). 성경 전체에서 한 가지 뚜렷한 사실은 하나님이 그의 사람들에게 말씀하신다는 것입니다. 구약에서 하나님이 말씀하신 방법들은 아래와 같습니다.

- 천사들을 통해서 (창 16장)
- 환상들을 통해서 (창 15장)
- 꿈들을 통해서 (창 28 : 10-19)
- 우림과 둠밈을 사용해서 (출 28 : 30)
- 비유를 통해서 (렘 18 : 1-10)
- 세미한 소리를 통해서 (왕상 19 : 12)
- 기사와 표적들을 통해서 (출 8 : 20-25)
- 그리고 기타 다른 방법들

구약에서 하나님이 어떻게 말씀하셨느냐 하는 것이 가장 중요한 요소는 아닙니다. 하나님이 말씀하셨다는 것이 중요한 점입니다. 하나님의 말씀을 들은 사람들은 그것이 하나님이신 줄을 알았고 또 그 분이 무슨 말씀을 하셨는지를 알았습니다.

➡ **다음 중 어떤 것이 더 중요합니까?**
어떻게 하나님이 말씀하셨는가 ☐ 또는 하나님이 말씀하셨다는 사실 자체 ☐

구약에서 하나님의 말씀을 들은 사람들은 어떤 두 가지 사실을 알았습니까?

___

네 가지 중요한 요소들

하나님이 어떻게 말씀하셨는가보다 하나님이 말씀하셨다는 사실 자체가 더 중요한 요소이다.

하나님이 사람들에게 말씀하셨다는 사실 자체가 하나님이 어떻게 말씀하셨느냐보다 훨씬 중요합니다. 하나님의 말씀을 듣는 사람들은 말씀하시는 분은 바로 하나님임을 알았고, 하나님이 무슨 말씀을 하시는지 알았습니다. 구약에서 하나님이 말씀하실 때마다 저는 네 가지 중요한 요소들을 보게 됩니다. 출애굽기 3장에서 모세가 불붙는 떨기나무에서 경험한 것이 한 예입니다.

개인에게 독특함

1. 하나님이 말씀하실 때 대개는 그 개인에게 독특한 것이었다. 예를 들어, 모세는 불붙는 떨기나무에서 하나님을 경험했다는 것을 들어본 적이 없었습니다. 그는 "아! 이것이 내가 불 붙는 떨기나무에서 하나님을 경험하는 것이구나. 나의 선조들, 아브라함과 이삭과 야곱은 그들의 떨기나무 경험을 가졌었고, 이번 것은 내 떨기나무 경험이구나."라고 말할 수 없었습니다. 하나님이 떨기나무에 나타나셔서 말씀하신 것은 그 때 이외에는 없었습니다. 그것은 독특한 경험인데, 그 이유는 하나님은 우리가 그 분과 그 분의 목소리를 개인적으로 경험하기를 원하시기 때문입니다. 하나님은 우리가 어떤 방법이나 기술에 의존하기보다는 그 분과의 관계를 중요하게 여기기를 원하십니다. 모세가 현대에 살았다면 그는 그의 불붙는 떨기나무의 경험에 대해서 책을 한 권 써야겠다는 유혹을 받았을지도 모릅니다. 그랬다면 온 땅에 살고 있는 사람들이 그들의 불붙는 떨기나무를 찾으려고 노력했을 것입니다. 여기서 열쇠가 되는 진리는 하나님이 어떻게 말씀하셨느냐가 아니라 하나님이 말씀하셨다는 그 사실 자체입니다. 그 사실은 결코 변하지 않습니다. 하나님은 그의 백성들에게 오늘도 여전히 말씀하십니다.

➡ **하나님이 구약에서 사람들에게 말씀하셨을 때 네 가지 중요한 요소들 중 첫번째 요소는 무엇입니까?**

1. ______________________________

하나님이 말씀하신 것이 확실함

2. 하나님이 말씀하셨을 때 들은 사람은, 말씀하시는 분은 바로 하나님이심을 확실히 알았다. 하나님이 모세에게 독특한 방법으로 말씀하셨기 때문에 모세는 그것이 하나님이었음을 확실히 알았습니다. 성경은 모세가 아무런 질문없이 "스스로 있는 자"(출 3 : 14)이신 하나님을 만난 것에 대해 증거합니다. 그는 하나님을 절대적으로 의지했고 순종했으며 하시겠다고 말씀하신 그대로 행하시는 하나님을 경험했습니다. 모세가 다른 사람들에게 하나님의 말씀을 들었다는 것을 논리적으로 증명할 수 있었겠습니까? 아니죠. 모세가 할 수 있었던 것은 오직 하나님과의 만남에 대해서 간증하는 것뿐이었습니다. 오로지 하나님만이 그의 종들에게 모세에게 주신 말씀이 그들의 선조들의 하나님인 자신이 주신 것임을 깨닫게 하실 수 있습니다.

기드온과 같은 사람이 확신을 갖고 있지 못했을 때, 하나님은 은혜롭게도 자신을 더 명확하게 드러내셨습니다. 맨 처음 기드온은 표징을 구하고 예물을 준비했습니다. "여호와의 사자가 손에 잡은 지팡이 끝을 내밀어 고기와 무교전병에 대매 불이 반석에서 나와 고기와 무교전병을 살랐고 여호와의 사자는 떠나서 보이지 아니한지라 기드온이 그가 여호와의 사자인줄 알고 가로되 슬프도소이다 주 여호와여 내가 여호와의 사자를 대면하여 보았나이다"(삿 6 : 21-22). 기드온은 하나님이 말씀하셨음을 확실히 알았습니다.

➡ **하나님이 구약에서 사람들에게 말씀하셨을 때 네 가지 중요한 요소들 중에서 두번째 요소는 무엇입니까?**

2. ______________________________

하나님이 무슨 말씀을 하시는지를 앎

3. 하나님이 말씀하셨을 때 말씀을 받은 사람은 하나님이 무슨 말씀을 하시는지를 알았다. 모세는 하나님이 그에게 무엇을 하라고 말씀하시는지를 알았습니다. 그는 하나님이 그를 통해서 어떻게 일하시기를 원하시는지 알고 있었습니다. 그랬기 때문에 그는 그토록 많은 핑계를 내세웠던 것입니다. 그는 하나님이 무엇을 기대하시는가를 정확히 알고 있었습니다. 이것은 모세에게 있어 사실이었고, 노아, 아브라함, 요셉, 다윗, 다니엘과 그 외의 사람들에게 있어서도 사실이었습니다.

➡ **하나님이 구약에서 사람들에게 말씀하셨을 때 네 가지 중요한 요소들 중에서 세번째 요소는 무엇입니까?**

3. ______________________________

하나님과의 만남

4. 하나님이 말씀하셨을 때가 하나님과의 만남이다. 모세가 이런 말을 했다면 얼마나 바보스럽게 들릴까요. "이 불붙은 떨기나무와의 아주 좋은 만남이었어. 이것이 하나님을 만나게 나를 이끌어 주었으면 좋겠는데…." 그것은 바로 하나님과의 만남이었습니다! 하나님이 어떤 방법으로든지 당신에게 진리를 보여주시면 그것이 바로 하나님과의 만남입니다. 그것이 하나님이 당신의 인생에 함께하심을 경험하는 것입니다. 하나님만이 그 분의 임재를 당신으로 하여금 경험할 수 있게 하는 유일하신 분입니다.

➡ **하나님이 구약에서 사람들에게 말씀하셨을 때 네 가지 중요한 요소들 중에서 마지막 요소는 무엇입니까?**

4. ______________________________

아래의 힌트를 사용해서 당신이 지금 방금 읽은 네 가지 요소를 써보십시오.

1. 독특함 ______________________________
2. 확실함 ______________________________
3. 무엇을 ______________________________
4. 만남 ______________________________

당신의 답을 확인하십시오.

하나님이 이러한 방식으로 말씀하신 것은 구약 전체를 통해서 찾아볼 수 있습니다. 하나님이 말씀하신 방법은 사람에 따라 다릅니다. 중요한 것은 다음의 사실들입니다.

- 하나님은 그의 종들에게 독특하게 말씀하셨다.
- 그들은 하나님이신 줄을 알았다.
- 그들은 하나님이 무슨 말씀을 하시는지를 알았다.

하나님이 말씀하시면 그것이 하나님과의 만남입니다. 하나님께서 성령님으로 성경, 기도, 환경, 교회를 통해서 말씀하시면 당신은 그것이 하나님이심을 알게 될 것이고 하나님이 무슨 말씀을 하시는지도 알게 될 것입니다. 하나님이 당신에게 말씀하시면 그것이 하나님과의 만남입니다.

그릇된 방식

저는 많은 사람들이 이렇게 말하는 것을 듣습니다. "주여! 저는 당신의 뜻을 알기를 진정으로 원합니다. 제가 틀렸으면 저를 막아주시고 맞았으면 축복해 주십시오." 이것을 다르게 말하면 이렇습니다. "주여! 저는 이 방향으로 나가겠습니다. 이것이 주님의 뜻이 아니면 문을 닫아주십시오." 여기서의 한 가지 문제점은 성경 어디에서도 이런 방식을 볼 수 없다는 것입니다.

당신은 경험만으로 인도되도록 자신을 방치해서는 안됩니다. 당신은 전통, 방법, 공식 등으로 인도되도록 허락해서는 안됩니다. 사람들은 종종 이런 것들이 쉽기 때문에 이런 것들을 의지합니다. 사람들은 자기 좋은 대로 일을 해놓고 모든 것의 책임을 하나님께로 돌립니다. 그들이 잘못됐으면 하나님이 방해하시고 그들을 제지시켜야 한다고 생각합니다. 자기들이 실수하면 그들은 하나님을 원망합니다.

당신이 하나님의 뜻과 음성을 알기 원한다면 하나님과의 사랑의 관계가 자랄 수 있도록 시간과 정성을 기울여야만 합니다. 그것이 하나님이 원하시는 것입니다!

➡ **다음 중에서 하나님의 뜻을 알기 위한 성경적 방식은 어떤 것입니까?**

☐ 열린 문과 닫힌 문을 찾는 것
☐ 당신이 틀렸으면 하나님이 당신을 막으시도록 요구하는 것.
☐ 하나님이 당신에게 명확한 음성으로 말씀하실 때까지 기다리는 것

하나님의 말씀은 우리의 인도자입니다. 제가 아는 성경의 방식은 하나님이 항상 앞에서 지도해 주시는 것입니다. 하나님은 처음부터 당신이 알고자 하는 모든 것을 당신에게 말해주시지 않을지 모릅니다. 그러나, 그 분은 당신이 조정하는 데 있어서 필요한 만큼, 첫 순종의 발을 내딛을 때 필요한 만큼은 알려주실 것입니다. 당신이 할 일은 주인이 당신에게 명령을 내릴 때까지 기다리는 것입니다. 하나님이 지시하기 전부터 무언가 하기 시작하면 십중팔구 그릇된 일을 하는 것입니다.

특정한 지시들

사람들은 흔히 하나님이 명확한 지침을 주시지 않는다고 말합니다. 즉, 하나님이 당신의 삶을 움직이게 하신다는 말입니다. 그리고 나서 당신이 하나님이 주신 마음을 가지고 어떻게 살 것인가 스스로 발견하기를 노력해야 한다고 합니다. 이것은 마치 그리스도인들은 항상 옳게 생각하고 하나님의 뜻에 따라 생각한다는 듯한 암시를 줍니다. 이것은 우리의 옛 속성이 항상 우리의 영적인 속성과 우리 안에서 싸우고 있다는 사실을 간과하는 것입니다(롬 7장). 우리의 길은 하나님의 길이 아닙니다(사 55 : 8). 하나님께서만 당신에게 특정한 지시를 내리셔서 그 분의 목적을 그 분의 방법으로 성취시키십니다.

하나님이 노아에게 방주를 만들라고 지시하신 후에 노아는 그것의 크기와 재료와 어떻게 조립해야 하는지를 알았습니다. 하나님이 모세에게 성막을 만들라고 하셨을 때 그 분은 모든 세밀한 것까지 지시를 하셨습니다. 하나님이 예수 그리스도로 성육신하

셨을 때 그 분은 그의 제자들에게 특정한 지시들을 내리셨습니다. 어디로 가라, 무엇을 해라, 어떻게 응해라.

아브라함(아브람)을 부르시고 "내가 네게 지시할 땅으로 가라 (창 12 : 1)"고 하셨을 때는 어떠했습니까? 그것은 별로 특정한 지시가 아니었습니다. 그것은 믿음을 요구한 것입니다. 그러나, 하나님은 "내가 지시할"이라고 분명히 말씀하셨습니다. 하나님은 항상 당신에게 일을 하기에 충분한 분량의 특정한 지시를 내리시기를 원하십니다. 당신에게 지시가 더 필요하면 하나님이 원하시는 시간에 당신에게 지시를 내립니다. 아브라함의 경우, 하나님은 나중에 그에게서 태어날 아들과 그의 자손의 수, 그의 자손이 살 땅, 그리고 그들이 노예가 되었다가 구원될 것 등을 알려주셨습니다.

오늘날 성령님은 명확한 지시를 내리십니다. 하나님은 개인적이십니다. 하나님은 당신의 인생에 친밀하게 관련되기를 원하십니다. 그 분은 당신의 생활에 있어서 명확한 지시를 주실 것입니다. 당신은 어쩌면 "그것은 나의 경험이 아닌데"라고 말할지 모릅니다. 그렇다면 당신은 이렇게 해야 합니다.

하나님을 이해할 때 당신의 경험을 의지하지 말고 성경을 바탕으로 하십시오.

➡ **아래의 문장을 읽으면서 당신의 인생에 관한 하나님의 지시를 찾는 데 도움을 줄 만한 것들에 밑줄을 그으십시오.**

당신은 어떤 일에 대해 하나님으로부터의 명확한 지시가 없으면 기도하고 기다리십시오. 인내를 배우십시오. 하나님의 시간을 의지하십시오. 하나님의 시간이 항상 옳으며 최선입니다. 서두르지 마십시오. 하나님은 당신이 간절히 하나님을 찾게 하기 위해서 지시할 사항을 감추어 두셨을지도 모릅니다. 무엇을 하려고 하나님과의 관계성을 뛰어넘지 마십시오. 하나님은 당신이 그 분을 위해서 무엇을 할 수 있는가보다는 당신과의 사랑의 관계에 더욱 관심을 가지고 계십니다.

➡ **위의 문장 중 밑줄 그은 부분들을 당신 자신의 말로 정리해 보십시오.**

____

____

____

____

➡ **오늘 배운 것을 복습하십시오. 오늘 학습한 내용 중에서 하나님께서 당신으로 하여금 이해하고, 배우고, 실천하기 원하는 구절이나 성구를 하나나 둘쯤 지적해 주시기를 기도하십시오. 해당되는 것에 밑줄을 그으십시오. 그리고 난 후 아래의 질문에 답하십시오.**

오늘 학습한 내용 중 어떤 구절이나 성구가 당신에게 가장 뜻있게 와 닿았습니까?

위의 구절이나 성구를 하나님께 대한 당신의 기도로 바꾸십시오.

오늘의 학습에 대한 반응으로 하나님은 당신이 무엇을 하기 원하십니까?

이 단원의 암송구절을 다음에 써 보십시오. 다른 단원의 암송구절들을 복습하십시오.

이 과의 요점

- 하나님이 나에게 말씀하실 때 알지 못하면 나는 그리스도인 생활의 핵심에 문제를 가지고 있는 것이다.
- 하나님은 그의 종들에게 말씀하신다.
- 하나님이 말씀하셨다는 사실 자체가 하나님이 어떻게 말씀하셨느냐보다 훨씬 더 중요하다.
- 하나님이 말씀하셨다면 대개 그 말씀은 그 사람에게 독특한 것이다.
- 하나님이 말씀하실 때 말씀을 받는 사람은 그것이 하나님이었음을 확실히 안다.
- 하나님이 말씀하실 때 말씀을 받는 사람은 하나님이 무슨 말씀을 하시는지를 안다.
- 하나님이 말씀하시는 것이 하나님과의 만남이다.
- 어떤 일에 대해 하나님으로부터의 명확한 지시가 없으면 나는 기도하고 기다릴 것이다. 사랑의 관계를 뛰어넘으려고 하지 않을 것이다.

제 2 과 하나님은 성령으로 말씀하신다

영적인 진리를 깨닫는 것은 성령님이 나의 인생에서 일하고 계시기 때문이다.

히브리서 1 : 1-2은 이렇게 말합니다. "옛적에 선지자들로 여러 부분과 여러 모양으로 우리 조상들에게 말씀하신 하나님이 이 모든 날 마지막에 아들로 우리에게 말씀하셨으니."

복음서에서는…

하나님은 그의 아들로 우리에게 말씀하셨다.

복음서에서는 하나님이 그의 아들 예수님을 통해서 말씀하셨습니다. 요한복음은 이렇게 시작됩니다. "태초에 말씀이 계시니라 이 말씀이 하나님과 함께 계셨으니 이 말씀은 곧 하나님이시니라… 말씀이 육신이 되어 우리 가운데 거하시매…"(요 1 : 1,14). 하나님이 예수 그리스도로 육신이 되셨습니다(요일 1 : 1-4도 읽으십시오).

제자들이 이렇게 얘기했다면 아주 어리석은 것입니다. "예수님, 당신을 알게 되어서 아주 기쁩니다. 그러나 우리는 하나님 아버지를 알고 싶군요."

빌립은 이렇게까지 말했습니다. "주여 아버지를 우리에게 보여주옵소서 그리하면 족하겠나이다"(요 14 : 8).

예수께서는 이렇게 응답하셨습니다. "빌립아 내가 이렇게 오래 너희와 함께 있으되 네가 나를 알지 못하느냐 나를 본 자는 아버지를 보았거늘 어찌하여 아버지를 보이라 하느냐 나는 아버지 안에 있고 아버지는 내 안에 계신 것을 네가 믿지 아니하느냐 내가 너희에게 이르는 말이 스스로 하는 것이 아니라 아버지께서 내 안에 계셔 그의 일을 하시는 것이라"(요 14 : 9-10). 예수님께서 말씀하셨을 때 하나님 아버지께서 그를 통해 말씀하신 것입니다. 예수님께서 기적을 행하셨을 때 하나님이 그 분의 일을 예수님을 통해서 하고 계셨던 것입니다.

모세가 떨기나무 불꽃 앞에서 하나님을 대면했을 때, 제자들도 예수님과의 개인적인 관계를 통해 하나님을 만났던 것입니다. 예수님을 만난 것이 곧 하나님을 만난 것이었습니다. 예수님으로부터 듣는 것이 곧 하나님으로부터 듣는 것이었습니다.

➡ **예수님이 살아계시던 동안 하나님이 어떻게 말씀하셨는지 요약해서 써보십시오.**

____

____

____

복음서는 하나님이 예수 그리스도 안에 계셨음을 나타냅니다. 하나님은 예수님으로 말씀하셨습니다. 제자들이 예수님의 말씀을 들었을 때 그들은 하나님의 말씀을 들었습니다. 예수님이 말씀하시는 것이 하나님과의 만남이었습니다.

사도행전 안에서 그리고 현재까지…

하나님은 성령으로 말씀하신다.

복음서를 지나서 사도행전과 현재로 넘어가면 우리는 종종 우리 마음의 모든 고정관념을 바꾸게 됩니다. 우리는 마치 하나님이 그의 사람들에게 개인적으로 말씀하기를 멈추신 것처럼 생각합니다. 우리는 성령님과의 만남이 하나님과의 만남이라는 사실을 깨닫지 못합니다. 하나님은 사도행전에서 그의 사람들에게 명확히 말씀하셨습니다. 사도행전부터 현재까지 하나님은 성령으로 그의 사람들에게 말씀해 오셨습니다.

성령님은 예수님을 믿는 사람의 인생에 함께 거하십니다. "너희가 하나님의 성전인 것과 하나님의 성령이 너희 안에 거하시는 것을 알지 못하느뇨"(고전 3 : 16). "너희 몸은 너희가 하나님께로부터 받은 바 너희 가운데 계신 성령의 전인줄을 알지 못하느냐"(고전 6 : 19). 성령님은 항상 믿는 사람 안에 거하시기 때문에 그 분은 당신에게 명확하게 말씀하실 수 있습니다.

"하나님이 말씀하신다."를 복습하십시오.

우리는 하나님이 그의 사람들에게 말씀하심을 이미 배웠습니다. 다음은 우리가 살펴보았던 내용 중 중요한 것들을 간추린 것입니다.

- 구약에서 하나님은 여러 가지 다른 방법으로 말씀하셨다.
- 복음서에서 하나님은 아들을 통해서 말씀하셨다.
- 사도행전과 현재까지 하나님은 성령님을 통해서 말씀하신다.
- 하나님은 자신과 그의 목적들과 그의 길들을 보여주시기 위하여 성령님에 의해 성경, 기도, 환경과 교회를 통해서 말씀하신다.
- 하나님의 음성을 아는 것은 그 분과의 친밀한 관계를 가짐으로 가능하다.
- 하나님은 당신의 인생에 목적을 가지고 계실 때 말씀하신다.
- 하나님은 당신에게 말씀하시는 순간에 당신이 그 분에게 응하기를 원하신다.
- 하나님이 당신에게 말씀하시는 순간이 하나님의 시간이다.

➡ **다음 질문에 답하십시오.**

1. 하나님은 구약에서 어떻게 말씀하셨습니까?

___

2. 하나님은 복음서에서 어떻게 말씀하셨습니까?

___

3. 하나님은 사도행전부터 현재까지 어떻게 말씀하십니까?

___

4. 당신은 어떻게 하나님의 음성을 알게 됩니까?

___

5. 당신은 하나님의 시간을 어떻게 압니까?

___

당신의 답을 위의 문장들과 대조해 보십시오.

이제 앞의 단원들에서 공부한 내용들을 함께 묶어 봅시다.

- 죄 때문에 "깨닫는 자도 없고 하나님을 찾는 자도 없고 다 치우쳐 한 가지로 무익하게 되고 선을 행하는 자는 없나니 하나도 없도다"(롬 3 : 11,12).
- 성령님은 "진리의 영" (요 14 : 17 ; 15 : 26 ; 16 : 13)으로 불렸다.
- 영적인 진리는 오직 하나님에 의해서만 계시된다. "하나님이 자기를 사랑하는 자들을 위하여 예비하신 모든 것은 눈으로 보지 못하고 귀로도 듣지 못하고 사람의 마음으로도 생각지 못하였다 함과 같으니라 오직 하나님이 성령으로 이것을 우리에게 보이셨으니 성령은 모든 것 곧 하나님의 깊은 것이라도 통달하시느니라 사람의 사정을 사람의 속에 있는 영 외에는 누가 알리요 이와 같이 하나님의 사정도 하나님의 영 외에는 아무도 알지 못하느니라 우리가 세상의 영을 받지 아니하고 오직 하나님께로 온 영을 받았으니 이는 우리로 하여금 하나님께서 우리에게 은혜로 주신 것들을 알게 하려 하심이라"(고전 2 : 9-12).
- 예수님은 성령님이 "너희에게 모든 것을 가르치시고 내가 너희에게 말한 모든 것을 생각나게 하시리라"(요 14 : 26)고 말씀하셨다.
- 성령님은 예수님에 대해서 증거하실 것이다(요 15 : 26).
- "그러하나 진리의 성령이 오시면 그가 너희를 모든 진리 가운데로 인도하시리니 그가 자의로 말하지 않고 오직 듣는 것을 말하시며 장래일을 너희에게 알리시리라 그가 내 영광을 나타내리니 내 것을 가지고 너희에게 알리겠음이니라"(요 16 : 13,14).

하나님을 만나는 것

하나님이 구약에서 모세나 다른 사람들에게 말씀하셨을 때 그 것은 하나님과 만나는 것이었습니다. 예수님을 만나는 것이 제자들에게는 하나님을 만나는 것이었습니다. 마찬가지로 당신이 성령님을 만나는 것은 바로 하나님을 만나는 것입니다.

성령님과 만나는 것이 바로 하나님과 만나는 것이다.

진리는 발견하는 것이 아니라 계시되는 것이다.

성령님은 당신을 진리로 인도하고 모든 것을 당신에게 가르치시는 분입니다. 성령님이 당신의 인생에서 일하고 계시기 때문에 당신은 영적인 진리를 이해하는 것입니다. 하나님의 영이 가르쳐 주시지 않으면 당신은 하나님의 말씀을 이해할 수 없습니다. 당신이 하나님의 말씀 앞에 오면 그것을 쓰신 저자 자신이 오셔서 당신을 가르치십니다. 진리는 발견하는 것이 아닙니다. 진리는 계시되는 것입니다. 성령님이 당신에게 진리를 계시하실 때, 그가 당신을 하나님과의 만남으로 인도하는 것이 아니라 바로 하나님을 만난 것입니다.

➡ **당신이 "하나님을 경험하는 삶"을 여기까지 공부하는 동안 하나님이 당신에게 말씀하셨습니까?**

예 □ 아니오 □ 복습하는 뜻에서 제1단원부터 4단원의 연습문제 마지막 부분을 다시 한 번 읽어 보십시오.

- **하나님이 당신의 마음에 와닿게 하셨던 구절이나 성구들을 읽어보십시오.**

- 당신의 반응의 기도들을 가지고 다시 한 번 하나님께 기도하십시오.
- 하나님께서 각 학습을 통해서 당신이 하기를 원하셨던 일들을 다시 살펴보십시오.

지금까지 공부하면서 하나님께서 당신에게 뭐라고 말씀하시는지 느낀 대로 요약해서 적어 보십시오. 너무 세밀한 것보다는 전반적인 주제나 방향에 초점을 맞추십시오.

____

____

____

당신은 하나님이 당신을 부르실 때 잘 응해 왔습니까? 하나님의 인도하심에 대한 당신의 반응을 어떻게 표현하겠습니까?

____

____

바로 지금 당신이 느끼는 가장 큰 영적인 도전은 무엇입니까?

____

____

아무것도 보지 말고 하나님을 경험하는 삶의 일곱 가지 실체 중 첫번째부터 네 가지를 외워 보십시오. 다음의 단어들을 사용하십시오 : 일, 관계, 초청, 말씀하신다. 당신의 답을 책 뒤에 첨부된 내용을 보고 맞추어 보십시오. 혹은 다른 사람 앞에서 외우고 함께 맞추어 보십시오.

즉각 응하라

하나님이 말씀하시고 나서 그 다음에 모세가 무엇을 했는지가 중요합니다. 예수님이 말씀하시고 나서 다음에 제자들이 무엇을 했는지가 중요합니다. 하나님의 영이 하나님의 말씀을 통해서 당신에게 말씀하시고 나서 당신이 무엇을 하는지가 중요합니다. 우리의 문제는 하나님의 영이 말씀하시고 나서 우리가 긴 토론으로 들어가는 것입니다. 모세는 하나님과 긴 토론을 가졌습니다(출 3 : 11-4 : 13). 그리고, 그것이 그의 평생 동안 그를 제한시켰습니다. 모세는 항상 그의 형 아론을 통해서 백성들에게 말해야만 했습니다(출 4 : 14-16).

하나님이 당신에게 무엇을 정기적으로 말씀해 오셨는지를 점검해 보도록 당신에게 도전해 보고 싶습니다. 만약 하나님이 말씀하신 것을 듣고도 당신이 응하지 않았다면, 하나님의 음성을 듣지 못할 때가 당신에게 올 것입니다. 불순종은 "여호와의 말씀을 듣지 못한 기갈"(암 8 : 11)로 빠뜨릴 수 있습니다.

"사무엘이 자라매 여호와께서 그와 함께 계셔서 그 말로 하나도 땅에 떨어지지 않게 하시니…."
—사무엘상 3 : 19

사무엘이 아주 어릴 때부터 하나님은 그에게 말씀하기 시작하셨습니다. 성경은 "사무엘이 자라매 여호와께서 그와 함께 계셔서 그 말로 하나도 땅에 떨어지지 않게 하시니…"(삼상 3 : 19)라고 말합니다. 사무엘과 같이 하십시오. 주께로부터 오는 말씀이 한마디라도 당신의 인생을 조정하는 데 실패하지 못하도록 하십시오. 그러면 하나님은 당신에게 말씀하시는 모든 것을 당신 안에서, 당신을 통해서 이루실 것입니다.

예수님은 누가복음 8 : 5-15에서 씨뿌리는 자의 비유를 말씀하고 계십니다. 좋은 땅에 떨어진 씨는 하나님의 말씀을 듣고 지키어 인내로 결실하는 자를 가리킵니다. 그리고 나서 예수님은 이렇게 말씀하셨습니다. "그러므로 너희가 어떻게 듣는가 스스로 삼가라 누구든지 있는 자는 받겠고 없는 자는 그 있는 줄로 아는 것까지 빼앗기리라"(눅 8 : 18). 당신이 하나님의 말씀을 듣고도 그것을 적용해서 열매 맺는 생활을 하지 못하면, 당신이 가지고 있다고 생각하는 것마저 잃어버리게 될 것입니다. 하나님의 말씀을 어떻게 듣는가 스스로 삼가십시오! 성령님이 당신에게 말씀하시면 즉각 그 분이 하라는 대로 하겠다고 지금 결단하십시오.

➡ **오늘 배운 것을 복습하십시오. 오늘 학습한 내용 중에서 하나님께서 당신으로 하여금 이해하고, 배우고, 실천하기 원하는 구절이나 성구를 하나나 둘쯤 지적해 주시기를 기도하십시오. 해당되는 것에 밑줄을 그으십시오. 그리고 난 후 아래의 질문에 답하십시오.**

오늘 학습한 내용 중 어떤 구절이나 성구가 가장 뜻있게 와 닿았습니까?

____

____

위의 구절이나 성구를 하나님께 대한 당신의 기도로 바꾸십시오.

____

____

오늘의 학습에 대한 반응으로 하나님은 당신이 무엇을 하기 원하십니까?

____

____

이 과의 요점

- 성령님과의 만남이 바로 하나님과의 만남이다.
- 성령님이 나의 인생에서 일하고 계시기 때문에 나는 영적인 진리를 깨닫는다.
- 내가 하나님의 말씀 앞에 나오면 그것을 쓰신 장본인이 오셔서 나를 가르치신다.
- 진리는 발견하는 것이 아니다. 진리는 계시되는 것이다.

제 3 과 하나님은 계시하신다

하나님의 계시들은 당신을 그 분과의 사랑의 관계로 인도하도록 계획되어 있다.

하나님은 그의 사람들에게 말씀하십니다. 말씀하실 때 그 분은 무엇을 계시하십니까? 성경 전체를 통해서 그 분이 말씀하실 때 하나님은 자신과 자신의 목적과 길들을 드러내십니다. 하나님의 계시들은 당신을 그 분과의 사랑의 관계로 인도하도록 계획되어 있습니다.

하나님은 자신을 계시하신다

하나님이 성령으로 당신에게 말씀하실 때, 하나님은 대개 자신의 무언가에 관해서 계시하십니다. 그 분은 자신의 이름을 계시하십니다. 그 분은 자신의 본질과 성품을 계시하십니다.

➡ **다음의 성경구절들을 차례대로 한 구절씩 읽으면서 하나님이 그 구절에서 자신의 무엇에 관해 계시하셨는지 써보십시오.**

"아브람의 구십구 세 때에 여호와께서 아브람에게 나타나서 그에게 이르시되 나는 전능한 하나님이라 너는 내 앞에서 행하여 완전하라"(창 17 : 1).

____

"여호와께서 모세에게 일러 가라사대 너는 이스라엘 자손의 온 회중에게 고하여 이르라 너희는 거룩하라 나 여호와 너희 하나님이 거룩함이니라"(레 19 : 1-2).

____

"나 여호와는 변역지 아니하나니 그러므로 야곱의 자손들아 너희가 소멸되지 아니하느니라 만군의 여호와가 이르노라 너희 열조의 날로부터 너희가 나의 규례를 떠나 지키지 아니하였도다 그런즉 내게로 돌아오라 그리하면 나도 너희에게로 돌아가리라 하였더니 너희가 이르기를 우리가 어떻게 하여야 돌아가리이까 하도다"(말 3 : 6-7).

____

"나는 하늘로서 내려온 산 떡이니 사람이 이 떡을 먹으면 영생하리라 나의 줄 떡은 곧 세상의 생명을 위한 내 살이로라 하시니라"(요 6 : 51).

____

전능한 하나님은 아브람에게 자신을 계시하셨습니다. 그 분은 자신의 거룩하신 본질을 모세에게 계시하셨습니다. 하나님은 말라기 선지자를 통해서 자신은 변하지 않고 용서하는 하나님임을 이스라엘 자손에게 말씀하셨습니다. 예수님은 자신을 "산 떡"으로, 영생의 근원으로 나타내셨습니다.

하나님은 나의 믿음을 성장시켜 주시려고 자신을 계시하신다.

하나님은 어떤 사람을 자신의 역사에 참여시키고자 할 때 말씀하십니다. 하나님은 그 사람이 믿음으로 응하는 것을 도우시려고 자신을 계시하십니다. 그 사람은 하나님 자신이 말씀하시는 그대로의 하나님이며, 말씀하신 그대로 행하시는 하나님임을 알 때, 하나님의 인도에 더 잘 응할 수 있습니다.

➡ **잠깐 멈추고 왜 하나님이 위의 성경구절에 나오는 사람들에게 자신을 계시하셨을까에 대해서 묵상해 보십시오. 각 계시가 왜 필요했었는지 그 이유가 떠오르면 다시 읽어나가기를 시작하십시오.**

- 하나님이 그의 늙은 나이에도 불구하고 아들을 주실 수 있다는 것을 믿기 위해서 구십구 세의 아브람은 하나님이 전능하심(무슨 일이든지 하실 수 있음)을 알아야 했습니다.
- 모세를 통해서 하나님은 그의 거룩하심을 말씀하셨습니다. 그의 사람들은 하나님이 거룩하시다는 것을 믿어야 했습니다. 그래야 자신들도 거룩함으로 그분에게 응할 수 있었기 때문에.
- 하나님께로 돌아오면 용서받을 수 있다는 것을 백성들이 믿어야 했으므로 하나님은 말라기 선지자를 통해서 그 분의 용서하는 본질을 보여주셨습니다.
- 유대인들이 영생을 얻게 하기 위해서 예수님은 자신을 영생의 근원으로 나타내셨습니다.

➡ **왜 하나님은 자신을 계시하십니까? (그 분의 이름, 본질, 성품 등)**

___

하나님은 우리의 믿음을 성장시켜서 행동으로 옮기는 것을 인도하시기 위해서 자신을 계시하십니다. 당신은 하나님이 자신을 당신에게 계시하실 때에 주의를 집중해서 들을 필요가 있습니다. 이것이야말로, 당신이 믿음의 갈등에 부딪칠 때 가장 중요한 것입니다.

- 당신은 하나님이 자신이 말씀하시는 그대로의 하나님이심을 **믿어야 합니다**.
- 당신은 하나님이 자신이 하신다고 하신 대로 하실 수 있는 분임을 **믿어야 합니다**.
- 당신은 당신의 생각을 이런 믿음에 기초해서 **조정해야 합니다**.
- 하나님을 의지하면 하나님이 자신이 말씀하시는 대로의 하나님임을 보여줄 것입니다. 그러면 당신은 **순종해야 합니다**.
- 당신이 **순종할 때** 하나님은 그 분의 일을 당신을 통해 하시고 자신이 말씀하시는 대로의 하나님임을 보여주실 것입니다.
- 그 때 당신은 경험으로 하나님을 **알게 될 것입니다**.
- 당신은 하나님이 자신이 말씀하시는 대로의 하나님이심을 **알게 될 것입니다**.

예를 들어봅시다. 아브람이 언제 하나님이 전능한 하나님임을 알게 되었습니까? 그의 마음은 하나님이 말씀하신 때부터 알았습니다. 그러나 하나님이 그의 인생에서 오직 하나님만이 하실 수 있는 일을 하셨을 때, 그는 하나님이 전능하신 하나님이라는 것을 경험으로 알게 되었습니다. 하나님이 100세 된 아브라함과 90세 된 사라에게 아들을 주셨을 때, 아브라함은 하나님이 전능하심을 알게 되었습니다.

➡ **하나님이 성령님으로 말씀하실 때 무엇을 계시하십니까?**

하나님은 ____________________과 그의 목적들과 그의 길들을 보여주시기 위하여 성령님으로 말씀하신다.

하나님은 자신의 목적을 계시하신다

하나님이 그의 목적을 계시하시므로 나는 그의 일을 할 것이다.

하나님이 무엇을 하는지 알려 주시려고 하나님은 당신에게 자신의 목적들을 계시하십니다. 당신이 하나님을 위해서 무언가를 하려는 계획은 중요하지 않습니다. 하나님이 당신이 처한 곳에서 무엇을 하시려고 계획하시는지가 매우 중요합니다. 하나님은 마음에 목적을 가지시고 말씀하십니다. 이 점은 당신에게 복습이 되어야 합니다(제2단원의 제5과).

노아

하나님은 노아에게 나타나셔서 "네가 나를 위해서 무엇을 할 것이냐?"라고 묻지 않으셨습니다. 하나님은 그에게 자신이 앞으로 무엇을 하시려는지를 보여주시려고 오셨습니다. 하나님이 무엇을 하시려는지 아는 것이 얼마나 중요한지 모릅니다. 노아가 하나님을 위해 무언가 하려고 계획했던 것은 정말로 가치가 없는 것이었습니다. 하나님은 세상을 멸하려고 하셨습니다. 하나님은 노아를 통해서 홍수에서 살아 남을 사람들과 동물들이 세상에서 다시 번식하는 일을 이루고 싶어하셨던 것입니다.

아브람

이것과 비슷하게 하나님이 아브람에게 오셔서 말씀하셨을 때도 마음에 어떤 목적을 갖고 계셨습니다. 하나님은 자신을 위해서 한 나라를 세우려고 준비하고 계셨습니다. 하나님은 자신의 목적을 아브람을 통해 이루려 하셨습니다.

하나님이 소돔과 고모라를 멸망시킬 준비가 되셨을 때 하나님은 아브라함이 하나님을 위하여 무엇을 하고 싶었는지, 계획하고 있었는지 묻지 않으셨습니다. 하나님이 무엇을 하시려는지가 아브라함에게는 중요했습니다. 하나님은 자신의 목적들을 계시하셨습니다.

"주 여호와께서는 자기의 비밀을 그 종 선지자들에게 보이지 아니하시고는 결코 행하심이 없으시리라."
—아모스 3 : 7

이 이치는 성경 전체를 통해서 볼 수 있습니다. 사사들, 다윗, 선지자들, 제자들, 바울 등등. 하나님이 무언가를 하시고자 했을 때, 주도권을 잡으시고 그의 종들에게 오셨습니다(암 3 : 7). 하나님은 그의 목적들과 계획들을 계시하시기 위해 말씀하십니다. 그리고 나서 하나님은 그들을 참여시키시고 그들을 통해서 목적들을 이루십니다.

이와는 대조적으로 우리는 하나님을 위해서 원하는 것들로 꿈을 꿉니다. 그리고 나서 우선 순위를 우리 맘대로 정하고 그것에 따른 장기 계획들을 세웁니다. 중요한 것은 우리가 처한 곳에서 하나님이 무엇을 계획하고 계시느냐 하는 것과 하나님이 어떻게 우리를 통해서 그것을 이루실까 하는 것입니다. 시편 기자가 우리의 계획과 목적에 대해서 뭐라고 했는지 살펴봅시다.

"여호와께서 열방의 도모를 폐하시며
민족들의 사상을 무효케 하시도다
여호와의 도모는 영영히 서고
그 심사는 대대에 이르리로다"
—시편 33 : 10-11

"사람의 마음에는 많은 계획이 있어도 오직 여호와의 뜻이 완전히 서리라."
—잠언 19 : 21

➡ **잠언 19 : 21과 위의 시편 33 : 10-11을 읽고 하나님이 왜 자신의 목적을 계시하시는지 써보십시오.**

____

____

시편 33 : 10-11에 의거해서 다음의 질문들에 답하십시오.

1. 하나님은 열방의 도모를 어떻게 하십니까?

____

2. 하나님은 민족들의 사상을 어떻게 하십니까?

____

3. 하나님의 도모와 심사는 어떻게 됩니까?

____

왜 하나님의 계획과 목적을 알아야 하는지 아십니까? 당신의 계획과 목적들은 하나님의 것과 일치되어야 합니다. 그렇지 않으면 당신은 하나님이 당신을 통해 일하시는 것을 경험할 수 없습니다. 하나님이 무엇을 계획하고 계신지를 알려 주기 위해서 당신에게 자신의 목적들을 계시하십니다. 그러면 당신은 그 분께 동참할 수 있습니다. 그 분의 계획들과 목적들이 그대로 서 있을 것입니다. 그것들은 이루어질 것입니다. 하나님은 열방의 도모를 폐하시며 민족들의 사상을 무효케 하십니다.

하나님의 목적 대 우리의 계획

계획은 하나님이 당신으로 하여금 사용하게 하실 수 있는 도구이지만, 그러나 그것이 절대로 하나님을 대신할 수는 없습니다. 하나님과의 관계가 당신이 세우는 어떤 계획보다 훨씬 더 중요합니다. 우리가 계획을 세우는 데 있어서의 가장 큰 문제는 하나님만이 결정하실 권리를 가진 영역에서 우리 스스로의 지혜로 계획하고 수행하는 데 있습니다. 하나님이 말씀해 주시지 않는 한, 우리는 하나님의 뜻에 있어서의 언제, 어디서, 어떻게를 알 수 없습니다.

하나님은 우리가 자의로 정한 계획을 따르지 않고 매일매일 하나님을 따르기를 원하십니다. 만약 우리가 하나님의 뜻의 세부사항을 알려고 계획한다면, 이런 생각을 하는 경향이 있습니다. "흠, 이제 우리가 어디로 어떻게 가고 있는 것인지 알겠군. 그럼 일을 완수할 수 있겠는걸." 그리고 나서 우리는 매일매일 친밀하게 유지하고 있어야 할 하나님과의 관계에 대해서 잊어버리고 맙니다. 우리는 우리의 계획을 실천하다가 하나님과의 관계를 잇는 것입니다. 하나님은 우리를 영원한 사랑의 관계를 위해서 창조하셨습니다. 우리의 인생은 하나님이 일하시는 것을 경험할 수 있는 절호의 기회인 것입니다.

계획하는 것이 무조건 다 나쁘다는 것은 아닙니다. 하나님이 당신에게 원하시는 것 이상의 계획까지 세우지 않도록 조심하라는 말입니다. 언제라도 원하시면 하나님이 당신의 계획을 간섭하고 진로를 조정하시도록 허락하십시오. 하나님께서 원하시는 시간에 당신에게 말씀하시는 것을 항상 들을 수 있도록 하나님과 가까운 관계를 유지하십시오.

➡ **하나님이 성령님으로 말씀하실 때 무엇을 계시하십니까?**

하나님은 ________________________과 그의 ____________________과 그의 길들을 성령님으로 말씀하신다.

하나님은 자신의 길들을 계시하신다

하나님이 그의 길들을 보여주심으로 나는 그의 목적들을 이룰 수 있다.

성경을 심심풀이로 혹은 사전 지식이 없이 읽는 사람도 하나님의 길과 계획은 사람의 것과는 아주 다르다는 것을 알아차릴 수 있습니다. 하나님은 하나님 나라의 목적을 이루기 위해 하나님 나라의 원리를 사용하십니다. 하나님의 길들만이 하나님의 목적들을 이루기 위한 유일한 방법이기 때문에, 하나님은 우리에게 그 분의 길들을 계시하십니다.

그 분의 목표는 언제나 사람들을 자신과 사랑의 관계로 이끄시기 위해서 자신을 계시하시는 것입니다. 그 분의 길들은 구속하는 성격을 갖고 있습니다. 하나님은 그 분 자신과 그 분의 사랑을 나타내기 위한 길로 이끄십니다. 하나님은 하나님을 위한 우리의 목표를 성취하도록 도와주시려고 주위에서 기다리시지 않습니다. 그 분은 자신의 목표를 우리를 통해서 성취하려고 오십니다. 그 분 자신의 방법으로 성취하십니다.

"여호와의 말씀에 내 생각은 너희 생각과 다르며 내 길은 너희 길과 달라서."
—이사야 55 : 8

하나님은 "내 생각은 너희 생각과 다르며 내 길은 너희 길과 달라서"(사 55 : 8)라고 말씀하셨습니다. 하나님은 인간의 길(방법)로 일하시지 않습니다. 우리는 하나님의 일을 우리의 길(방법)로 이루지 못할 것입니다. 이것이 사람들의 기본적인 죄 문제 중의 하나입니다. "우리는 다 양 같아서 그릇 행하여 각기 제 길로 갔거늘 여호와께서는 우리 무리의 죄악을 그에게 담당시키셨도다"(사 53 : 6).

➡ **하나님은 왜 자신의 길들을 계시하십니까?** ________________________

____

우리의 길들은 우리에게 좋게 보일 수 있습니다. 우리는 아마도 얼마간의 성공을 거둘지도 모릅니다. 그러나 하나님의 일을 우리의 길로 하려고 할 때, 우리는 결코 우리가 하는 일 가운데서 하나님의 크신 능력을 찾을 수 없을 것입니다. 하나님은 하나님의 길만이 하나님의 목적을 이루는 오직 하나의 길이기 때문에 그것을 우리에게 보여주시는 것입니다. 하나님이 하나님의 길로 하나님의 목적을 우리를 통해서 이루실 때,

사람들이 하나님을 알게 될 것입니다. 그들은 일어난 일들이 오로지 하나님에 의해서만 설명될 수 있음을 깨닫게 될 것입니다. 하나님은 스스로 영광을 받으실 것입니다!

하나님 나라의 방법으로 예수님은 5,000명을 먹이셨다. (마 14 : 13-21)

하나님 나라의 방법을 사용하는 것은 제자들의 삶에 나타나 있습니다. 예수님은 그들에게 군중들을 먹이라고 하셨습니다. 그들의 반응은 "이 사람들을 그냥 집으로 보내세요!" 였습니다. 예수님은 하나님 나라의 원리를 사용하셔서 그들을 앉히시고, 먹이시고 몇 광주리의 음식을 남기셨습니다. 그들은 하나님 아버지의 기적 행하심을 보았습니다. 얼마나 대조적입니까! 제자들은 하마터면 사람들을 빈손으로 배고프게 보낼 뻔했습니다. 하나님은 그의 사랑과 본질과 능력을 모든 사람들 앞에서 나타내셨습니다. 이 같은 사건을 통해서 예수님은 많은 사람들을 하나님 아버지께로 인도하셨습니다. 이런 놀라운 기적들은 제자들의 생애 중 여러 번 일어났습니다. 그들은 하나님 나라의 일을 하기 위해서는 하나님 나라의 원리에 따라 움직여야 함을 배워야 했습니다.

하나님께서 영광을 받으심

하나님의 길로 성취된 하나님의 목적들이 하나님께로 영광을 돌리게 됩니다. 당신은 하나님 나라의 방법에 의해 하나님 나라의 일하는 것을 배워야 합니다. "우리가 여호와의 산에 올라가서 야곱의 하나님의 전에 이르자 그가 그 도로 우리에게 가르치실 것이라 우리가 그 길로 행하리라"(미 4 : 2).

➡ **하나님이 성령님으로 말씀하실 때 하나님은 무엇을 계시하십니까?**

하나님은 __________과 그의 __________과 그의 __________들을 보여주시기 위하여 성령님으로 말씀하신다.

왼쪽의 하나님의 계시와 오른쪽에 있는 계시의 이유들을 관계있는 것끼리 줄을 그어서 연결해 보십시오.

하나님의 계시	계시의 이유
1. 하나님 자신	A. 하나님은 내가 어떻게 하나님만이 하실 수 있는 일을 이룰 수 있는지 알기 원하시기 때문에
2. 하나님의 목적들	B. 하나님이 무엇을 하시는지 알고 내가 하나님의 일에 동참하기를 원하시기 때문에
3. 하나님의 길들	C. 하나님은 내가 하나님이 말씀하신 그대로 하시는 분이라는 것을 믿는 믿음을 갖기 원하시기 때문에

답 : 1-C, 2-B, 3-A

하나님과 동행하는 삶을 처음 배우기 시작했을 때, 저는 다른 사람들에게 너무 크게 의존했었습니다. 저는 사람들에게 달려가서 이렇게 묻곤 했습니다. "당신은 이것이 정말 하나님이라고 생각하십니까? 이것이 제 의견인데요. 당신은 어떻게 생각하십니까?" 저는 무의식적으로 혹은 의식적으로 사람들에게 의존했으나 하나님과 제가 갖고 있던 관계에는 의존하지 않았었습니다.

마지막에 저는 이렇게 이야기할 수밖에 없었습니다. "주님께 가서 그 분이 나에게 말씀하시는 것을 확신할 수 있음에 대해 확인해 보아야겠다. 그리고 나서 하나님이 어떻게 그것을 나에게 확증시켜 주시는지 기다려 보겠다." 저는 한동안 제 생활의 많은 부분을 훑어보기 시작했습니다. 하나님과의 사랑의 관계가 가장 중요한 것이 되었습니다. 저는 하나님이 개인적이고 명확한 방법으로 그 분의 길들을 저에게 가르쳐 주시는 것을 발견하기 시작했습니다. 하나님은 그의 말씀을 통해서 저에게 그 분의 길들을 계시하셨습니다. 다음 과에서는 하나님이 어떻게 그 분의 말씀을 통해서 우리들에게 말씀하시는지에 대해서 살펴보겠습니다. 그리고 그 다음의 과들에서 하나님이 어떻게 기도, 환경, 교회를 통해서 그 분의 뜻을 우리에게 확인시켜 주시는지를 공부할 것입니다.

➡ **오늘 배운 것을 복습하십시오. 오늘 학습한 내용 중에서 하나님께서 당신으로 하여금 이해하고, 배우고, 실천하기 원하는 구절이나 성구를 하나나 둘쯤 지적해 주시기를 기도하십시오. 해당되는 것에 밑줄을 그으십시오. 그리고 난 후 아래의 질문에 답하십시오.**

오늘 학습한 내용 중 어떤 구절이나 성구가 당신에게 가장 뜻있게 와 닿았습니까?

____

____

____

위의 구절이나 성구를 하나님께 대한 당신의 기도로 바꾸십시오.

____

____

오늘의 학습에 대한 반응으로 하나님은 당신이 무엇을 하기 원하십니까?

____

____

금주의 암송구절을 큰 소리로 외워 보십시오.

이 과의 요점

- 하나님의 계시는 나를 하나님과의 사랑의 관계로 인도하도록 계획되어 있다.
- 하나님은 나의 믿음을 성장시켜 주시려고 자신을 계시하신다.
- 하나님이 자신의 목적들을 계시하심으로 나는 그 분의 일을 한다.
- 하나님이 그 분의 길들을 보여주심으로 나는 그 분의 목적을 이룰 수 있다.

제 4 과 하나님은 성경을 통해서 말씀하신다

성령님이 나의 관심을 한 진리로 집중시키시면 나는 그것을 적고, 묵상하고, 나의 인생을 그것에 따라 조정한다. 나는 하나님이 어떻게 말씀해 주시는지 주목해 보라고 나 자신을 하루종일 일깨운다.

하나님은 자신과 자신의 목적들과 길들을 보여주시기 위하여 성령님에 의해 당신에게 말씀하십니다. 하나님이 말씀하시는 것에 대해 사람들이 가장 많이 물어 보는 것은 아마 아래와 같은 질문들일 것입니다.

- 하나님은 어떻게 저에게 말씀하십니까?
- 하나님이 언제 말씀하시는지 어떻게 제가 알 수 있습니까?
- 어떻게 하나님이 제게 보다 사실적이고 개인적이 될 수 있습니까?

하나님은 한 사람 한 사람에게 독특하게 말씀하시며, 그 분이 하시고 싶은 방법대로 하실 수 있습니다. 하나님과의 밀접한 사랑의 관계 안에서 동행하면서 당신은 하나님의 음성을 가려낼 수 있을 것입니다. 하나님이 언제 당신에게 말씀하시는지 알게 될 것입니다.

"양들이 그의 음성을 아는고로…."

예수님은 그 분이 제자들과 가졌던 관계를 목자와 양의 관계에 비유하셨습니다. 예수님은 이렇게 말씀하셨습니다. "문으로 들어가는 이가 양의 목자라… 양은 그의 음성을 듣나니… 양들이 그의 음성을 아는고로 따라오되"(요 10 : 2-4). 이와 마찬가지로, 하나님이 당신에게 말씀하실 때 당신은 하나님의 음성을 알아차리고 그 분을 따라갈 것입니다.

하나님은 여러 가지 수단을 사용해서 말씀하십니다. 하나님은 우선적으로 성령님에 의해 성경, 기도, 환경 그리고 교회를 통해 말씀하십니다. 이 네 가지는 갈라놓기가 어렵습니다. 하나님은 기도와 성경을 함께 사용하십니다. 많은 경우 환경과 교회가 다른 성도들이 하나님이 당신에게 말씀하시는 것을 확인시켜줍니다. 하나님은 자주 환경과 교회를 사용해서 하나님의 시간을 당신에게 가르쳐 줍니다. 다음 단원에서 이것에 대해 더 자세히 공부하기로 합시다. 이 과에서는 하나님이 어떻게 성경을 통해서 말씀하시는지 살펴보기를 원합니다. 다음 과에서는 기도의 문제를 다룰 것입니다.

➡ **다음 문장들을 읽고 사실이면 ○표, 틀리면 ×표 하십시오.**

_____ 1. 하나님은 한 개인에게 자신이 정하신 방법대로 독특하게 말씀하실 수 있다.
_____ 2. 요즘 하나님은 우선적으로 꿈과 환상을 통해 말씀하신다.
_____ 3. 하나님과 올바른 관계를 가진 사람들은 하나님의 음성을 듣고 구별할 수 있다.
_____ 4. 하나님은 자주 성령님으로 기도와 성경을 통해 말씀하신다.

하나님이 주권자이십니다. 그 분은 자신이 정하신 바를 무엇이든 하실 수 있습니다. 성경을 우리의 인도자로 여기면, 우리는 하나님이 개인에게 독특한 방법으로 말씀하신다는 것을 압니다. 그 분의 사람들은 그 분의 음성을 듣고 알아차릴 것입니다. 요즈음은 하나님이 우선적으로 성령님에 의해 성경, 기도, 환경, 교회를 통해서 말씀하십니다. 2번만 틀리고 다른 것들은 다 맞습니다.

진리의 영

성경은 하나님의 말씀입니다. 그것은 인류를 향한 하나님 자신의 완전한 계시를 나타내 줍니다. 하나님은 성경을 통해 당신에게 말씀하십니다. 그러나, 당신이 이미 배웠듯이 성령님이 가르쳐 주기 전에는 아무도 영적인 진리를 이해할 수 없습니다. 성령님은 "진리의 영"(요 14 : 17)이십니다. 아래의 그림은 어떻게 성령님이 하나님의 말씀을 통해서 당신에게 말씀하시는지 당신이 생생하게 마음에 그려볼 수 있도록 도와 줄 것입니다.

이 도표는 하나님과의 만남을 나타내는 것입니다. 성령님이 성경말씀에서 영적인 진리를 계시할 때, 그 분은 그것을 당신의 삶에 개인적으로 적용시킵니다. 그것이 하나님과 만나는 것입니다. 다음과 같은 순서로 요약할 수 있습니다.

1. 당신이 하나님의 말씀-즉, 성경을 읽는다.
2. 진리의 영이 그 말씀을 가지고 진리를 계시하신다.
3. 하나님의 진리에 당신의 인생을 조정한다.
4. 그 분께 순종한다.
5. 하나님이 당신 안에서, 당신을 통해서 그 분의 목적을 이루신다.

➡ 위의 도표와 요약된 내용을 사용해서 하나님이 어떻게 성경을 통해 말씀하시는지 당신의 말로 간추려서 써보십시오.

____

____

____

다음의 요점이 되는 단어들을 해당되는 문장의 빈칸에 적어 넣으십시오(조정, 계시하신다, 순종, 읽는다).

1. 나는 하나님의 말씀-즉, 성경을 ______________________________
2. 진리의 영이 그 말씀을 가지고 진리를 ___________________________
3. 나는 하나님의 진리에 나의 인생을 ______________________한다.
4. 나는 그 분께 ______________________________한다.
5. 하나님이 내 안에서, 나를 통해서 그 분의 목적을 이루신다.

당신의 일을 확인하라

"육에 속한 사람은 하나님의 성령의 일을 받지 아니하나니 저희에게는 미련하게 보임이요 또 깨닫지도 못하나니 이런 일은 영적으로라야 분변함이니라 신령한 자는 모든 것을 판단하나 자기는 아무에게도 판단을 받지 아니하느니라."
—고린도전서 2 : 14-15

성령님은 하나님과 그의 목적들을 계시하시려고 하나님의 말씀 (성령의 검 ; 엡 6 : 17)을 사용하십니다. 또 성령님은 하나님의 방법들로 우리를 교훈하시기 위해 하나님의 말씀을 사용하십니다. 우리는 스스로 하나님의 진리를 이해할 수 없습니다. 하나님의 영의 도움을 받지 않은 상태에서 말씀은 미련한 것으로 보일 것입니다(고전 2 : 14). 성령님의 도움을 받으면 우리는 모든 것을 이해할 수 있습니다(고전 2 : 15).

➡ **다음 질문에 답하십시오.**

이 교재로 공부하는 동안, 하나님은 아마도 당신에게 어떤 특정한 성경구절을 사용하셔서 말씀하신 일이 있었을 것입니다. 1단원부터 5단원까지를 다시 한번 훑어보고 하나님이 당신의 주의를 집중시키셨던 구절을 한 구절만 찾아보십시오. 그 구절은 어떤 구절입니까?

____

1. 그 구절은 하나님과 하나님의 목적, 하나님의 길들에 대해 무엇을 당신에게 계시합니까?

____

____

2. 이 말씀을 놓고 묵상하고 기도하십시오. 하나님께 이 구절 속에 깃들인 진리에 대해서 계속 말씀해 주시기를 부탁드리십시오. 하나님은 당신이 무엇을 하느냐보다는 당신이 어떤 사람이 되느냐에 더욱 관심을 갖고 계시다는 것을 명심하십시오.

3. 하나님이 당신의 인생에서, 당신의 인생을 통해서 무엇을 하고 싶어하십니까? 또는 어떤 분이 되고 싶어하십니까?

____

____

4. 이 진리에 당신의 인생을 딱 맞추기 위해서 당신은 당신의 인생을 어떻게 조정해야 합니까?

   당신의 개인 생활에서 ______________________

   당신의 가정 생활에서 ______________________

   당신의 교회 생활에서 ______________________

   당신의 직장 생활에서 ______________________

5. 이 진리에 대한 당신의 반응과 그것이 당신의 일상 생활에 어떻게 적용되어야 할지에 관해 하나님께 드리는 기도를 써보십시오.

   ____

   ____

6. 당신이 이 진리를 처음으로 깨닫게 된 이래로, 하나님은 당신이 이 진리를 적용하거나 다른 사람과 그것을 나누도록 요구하시며 당신의 삶 속에 무언가 하셨습니까?

   예 □ 아니오 □ 당신의 답에 대한 설명을 아래에 써보십시오.

   ____

   ____

영적인 진리를 깨닫는 것 자체가 하나님과의 만남이다.

영적인 진리를 깨닫는 것 자체가 하나님과의 만남입니다. 하나님의 영이 가르쳐 주시지 않는 한 당신은 하나님의 목적과 길을 이해할 수 없습니다. 하나님이 성경의 구절을 통해서 영적인 진리를 당신에게 계시하셨다면, 당신은 당신 안에서 일하고 계신 하나님을 만난 것입니다!

진리에 응답하는 것

성경을 읽는 것은 제게 얼마나 흥분되는 기대의 시간인지 모릅니다. 하나님의 영은 하나님의 마음을 아십니다. 그 분은 하나님이 제 인생에서 어떤 일을 하실 준비가 되었는지 알고 계십니다. 그리고 하나님의 영은 하나님과 그 분의 목적들과 길들에 대한 저의 이해를 열어주기 시작합니다. 저는 이것을 아주 심각하게 받아들입니다. 다음은 하나님이 그 분의 말씀을 통해서 진리를 계시하실 때 제가 응답하는 방법입니다.

저는 그 성경의 말씀을 적습니다. 그리고 그것을 놓고 묵상합니다. 저는 제 자신이 그 말씀의 뜻 가운데에 푹 빠지게 되도록 노력합니다. 저는 저의 인생을 그 진리, 곧 하나님께로 조정합니다. 저는 하나님께 동의하고 하나님이 계시하신 방법대로 일하시도록 하기 위해 필요한 모든 일에 착수합니다. 그리고 저는 하나님이 그날 종일 그 진리를 저의 삶에 사용하시도록 주목하며 온 신경을 곤두세웁니다. 하나님이 당신에게 진리를 계시하시도록 당신도 제가 밟는 이 과정을 따라 하실 수 있을 것입니다.

하나님이 성경말씀을 통해 자신이나 자신의 길들에 대해서 당신에게 신선한 이해를 주셨을 때,

- 그 진리를 경건일기라든가 공책에 적으십시오.
- 그 구절을 놓고 묵상하십시오.
- 당신이 그 말씀의 뜻 가운데 빠지도록 공부하십시오. 하나님이 그 분 자신 또는 그 분의 목적이나 길들에 대해 무엇을 계시하십니까?
- 하나님이 당신과 일하시도록, 당신의 개인, 가정, 교회, 혹은 직장 생활에서 당신이 어떤 조정을 할 필요가 있는지 알아보십시오.
- 하나님께 응답하는 기도를 적어보십시오.
- 하나님께로 당신의 인생을 조정하십시오.
- 하나님이 그날 하루종일 그 진리를 당신의 일상 생활에서 어떻게 사용하시는지 주목하여 보십시오.

다음은 하나님이 그 분의 말씀을 당신의 일상 생활에 사용하시는 예 중의 하나입니다. 당신이 매일 읽는 말씀의 차례가 시편 37편에 이르렀다고 가정해 봅시다. 당신은 전에 시편 37편을 수차례 읽은 바 있습니다. 읽어가던 중 21절에 이르게 되었습니다. "악인은 꾸고 갚지 아니하나…" 당신은 그 구절에 마음이 쏠립니다. 당신은 그 구절을 다시 읽습니다. 그리고 당신이 갚지 못한 빚을 기억해 냅니다. 당신은 그 말씀이 당신에게 해당이 됨을 깨닫습니다.

성령님이 방금 그 말씀을 통해서 당신에게 말씀하신 것입니다. 당신은 진리에 맞부딪쳤습니다. 당신은 이제 빚을 지고 갚지 않는 사람이 하나님의 눈에는 악인이라는 사실을 깨닫습니다. 성령님은 이 구절이 적용되는 당신 삶의 특정한 사건에 당신의 관심을 집중시키셨습니다. 그 분은 당신의 죄를 깨닫게 해주시는 것입니다. 그 분만이 이런 일을 하실 수 있습니다. 하나님이 방금 성령님으로 그 분의 말씀을 통해서 당신에게 말씀하신 것입니다. 하나님은 당신의 인생에서 하나님과의 사랑의 관계에 장애물이 될 만한 어떤 것도 원치 않으십니다.

➡ **만일 당신이 위와 같은 경우에 처했다면 다음에 당신은 어떻게 하시겠습니까? 위의 내용을 보고 그 다음 순서가 무엇인지 보십시오. 성령님이 당신에게 진리를 밝혀서 이해시켜 주시면 당신은 그 다음에 무엇을 합니까?**

조정 하나님이 성경을 통해서 일단 말씀하시고 나서 당신이 그것에 대해 어떻게 반응하느냐가 중요합니다. 당신은 그 진리로 당신의 인생을 조정시켜야 합니다. 그런 경우에 당신은 이렇게 조정해야 합니다.

- 당신은 그 진리에 동의해야 합니다. 꾸고 갚지 않는 자는 하나님이 보시기에 악인입니다.
- 당신은 당신의 기억에 떠오른 사건에 그 진리가 특수하게 적용된다는 것에 동의해야 합니다. 이것이 죄를 고백하는 것입니다. 당신의 죄에 대해서 하나님과 동의하는 것입니다.

이렇게 함으로써 당신은 꾸는 것과 갚는 것에 대한 당신의 이해를 하나님의 뜻으로 조정한 것입니다. 하나님과 동의하기 위해서 당신은 당신이 이해하고 있던 것을 하나님의 뜻에 합치하도록 바꾸어야 합니다. 이것은 조정을 요구합니다. 이것으로 당신이 해야 할 일이 모두 끝이 났습니까? 아니지요. 하나님과 동의하는 것만으로는 부족합니다. 당신의 빚을 갚기 전까지 당신은 하나님의 눈에는 악인으로 머물러 있을 것입니다. 여기가 바로 순종이 들어와야 할 자리입니다. 빚을 갚음으로 당신은 하나님의 뜻에 순종하는 것입니다.

순종

이제 당신은 하나님과 보다 더 온전한 관계를 경험할 수 있게 되었습니다. 항상 계시된 진리를 하나님에 대한 당신의 이해와 하나님과 당신과의 관계에 묶어 놓으십시오.

➡ **오늘 배운 것을 복습하십시오. 오늘 학습한 내용 중에서 하나님께서 당신으로 하여금 이해하고, 배우고, 실천하기 원하는 구절이나 성구를 하나나 둘쯤 지적해 주시기를 기도하십시오. 해당되는 것에 밑줄을 그으십시오. 그리고 난 후 아래의 질문에 답하십시오.**

오늘 학습한 내용 중 어떤 구절이나 성구가 가장 뜻있게 와 닿았습니까?

____

____

위의 구절이나 성구를 하나님께 대한 당신의 기도로 바꾸십시오.

____

____

오늘 학습에 대한 반응으로 하나님은 당신이 무엇을 하기 원하십니까?

____

이 과의 요점

- 하나님은 개인에게 독특하게 말씀하시며 그 분이 하시고 싶은 대로 하실 수 있다.
- 하나님이 내게 말씀하실 때 나는 그 분의 목소리를 알아듣고 따를 것이다.
- 성령님이 가르쳐 주시지 않는 한 나는 영적 진리를 깨달을 수 없다.
- 하나님은 내가 무엇을 하는가보다 내가 어떤 사람이 되는가에 더 관심을 기울이신다.

제 5 과 하나님은 기도를 통해서 말씀하신다

기도는 관계성이지 종교활동이 아니다.

당신이 경건일기[1]를 적고 있지 않는다면, 지금이라도 시작할 필요가 있습니다. 만약 우주의 주인이신 하나님이 당신에게 무언가 말씀하신다면, 당신은 적어야 할 것입니다. 당신의 경건의 시간에 하나님이 말씀하실 때, 즉각 적어놓으십시오. 그 다음 당신이 응답하는 기도의 내용을 기록하십시오. 저는 하나님이 사용하시는 구절을 쓰고, 하나님이 그 구절에서 자신에 대해 뭐라고 말씀하시는지를 적습니다. 제가 응답하는 기도를 적음으로써 저는 하나님과의 만남, 하나님이 말씀하신 것, 그리고 내가 응답한 것들을 한눈에 볼 수 있습니다. 저는 또 제 인생을 어떻게 하나님이 원하시는 대로 조정할 것인가를 적어서 하나님이 저에게 다가오시는 것을 경험하기 시작할 수 있습니다.

진리는 하나의 인격체이다

➡ **다음의 문장을 주의깊게 읽고 따라오는 질문의 빈칸을 채우십시오.**

"내가…진리요."

성령님은 진리를 계시합니다. 진리란 단순히 공부할 가치가 있는 개념이 아닙니다. 진리는 하나의 인격체입니다. 예수님은 "내가 너에게 진리를 가르쳐 주겠다." 라고 말씀하시지 않으셨습니다. 예수님은 "내가… 진리요" (요 14 : 6) 라고 하셨습니다.

하나님이 당신에게 영원한 생명을 주실 때, 그 분 자신을 당신에게 주셨습니다(요 17 : 3). 성령님이 진리를 당신에게 계시해 주실 때, 그 분은 당신에게 그저 생각해 보아야 할 개념을 가르쳐 주는 것이 아닙니다. 그 분은 한 인격체와의 관계로 당신을 인도하시는 것입니다. 그 분은 당신의 생명이십니다! 하나님이 당신에게 영생을 주실 때, 한 인격체를 당신에게 주셨습니다. 당신이 그리스도인이 되었을 때, 예수님은 당신에게 어떤 것을 주신 것이 아니라 바로 자기 자신을 주신 것입니다.

➡ **다음의 빈칸을 위의 문장에 나온 맞는 단어들을 사용해서 채우십시오.**

1. 성령님은 ______________________를 계시합니다.
2. 진리란 단순히 공부할 가치가 있는 ______________이 아닙니다.
3. 진리는 하나의 ______________________입니다.
4. 성령님은 한 인격체와의 ______________________로 당신을 인도하는 것입니다.

하나님과 나의 관계

다음은 제가 어떻게 하나님과 저의 관계를 제 삶에서 표현하고자 했는지를 요약한 것입니다.

---

1. 만일 당신이 경건일기를 쓰고 있지 않다면 애버리 T. 윌리스가 쓴 "매일매일의 최선의 삶 : 개인적 헌신 안내서"를 사용할 수 있다. 이 책은 매일 경건의 일기를 쓰는 법, 성경을 요약하는 법, 설교를 메모하는 법, 다양한 기도 사용법에 관하여 간략한 지침을 제공한다. 이 책은 당신의 영적인 생활 일지를 제공한다. 주문은 요단서적이나 진흥원 영업부로.

- 하나님은 잃어버린 세상을 그 분에게로 돌이키는 그의 선교사역에 동참하고 싶은 갈급한 마음을 제 속에 심어 주십니다.
- 저는 하나님의 뜻을 찾아 하나님께로 응하여 나옵니다.
- 하나님이 제게 진리를 계시하실 때, 저는 하나님이 제 인생에서 하고 계시는 것을 저에게 일깨워 주시려고 노력하심을 압니다.

성경의 저자가 내 인생에서 무엇을 하고 계신지 말씀해 주신다.

하나님이 그 분의 말씀을 통해서 진리를 계시하실 때, 그것이 저를 하나님과의 만남으로 인도해 주지 않습니다. 그것 자체가 하나님과의 만남입니다. 그 분이 진리를 저에게 계시하실 때, 살아있는 한 인격체가 임재해 있는 그 곳에 제가 있는 것입니다. 그 분은 성경의 저자이십니다. 그 저자는 그 분이 제 인생에서 무슨 일을 하고 계신지를 그 분의 말씀을 통해서 말씀하십니다.

하나님의 영은 하나님의 마음을 아십니다. 그 분이 하나님의 뜻을 하나님의 말씀을 통해서 저에게 알려주실 것입니다. 그러면 저는 그 진리를 받아들이고 즉시 제 인생을 그 분께로 조정해야 합니다. 저는 제 인생을 어떤 개념이나 철학에 따라 조정하는 것이 아니라 한 인격체에 맞추는 것입니다.

당신은 여러 번 읽은 적이 있는 성경구절을 다시 읽다가 갑자기 그 안에서 처음 읽는 것처럼 느끼게 하는 무언가를 경험한 적이 있습니까? 그 진리는 당신의 인생에 어떻게 적용되어야 할지를 당신이 생각해 내야 하는 어떤 개념이 아닙니다. 하나님은 그 진리를 당신에게 소개시켜 주시면서 당신이 그 진리를 지금 당장 당신의 생활에 적용시키기를 원하심을 일깨워 주시는 것입니다. 하나님이 당신의 인생에서 무언가 하실 준비가 되셨을 때, 성령님은 당신이 그것을 알도록 말씀을 사용하십니다. 그럴 때 당신은 방금 계시하신 하나님 자신, 하나님의 목적들, 그리고 하나님의 길들에 당신의 인생을 조정할 수 있습니다.

기도는 관계성이다

기도는 하나님과 '쌍방통행으로' 교제하고 대화하는 것입니다. 당신이 하나님께 말하고 하나님은 당신에게 말씀하십니다. 그것은 일방적인 대화가 아닙니다. 당신의 개인적인 기도생활은 주로 일방적인 것일지도 모릅니다—당신이 하나님께 아뢰기만 하는. 기도는 그것 이상의 것입니다. 기도는 듣는 것도 포함합니다. 사실, 하나님이 기도 중에 말씀하시는 것이 당신이 말하는 것보다 훨씬 더 중요합니다.

기도는 관계성이지 종교활동이 아니다.

기도는 관계성이지 하나의 종교활동이 아닙니다. 기도는 하나님을 당신에게 조정하도록 계획된 것이 아니라 당신을 하나님께로 조정하도록 계획되어 있습니다. 하나님은 당신의 기도를 필요로 하지 않으십니다. 그러나 하나님은 당신이 기도하기를 원하십니다. 당신은 기도하는 중에 하나님이 당신의 인생에서, 당신의 인생을 통해서 무엇을 하기 원하시는지를 알기 위해서 기도를 할 필요가 있습니다. 하나님은 기도를 통해서 성령님에 의해 그의 사람들에게 말씀하십니다. 다음은 하나님이 어떻게 기도를 통해서 말씀하시는지를 그림으로 나타낸 것입니다.

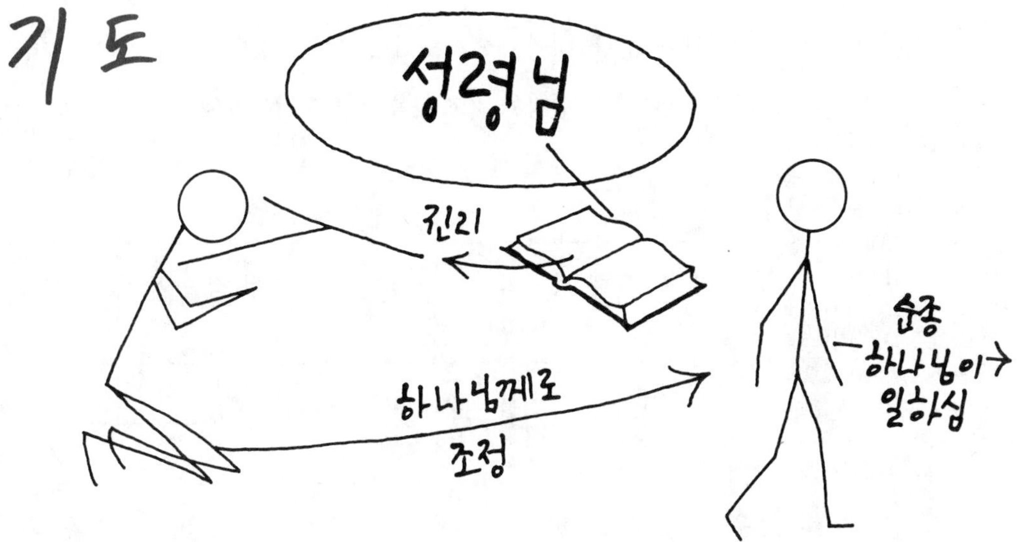

위의 그림은 하나님과의 만남을 표현하고 있습니다. 성령님이 당신에게 기도를 통해서 영적 진리를 계시할 때, 그 분은 당신의 인생에 임재하셔서 활동적으로 일하고 계신 것입니다. 진정한 기도는 하나님과의 만남으로 당신을 인도하지 않습니다. 그것이 바로 하나님과의 만남입니다. 당신이 기도를 통해서 하나님의 뜻을 찾을 때 어떤 일이 일어납니까? 다음의 순서대로입니다.

1. 하나님이 주도하셔서 당신이 기도하고 싶도록 만드신다.
2. 성령님이 하나님의 말씀을 가지고 당신에게 하나님의 뜻을 계시하신다.
3. 당신은 성령님 안에서 하나님의 뜻과 일치되는 기도를 한다.
4. 당신의 인생을 진리에게로(하나님께로) 조정한다.
5. 당신은 성경, 환경, 교회(다른 성도들)로부터 오는 확인이나 그 다음에 오는 지시를 주의깊게 보고 듣는다.
6. 당신은 순종한다.
7. 하나님이 그 분의 목적들을 달성하시기 위해서 당신 안에서, 당신을 통해서 일하신다.
8. 성령님께서 당신의 기도를 통해 계시하신 대로 당신은 하나님을 경험한다.

➡ 위의 순서들을 다시 읽고 열쇠가 되는 단어나 문장에 동그라미 치십시오.

저는 당신이 기도할 때 성령님이 하나님의 말씀을 사용하신다고 믿습니다. 저는 제가 무엇에 대해 기도할 때 성경의 말씀이 제 마음에 떠오르는 것을 발견합니다. 저는 그것이 방해가 된다고 느끼지 않습니다. 저는 하나님이 말씀으로 저를 인도해 나가시려고 노력하고 계신다고 믿습니다. 제가 어떤 특정한 것에 대해 기도하면 성령님이 성경을 가지고 제 마음에 그 진리를 적용시켜 주시는 것을 발견했습니다. 저는 즉시 기도하는 것을 중단하고 성령님이 제 마음에 주신 구절을 찾아봅니다.

성령 안에서 기도함

당신이 기도하는 것에 대해 성령님은 성경을 가지고 당신을 인도해 주실 것입니다.

"이와 같이 성령도 우리 연약함을 도우시나니 우리가 마땅히 빌 바를 알지 못하나 오직 성령이 말할 수 없는 탄식으로 우리를 위하여 친히 간구하시느니라 마음을 감찰하시는 이가 성령의 생각을 아시나니 이는 성령이 하나님의 뜻대로 성도를 위하여 간구하심이니라."
—로마서 8 : 26-27

➡ **왼쪽에 있는 문장을 읽고 다음 질문에 답하십시오.**

1. 우리가 기도할 때 왜 성령님의 도움이 필요합니까?(26절)

____

2. 성령님은 우리가 갖지 못한 어떤 유리한 점을 가지고 계십니까?(27절)

____

3. 성령님은 우리를 위해서 무엇을 하십니까? ____________

____

우리는 연약하고 어떻게 기도해야 하는지 모릅니다. 성령님은 하나님의 뜻을 이미 알고 계십니다. 성령님이 우리를 위해서 기도하실 때, 그 분은 절대적으로 하나님의 뜻과 동의하시면서 기도하십니다. 그리고 나서 성령님은 우리가 기도할 때 하나님의 뜻을 알도록 도와주십니다.

리처드의 생일 선물로 자전거를 주자.

제 장남인 리처드가 여섯 살이 되었을 때 그 애는 자전거를 소유할 수 있을 만큼 컸습니다. 저는 자전거를 구하기 위해서 여러 곳을 돌아다녔습니다. 저는 파란색 '슈윈' 자전거를 한 대 구했습니다. 저는 그것을 사가지고 차고 안에 숨겨 두었습니다. 그리고 나서, 리처드에게 파란색 '슈윈' 자전거가 필요하다고 설득시키는 일만 남았습니다. 얼마 동안 우리는 리처드를 공략하기 시작했습니다. 리처드는 자기가 생일 선물로 꼭 원하는 것이 파란색 '슈윈' 자전거라고 결정을 내렸습니다. 리처드가 생일 선물로 무얼 받았는지 아십니까? 그 자전거는 이미 차고 안에 있었고 저는 그 애가 그것을 달라고 하도록 설득한 것뿐입니다. 리처드는 그것을 달라고 했고, 그것을 받았습니다!

당신이 기도할 때는 어떻습니까? 성령님은 하나님께서 "차고" 안에 무엇을 갖고 계신지 아십니다. 그것은 벌써 거기에 있습니다. 성령님의 임무는 당신이 그것을 원하도록 만드는 것입니다-당신이 구하도록. 하나님이 주고 싶어하시는 것이나 하고 싶어하시는 것을 당신이 달라고 할 때, 어떤 일이 일어나겠습니까? 당신은 항상 받을 것입니다. 왜냐고요? 당신이 하나님의 뜻에 맞는 기도를 했기 때문입니다. 하나님이 당신의 기도를 들어주실 때, 하나님은 영광을 받으시고 당신의 믿음은 성장합니다.

"너희 안에서 행하시는 이는 하나님이시니 자기의 기쁘신 뜻을 위하여 너희로 소원을 두고 행하게 하시나니."
—빌립보서 2 : 13

성령님이 언제 당신에게 말씀하고 계신지를 아는 것이 중요합니까? 물론입니다. 당신은 성령님이 무슨 말씀을 하시는지를 어떻게 아십니까? 저는 당신에게 공식을 드릴 수는 없습니다. 그러나 그 분이 말씀하실 때 그 분의 목소리를 당신이 알 것이라는 것은 말씀드릴 수 있습니다(요 10 : 4). 당신은 그 분의 뜻만을 원하도록 결단해야 합니다. 당신은 당신의 이기적인 욕심이나 자신의 육적인 욕심을 모두 버려야 합니다. 그리고 난 후 기도를 시작해야 성령님이 당신의 마음을 만지시고 당신을 하나님의 뜻에 맞는 기도를 하도록 만드십니다(빌 2 : 13).

"그러하나 진리의 성령이 오시면 그가 너희를 모든 진리 가운데로 인도하시리니 그가 자의로 말하지 않고 오직 듣는 것을 말하시며 장래 일을 너희에게 알리시리라."
—요한복음 16 : 13

기도할 때 성령님이 이미 하나님이 당신의 인생을 위해 준비해 놓으신 것이 무엇인지 알고 계신다는 것에 기대를 거십시오. 그 분은 자의로 당신을 인도하지 않으십니다. 그 분은 오직 아버지 하나님께 들은 것만을 당신에게 말씀하십니다. 그 분은 당신이 기도할 때 인도해 주십니다.

하나님이 말씀하시는 것을 적으십시오.

저는 기도하고 그 분의 말씀을 읽을 때, 저에게 하나님이 무슨 말씀을 하시는지를 항상 적습니다. 그 분이 제게 기도하라고 인도하시는 것을 느끼고 적습니다. 하나님이 그 분 자신과 그 분의 목적들과 길들에 대해 말씀해 주실 때, 저는 종종 어떤 방법이 생기는 것을 봅니다. 제가 성령님이 기도하도록 인도하시는 방향을 주목해서 보면, 하나님이 저에게 무슨 말씀을 하고 계신지 아주 뚜렷해집니다. 이 과정은 영적인 집중력을 필요로 합니다.

당신은 이렇게 물을지도 모릅니다. "그러나 내가 기도하는 방향이 영적인 인도를 받고 하는 것인지 나의 이기적인 욕심을 따라 하는 것인지 어떻게 구별한단 말인가?" 조지 뮬러가 하나님의 인도하심을 찾을 때 가장 먼저 무엇을 했는지 기억하십니까?

➡ **제2단원의 3과를 보십시오. 그는 처음에 무엇을 했습니까?**

____

자기를 부인하라.

먼저 자기를 부인하십시오. 자기 자신과 하나님 앞에서 솔직히 하나님의 뜻만을 원하는 상태까지 가십시오. 그리고 성령님이 다른 방법으로 말씀하고 계신지 확인해 보십시오. 자신에게 물어보십시오.

- 하나님은 성경을 통해서 뭐라고 내게 말씀하시는가?
- 하나님은 기도를 통해서 뭐라고 내게 말씀하시는가?
- 하나님은 환경을 통해서 확신을 주시는가?
- 하나님은 다른 믿는 사람들을 통해서 확신을 주시는가?

하나님은 절대로 그 분의 쓰여진 말씀에 위배되게 당신을 인도하시지 않습니다. 당신이 기도를 통해서 느끼는 것이 성경말씀과 상반되는 것이면 그것은 잘못된 것입니다. 예를 들어서 하나님은 절대로 당신이 간음을 하도록 인도하지 않으십니다. 하나님은 항상 그것에 반대하십니다. 하나님이 당신이 기도를 통해서 느끼는 것을 성경을 통해 확신시켜 주시는 것에 주목하십시오. 그러나 하나님과 승부를 하려고 들지는 마십시오. 당신의 이기적인 목적을 뒷받침해 주는 듯한 성경구절을 찾아서 그것이 하나님의 뜻이라고 말하지 마십시오. 그것은 매우 위험한 일입니다.

➡ **앞의 그림을 다시 보고 그것에 표현된 것을 요약해 보십시오. 하나님이 어떻게 기도를 통해서 말씀하시는지를 요약해 보십시오.**

____

____

____

다음의 중심이 되는 단어들을 사용해서 아래의 문장들을 완성시키십시오. 필요하다면 위의 그림을 다시 보아도 좋습니다(조정, 확인, 말씀, 주도, 일치, 순종).

1. 하나님이 ______________하셔서 내가 기도하고 싶도록, 기도의 필요성을 느끼게 만드신다.
2. 성령님이 하나님의 __________________을 가지고 나에게 하나님의 뜻을 계시하신다.
3. 나는 성령님 안에서 하나님의 뜻과 __________________되는 기도를 한다.
4. 나의 인생을 진리에게로(하나님께로) __________________한다.
5. 나는 성경, 환경, 교회(다른 성도들)에서 오는 __________________과 다음 지시를 주의 깊게 보고 듣는다.
6. 나는 __________________한다.
7. 하나님이 내 안에서, 나를 통해서 그 분의 뜻을 이루신다.

당신이 이 교재를 공부하는 동안 성령님에 의해 기도를 통해서 말씀하신 적이 있습니까? 예 □ 아니오 □ "예" 라고 대답하셨으면 하나님이 말씀하심을 느꼈을 때, 하나님이 당신에게 무슨 말씀을 하셨는지 표현해 보십시오. "아니오"라고 대답하셨으면 하나님께 그 이유를 가르쳐 달라고 기도하십시오.

____

____

____

____

하나님이 당신에게 성경, 환경 혹은 교회(다른 믿는 사람들)를 통해서 위의 진리를 확인시켜 주셨습니까? 예 □ 아니오 □ "예" 라고 대답하셨다면 그 분이 무슨 말씀을 하셨다고 느끼셨습니까?

____

____

오늘 배운 것을 복습하십시오. 오늘 학습한 내용 중에서 하나님께서 당신으로 하여금 이해하고, 배우고, 실천하기 원하는 구절이나 성구를 하나나 둘쯤 지적해 주시기를 기도하십시오. 해당되는 것에 밑줄을 그으십시오. 그리고 난 후 아래의 질문에 답하십시오.

오늘 학습한 내용 중 어떤 구절이나 성구가 당신에게 가장 뜻있게 와 닿았습니까?

____

____

위의 구절이나 성구를 하나님께 대한 당신의 기도로 바꾸십시오.

____

____

____

____

오늘의 학습에 대한 반응으로 하나님은 당신이 무엇을 하기 원하십니까?

____

____

____

이 단원의 암송구절을 복습하고 다음 모임 때 사람들 앞에서 외울 수 있도록 준비하십시오.

이 과의 요점

- 이 우주의 주인이신 하나님이 나에게 중요한 것을 말씀하시면 나는 그것을 적어야만 한다.
- 진리는 인격체이다.
- 기도는 하나님과의 쌍방통행 교제이다.
- 기도는 관계성이지 하나의 종교활동이 아니다.
- 하나님의 뜻만이 나의 유일한 갈망임을 확실히 해야 한다.

제6단원 하나님이 말씀하신다, 제 2 부

기도한 내용과 다른 기도응답을 받다

당신은 당신이 기도한 내용과는 다른 기도응답을 받아보신 일이 있습니까? 저는 그런 적이 있습니다. 그리고 어떤 친구는 저에게 이렇게 이야기하곤 했습니다. "하나님이 당신을 보다 더 끈질기게 기도하게 하시려는 것 같소. 당신이 원하는 응답을 받을 때까지 기도하십시오." 그러던 중 한번은 제가 계속해서 한 방향으로 기도를 하면서 하나님께 매달렸는데 계속 다른 방향으로 응답을 받았습니다.

그런 경험을 하는 도중, 저는 경건의 시간에 마가복음 2장을 읽기 시작하였습니다. 거기에는 네 사람이 한 중풍병자를 메고 예수님께 고침받게 하려고 데리고 온 이야기가 있었습니다. 무리를 인하여 예수님께 데려갈 수가 없어서 그들은 지붕에 구멍을 내고 그 중풍병자를 달아 내렸습니다. 예수님께서 "소자야 네 죄 사함을 받았느니라"(막 2 : 5)라고 하셨습니다.

저는 계속해서 읽어나가기 시작했습니다. 그러나 저는 성령께서 "헨리야, 너 그것을 보았느냐?"라고 얘기하고 계심을 감지했습니다. 저는 그 구절을 다시 읽고 묵상하기 시작했습니다. 성령님의 인도하심, 즉 그 분의 가르치시는 역할을 통해서 저는 놀라운 진리를 한 가지 보기 시작했습니다. 중풍병자를 데려온 네 사람은 그의 병을 낫게 해 달라고 예수님께 부탁했지만, 예수님은 그의 죄를 사하여 주셨습니다. 왜 그럴까요? 예수님은 그들이 구했던 것과는 다른 것을 주셨습니다. 이 사람과 그의 친구들은 한 가지의 특정한 선물을 원했지만, 예수님은 그가 하나님의 자녀가 됨으로써 모든 것을 상속받게 되기를 원하셨던 것입니다!

저는 하나님 앞에서 울며 이렇게 이야기했습니다. "오! 하나님, 만일 제가 하나님이 주시려는 것보다 모자라는 부탁을 올리면, 저의 부탁은 무효로 해주십시오!"

이 단원의 암송구절 그러므로 예수께서 저희에게 이르시되 내가 진실로 진실로 너희에게 이르노니 아들이 아버지의 하시는 일을 보지 않고는 아무것도 스스로 할 수 없나니 아버지께서 행하시는 그것을 아들도 그와 같이 행하느니라.
—요한복음 5 : 19

제 1과 당신이 기도할 때 어떤 일이 일어납니까?

오직 하나님의 영만이 하나님이 나의 인생에서 무엇을 하고 계신지, 어떤 목적을 가지고 계신지 안다.

하나님께 한 가지를 위해서 기도하고 있는데 다른 일이 벌어지면 저는 항상 그것에 대해 세심히 관찰하고 생각하며 반응합니다. 하나님은 언제나 제가 구하거나 생각한 것보다 훨씬 더 많은 것을 주신다는 점을 저는 발견했습니다. 바울은 에베소서 3 : 20-21에서 이렇게 말합니다. "우리 가운데서 역사하시는 능력대로 우리의 온갖 구하는 것이나 생각하는 것에 더 넘치도록 능히 하실 이에게 교회 안에서와 그리스도 예수 안에서 영광이 대대로 영원 무궁하기를 원하노라 아멘."

"오직 하나님이 성령으로 이것을 우리에게 보이셨으니 성령은 모든 것 곧 하나님의 깊은 것이라도 통달하시느니라 사람의 사정을 사람의 속에 있는 영 외에는 누가 알리요 이와 같이 하나님의 사정도 하나님의 영 외에는 아무도 알지 못하느니라 우리가 세상의 영을 받지 아니하고 오직 하나님께로 온 영을 받았으니 이는 우리로 하여금 하나님께서 우리에게 은혜로 주신 것들을 알게 하려 하심이라."
—고린도전서 2 : 10-12

하나님이 당신에게 주시고자 하는 것이 무엇인지 알고서 그것을 위해 기도한다는 것은 불가능할 것입니다. 오직 하나님의 영만이 하나님이 당신의 삶에서 무엇을 하고 계신지, 어떤 목적을 가지고 계신지 압니다. 하나님이 당신에게 주시고자 하는 모든 것을 주시도록 하십시오(고전 2 : 10-12을 보십시오.).

➡ **하나님이 당신이 구하고 있는 것보다 더 많은 것을 주기 원하시는데도 당신은 당신이 원하는 것만 받기를 원합니까? 아니면 하나님이 주시는 것을 받고 싶습니까?**

나는 ____ 받기 원합니다.

누가 당신의 삶 가운데 하나님의 역사하심을 가르쳐 줄 수 있습니까?

____

당신이 마을의 어떤 특정 구역에 교회를 세우고 싶어한다고 가정합시다. 당신은 필요를 알아내기 위해 이미 설문조사를 끝낸 상태입니다. 또 장기계획도 세워 놓았습니다. 그리고 하나님께 당신이 하고 있는 일이 잘 되도록 인도하여 달라고 기도했습니다. 그러자 하나님은 당신이 목적하고 있는 구역에 살고 있지 않은 소수민족 사람들을 당신의 교회에 보내주셨습니다. 당신은 어떻게 하시겠습니까? 당신의 답에 ×표 하십시오.

☐ 1. 하나님이 우리가 계획한 대로 교회를 세우도록 도와주실 때까지 계속해서 기도할 것입니다.
☐ 2. 좌절하고 기도를 포기할 것입니다.
☐ 3. 특정 구역의 교회를 대신해서, 혹은 구역 교회와 함께 소수민족을 위한 교회를 세우는 것이 옳은 것인지 연구하기 시작할 것입니다.
☐ 4. 기타. ____

저라면 위의 경우에 어떻게 할지 당신은 아십니까? 저라면 곧바로 하나님께로 나아가서 그 분이 무어라고 말씀하시는지 명확히 알아볼 것입니다. 제가 한 방향으로 일하고 기도해 왔는데 하나님이 다른 방향으로 역사하실 때 저는 하나님이 하시는 일에 제 삶을 조정합니다. 위의 경우, 당신은 당신이 원하는 일을 하면서 하나님께 그 일이 잘되 당신은 당신 자신이 원하는 일을 하면서 하나님께 그 일이 잘되게 해달라고 부탁하든지 아니면 하나님이 역사하고 계신 곳으로 가서 일하든지 양단간에 결정을 내려야 한다.

게 해달라고 부탁하든지, 아니면 하나님이 역사하고 계신 곳으로 가서 일하든지, 양단간에 결정을 내려야 합니다.

저희 교회에서는 밴쿠버에 있는 대학생들에게 특별한 관심을 두고 선교를 시작했습니다. 우리는 가을 학기에 30명의 학생과 더불어 시작했습니다. 봄 학기가 끝날 무렵에는 250명 정도가 성경공부에 출석했습니다. 그 중의 3분의 2 정도는 외국학생들이었습니다. 우리는 이렇게 말할 수도 있었습니다. "우리는 외국인들을 위해서 선교하려는 계획은 없습니다. 제발 다른 데로 가 주세요. 그리고 하나님이 당신들에게도 복 주시기를…." 물론 우리는 그러지 않았지요. 우리는 하나님이 우리 주위에서 시작하신 일에 맞추어 우리의 계획을 조정했습니다.

영적인 집중력

우리의 문제는 기도한 뒤 생기는 사건들을 우리의 기도에다 연관지어 보지 않는 것이다.

우리의 문제는 기도한 뒤 생기는 사건들을 우리의 기도에다 연관지어 보지 않는 것입니다. 당신이 기도한 뒤 해야 할 가장 중요한 것은 당신의 영적인 집중력을 발휘하는 일입니다. 당신이 한 방향으로 기도하고 있을 때, 곧바로 그것에 대한 응답으로 하나님이 어떻게 역사하시는지를 기대하십시오. 저는 이것을 성경 전체에서 봅니다. 하나님의 사람들이 기도했을 때 그 분은 응답하셨습니다.

당신이 기도하고 나서 무슨 기도를 했는지 잊었을 때 다음과 같은 일이 일어납니다. 평소때에는 일어나지 않던 일들이 그날 일어납니다. 당신은 그것들을 거북스러운 일로 여기고는 그것들을 제거하려고 노력합니다. 당신은 방금 기도한 것에 그 사건들을 연관시켜 보지 않습니다.

다음에 무슨 일이 일어나는지 주목해서 보라.

응답을 기대하라.

저는 기도하고 나서 즉시 그 다음에 무슨 일이 일어나는지 살피기 시작합니다. 저는 제 인생에 일어날 일들에 제 인생을 조정할 준비를 갖춥니다. 기도할 때 제 마음에는 하나님이 응답하시지 않으리라는 의심은 절대로 생기지 않습니다. 하나님이 당신의 기도에 응답해 주시기를 기대하십시오. 그러나 응답을 받기 위해서는 계속 기다려야 합니다. 그 분의 시간이 항상 옳고 최선입니다.

➡ **다음 질문에 답하십시오.**

1. 당신은 한 가지 기도제목을 놓고 지속적으로 기도한 뒤 기도 응답을 받지 못했거나 기도한 내용과는 동떨어진 응답을 받은 적이 있습니까?
   예 □ 아니오 □ '예'라고 답하셨다면 그런 경험을 한두 가지 정도 써 보십시오.

___

___

___

2. 위에 적은 경험들을 다시 읽어보고 그런 경우에 당신이 반응할 수 있는 일들을 나열해 보십시오.

3. 당신은 현재 하나님이 허락하시지 않는 어떤 것을 위해서 기도하고 있습니까?
예 □ 아니오 □ '예' 라고 답하셨다면 그 기도의 내용을 적으십시오.

3번에 '예' 라고 답하셨다면 지금 잠깐 멈추고 하나님께 그 분이 당신의 인생에서 무슨 일을 하고 계신지 이해하게 해달라고 기도하십시오. 그리고 다음에 무슨 일이 일어나는지를 주목해서 보거나 그 분이 성경을 통해서 당신에게 무엇을 보여주시는지를 주의깊게 살펴보십시오.

하나님의 침묵

저는 하나님이 기나긴 시간 동안 침묵하고 계시는 경험을 했습니다. 당신도 그런 경험을 했을 것입니다. 여러 날에 걸쳐서 기도했는데도 하나님이 완전히 침묵하고 계시는 것처럼 느껴졌습니다. 저는 하늘문이 닫힌 것을 직감했습니다. 저는 무슨 일이 일어나고 있는지 이해하지 못했습니다. 어떤 사람들은 아무리 기도해도 응답이 없는 것은 죄의 문제가 있기 때문이라고 말했습니다. 그들은 제게 '죄의 진단 목록' 을 제시하고 그것을 점검하도록 했습니다. 저는 이 목록을 가지고 한 가지씩 훑어나가며 기도했습니다. 아무리 기도해 봐도 제가 아는 한 저는 죄 문제를 가지고 있지 않았습니다. 저는 하나님의 침묵을 이해할 수 없었습니다.

욥 당신은 성경에서 이런 경우를 당한 사람을 기억하십니까? 욥이지요. 그의 친구들은 그 모든 것이 죄 때문이라고 했습니다. 욥은 계속해서 "내가 알고 있는 한 하나님과 나는 올바른 관계에 놓여있다"고 말했습니다. 욥은 하나님이 그때 무슨 일을 하고 계신지 이해하지 못했지만 그의 친구들은 틀렸습니다. 하나님이 하고 계신 일에는 다른 이유가 있었던 것입니다.

➡ **당신이 하나님의 침묵을 경험한 일이 있다면 한 가지만 써보십시오.**

제가 알고 있던 오직 한 가지 길은 하나님께로 돌아가는 것이었습니다. 저와 사랑의 관계를 가지고 계신 하나님이, 제가 알아야 할 필요가 있다면, 제 인생에 무슨 일이 일어나고 있는지 적절한 시간에 가르쳐 주실 것을 믿습니다. 그래서 저는 기도했습니다다. "하나님 아버지, 저는 이 침묵의 의미를 이해 못 합니다. 당신이 제 인생에서 무엇을 하고 계신지 제게 말씀해 주십시오." 하나님은 성경을 통해 말씀해 주셨습니다! 이것은 제 인생에서 가장 의미 있는 경험 중의 하나가 되었습니다.

당신이 알아야 한다면 하나님이 당신의 인생에 무슨 일을 하시는지를 적절한 시간에 가르쳐 주실 것이다.

저는 미친 듯이 응답을 찾아나서지 않았습니다. 저는 매일 하나님의 말씀을 읽는 일을 계속했습니다. 하나님의 말씀을 읽는 동안, 하나님의 마음을 아시는 성령님이 제 인생에서 하나님이 하고 계신 일을 이해하도록 저를 도와주고 계시다는 것을 확신하게 되었습니다. 당신이 알아야 한다면 하나님께서는 당신의 인생에서 하고 계시는 일을 적절한 시간에 가르쳐 주실 것입니다.

나사로

어느날 아침 저는 나사로의 죽음에 관한 이야기를 읽고 있었습니다(요 11 : 1-45). 일어난 일들의 순서를 제가 읽은 대로 정리해 보겠습니다. 요한은 예수님이 나사로와 그의 누이들인 마리아와 마르다를 사랑하셨다고 기록했습니다. 나사로가 죽을 병에 걸렸다는 말을 들으신 예수님은 그 마을에 가는 것을 미루셨습니다. 다시 말하면 마리아와 마르다가 그들의 오빠를 도와달라고 예수님께 청했는데 침묵하셨던 것입니다. 나사로가 병으로 죽어 가고 또 죽었을 때까지 예수님은 응하지 않으셨습니다. 그들은 나사로를 사랑한다고 말씀하신 그 분으로부터 응답을 받지 못했습니다. 예수님은 마리아와 마르다까지도 사랑한다고 말씀하셨습니다. 그럼에도 불구하고 응답하지 않으셨습니다.

나사로는 죽었습니다. 그들은 장례식의 모든 절차를 끝냈습니다. 그들은 나사로의 시신을 펴고, 무덤에 넣고, 돌로 막았습니다. 여전히 하나님의 침묵을 경험했습니다. 그때 예수님이 제자들에게 "가자"고 하셨습니다.

예수님이 도착하셨을 때 나사로는 벌써 죽은 지 나흘이나 되어 무덤 속에 있었습니다. 마르다는 예수님께 여쭈었습니다. "주께서 여기 계셨더면 내 오라비가 죽지 아니하였겠나이다"(요 11 : 21).

그때 성령님이 저에게 무언가를 깨닫도록 도와주셨습니다. 그것은 저에게 마치 예수께서 마리아와 마르다에게 말씀하신 것처럼 생생하게 느껴졌습니다.

> "네가 정확히 맞다. 내가 왔더라면 네 오라비가 죽지 않았을 것이다. 내가 병자들을 고치는 것을 네가 여러 번 보았기 때문에 너는 내가 네 오라비를 고칠 수 있을 것을 알았다. 네가 구하는 시간에 내가 왔더라면 나는 네 오라비를 고쳐주었을 것이다. 그러나 그랬다면 너희들은 나에 대해서 너희들이 이미 알고 있는 만큼밖에는 알지 못했을 것이다. 나는 너희가 나에 대해서 이미 알고 있는 것보다 더욱 깊이 알 준비가 되어있음을 알았다. 나는 너희들이 내가 부활이요 생명임을 알게 되기를 원한다. 나의 거부와 침묵은 너희를 저버리는 것이 아니었다. 그것은 너희가 지금까지 전혀 몰랐던 나 자신을 너희에게 보여주려는 나를 위한 기회였다."

그 진리가 점점 뚜렷해지자, 저는 하마터면 제가 앉아있던 의자에서 용수철처럼 튀어오를 뻔했습니다. "그것이 내 인생에서 일어나고 있는 일이구나! 바로 그거야! 하나님의 침묵은 내가 전혀 알지 못하던 그 분 자신의 놀라운 부분을 내게 보여주실 준비가 되셨다는 뜻이야." 저는 즉시 하나님에 대한 저의 마음 자세를 바꾸었습니다. 저는 간절히 기대하는 마음을 가지고 하나님이 그 분 자신에 대해서 무엇을 가르쳐 주시는가 주목해서 살펴보기 시작했습니다. 그리고 저는 그런 준비되고 기대하는 마음 없이는 절대로 감지할 수 없었을 일들이 제 인생에서 일어나는 것을 경험했습니다.

➡ **당신이 기도하는 동안 하나님이 침묵하실 만한 이유 두 가지는 무엇입니까?**

____

____

요즘에도 저는 기도한 후 하나님의 침묵을 경험할 때 '죄의 진단 목록'을 훑어내려가면서 기도합니다. 종종 하나님의 침묵은 죄의 문제 때문이기도 합니다. 제가 회개하지 않은 죄가 있으면 먼저 고백하고 정정합니다. 그리고 난 후에도 침묵이 계속되면 저는 제가 전에 알지 못하던 하나님과의 새로운 경험을 위해서 준비합니다. 어떤 경우, 하나님은 당신에게 그 분에 대한 좀더 깊은 이해를 주시려고 준비하면서 침묵을 지키십니다. 언제든지 침묵이 닥치면 하나님이 당신에게 마지막으로 주신 말씀을 지키고 하나님과의 신선한 만남을 주시하며 기다리십시오.

당신은 하나님의 침묵에 대해 두 가지 방법으로 반응을 보일 수 있습니다. 한 가지는 의기소침해지고 죄책감을 느끼고 버림받았다고 생각하는 것입니다. 다른 방법은 하나님이 당신에게 그 분에 대한 더 깊은 이해를 가져다 주시기를 기대하는 것입니다. 이 두 가지 반응은 마치 밤과 낮 같은 큰 차이를 갖고 있습니다.

진리는 나를 자유케 한다!
…그리고
진리는 한 인격체이다!

당신은 자유케 하는 것이 무엇인지 아십니까? 진리입니다. 그리고 진리는 제 인생에 깊이 관여하고 계신 한 인격체입니다. 하나님이 제 인생에서 어떤 일을 하고 계신지 제가 이해했던 순간, 저는 하나님께로 제 인생을 조정했습니다. 저는 우울함과 죄책감을 갖게 하는 마음 자세를 던져 버렸습니다. 저는 제가 하나님께 소용이 없고 그 분이 제 기도를 더 이상 들어주시지 않는다는 느낌을 떨쳐 버렸습니다. 기대와 믿음과 신뢰의 자세를 갖는 삶으로 저는 인생을 크게 조정했습니다. 그 순간 하나님은 제가 어떻게 반응해야 그 분을 더 깊이 알게 되는지 보여주기 시작하셨습니다.

➡ **오늘 배운 것을 복습하십시오. 오늘 학습한 내용 중에서 하나님께서 당신으로 하여금 이해하고, 배우고, 실천하기 원하는 구절이나 성구를 하나나 둘쯤 지적해 주시기를 기도하십시오. 해당되는 것에 밑줄을 그으십시오. 그리고 아래의 질문에 답하십시오.**

오늘 학습한 내용 중 어떤 구절이나 성구가 당신에게 가장 뜻있게 와 닿았습니까?

____

위의 구절이나 성구를 하나님께 대한 당신의 기도로 바꾸십시오.

오늘의 학습에 대한 반응으로 하나님은 당신이 무엇을 하기 원하십니까?

이 단원의 암송구절을 다음에 써보십시오. 다른 단원의 암송구절들을 복습하십시오. 당신이 원한다면 다른 구절을 정해서 외울 수 있다는 것을 기억하십시오.

이 과의 요점

- 오. 하나님. 만일 제가 하나님이 주시려는 것보다 모자라는 부탁을 올리면, 저의 부탁은 무효로 해주십시오.
- 오직 성령님만이 하나님께서 나의 인생에서 무엇을 하고 계신지. 어떤 목적을 갖고 계신지 아신다.
- 내가 알아야 한다면 하나님이 내 인생에서 무엇을 하고 계신지 적절한 시간에 알려주신다.
- 하나님의 침묵은 종종 죄의 문제에서 비롯된다.
- 어떤 경우. 하나님은 나에게 그 분에 대해서 좀더 깊이 이해시키려고 준비하면서 침묵을 지키신다.

제 2 과 하나님은 환경을 통해서 말씀하신다

당신의 나쁘거나 어려운 환경을 이해하는 데는 하나님의 관점에서 보는 것이 필수불가결하다.

성령님은 성경, 기도 그리고 환경을 사용해서 우리에게 말씀하시거나 하나님 아버지의 뜻을 보여주십니다. 예수님은 세번째 방법인 환경을 통해 하나님이 자신에게 무엇을 하기 원하시는지 아셨습니다. 이것이 예수님이 그의 삶을 향한 아버지의 뜻을 찾으신 방법입니다. 예수님은 이 과정을 요한복음 5 : 17, 19-20에서 설명하셨습니다.

➡ **19절이 이 단원의 암송구절입니다. 아래에 적어보십시오.**

____

____

____

"예수께서 저희에게 이르시되 내 아버지께서 이제까지 일하시니 나도 일한다 하시매."

—요한복음 5 : 17

예수님은 하나님 아버지를 위해서 어떤 일을 할 때 자신이 주도권을 잡지 않는다고 하셨습니다(요 5 : 19). 오직 아버지만이 주도권을 잡을 권리를 가지셨습니다. 하나님 아버지께서는 예수님이 지상에 오실 때까지 일하셨으며 또 일하고 계셨습니다(요 5 : 17). 아버지는 아들에게 자신이 하고 계신 일을 알게 하셨습니다(요 5 : 20). 아들이 아버지의 활동을 보았을 때, 그것은 아들로 하여금 동참하라는 아버지의 초청이었습니다.

➡ **우리는 예수님의 예를 벌써 두 번이나 보았습니다. 복습하는 의미에서 왼쪽에 있는 중심이 되는 단어들로 다음의 빈칸을 채우십시오.**

일한다
다
주시하여
아버지께서
행하고
스스로
사랑하신다

1. ____________________ 이제까지 일하셨다.
2. 나도 ____________________.
3. 나는 아무것도 ____________________ 할 수 없다.
4. 나는 아버지께서 하시는 일을 ____________________ 본다.
5. 나는 아버지께서 이미 ____________________ 계신 일을 보고 행한다.
6. 아버지께서는 아들을 ____________________
7. 아버지께서는 자기의 행하시는 것을 ____________________ 아들에게 보이신다.

당신의 답을 제1단원의 2과에 나오는 것과 비교하여 맞추어 보십시오.(22페이지)

하나님은 환경을 사용해서 예수님이 무엇을 해야 하는지를 보여주셨습니다. 환경은 예수님이 아버지가 하시는 일을 보는 하나의 방법입니다. 어떤 일들은 오직 아버지만이 하실 수 있습니다.

➡ **제 4단원의 5과에 나와있는 하나님만이 하실 수 있는 일의 목록을 복습하십시오. (115 페이지)**

예수님은 무엇을 할까 추측하실 필요가 없었다. 예수님은 아버지를 위해서 무엇을 할까 상상하실 필요가 없었다.

예수님은 항상 하나님이 역사하고 계신 곳을 찾으셨고 하나님께 동참하셨습니다. 아버지 하나님은 예수님을 사랑하셨고 그 분에게 자신이 하고 계신 것을 다 보이셨습니다. 예수님은 무엇을 할까 추측하실 필요가 없었습니다. 예수님은 아버지를 위해서 무엇을 할까 상상하실 필요가 없었습니다. 예수님은 하나님이 그의 주위에서 무엇을 하시는지 주목하여 보고 자신의 삶을 거기에다 올려놓으셨습니다. 그러면 하나님이 예수님을 통해서 자신의 목적을 이루실 수 있었습니다.

이것이 바로 예수님이 우리 삶의 주인임을 인정하고 우리가 행하여야 할, 예수님의 바람입니다. 우리는 그 분이 하시는 일을 보고 우리 인생과 계획과 목표를 그 분에게로 조정합니다. 우리는 우리의 인생을 그의 발 앞에—그가 일하고 계신 곳에—두어야 합니다. 그렇게 하면 그 분이 우리를 통해 자신의 목적을 성취하십니다.

➡ **당신의 기억을 점검해 보십시오. 도움 없이 "하나님을 경험하는 삶의 일곱 가지 실체"를 당신 자신의 말로 써보십시오. 아래에 나와 있는 단어들을 사용하십시오.**

1. 일 ______________________________

2. 관계 ______________________________
____

3. 초청 ______________________________

4. 말씀하십니다 ______________________________
____
____

5. 갈등 ______________________________
____

6. 조정 ______________________________
____

7. 순종 ______________________________
____
____

책 뒤에 첨부된 하나님을 경험하는 삶의 일곱 가지 실체 도표를 보고 당신의 답을 맞춰보십시오.

예수님의 예는 하나님이 환경을 통해서 말씀하신 긍정적인 예입니다. 많은 경우 환경은 '나쁘게' 보입니다. 당신은 이런 '나쁘게' 보이는 환경에 처해서 "왜 이런 일이 저에게 일어나고 있습니까?" 라고 하나님께 묻고 싶을지 모릅니다. 그러나 당신은 혼자가 아닙니다.

하나님의 관점이 필수불가결하다

욥 욥은 위와 같은 '나쁘게' 보이는 경험을 가지고 있었습니다. 그는 그의 온 재산을 빼앗겼을 때, 자녀들을 잃었을 때, 그의 온몸에 악창이 났을 때, 무슨 일이 일어나고 있는지 이해하지 못했습니다(욥 1-2장). 그는 그의 환경을 이해하기 위해서 안간힘을 썼습니다. 그는 하나님의 관점에서 무슨 일이 일어나고 있는지 알지 못했습니다(욥 1 : 6-12 ; 2 : 1-7). 또한 욥기 마지막 장에서 볼 수 있듯이 하나님께서 그의 재산과 자녀와 건강을 되돌려주실 것에 대해 알지 못했습니다(욥 42 : 12-17).

욥의 친구들은 자신들이 하나님의 관점을 가지고 있다고 생각하고 욥에게 죄를 고백하라고 충고했습니다. 욥은 그의 인생에서 고백해야 할 불의한 일을 찾지 못했습니다. 당신이 욥기 마지막 장을 알지 못했고 하나님의 관점을 알지 못했다면, 당신은 누구 편을 들겠습니까? 하나님의 편입니까, 아니면 욥의 편입니까? 아마도 당신은 욥의 편을 들고 하나님께 무슨 일이 일어나고 있는 것인지, 왜 하나님은 이런 일을 허락하는 것인지 물을 것입니다. 당신은 하나님이 욥에게 '잔인하다' 고 생각할 것입니다.

당신의 나쁘거나 어려운 환경을 이해하는 데는 하나님의 관점에서 보는 것이 필수불가결합니다. 당신은 어렵고 혼돈된 환경에 부딪치면 그것에 의해서 위축당할 것입니다. 당신이 그 환경에 푹 빠져서 하나님을 바라보면, 당신은 항상 하나님에 대한 비뚤어진 이해를 갖게 될 것입니다. 예를 들면, 당신은 이렇게 얘기할 수 있습니다. "하나님은 나를 사랑하지 않으셔." 아니면 "하나님은 공평하지 않으셔." 두 개의 서술 모두 하나님을 잘못 설명한 것들입니다.

➡ **당신은 비극적이고 혼돈스러운 환경에 푹 빠져서 기도를 하는 중에 하나님을 원망한 적이 있습니까?**
예 □ 아니오 □ '예' 라고 대답했다면 그 경우를 설명해 보십시오.

____

____

____

아마도 당신은 하나님의 사랑과 지혜에 대해서 의문을 제기하였을 것입니다. 당신은 어쩌면 하나님이 틀린 것이라고 얘기하기는 두렵지만, "하나님, 제게 이 일이 옳다고 믿게 하셨으니 하나님이 저를 속이신 것입니다. 왜 저를 저지하지 않으셨어요?" 라고 은연중에 말할 것입니다. 당신이 환경에 푹 빠져서 하나님을 보려고 노력하면 틀린 일들이 당신에게 굉장히 많이 생길 것입니다.

하나님께로 나아가서 당신의 환경을 하나님의 관점에게 보게 해달라고 기도하십시오.

당신은 무엇을 해야 합니까? 먼저 하나님께로 나아가서 당신의 환경을 하나님의 관점에서 보게 해달라고 기도하십시오. 그리고 하나님의 마음을 가지고 당신의 환경을 되돌아보십시오. 당신이 어렵거나 혼동된 환경에 처했을 때, 성령님은 하나님의 말씀을 가지고 당신이 당신의 환경을 하나님의 관점에서 이해하도록 도와주실 것입니다. 그 분이 당신 환경의 진실을 계시해 주실 것입니다.

캐리의 암

제3단원의 맨 앞에서 저는 우리 딸 캐리가 암과 맞서 투병한 일에 대해서 말씀드렸습니다. 그것은 우리 가족 모두에게 어려운 환경이었습니다. 의사들은 우리더러 딸에게 여섯 달 내지 여덟 달 간의 화학요법과 방사선치료를 할 터이니 준비를 단단히 하라고 했습니다. 우리는 하나님이 우리를 사랑하심을 알았기 때문에 하나님 앞으로 나아가서 우리의 인생에서 그 분이 무엇을 하고 계신지를, 어떤 일을 하실 것인지를 이해하게 해달라고 기도했습니다. 우리는 이 기간 동안에 하나님께로 바르게 조정되기를 원했습니다. 우리는 기도했습니다. "하나님, 우리 자신을 조정해야 한다는 우리의 이 귀한 경험을 통해 당신께서 이루고자 하시는 것은 무엇입니까?"

우리는 기도하는 중에 한 성경구절의 약속이 하나님께로 왔음을 믿게 되었습니다. 약속을 받은 것 외에도 많은 사람들이 이 성경의 약속을 인용한 편지를 보내고 전화를 걸어주었습니다. 그들 또한 이 구절이 우리의 환경에 주신 하나님의 말씀임을 감지했습니다. 그 성경구절은 이렇습니다. "예수께서 들으시고 가라사대 이 병은 죽을 병이 아니라 하나님의 영광을 위함이요 하나님의 아들로 이를 인하여 영광을 얻게 하려 함이라 하시더라"(요 11 : 4). 성경과 기도와 다른 성도들의 간증이 결국 같은 결론으로 요약되는 것을 보면서 우리는 하나님께서 말씀하고 계신다는 믿음이 점점 강해졌습니다. 우리는 우리의 인생을 이 진리에 조정하고 하나님께서 이 환경을 어떻게 그 분의 영광을 위해서 쓰시는가를 주목해서 보기 시작했습니다.

이 기간 동안 캐나다, 유럽 그리고 미국 등지에서 많은 사람들이 캐리를 위해서 기도해 주었습니다. 개인적으로, 대학생 그룹에서, 교회에서 우리에게 그들이 우리를 위해 기도하고 있음을 알려주기 위해 전화했습니다. 그들과 이야기하면서 한 가지 공통점이 떠올랐습니다. 그들은 주로 다음과 같은 얘기를 했습니다. "우리의 기도생활(기도사역)은 참으로 메마르고 차가워졌었어요. 우리는 특별한 기도응답을 받은 지가 꽤 오래되었답니다. 그러나 우리가 캐리의 소식을 들었을 때는 당장 우리 기도제목에 그것을 넣었답니다."

3개월간의 치료 후에 의사들은 좀더 많은 테스트를 해 보았습니다. 그들은 "이거 이해할 수 없는데요. 모든 테스트 결과가 음성이군요. 우리는 아무런 암의 흔적도 발견할 수 없습니다." 저는 당장 캐리를 위해서 기도해 주던 분들에게 이 기도응답에 대해서 연락을 하기 시작했습니다. 전화를 하는 족족 사람들은 이 기도의 응답은 하나님이 자신들의 기도생활을 완전히 새롭게 하시는 데 사용하신 것이라고 말했습니다. 교회의 기도 사역도 활성화되었습니다. 학생 기도 그룹들도 새 생명을 찾았습니다.

그때 저는 하나님이 이 역경을 통해 무엇을 하고자 하셨는지 깨닫기 시작했습니다. 이 경험을 통해서 하나님은 그 분의 사람들에 의해서 영광을 받으셨습니다. 수많은 사람들이 기도의 필요성을 새롭게 느끼게 되었습니다. 그들은 개인적으로 진리의 임재를, 인격체이신 진리를 새롭게 경험하기 시작했습니다. 이때 캐리의 가장 친한 친구들이 뜨겁게 기도하기 시작했습니다. 심지어 어떤 학생들은 하나님께서 캐리를 통해 하신 일을 보고 주님을 알게 되었습니다. 하나님은 이 병을 통해서 진실로 영광을 받으셨습니다.

무슨 일이 일어났는지 아시겠습니까? 우리는 괴로운 상황에 부딪쳤었습니다. 우리는 그 상황 중에서 하나님에게 등을 돌리고 하나님을 그릇 이해할 수도 있었을 것입니다. 그러나 우리는 하나님께로 나아갔습니다. 우리는 그 분의 관점에서 보기를 택했습니다. 성령님이 하나님의 말씀을 가지고 하나님의 관점에서 본 그 환경의 결과를 우리에게 보여주셨습니다. 우리는 하나님을 믿고 우리의 인생을 하나님과 하나님이 하고 계신 일로 조정했습니다. 그리고 나서 우리는 하나님의 목적이 이루어짐으로써 하나님이 영광을 받으시는 길을 찾으면서 역경을 이겨 나갔습니다. 그래서 기도응답이 왔을 때, 저는 저의 할 일이 하나님의 사람들에게 "주님의 놀라운 역사를 선포하는 것"임을 알았습니다. 이 과정을 통해서 하나님은 우리의 상황에 대한 하나님의 관점을 보여주심으로써 하나님의 자비로우심을 새로이 깨닫게 해주셨습니다.

당신의 환경이 어렵거나 혼동될 때, 어떻게 대응해야 하는지 간추려 보겠습니다.

환경이 혼동될 때

1. 하나님이 십자가에서 이미 그 분의 절대적인 사랑을 영원히 표현하셨음을 당신의 마음에 새기십시오. 그 사랑은 절대 변치 않습니다.
2. 환경에 푹 빠져 있는 채로 하나님이 어떠한 분이신가를 이해하려고 노력하지 마십시오.
3. 하나님께로 나아가서 당신의 환경을 하나님의 관점에서 보게 해달라고 기도하십시오.
4. 성령님의 인도하심을 기다리십시오. 그분은 당신이 하나님의 말씀을 가지고 환경을 이해하도록 도와주실 것입니다.
5. 당신의 인생을 하나님께 맞추십시오. 또한 당신의 환경을 통해 하나님이 하고 계시다고 생각되는 그 일에다가 맞추십시오.
6. 그 분이 당신에게 하라고 말씀하시는 모든 일을 하십시오.
7. 하나님이 당신의 인생에서, 당신을 통해서 그 분의 목적을 이루시는 것을 경험하십시오.

하나님

➡ **위의 목록을 다시 읽어보고 각 항에서 중심이 되는 단어들이나 문장에 밑줄을 그으십시오.**

당신이 혼동스러운 환경에 처해 있을 때 무엇을 해야 되는지 당신 자신의 말로 요약해 보십시오.

당신은 하나님이 주권자이심을 명심해야 합니다. 당신은 욥의 경우처럼, 하나님이 당신에게 자신이 무엇을 하는지 밝히지 않으시는 경우에 맞부딪치게 될 것입니다. 그럴 때마다 하나님의 사랑과 주권을 인정하고 그 분의 끝없는 은혜로 환경을 투시하십시오.

➡ 오늘 배운 것을 복습하십시오. 오늘 학습한 내용 중에서 하나님께서 당신으로 하여금 이해하고, 배우고, 실천하기 원하는 구절이나 성구를 하나나 둘쯤 지적해 주시기를 기도하십시오. 해당되는 것에 밑줄을 그으십시오. 그리고 난 후 아래의 질문에 답하십시오.

오늘 학습한 내용 중 어떤 구절이나 성구가 당신에게 가장 뜻있게 와 닿았습니까?

위의 구절이나 성구를 하나님께 대한 당신의 기도로 바꾸십시오.

오늘 학습에 대한 반응으로 하나님은 당신이 무엇을 하기 원하십니까?

이 과의 요점

- 하나님은 환경을 사용하셔서 예수님에게 무엇을 해야 할지 계시하셨다.
- 예수님은 환경을 통해 하나님이 무엇을 하기 원하시는지를 알았다.
- 나의 나쁘거나 어려운 환경을 이해하는 데는 하나님의 관점에서 보는 것이 필수불가결하다.

제 3 과 당신이 처한 환경 속의 진리

당신은 하나님께로부터 들을 때까지, 당신이 처한 환경 속의 진리를 알 수 없다.

당신은 하나님께로부터 들을 때까지, 당신이 처한 환경 속의 진리를 알 수 없습니다. 출애굽기 5-6장에서 모세는 하나님께 들은 대로 바로에게 이스라엘을 놓아 달라고 했습니다. 바로는 그것을 거부하고 이스라엘 민족을 더욱 학대했습니다. 이스라엘 사람들은 이런 큰 고통을 가져온 모세를 비난했습니다.

➡ **당신이 모세의 입장이었다면 어떻게 했겠습니까? 다음 중 하나를 고르십시오.**

□ 1. 이스라엘 민족에게 화가 나서 이스라엘을 버리고 양을 치러 돌아갔을 것이다.
□ 2. 하나님께 화가 나서 다른 사람을 구하라고 말했을 것이다.
□ 3. 하나님의 뜻을 잘못 이해했었다고 고백할 것이다.
□ 4. 인내심 있게 하나님께로 돌아가서 이 나쁜 환경에 대한 하나님의 관점을 보여달라고 했을 것이다.

모세의 이야기는 저에게 진정으로 용기를 줍니다. 위의 1번부터 3번의 반응이 우리가 대개 택하는 방법입니다. 만일 당신이 출애굽기 5-6장을 읽지 않았다면 제가 이야기한 것으로 미루어 보아 모세가 4번의 방법을 택했을 것이라는 생각을 가졌을지 모릅니다. 그러나 그는 그러지 않았습니다. 그는 하나님을 원망하고 그 분이 약속하신 것을 지키지 않았다고 불평했습니다. 모세는 이렇게 말했습니다. "주여 어찌하여 이 백성으로 학대를 당케 하셨나이까 어찌하여 나를 보내셨나이까 내가 바로에게 와서 주의 이름으로 말함으로부터 그가 이 백성을 더 학대하며 주께서도 주의 백성을 구원치 아니하시나이다"(출 5 : 22-23). 그는 너무나 실망한 나머지 중단할 준비가 되어 있었습니다(출 6 : 12).

하나님은 인내하신다.

저는 하나님이 우리에게도 인내하시는 것에 대해 기쁘게 생각합니다. 하나님은 시간을 들여서 모세에게 하나님의 관점을 설명해 주셨습니다. 하나님은 바로가 완강히 버팀으로 인해 사람들에게 하나님의 강하신 구원의 손길을 보여주기를 원하셨습니다. 하나님은 사람들이 "스스로 계신 자"이신 그 분을 경험으로 알기 원하셨습니다. 모세의 경험에서 배우십시오. 혼동스러운 환경에 처해도 하나님을 원망할 생각은 하지 마십시오. 그 분을 따르는 일을 무조건 포기하지 마십시오. 하나님께 나아가십시오. 하나님께 당신이 처한 환경 속의 진리를 보여달라고 기도하십시오. 그 분의 관점을 보여달라고 부탁하십시오. 그리고는 주님의 역사를 기다리십시오.

당신의 인생이 헌신적으로 하나님 중심이 되는 것이 필요합니다. 당신이 해야 하는 가장 어려운 일은 자기를 부인하고, 하나님의 뜻을 택하며, 그 분을 따르는 것입니다. 하나님과의 관계에서 가장 어려운 것은 하나님 중심이 되는 것입니다. 만약 당신이 온종일을 어떻게 살았는가 기록한다면, 그날의 당신의 기도와 마음 자세와 생각과 모든 것이 자기 중심적임을 발견할 것입니다. 당신은 사물을 하나님의 관점에서 보고 있지 않을지도 모릅니다. 당신은 하나님께 당신의 관점이 무엇인지 설명하려고 노력하고

있을는지도 모릅니다. 하나님이 당신 인생의 주인이 되실 때, 오직 그 분만이,
—당신 삶의 초점
—당신 삶의 주도권자
—당신 삶의 지도자가 되실 권리를 가지고 계십니다.
그것이 "하나님이 주인 되신다" 함의 의미입니다.

진리로부터 듣는 것

"내가… 진리요"
—요한복음 14 : 6

성령님은 당신에게 말씀하실 때 진리를 계시하십니다. 그 분은 당신에게 어떤 인격체에 대해 말씀하실 것입니다. 그 분은 당신에게 예수님에 관해서 말씀하실 것입니다. 진리는 인격체이십니다! (요 14 : 6).

풍랑을 만난 제자들

제자들이 배를 타고 가다가 풍랑을 만났습니다. 예수님은 배 뒤에서 잠들어 계셨습니다. 만일 당신이 그들에게 가서 "당신이 처한 환경 속의 진리가 무엇입니까?" 하고 묻는다면 그들이 무어라고 답했겠습니까? 그들은 "우리는 죽었다"고 했을 것입니다. 그것이 진리였습니까? 아니지요. 진리는 배 뒤에서 잠이 들어 계셨습니다. 진리는 한 인격체인 것입니다. 조금 후에 진리 자신이 일어나서 풍랑을 잠잠히 하실 것이었습니다. 그제야 그들은 그들이 처한 환경 속의 진리를 깨달았습니다. 진리는 당신의 삶 속에서 항상 임재해 계시는 인격체이십니다. 당신이 하나님께로부터 들을 때까지, 당신은 당신이 처한 환경 속의 진리를 알 수 없습니다. 그 분이 진리입니다! 그리고 그 진리가 당신의 삶 속에 임재해 계시고 활동하고 계십니다!

"그 후에 예수께서 나인이란 성으로 가실새 제자와 허다한 무리가 동행하더니 성문에 가까이 오실 때에 사람들이 한 죽은 자를 메고 나오니 이는 그 어미의 독자요 어미는 과부라 그 성의 많은 사람도 그와 함께 나오거늘 주께서 과부를 보시고 불쌍히 여기사 울지 말라 하시고 가까이 오사 그 관에 손을 대시니 멘 자들이 서는지라 예수께서 가라사대 청년아 내가 네게 말하노니 일어나라 하시매 죽었던 자가 일어앉고 말도 하거늘 예수께서 그를 어미에게 주신대 모든 사람이 두려워하며 하나님께 영광을 돌려 가로되 큰 선지자가 우리 가운데 일어나셨다 하고 또 하나님께서 자기 백성을 돌아보셨다 하더라 예수께 대한 이 소문이 온 유대와 사방에 두루 퍼지니라."
—누가복음 7 : 11-17

➡ **왼쪽에 있는 누가복음 7 : 11-17을 읽고 다음 질문에 답하십시오.**

1. 당신이 그 장례식에 참석하고 있었다고 가정해 봅시다. 예수님이 오시기 전 당신이 그 과부에게 "당신이 처한 환경 속의 진리는 무엇입니까?" 하고 묻는다면 나인의 과부는 어떤 대답을 했을까요?

___

2. 진리(예수님)가 임했을 때 어떤 변화가 있었습니까?

___

3. 진리(예수님)가 자신을 무리 앞에 계시하셨을 때 그들은 어떻게 반응했습니까?

___

당신이 아들의 장례식에 참여하고 있는 과부에게 "당신이 처한 환경 속의 진리가 무엇입니까?" 물으면 그녀는 이렇게 대답했을지 모릅니다. "제 남편은 젊은 나이에 죽었어요. 저는 외아들이 있었는데 그애와 행복한 나날들을 함께 보내리라고 생각했었지요. 그애가 나를 돌봐주고 서로 교제하면서…, 이젠 우리 아들이 죽었으니 저는 여생을 홀로 보내야 합니다." 이것이 진리였습니까?

당신은 어떤 상황 속의 진리도 예수님께 듣지 않는 한 알 수 없다.

아니었지요. 진리는 그곳에 서 계셨습니다! 그 분이 손을 뻗쳐서 과부의 아들을 다시 살려주셨을 때 모든 것이 바뀌었습니다. 당신은 예수님께로부터 들을 때까지, 어떤 상황 속의 진리도 결코 알 수 없습니다. 예수님께서 자신을 무리에게 계시하셨을 때 "모든 사람이 두려워하며 하나님께 영광을 돌렸습니다." "큰 선지자가 우리 가운데 일어나셨다"고 그들은 외쳤습니다. "하나님께서 자기 백성을 돌아보신 것입니다." 예수께 대한 이 소문이 온 유대와 사방에 두루 퍼졌습니다(눅 7 : 16-17). 절대로 어떤 상황 속의 진리를 그 환경을 보고 판단하지 마십시오. 예수님께로부터 듣기 전에는 절대로 당신의 상황을 판단하지 마십시오. 그 분이 진리이십니다.

➡ **요한복음 6 : 1-15을 읽고 다음 질문에 답하십시오.**

1. 5,000명의 배고픈 사람들이 예수께로 나왔습니다. 그 분은 그들을 먹이고자 하셨습니다. 당신이 제자들에게 그때의 환경 속의 진리가 무엇인지 물었다면 그들이 어떤 대답을 하였을까요?

____

2. 예수님은 왜 빌립에게 어디서 떡을 살 수 있는지 물으셨을까요?(5, 6절)

____

____

3. 진리(예수님)가 임했을 때 어떤 변화가 있었습니까?

____

____

4. 진리(예수님)가 자신을 무리 앞에 드러내셨을 때 그들은 어떻게 반응했습니까?

____

당신은 이적을 베푸신 그 하나님을 의지하는 것이 좋지 않을까요?

저는 하나님이 빌립의 믿음을 시험하신 것처럼 우리의 믿음을 시험하실지 궁금합니다. 그 분이 "이 무리를 먹이라"고 말씀하실 때에 우리 교회가 "우리의 예산은 그것을 감당치 못하겠는데요"라고 대답할 수도 있습니다. 당신이 제자들에게 그때의 환경 속의 진리가 무엇인지를 물었다면 그들은 "우리는 못합니다. 주님, 이 상황 속의 진리는 불가능하다는 것입니다"라고 대답했을 수도 있습니다. 그것이 진리입니까? 아니지요. 우리는 위의 이야기를 잘 압니다. 우리도 우리의 인생에서 이적을 베푸신 그 하나님을 의지하는 것이 좋지 않을까요? 진리는 친히 5,000명과 그들의 가족들을 다 먹이고 열두 광주리를 남기셨습니다.

하나님이 당신의 교회에 이렇게 말씀하신다고 합시다. "복음을 들고 온 세계로 나가라!" 그리고 당신의 교회 성도들은 "우리는 못합니다!"라고 대답합니다. 진리는 그 교회의 머리로서 교회 가운데서 외치십니다. "나를 의지하라. 나는 너희에게 내 능력으로 이루어지지 못할 명령은 하지 않는다. 나를 의지하고 순종하라. 그러면 이루어진다."

➡ **오늘 배운 것을 복습하십시오. 오늘 학습한 내용 중에서 하나님께서 당신으로 하여금 이해하고, 배우고, 실천하기 원하는 구절이나 성구를 하나나 둘쯤 지적해 주시기를 기도하십시오. 해당되는 것에 밑줄을 그으십시오. 그리고 난 후 아래의 질문에 답하십시오.**

오늘 학습한 내용 중 어떤 구절이나 성구가 당신에게 가장 뜻있게 와 닿았습니까?

____

____

위의 구절이나 성구를 하나님께 대한 당신의 기도로 바꾸십시오.

____

____

오늘의 학습에 대한 반응으로 하나님은 당신이 무엇을 하기 원하십니까?

____

____

이 과의 요점

- 절대로 상황 속의 진리를 환경을 보고 판단하지 말라.
- 나는 하나님께 듣지 않는 한 환경 속의 진리를 알 수 없다.
- 성령님이 하나님의 말씀을 가지고 나의 환경에 대한 하나님의 관점을 드러내신다.

제 4 과 영적인 표징들

하나님이 당신에게 새로운 단계나 방향으로 하나님의 일을 시키려고 준비하실 때는 항상 하나님이 당신의 삶에서 이미 하고 계시던 일의 순서를 따라 하신다.

제가 환경을 이야기하면서 "나쁘게" 보이는 환경들을 예로 사용했기 때문에 환경이란 "나쁘게" 보이는 것이라는 이미지를 주었을지도 모릅니다. 그러나 항상 그런 것은 아닙니다. 어떤 경우, 환경은 결단을 요구하는 상황이기도 합니다. 결단해야 하는 상황에서 가장 힘든 부분은 좋은 것을 택하느냐 나쁜 것을 택하느냐 하는 점이 아니라 좋은 것이냐 아니면 최선이냐 하는 점일 수 있습니다. 당신은 종종 다 좋아 보이는 여러 개의 가능성을 놓고 고민해야 할지 모릅니다. 그럴 때 당신은 마음을 다해서 아래와 같은 기도로부터 시작해야 합니다.

> "주여, 제가 당신의 뜻이라고 알고 있는 것은 무엇이든지 하겠습니다. 어떤 값을 치르더라도 큰 조정을 해서라도, 제가 제 마음을 아는 한 저는 당신을 따르는 일을 먼저 하기로 서약합니다. 주여, 그것이 어떻게 보이든지 저는 하고야 말겠습니다."

"예, 주님!"

당신이 하나님의 뜻을 찾기 시작할 때 위와 같이 기도할 필요가 있습니다. 그렇지 않으면 당신에게는 "주님의 뜻이 이루어지이다"라는 의도는 없는 것입니다. 당신은 "주의 뜻이 나의 뜻과 상반되지 않는 한 주님의 뜻이 이루어지이다"라고 말하는 것입니다. 그리스도인에게 있어서 함께 쓰일 수 없는 두 단어가 있습니다. 그것은 "안돼요, 주님"입니다. 당신이 그 분에게 "안돼요"라고 말하면 그 분은 당신의 "주님"이 아닙니다. 그 분이 진정으로 당신의 주님이라면 당신의 대답은 항상 "예"이어야 합니다. 어떤 결정을 내릴 때는 항상 여기서부터 시작하십시오. "당신이 무엇을 원하시든지 저는 하겠습니다"라고 솔직하게 말할 수 있을 때까지는 아무 일도 시작하지 마십시오.

영적인 만남의 물질적인 표징들

이 돌들은 당신에게 상징의 역할을 할 것이었다.

이스라엘 민족이 요단강을 건너 약속의 땅으로 들어갔을 때, 하나님은 여호수아에게 다음과 같은 지시를 내리셨습니다. "백성의 매 지파에 한 사람씩 열두 사람을 택하고 그들에게 명하여 이르기를 요단 가운데 제사장들의 발이 굳게 선 그곳에서 돌 열둘을 취하고 그것을 가져다가 오늘 밤 너희의 유숙할 그곳에 두라 하라"(수 4 : 2-3). 그 돌들은 이스라엘 민족에게 상징의 역할을 할 것이었습니다. 여호수아는 이렇게 설명해 주었습니다. "이것이 너희 중에 표징이 되리라 후일에 너희 자손이 물어 가로되 이 돌들은 무슨 뜻이뇨 하거든 그들에게 이르기를 요단 물이 여호와의 언약궤 앞에서 끊어졌었나니 곧 언약궤가 요단을 건널 때에 요단 물이 끊어졌으므로 이 돌들이 이스라엘 자손에게 영영한 기념이 되리라 하라"(수 4 : 6-7).

그 돌들은 하나님이 그 분의 사람들을 위해 행하신 놀라운 일을 기억하게 하는 것들이었습니다. 다른 여러 경우에도 사람들은 하나님과의 뜻있는 만남을 기념하기 위해서

단을 쌓거나 돌을 세웠습니다.

➡ **다음에 열거된 사람들 중에서 한 사람을 택하십시오. 그리고 그 가운데서 연구해보고 싶은 대상이 있으면 그 이름 앞에 있는 네모칸에 ×표를 하십시오. 그 사람이 하나님과 만난 장면을 읽으십시오. 그리고 난 후 다음 질문에 답하십시오.**

☐ 노아—창세기 6-8장
☐ 모세—출애굽기 17 : 8-16 또는 24 : 1-11
☐ 아브람—창세기 12 : 1-8 또는 13 : 1-18
☐ 여호수아—여호수아 3 : 5-4 : 9
☐ 이삭—창세기 26 : 17-25
☐ 기드온—사사기 6 : 11-24
☐ 야곱—창세기 28 : 10-22 과 35 : 1-7
☐ 사무엘—사무엘상 7 : 1-13

1. 간단히 이 사람과 하나님의 만남을 설명하십시오. 하나님이 무엇을 하셨습니까?

___

___

2. 당신은 왜 이 사람이 단을 쌓거나 돌을 쌓았다고 생각하십니까?

___

3. 이 구절에서 하나님이나 돌이나 단의 특별한 이름이 주어졌다면 그것은 무엇입니까?

___

이 단이나 돌들은 하나님과의 위대한 영적인 만남의 표징이 되었다.

구약성경에 등장하는 인물들은 종종 그들의 하나님과의 만남을 기념하기 위해서 돌로 기념비를 세우거나 단을 쌓았습니다. 벧엘(하나님의 집)이나 르호봇(방)과 같은 장소들은 하나님의 사람들 사이에서 하나님의 위대한 역사를 기념하게 되었습니다. 모세는 한 단을 세우고 그것을 "여호와 닛시"라고 이름했고, 사무엘은 "여호와께서 여기까지 우리를 도우셨다"고 하면서 한 돌을 취해 그것을 "에벤에셀"이라고 이름했습니다(삼상 7 : 12). 이 단과 돌들은 하나님과의 위대한 영적인 만남의 표징이 되었습니다. 그것들은 그들의 자손들에게 하나님이 어떻게 하나님의 사람들을 위해서 역사하셨는지 가르쳐 주는 데 좋은 기회가 되었습니다.

하나님의 관점을 보는 것

하나님은 순서대로 그 분의 거룩하신 목적을 이루십니다. 하나님이 과거에 하신 일들은 한 "나라"라는 목적을 위해 되어졌습니다. 하나님이 지금 하시는 일은 과거에 하신 일의 순서에 따라서 마음에 똑같은 한 "나라"를 목적하고 하시는 것입니다. 하나님의 모든 일들은 미래를 향한 눈을 가지고 과거 위에 차곡차곡 쌓입니다.

하나님은 자신이 하시는 일에 관점을 부여하셨다.

하나님은 아브라함을 부르셨을 때 자신을 위해서 한 민족을 일으키기 시작하셨습니다(창 12장). 하나님이 이삭에게 오셔서 하나님과 이삭의 아버지 아브라함과의 관계를 기억시켜 주셨을 때, 이삭은 하나님의 관점을 보았습니다(창 26 : 24). 야곱에게 나타나셨을 때 하나님은 자신이 아브라함과 이삭의 하나님임을 확인시키셨습니다(창 28 : 13). 모세에게 오셨을 때, 하나님은 자신이 인류 역사를 통해서 하시는 일에 대한 자신의 관점을 모세가 이해하도록 도와주셨습니다. 그 분은 자신이 아브라함과 이삭과 야곱의 하나님이라고 말씀하셨습니다(출 3 : 6-10). 그 분의 거룩하신 계획의 한 단계, 한 단계마다 하나님은 한 사람을 참여시키셨습니다. 부르심이 임할 때, 많은 경우 하나님은 일어나고 있는 일에서의 하나님의 관점을 보여주기 위해서 그 분의 역사를 열거하십니다.

모세는 하나님이 하시는 일에 관점을 부여했다.

신명기 전반을 통해서 모세는 하나님이 이스라엘에게 하신 모든 일들을 뒤돌아보았습니다. 하나님은 하나님이 택하신 민족을 약속의 땅으로 인도하려고 준비 중에 계셨습니다. 하나님은 새로운 단계로 옮겨가는 그들이 역사에 대한 하나님의 관점을 갖기 원하셨습니다. 신명기 29장에서 모세는 이스라엘의 역사를 간추려서 이야기했습니다. 언약을 새롭게 하는 이 시간에 모세는 사람들이 하나님을 좇는 데 신실함을 유지할 것을 상기시키고 싶어했습니다. 이스라엘 사람들은 그들의 지도자를 모세에서 여호수아로 바꾸고 약속의 땅으로 들어갈 준비를 하고 있었습니다. 그들은 이 새로운 지시를 하나님의 관점에서 보아야 했습니다. 이스라엘은 이 새로운 지시가 하나님이 그때까지 해오신 모든 일의 연장선 상에 있었음을 알아야 했습니다.

이 교재의 뒤에 첨부되어 있는 하나님을 경험하는 삶의 일곱 가지 실체 도표를 보면, 하나님의 목적은 커다란 화살표로 도표의 위쪽에 그려져 있습니다.

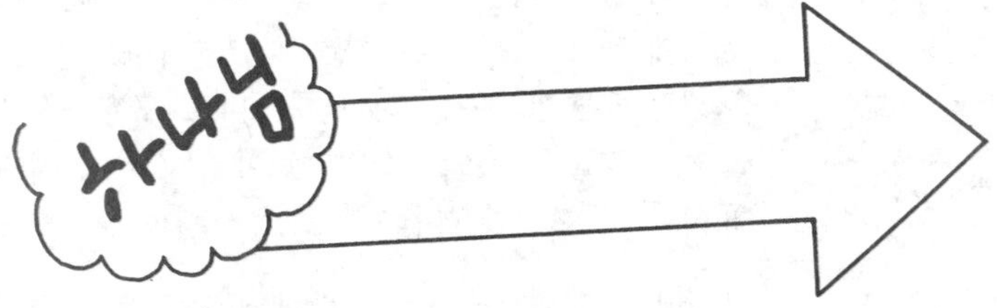

모세

➡ **출애굽기 3장에서, 하나님이 불붙는 떨기나무 앞에서 모세를 부르셨을 때, 어떤 관점을 가지고 계셨는지 살펴보십시오. 다음 문제를 보고 하나님이 그 분의 사람들과 과거에 하신 일이면 '과', 모세와 말씀하실 그 당시에 하신 일이면 '현', 미래에 하실 일이면 '미'라고 써넣으십시오.**

_____ 1. "나는 네 조상의 하나님이니 아브라함의 하나님, 이삭의 하나님, 야곱의 하나님이니라"(출 3 : 6).

_____ 2. "내가 애굽에 있는 내 백성의 고통을 정녕히 보고 그들이 그 간역자로 인하여 부르짖음을 듣고 그 우고를 알고"(출 3 : 7).

_____ 3. "내 백성의 고통을 정녕히 보고… 내가 내려와서 그들을 애굽인의 손에서 건져내고 그들을 그 땅에서 인도하여…"(출 3 : 7-8).
_____ 4. "이제 내가 너를 바로에게 보내어 너로 내 백성 이스라엘 자손을 애굽에서 인도하여 내게 하리라"(출 3 : 10).
_____ 5. "내가 정녕 너와 함께 있으리라 네가 백성을 애굽에서 인도하여 낸 후에 너희가 이 산에서 하나님을 섬기리니 이것이 내가 너를 보낸 증거니라"(출 3 : 12).
_____ 6. "내가 말하였거니와 내가 너희를 애굽의 고난중에서 인도하여 내어 젖과 꿀이 흐르는 땅 곧 가나안 족속… 땅으로 올라가게 하리라 하셨다"(출 3 : 17).
_____ 7. "내가 애굽 사람으로 이 백성에게 은혜를 입히게 할지라 너희가 갈 때에 빈손으로 가지 아니하리니 여인마다 그 이웃 사람과 및 자기 집에 우거하는 자에게 은 패물과 금 패물과 의복을 구하여 너희 자녀를 꾸미라 너희가 애굽 사람의 물품을 취하리라"(출 3 : 21-22).

하나님이 모세와 무엇을 하고 계셨는지 아시겠습니까? 하나님은 모세가 그의 부르심에 대한 하나님의 관점을 보도록 도와주고 계셨던 것입니다.

- 하나님은 아브라함, 이삭, 야곱, 심지어는 모세의 조상과도 함께 한 나라를 세우기 위해서 일하고 계셨습니다.
- 하나님은 아브라함에게 약속하시기를 아브라함의 자손을 속박으로부터 구원하고 그들에게 약속된 땅을 준다고 하셨습니다.
- 하나님은 애굽에 있는 그들을 보고 계셨습니다.
- 이제 하나님은 그들의 고통에 대해서 무언가 하실 태세를 갖추셨습니다.
- 하나님은 자신의 이스라엘에 대한 거룩한 목적을 위해서 모세를 참여시키려 선택하셨습니다. 그는 모세를 사용하여 애굽의 이스라엘 백성을 구원하시고, 동시에 애굽인들을 심판하려 하셨습니다.
- 모세가 순종한 후에, 하나님은 바로 모세가 서있는 그 산으로 그들이 예배하도록 데려오실 것이었습니다. 이 산에서의 예배가 하나님이 모세를 보냈다는 표시가 될 것이었습니다.

1, 2, 6번은 과거, 3, 4번은 현재, 5, 7번은 미래입니다.

하나님은 당신을 그 분의 목적에 참여시키고 싶어하십니다. 하나님은 세상에서 지금까지 계속 역사해 오셨습니다(요 5 : 17). 그 분은 당신이 태어날 때부터 당신의 인생 속에서 역사해 오셨습니다. 그 분은 당신의 인생을 향한 그 분의 목적을 당신이 태어나기 전부터 준비하셨습니다. 하나님은 선지자 예레미야에게 이렇게 말씀하셨습니다. "내가 너를 복중에 짓기 전에 너를 알았고 네가 태에서 나오기 전에 너를 구별하였고 너를 열방의 선지자로 세웠노라"(렘 1 : 5). 하나님이 당신의 인생에서 새로운 단계나 방향으로 옮겨가는 준비를 시키실 때, 그것은 언제나 하나님이 이미 당신의 인생에서 일하고 계시던 순서대로 하시는 것입니다. 그 분은 갑자기 옆길로 새거나 의미없이 길을 돌아가시는 일이 없으십니다. 그 분은 자신의 거룩하신 목적을 마음에 두고 당신의 성품을 질서있게 지어 나가십니다.

영적 명세서

하나님이 나를 인도해 주심을 명확히 알 때 영적인 표징은 변화와 결단과 지시의 시간을 나타낸다.

제 삶에서 '영적인 표징'을 알아보는 것이 도움이 되었습니다. 매번 제 인생에 대한 하나님의 부르심과 지시를 대할 그 시점에 저는 마음속으로 영적 표징을 하나씩 세웁니다. 그러한 영적인 표징들을 보고서 저는 언제 결단해야 하고 어느 순간에 돌이켜야 하며 어느 방향으로 가야 하나님께서 지시하는 곳으로 가는지 알 수 있습니다. 저는 오랜 시간에 걸쳐 쌓인 이 영적인 표징들을 돌아보면서 하나님께서 얼마나 신실하게 그 분의 거룩하신 목적에 따라 제 인생을 인도해 오셨는지 볼 수 있습니다.

영적 표징들을 사용하는 것

하나님의 인도하심을 구하는 결단에 다다르면 저는 제 영적 표징들을 열거해 봅니다. 저는 제 삶에 하나님께서 온전히 간섭하시고 주관하셨다는 충분한 상황과 근거가 보이기 전까지는 결코 다음 단계로 옮겨가지 않습니다. 이것이 저의 과거와 현재에 대한 하나님의 관점을 알도록 도와줍니다. 그리고 나서 저는 저에게 있는 선택사항들을 봅니다. 저는 그 중에서 어떤 것이 하나님이 지금까지 제 인생에서 하고 계시던 일과 가장 일관성있는지 살펴봅니다. 만일 일관성있는 것이 없으면 저는 계속 기도하면서 주님의 인도하심을 기다립니다. 환경이 하나님이 말씀하시는 것과 일직선상에 있지 않으면 저는 아직 때가 되지 않았다고 간주합니다. 그리고 저는 하나님이 자신의 때를 계시하시기를 기다립니다.

➡ 당신 자신의 말로 '영적 표징'의 정의를 적어보십시오.

____

____

당신이 결단해야 할 때, 영적 표징을 사용할 경우 그것이 어떻게 당신으로 하여금 하나님의 간섭하심을 분별하도록 도와줍니까? 자신의 말로 설명해 보십시오. 위의 문장을 참고로 사용하십시오.

____

____

____

____

당신은 왜 영적 표징들이 유익하다고 생각하십니까? 그것이 당신으로 하여금 무엇을 하도록 도와줍니까?

____

____

제가 남침례교단으로부터 국내선교부의 기도와 영적인 각성을 강조해 줄 지도자로 와 줄 것을 부탁받았을 때 저는 그때까지 제 일생에 그런 엄청난 직책을 맡아본 일이 없었습니다. 오직 하나님만이 그것이 하나님의 거룩하신 목적의 일부인지 아닌지를 계시할 수 있으셨습니다. 저는 이 결정을 하나님의 관점에서 보기 위해 저의 영적 표징들을 다시 생각해 내었습니다.

제 가족의 전통은 스펄전 목사님이 영국을 예수님께로 돌이키려고 하던 그 때, 스펄전 칼리지를 다니고 있던 몇 명의 조상들에게로 거슬러 올라갈 수 있습니다. 저는 복음적으로 예수님을 전하는 증인들이 하나도 없는 캐나다의 한 고장에서 자라났습니다. 제 아버지는 평신도 목사로서 그 고장에 지교회를 세우는 것을 돕고 계셨습니다. 제가 십대 소년이었을 때 캐나다의 복음주의 교회가 없는 지역에 대한 큰 부담감을 느끼기 시작했습니다. 1958년, 제가 신학교에 다니고 있을 때, 하나님께서는 큰 성령의 역사를 온 나라에 일으키길 원하시며 캐나다를 사랑하고 계심을 저에게 확신시켜 주셨습니다. 제가 새스커툰에 있는 교회의 담임목사로 가라는 하나님의 부르심을 받아들였을 때, 하나님은 그곳에서의 영적 각성의 가능성으로 저를 그곳으로 부르신 데 대한 확신을 주셨습니다. 제 11단원에서 읽으시겠지만, 그곳에서 시작된 영적 각성은 1970년대 초반에 온 캐나다를 일깨웠습니다.

1988년, 국내선교부의 밥 햄블린 씨가 저에게 전화를 했습니다. 그는 이렇게 말했습니다. "헨리, 우리는 비어있는 한 자리를 영적 각성을 일으킬 사람으로 채우기를 오랫동안 기도해 왔어요. 우리는 2년이 넘게 이 자리를 메울 사람을 찾아왔습니다. 당신이 오셔서 남침례교단의 영적인 각성 부문을 지도해 주시겠습니까? 한번 깊이 생각해 보시지요."

"영적 각성은 내 인생의 전반에 걸쳐 계속 있어온 깊은 흐름이다."

제 인생에 있어서 하나님의 역사(영적 표징들)를 돌이켜본 결과, 영적 각성을 강조하는 것이 제 목회 전반에 있어서 중요한 요소였음을 알게 되었습니다. 저는 햄블린 씨에게 말했습니다. "세상에서 무엇을 준다 해도 제가 캐나다를 떠나는 일은 기도해 볼 여지도 없는 일이었습니다. 영적 각성은 제 인생의 전반에 걸쳐 계속 있어온 깊은 흐름입니다. 그것은 저의 십대 후반 이후로, 그리고 특별히 1958년 이후부터 더욱 뚜렷이 흐르고 있는 영적인 전류입니다." 많은 기도와 말씀 속에서의 확신, 그리고 다른 성도들의 확신을 거쳐서 저는 국내선교부로 갈 것을 결정했습니다. 하나님은 저를 바꾸지 않으셨습니다. 하나님은 자신이 제 인생의 여정을 통해서 계속 해오시던 어떤 일에 초점을 맞춰주신 것입니다.

➡ **당신의 영적 명세서를 준비하십시오. 당신 자신의 영적 표징들을 알아내십시오. 이것은 당신 가족의 전통, 구원의 경험, 당신의 미래에 대한 중대한 결정을 내렸을 때, 등등에서부터 시작될 수 있습니다. 하나님께서 당신을 인도하고 계시라고 명백히 알고 있는 상황에서 당신은 몇 가지 변화를 택하고 결단을 내리고 이러저러한 방향으로 나아갔을 것입니다. 주로 어느 때에 그랬습니까? 따로 종이나 노트를 마련해서 목록을 작성하십시오. 이 목록을 오늘 시작하십시오. 당신의 인생에서 하나님의 역사를 기억하고 기도하면서 목록에 적어나가십시오.**

이번 주 모임에서 당신의 영적 표징들을 나누는 기회를 가질 것입니다.

오늘 배운 것을 복습하십시오. 오늘 학습한 내용 중에서 하나님께서 당신으로 하여금 이해하고, 배우고, 실천하게 하려는 구절이나 성구를 하나나 둘쯤 지적해 주시기를 기도하십시오. 해당되는 것에 밑줄을 그으십시오. 그리고 난 후 아래의 질문에 답하십시오.

오늘 학습한 내용 중 어떤 구절이나 성구가 당신에게 가장 뜻 있게 와 닿았습니까?

____

____

위의 구절이나 성구를 하나님께 대한 당신의 기도로 바꾸십시오.

____

____

____

____

오늘의 학습에 대한 반응으로 하나님은 당신이 무엇을 하기 원하십니까?

____

____

이 과의 요점

- 내가 결단을 내려야 할 때 가장 어려운 부분은 좋은 것을 택하느냐 나쁜 것을 택하느냐에 달려있지 않고 좋은 것이냐 아니면 최선을 택하느냐일 수 있다.
- 그리스도인 생활에서 함께 사용될 수 없는 두 단어는 "안돼요, 주님"이다.
- 하나님은 순서대로 그 분의 거룩하신 목적을 이루신다.
- 하나님이 나에게 역사의 새로운 단계나 방향으로 하나님의 일을 시키려고 준비하실 때는 항상 하나님이 이미 나의 인생에서 일하고 계시던 순서를 따라 하신다.
- 하나님이 나의 인생을 인도하심을 명확히 알 때 영적 표징은 변화, 결단, 지시의 시간을 나타낸다.

제 5 과 하나님은 교회를 통해서 말씀하신다

교회에 관계성을 가지고 임무를 다하면서 나는 하나님의 뜻을 이해하는 데 있어서 교회 안의 다른 성도들에게 의존한다.

성령님은 하나님의 사람들이 모인 지역교회를 통해서 우리에게 말씀하십니다. 이 책의 후반부에서는 어떻게 교회가 하나님의 뜻을 듣고 이해하는지에 한 단원을 모두 할애할 것입니다. 이 과에서는 당신이 하나님의 뜻을 교회를 통해서 이해하게 되는 방법을 몇 가지 살펴보기로 하겠습니다.

➡ **잠깐 복습을 해 봅시다. 다음 질문에 답하십시오.**

1. 구약에서 하나님은 어떻게 말씀하셨습니까?

____

2. 복음서에서 하나님은 어떻게 말씀하셨습니까?

____

3. 사도행전부터 현재에 이르기까지 하나님은 어떻게 말씀하고 계십니까?

____

4. 성령님이 말씀하시는 방법 네 가지는 무엇입니까?

____

____

예수님의 몸

현대의 복음주의 교회가 갖고 있는 가장 큰 문제점 중의 하나는 그들이 '만민 제사장주의'의 교리를 너무 강조한 나머지 '공동체 의식'을 잃어버렸다는 것입니다. 그것을 좀더 간단히 표현하면 무슨 뜻입니까? 그리스도인들이 자기들은 하나님 앞에 홀로 서는 것이라고 생각하기 때문에 책임감없이 교회를 등한시한다는 것이지요. 그리스도인들은 하나님과 직통합니다. 그들은 다만 그들의 중보자이신 그리스도를 통해서 가야 할 뿐입니다. 그러나 하나님은 교회를 그 분의 구속의 대행자로 만드셨습니다. 그 분은 교회에 목적을 가지고 계십니다. 하나님은 교회의 교인 한사람 한사람이 교회를 통해서 하나님의 구속의 목적을 이루어 나가라고 그들을 각 교회에 두셨습니다.

"오직 사랑 안에서 참된 것을 하여 범사에 그에게까지 자랄지라 그는 머리니 곧 그리스도라 그에게서 온몸이 각 마디를 통하여 도움을 입음으로 연락하고 상합하여 각 지체의 분량대로 역사하여 그 몸을 자라게 하며 사랑 안에서 스스로 세우느니라."

—에베소서 4 : 15-16

교회는 하나의 몸입니다. 예수님의 몸입니다!(고전 12 : 27). 예수님이 한 지역교회의 머리로 존재하고 계시고(엡 4 : 15), 각 지체는 하나님이 기뻐하시는 대로 몸에 두신 것입니다(고전 12 : 18). 성령님은 각 사람에게 유익을 주시려고 나타나십니다(고전 12 : 7). 온몸이 다 아버지 하나님에 의해 맞춰진 것입니다. 모든 지체는 성령님에 의해서 아버지 하나님이 원하시는 곳에서 일하도록 능력을 받고 무장된 것입니다. 그리고 몸은 각 지체가 그리스도의 장성한 분량에 미칠 때까지 머리의 조절에 의해 세워지도록 활동합니다(엡 4 : 13). 하나님은 우리가 상호 의존하도록 만드셨습니다. 우리는 서로를 필요로 합니다. 한 지체가 모자라면 몸의 다른 지체들이 채워줄 것입니다. 그리고 그 '채워주던' 지체가 모자라면 또 다른 지체가 그를 채웁니다.

그러므로 하나님이 몸 안에서, 몸을 통해서 하시는 일은 내가 그 분께 어떻게 반응해야 하는지를 아는 데 없어서는 안될 요소입니다. 하나님이 몸 안의 어디에서 일하시나를 보고 저는 제 인생을 그곳으로 조정하고 맞춥니다. 교회에서, 저는 하나님이 원하시는 각 지체에서 하나님의 일을 이루시도록 선택권을 드립니다. 그것이 바울이 이렇게 얘기한 취지입니다. "우리가 그를 전파하여 각 사람을 권하고 모든 지혜로 각 사람을 가르침은 각 사람을 그리스도 안에서 완전한 자로 세우려 함이니"(골 1 : 28). 바울은 계속해서 믿는 자들에게 그의 인생과 사역에 요긴하게 참여하라고 부탁했습니다. 바울의 그런 사역의 효과가 그들에게 미쳤습니다(골 4 : 3 ; 살전 3 : 1-2 ; 엡 6 : 19).

➡ **고린도전서 12 : 7-31을 읽고 다음 질문에 답하십시오.**

1. 바울은 고린도전서를 쓸 때 고린도 교회, 고린도에 있는 지역교회를 대상으로 썼습니다. 지역교회란 무엇입니까?(27절)

____

2. 12절을 읽고 아래 그림 중 교회를 잘 설명한 것에 동그라미를 치십시오.

A 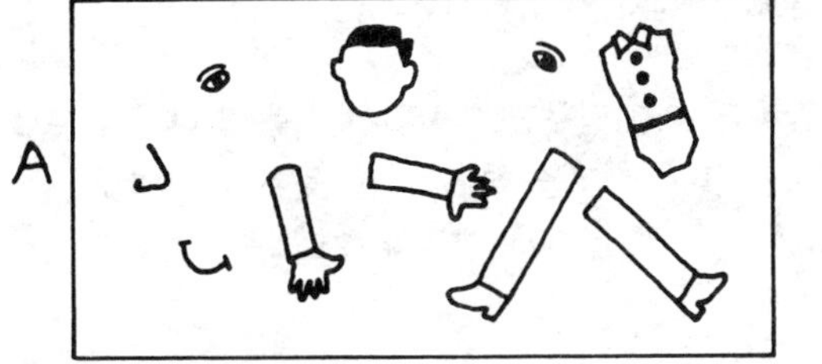

B 

3. 25절에서 교회는 어떠해야 한다고 합니까? 당신의 교회는 그렇습니까?

____

4. 14절부터 24절에 의거해서 다음 문장들이 맞으면 ○표, 틀리면 ×표 하십시오. 틀린 문장은 다음에 나오는 빈칸에 올바르게 고쳐서 써넣으십시오.

_____ a. 몸은 한 지체로만 되어 있다.

____

_____ b. 발은 비록 손은 아니지만 역시 몸의 일부이다.

____

_____ c. 귀는 눈이 아니기 때문에 몸의 일부가 아니다.

____

_____ d. 몸의 각 지체가 스스로 어떻게 자기들이 정돈돼야 할지 정한다.

____

_____ e. 모든 지체는 서로 서로를 필요로 한다.

____

답 : 1) 지역교회는 예수님의 몸이다. 세계의 모든 성도가 왕이신 하나님의 주권 아래 하나님의 나라 안에서 연합된다! 그러나 지역교회는 하나의 몸처럼 행동해야 한다. 지역교회는 몸의 일부가 아니라 몸이기 때문이다. 2) 그림 A는 어떤 교회들이 행동하는 방법을 대변하고 있을지 모릅니다. 그러나 하나님은 교회를 개개의 지체로서가 아니라 항상 하나의 단위로서 행동하도록 만드셨습니다. 3) 교회는 지체 간의 분열이 있어서는 안됩니다. 만일 당신의 교회에 분란이 있다면 당신의 교회는 병이 든 그리스도의 몸입니다. 당신의 교회가 허락한다면 위대한 의사이신 예수님 자신이 오셔서 몸을 낫게 해주실 것입니다. 4) a, c, d 는 틀리고 나머지는 맞습니다.

몸에서 분리되어 있으면 당신은 당신과 몸의 관계에 대한 하나님의 뜻을 온전히 알 수 없다.

몸에서 분리되어 있으면 당신은 당신과 몸의 관계에 대한 하나님의 뜻을 온전히 알 수 없습니다. 눈이 없으면 손은 어디를 만져야 할지 모릅니다. 귀가 없이는 다른 지체는 언제 어떻게 반응해야 하는지 알 수 없습니다. 모든 지체는 다른 지체가 하는 말에 귀를 기울여야 합니다. 만일 지체들이 하나님이 하신다고 느끼는 것에 대해서 이야기하지 않으면 몸 전체가 곤경에 빠진 것입니다.

교회와 관계를 갖고 임무를 다하면서 저는 하나님의 뜻을 이해하는 데에 다른 성도들에게 의지합니다. 이것을 한번 예를 들어서 설명해 봅시다. 그리고 제10단원에서는 지체들이 어떻게 한 몸으로 행동할 수 있을지 이해하도록 시간을 좀더 들여서 공부하겠습니다.

하나님께서 교회를 통해 말씀하시도록 하라

제가 신학교에 다닐 때 저는 한 지역교회에 다니고 있었습니다. 그 첫해에 저는 십대 청소년들을 가르쳤습니다. 저는 그것을 마음으로부터 우러나와서 기꺼이 하고 있었습니다. 그 다음해에 저는 음악과 교육 담당자로 추천을 받았습니다. 저는 그런 직분을 맡은 적이 없었습니다. 성가대에서 노래를 한 적은 있었지만 음악을 인도한 적은 전혀 없었습니다. 게다가 그 교회의 교육 프로그램을 인도하는 것에도 문외한이었습니다. 다음은 제가 이것을 결정하기까지의 과정입니다.

그 교회에 모여있던 성도들은 지도자를 필요로 하고 있었습니다. 기도를 하면서 그들은 하나님께서 그들의 필요를 채워주시기 위해 목적을 가지고 저를 그 교회에 보내셨다고 느꼈습니다. 저도 그 필요를 보았고 하나님께서 그곳에서 저를 사용하실 수 있다고 깨달았습니다. 예수 그리스도의 종으로서 저는 "안돼요"라고 말할 권리가 없었습니다. 저는 머리이신 예수 그리스도께서 그 몸의 나머지 지체들을 통해서 제가 그 몸 안에서 어떻게 행동해야 하는지를 가르쳐 주실 것이라고 믿었습니다. 저는 제가 아는 한 최선을 다하겠다고 말했습니다.

2년 동안 저는 음악과 교육 담당자로 섬겼습니다. 그리고 나서 그 교회는 저를 그들의 목사로 임명할 것을 가결했습니다. 저는 그때까지 한번도 제대로 설교를 한 적이 없었습니다. 저는 하나님이 저를 목사로 부르셨기 때문에 신학교에 간 것이 아니었습니다. 단지 하나님이 어떤 것을 마음에 두고 부르셨건, 그 분과의 관계로 저를 부르셨다고 느꼈기 때문에 신학교에 간 것입니다. 저는 하나님을 섬기는 도구를 얻기 위해서 신학교의 훈련이 필요하다고 느꼈었습니다. 저는 "전 해외나 국내선교로 가겠어요"라고 한 적이 없었습니다. 음악, 교육, 목회라고 한 적도 없었고요. 저는 이렇게 기도했습니다. "주여, 몸과의 관계 안에서 어디로든지 저를 인도하시면 그것을 제가 하겠습니다. 저는 당신의 목적을 위한 당신의 종입니다." 그래서 저는 그들의 목사가 되기로 결정했습니다.

교회에서, 필요가 부르심을 조장한다는 말은 아닙니다. 그러나 필요가 무시당해서는 안됩니다. 당신이 하나님의 뜻을 아는 데 있어서 성도들이 당신을 도와주는 것을 겁내지 마십시오. 그러나 한 개인이 전체 교회는 아니라는 것을 명심하십시오. 마지막으로 당신은 사람들의 모든 조언을 종합해서 하나님께로 나아가 명확한 길을 보여주시기를 기도해야 합니다. 당신은 여러 가지 일이 일관성있게 엮어지는 것을 발견할 것입니다. 성경, 기도, 환경 그리고 교회에서 듣는 모든 것들이 한곳으로 모이기 시작할 것입니다. 그 때 당신은 자신을 가지고 일을 진행시킬 수 있습니다.

"헨리, 당신은 나의 교회를 몰라요."

당신은 저에게 "헨리, 당신은 나의 교회를 모릅니다. 나는 그들로 하여금 내가 하나님의 뜻을 찾는 것을 돕게 할 수는 없어요"라고 말할지 모릅니다. 주의하십시오! 당신이 그렇게 얘기하는 것은 당신의 교회에 대한 믿음을 얘기하는 것이 아니라, 당신의 하나님에 대한 믿음에 대해서 얘기하는 것입니다. 당신은 "헨리, 하나님도 이런 사람들을 통해서는 역사하실 수 없어요. 하나님은 그만큼의 능력이 충분치 않아요." 당신 마음속에 그런 식으로는 믿고 있지 않을 줄 압니다. 그러나 당신이 무엇을 하느냐가 당신이 말하는 것보다 당신이 하나님을 어떻게 믿고 있느냐를 더욱 잘 말해 줍니다.

이 시점이 우리가 우리의 초점을 '믿음의 갈등'에 맞추어야 할 지점입니다. 기대하십시오! 다음 단원은 당신에게 진정으로 도전이 될 것입니다.

➡ **오늘 배운 것을 복습하십시오. 오늘 학습한 내용 중에서 하나님께서 당신으로 하여금 이해하고, 배우고, 실천하기 원하는 구절이나 성구를 하나나 둘쯤 지적해 주시기를 기도하십시오. 해당되는 것에 밑줄을 그으십시오. 그리고 난 후 아래의 질문에 답하십시오.**

오늘 학습한 내용 중 어떤 구절이나 성구가 당신에게 가장 뜻 있게 와 닿았습니까?

____

____

____

위의 구절이나 성구를 하나님께 대한 당신의 기도로 바꾸십시오.

오늘의 학습에 대한 반응으로 하나님은 당신이 무엇을 하기 원하십니까?

암송구절(요 5 : 19)을 써보십시오.

이 단원의 암송구절을 복습하고 다음 모임 때 사람들 앞에서 외울 수 있도록 준비하십시오.

아직도 당신의 영적 표징들을 적는 목록을 완성시키지 못했다면 다음 모임까지는 적어도 완성시키고 목록을 모임에 꼭 가져가십시오.

이 과의 요점

- 교회는 몸이다. 그리스도의 몸이다.
- 예수 그리스도가 지역교회의 머리로 존재하신다.
- 하나님이 기뻐하시는 대로 모든 지체를 몸에 두셨다.
- 하나님은 우리가 상호의존하도록 창조하셨다. 우리는 서로를 필요로 한다.
- 몸을 떠나서는 나와 몸과의 관계에 대한 하나님의 뜻을 온전히 알 수 없다.
- 모든 지체는 다른 지체가 무슨 말을 하는지 들어야 한다.
- 교회와 관계를 갖고 임무를 다하면서 나는 하나님의 뜻을 이해하는 데 교회의 다른 지체들을 의지한다.

제7단원 믿음의 갈등

믿음으로 책정한 우리 교회의 예산

어느 해에 우리 교회의 재정위원회에서 일하시는 분들이 저에게 이렇게 말했습니다. "목사님은 우리에게 교회생활의 모든 면에 있어서 믿음으로 살라고 가르치셨습니다. 교회의 예산만 제외하고는요." 저는 그들에게 그것이 무슨 뜻인지 설명해 달라고 했습니다. 그들은 이렇게 대답했습니다. "예산을 짤 때 저희들은 우리가 감당할 수 있다고 믿는 범위 내에서만 계획을 합니다. 그렇게 하는 것은 우리가 하나님이 무언가 하시기를 바라고 있음을 반영하지 않습니다."

"흠, 그렇다면 여러분은 우리가 예산을 어떻게 세워야 한다고 생각하십니까?" 저는 되물었습니다.

그들은 이렇게 말했습니다. "최우선적으로 하나님이 우리를 통해서 하시려는 모든 것을 알아내야 합니다. 두번째로 우리는 그 모든 것을 하는 데 드는 비용을 종이에 적어봐야 합니다. 그리고 나서 우리는 우리의 예산을 목록별로 적어봐야 합니다. 예를 들면 다음과 같습니다. 1) 우리의 십일조와 헌금을 가지고 할 일들, 2) 다른 사람들이 내겠다고 약속한 것들, 3) 하나님을 의지해야만 하는 일들."

온 교회가 모여 기도하기 시작했습니다. 그리고 우리는 하나님께서 우리로 하여금 이 방법을 사용해서 예산 세우기를 원하신다고 결정했습니다. 우리는 우리 예산을 세워 계획하는 일들이 하나님이 우리가 하도록 인도하시는 일임을 절대적으로 확신했습니다. 그리고 그럴 때만 그 일을 하는 데 얼마나 들지를 예산에 적어넣었습니다. 우리는 우리 교회에서 얼마나 헌금할지를 목록에 적었고, 다른 사람들(교단, 자매 교회, 후원자)이 헌금하겠다고 약속한 액수 또한 목록에 적었습니다. 그리고 난 후 예산의 총계와 우리가 실질적으로 받을 수 있는 액수 간의 차이가 하나님께 공급해 달라고 기도할 부분이었습니다.

그런데 우리의 큰 의문은 우리의 운영예산이 어떤 것이어야 하는가였습니다. 결국 믿음으로 우리는 꼭 해야 한다고 믿는 일들에 드는 총합계를 우리의 운영예산으로 채택했습니다. 이 시점에서 우리는 믿음의 갈등에 부딪쳤습니다. 우리에게 이런 일을 하도록 인도하신 하나님이 그것에 필요한 물질을 공급해 주시리란 것을 우리가 진정으로 믿었습니까? 언제든지 하나님이 하나님 차원에 해당되는 일들을 하도록 인도하시면 당신은 믿음의 갈등을 겪게 됩니다. 믿음의 갈등을 겪을 때, 당신이 바로 다음에 무엇을 하느냐가 당신이 하나님에 대해 진정으로 믿고 있는 것이 무엇인지를 드러내 줍니다.

평소 같으면 우리 교회 예산은 약 6천만원($74,000)이었을 것입니다. 그러나 우리가 세운 예산은 약 1억3천만원($164,000)이었습니다. 우리는 하나님이 우리의 필요를 채워주시도록 매일 기도하기로 작정했습니다. 우리가 예상치 못한 돈이 들어올 때마다 우리는 하나님께 그 영광을 돌렸습니다. 우리는 그 해 말에 우리 교회가 약 1억3천7백만원($172,000)을 받았음을 알게 되었습니다. 하나님은 우리를 혁신적으로 변화시키는 믿음의 교훈을 주셨습니다.

이 단원의 암송구절 믿음이 없이는 기쁘시게 못 하나니 하나님께 나아가는 자는 반드시 그가 계신 것과 또한 그가 자기를 찾는 자들에게 상 주시는 이심을 믿어야 할지니라.
—히브리서 11:6

제 1과 전환점

하나님이 나를 통해서 하기 원하시는 무언가를 말씀하실 때, 나는 믿음의 갈등에 부딪치게 될 것이다.

이 단원은 당신이 하나님의 뜻을 따르는 데 있어서의 전환점에 초점을 맞추고 있습니다. 하나님이 그 분의 일에 참여하라고 초청하실 때, 그 분은 하나님 크기의 사명을 당신을 위해 갖고 계십니다. 당신은 그것을 당신 혼자의 힘으로는 할 수 없음을 깨닫게 될 것입니다. 하나님이 도와주시지 않는다면, 당신은 실패하고 말 것입니다. 여기가 바로 많은 사람들이 하나님의 인도를 느끼고도 따르지 않기로 결정하는 갈등의 고비입니다. 그러면서도 그들은 어째서 자신들은 다른 그리스도인들이 경험하듯이 하나님의 임재와 역사를 경험하지 못하는지 의아해합니다.

지금까지 우리가 공부해 온 것과 믿음의 갈등 간에 어떤 관계가 있는지 알아보기 위해서 잠깐 여태까지 공부해 온 것들을 복습해 봅시다.

복습 ➡ **우리는 하나님이 그 분의 사람들과 함께 일하시는 데 있어서의 일곱 가지 실체를 순서대로 공부해 왔습니다. 다음의 단어들을 사용해서 전반부의 네 가지 실체를 당신의 말로 써보고, 책 뒤에 첨부된 도표를 보고 답을 맞춰보십시오.**

1. 하나님의 일 ______________________________

2. 관계 ______________________________

____

3. 초청 ______________________________

____

4. 말씀하심 ______________________________

____

____

이제 다섯번째 실체에 대한 다음 빈칸을 채워보십시오. 뒤의 도표를 꼭 보셔야 한다면 그렇게 하십시오.

5. 하나님의 부르심은 항상 당신을 ______________으로 몰아넣고, ______________과 그에 따른 ______________을 요구합니다.

갈등

갈등(crisis)이란 단어는 결단(decision)을 의미하는 단어로부터 파생되었습니다. 같은 헬라어 단어는 심판(judgment)이라고도 종종 번역되어 있습니다. 믿음의 갈등은 당신이 어떤 결단을 내려야만 하는 하나의 전환점입니다. 당신은 하나님에 대해 무엇을 믿고 있느냐를 결단해야 합니다. 당신이 이 전환점에서 어떤 반응을 보이느냐가 당신 내가 어떻게 사느냐 하는 것이 바로 내가 하나님에 대해 무엇을 믿고 있느냐의 간증이다.

이 하나님만이 하실 수 있는, 하나님 크기(God-sized)의 일에 관여하게 되느냐, 아니면 당신이 가던 그 길로 계속해 가면서 하나님이 당신의 인생에서 목적하신 일을 놓치느냐를 결정짓습니다. 이것은 한번 경험하고 끝나는 일이 아닙니다. 이것은 매일 경험하는 일입니다. 당신이 어떻게 사느냐 하는 것이 바로 당신이 하나님에 대해 무엇을 믿고 있느냐의 간증입니다.

➡ **당신은 이 단원의 처음에서 우리 교회가 예산을 세우는 과정에 대해서 읽었습니다. 거기서의 믿음의 갈등은 무엇이었습니까? 당신의 답에 ×표 하십시오.**

☐ 1. 재정위원회에서 예산을 짜는 방법을 바꾸기로 결정했을 때.
☐ 2. 교회가, 하나님이 다가오는 해에는 무엇을 하라고 인도하시는지 정할 때.
☐ 3. 재정위원회에서 운영예산으로 예산의 총계를 올릴 것인지, 아니면 교회에서 할 수 있다고 믿는 것을 추천할 것인지 결정할 때.

어떻게 생각하면 위의 모든 경우가 믿음의 갈등으로 여겨질 수 있습니다. 매 경우에 있어서 우리는 하나님에 대해서 우리가 무엇을 믿고 있는가를 결정해야 했으니까요. 그러나 가장 큰 갈등은 우리가 할 수 있다고 믿는 것을 운영예산으로 정하지 않고 우리가 필요한 것의 총계를 우리의 운영예산으로 정할 때였습니다. 약 6천만원($74,000)을 운영예산으로 책정하는 것은 그다지 믿음을 필요로 하지 않습니다. 우리는 그 정도는 끄떡없이 할 수 있다는 것을 알았으니까요. 그러나 약 1억 3천만원($164,000)을 운영예산으로 책정하는 데는 믿음이 필요했습니다. 하나님이 공급해 주시지 않는 한 우리는 그렇게 큰 돈이 생길 방법을 알 길이 없었습니다. 여기서의 전환점 즉, 믿음의 갈등이 무엇인지 아시겠습니까? 우리는 적은 예산 쪽을 택하고 하나님에 대해서 전혀 아무것도 몰랐을 수도 있었습니다. 같은 지역사회에 살면서 우리 교회를 주목했던 사람들은 그저 사람들이 할 수 있는 것만을 하는 교회로 보았을 것입니다. 그들은 하나님과 그 분이 하실 수 있는 일들을 보지 못했을 것입니다.

알랜(Allan)에 있는 지교회의 건물 구입

우리는 교회의 건축프로그램 도중에 또 다른 믿음의 갈등에 부딪치게 되었습니다. 우리는 캐나다 서스캐처원 주, 알랜의 메인 스트리트에 지교회로 쓸 만한 교회건물을 살 특별한 기회가 있었습니다. 지교회의 목사인 렌 코스터는 건물주인과 이야기를 했습니다. 그는 이렇게 말했습니다. "저는 이 건물을 1천2백만원($15,000)에 샀고 고치는 데 5백6십만원($7,000)을 투자했습니다. 그렇지만 메인 스트리트에 있는 건물과 땅을 1천2백만원($15,000)에 팔겠습니다." 그는 우리에게 계약금조로 7백2십만원($9,000)을 요구했고, 나머지 4백8십만원($6,000)에 대해서는 8%의 이자로 융자를 해주겠다고 말했습니다.

코스터 목사님은 "저희에게 2주간의 말미를 주시면 저희가 연락을 드리겠습니다"라고 했습니다.

우리는 출석 인원이 얼마 안되는 작은 교회였고 그 당시 지교회를 네 곳이나 보조하고 있었습니다. 우리는 그때 우리 교회의 건물을 구입하는 데에도 8천만원($100,000)이 모자랐습니다. 하나님은 우리에게 지교회를 세우라고 부르셨고, 우리는 7백2십만원

($9,000)은커녕 단 한 푼도 없었습니다. 우리는 교회 식구들에게 가서 물었습니다. "하나님은 우리가 무엇을 하기를 원한다고 생각하십니까?"

"하나님이 우리 지교회를 위해서 채워 주시기를 열심히 기도합시다!"

한마음으로 교회 식구들은 "하나님이 우리 지교회를 위해서 채워주시기를 열심히 기도합시다!"라고 말했습니다. 우리는 기도를 시작했습니다. 우리는 그 후 두 주 동안 기대치 않았던 돈이 들어오면, 기도의 응답으로 알랜의 지교회를 위해서 하나님이 공급해 주시는 것이라고 결정했습니다.

약 일주일이 지나서 저는 텍사스의 해프웨이(Halfway)에 있는 교회로부터 전화를 받았습니다. 전화한 사람은 이렇게 말했습니다. "어떤 분이 우리 교회에 오셔서 당신 교회가 선교활동을 하고 있다고 전해 주셨습니다. 혹시 그것이 어떤 일인지 전화로 설명해 주시겠습니까?" 저는 설명을 해드렸습니다. 그 분은 이렇게 말씀하셨습니다. "우리는 목사님께 지금 4백만원($5,000)을 보내드리고, 또 지교회의 목사님 한 분을 도와드리는 데 쓰시라고 한 달에 16만원($200)씩 2년 동안 보내드리고 싶습니다. 혹 이런 돈이 쓰일 만한 곳을 알고 계신지요?"

"네, 물론이지요. 그 돈은 저희 교회의 알랜 선교에 쓸 수 있습니다. 우리는 지금 알랜 선교를 위해 기도하는 중인 걸요."

바로 그 다음날 저는 텍사스에서 목회하고 계신 어떤 다른 목사님으로부터 전화를 받았는데 그 분이 말씀하시기를 "어떤 분이 저희 교회에 오셔서 목사님 교회의 선교활동에 대해서 전해 주셨어요. 저희 중에 전도사인 남편과 사별한 자매님이 계신데 그 분이 8십만원($1,000)을 선교를 위해서 헌금하고 싶다고 하십니다. 혹시 그 돈이 쓰일 만한 곳을 알고 계십니까?"

저는 대답했지요. "물론 알고 있지요. 저희는 알랜 선교를 위해서 기도 중이에요." 이제 우리는 건물을 사는 데 4백8십만원($6,000), 목사님을 위해서 16만원($200)이 생겼습니다. 우리는 꾸준히 기도했습니다. 기약한 두 주가 끝났을 때 우리는 2백4십만원($3,000)이 부족했습니다. 코스터 목사님은 다시 그 건물주인을 만나러 갔습니다.

코스터 목사님이 미처 얘기를 꺼내기도 전에 건물주인이 먼저 얘기를 시작했습니다. "그런데 말씀입니다. 당신이 여기 지난번에 다녀간 후로 소득세에 대해서 생각해 보았는데… 당신이 4백8십만원($6,000)을 현찰로 내고 제가 7백2십만원($9,000)을 8%의 이자를 받고 융자를 해주는 편이 제게 더 유리할 것 같습니다. 어떻습니까?"

"오! 바로 그것이 제가 하려던 말입니다"라고 코스터 목사님은 말했습니다. 우리는 계약을 맺고 그 땅을 사서 교회를 지었습니다. 그 후 그 교회는 다른 대지를 사서 또 건물을 지었습니다. 그리고 그들은 자신의 교회에서 2개의 지교회를 세우기에 이르렀습니다.

하나님이 나를 통해서 하고 싶은 일을 말씀하실 때, 나는 믿음의 갈등에 부딪칠 것이다.

우리가 우리 은행 구좌에 들어 있는 돈을 보았다면, 그런 일에 착수하였을까요? 절대로 그러지 않았을 것입니다. 우리가 처한 모든 환경을 보았다면 그런 일을 했겠습니까? 안했을 것입니다. 그러므로 당신이 하나님에 대해서 무엇을 믿느냐가 당신이 하는 일을 결정할 것입니다. 하나님이 당신을 통해서 하고 싶은 일을 말씀하실 때, 당신은 믿음의 갈등에 부딪칠 것입니다. 당신의 행동이 당신이 무엇을 믿는가를 보여줍니다.

➡ A. '믿음의 갈등'을 당신 자신의 말로 정의해 보십시오.

____

____

B. 다음의 성경구절들을 찾아서 읽어보고, 각 경우에 나오는 믿음의 갈등을 당신이 파악한 대로 써보십시오.

여호수아 6 : 1-5 ______________________________

____

사사기 6 : 33 ; 7 : 1-8 __________________________

____

역대상 14 : 8-16 ______________________________

____

마태복음 17 : 24-27 ____________________________

____

C. 당신 자신이나 당신의 교회는 하나님이 큰일을 하기를 원하심을 느끼고 믿음의 갈등에 부딪친 적이 있습니까? 예 □ 아니오 □ '예'라고 대답하셨다면 다음에 그 상황을 적으시고, 당신이(당신의 교회가) 취한 반응을 간단히 적어보십시오.

____

____

D. 당신의 반응은 하나님에 대한 당신의 믿음이 어떠함을 나타냅니까? 그것은 당신의 믿음을 표현했습니까? 아니면 불신앙을 표현했습니까?

____

여호수아와 여리고 성벽

당신은 한 민족에게, 당신이 나팔을 불 때 성벽이 무너져 내리기를 고대하면서 당신을 따라 어떤 도시를 빙빙 돌라고 말할 수 있겠습니까? 그것이 여호수아와 온 이스라엘 사람들에게 있어서의 믿음의 갈등이었습니다. 그들은 하나님이 과연 그 분이 말씀하신 대로 하실 수 있는 분인지를 결정해야 했습니다. 이 사람들이 바로 얼마 전에 하나님이 그들이 건너도록 요단강을 막으신 사실을 목격했다 해도, 그 다음 단계는 여전히 믿음을 요구했습니다. 사실, 하나님이 이스라엘에게 주신 모든 과제들은 새로운 믿음의 분량을 필요로 했습니다.

기드온과 300인

기드온은 그의 갈등을 놓고 매우 고민하였을 것입니다. 미디안, 아말렉을 비롯한 여러 동방 사람들이 합세하여 공격을 할 준비가 되어 있었습니다. 기드온은 처음에 32,000 명으로 시작했습니다. 그러나 하나님은 31,700명을 집으로 돌려보내셨습니다. 그 분은 단 300명으로 승리를 주실 것이었습니다. 당신은 하나님의 관점에서 보는 것이 얼마나 다른가를 보고 계십니까? 전쟁에서 이겼을 때 모든 사람들은 하나님이 하신 일임을 알았습니다!

다윗과 블레셋 사람들

다윗은 신실한 주님의 종이었습니다. 다윗은 사람의 지혜로 인도받기를 거절했습니다. 그는 하나님의 인도하심을 구했습니다. 하나님이 다윗에게 블레셋과의 싸움에서 승리를 보장하신 것이 믿음의 갈등을 일으켰습니까? 그렇습니다! 다윗은 여전히 그가 하나님에 대해서 무엇을 믿고 있는가를 결정해야 했습니다. 그는 하나님이 하시겠다고 말씀하신 대로 하실 것에 의지해야 했습니다.

당신은 다윗이 하나님과 친밀한 관계를 유지하고 있었던 것을 알아보셨습니까? 그는 오늘의 일을 어제 받은 인도하심에 따라 결정하지 않았습니다. 다윗은 인간의 지혜를 사용해서 이 두번째 공격을 결정하지 않았습니다. 이것은 하나님께서 당신으로 하여금 어떻게 그 분을 의지하기 원하시는가 하는 좋은 예입니다. 그것은 방법이나 공식이 아닌 것입니다. 어제 성공했던 일이나, 다른 교회에서 성공한 것이 하나님이 오늘 쓰시고 싶어하시는 것이 아닐 수 있습니다. 오직 그 분만이 당신에게 다음에 무엇을 하라고 명령하실 권리를 갖고 계십니다!

베드로, 고기, 그리고 세금

베드로는 어부였습니다. 그는 평생 고기의 입에서 동전을 발견한 경험이 없었습니다. 단 한 마리의 고기를 잡아서 세금의 액수에 꼭 맞는 돈을 찾으러 가는 것은 큰 믿음을 요구합니다! 그는 그의 믿음을 따라 행했고, 하나님은 채워주셨습니다.

믿음의 갈등에 대해 더 공부하면서 우리는 네 가지 원리를 살펴볼 것입니다. 그 원리는 다음과 같습니다.

믿음의 갈등

1. 하나님과의 만남은 믿음을 요구한다.
2. 하나님과의 만남은 하나님의 크기이다.
3. 하나님의 계시(초청)에 대한 당신의 반응이 하나님에 대한 당신의 믿음을 드러낸다.
4. 진정한 믿음은 행동을 요구한다.

➡ 위의 원리들 중에서 핵심 단어나 문장에 밑줄을 그으십시오.

오늘 배운 것을 복습하십시오. 오늘 학습한 내용 중에서 하나님께서 당신으로 하여금 이해하고, 배우고, 실천하기 원하는 구절이나 성구를 하나나 둘쯤 지적해 주시기를 기도하십시오. 해당되는 것에 밑줄을 그으십시오. 그리고 난 후 아래의 질문에 답하십시오.

오늘 학습한 내용 중 어떤 구절이나 성구가 당신에게 가장 뜻있게 와 닿았습니까?

___

___

위의 구절이나 성구를 하나님께 대한 당신의 기도로 바꾸십시오.

___

___

___

오늘의 학습에 대한 반응으로 하나님은 당신이 무엇을 하기 원하십니까?

___

___

이 단원의 암송구절을 다음에 써보십시오. 다른 단원의 암송구절들을 복습하십시오.

___

___

___

___

이 과의 요점

- 하나님이 그 분의 역사로 나를 초청하실 때, 그 분은 하나님 크기의 과제를 나를 위해서 갖고 계시다.
- 인생을 어떻게 사느냐가 내가 하나님에 대해서 무엇을 믿고 있느냐의 간증이다.
- 하나님이 나를 통해서 무엇을 하시고 싶다고 말씀하시면 나는 믿음의 갈등에 부딪칠 것이다.

제 2 과 하나님과의 만남은 믿음을 요구한다

믿음이란 하나님이 약속하셨거나 말씀하신 것은 꼭 이루어진다는 확신이다.

하나님이 말씀하실 때, 당신의 반응은 믿음을 요구합니다. 성경 전체를 통해서 하나님이 자신과 자신의 목적들과 길을 계시하셨을 때, 그 분에게 응답하는 것은 믿음을 요구했습니다.

➡ **다음의 성경구절들을 읽고 물음에 답하십시오.**

1. "믿음은 바라는 것들의 실상이요 보지 못하는 것들의 증거니"(히 11 : 1). **믿음이란 무엇입니까?**

____

2. "이는 우리가 믿음으로 행하고 보는 것으로 하지 아니함이로라"(고후 5 : 7). **믿음의 반대말은 무엇입니까?**

____

3. "내가 고하라고 명하지 아니한 말을 어떤 선지자가 만일 방자히 내 이름으로 고하든지 다른 신들의 이름으로 말하면 그 선지자는 죽임을 당하리라 하셨느니라… 만일 선지자가 있어서 여호와의 이름으로 말한 일에 증험도 없고 성취함도 없으면 이는 여호와의 말씀하신 것이 아니요 그 선지자가 방자히 한 말이니 너는 그를 두려워 말지니라"(신 18 : 20,22). **당신이나 다른 사람이 결정한 일에 당신의 믿음을 거는 것 대신, 하나님이나 하나님이 말씀하신 것에 당신의 믿음을 거는 일이 얼마나 중요합니까?**

____

____

4. 예수님이 말씀하셨습니다. "내가 진실로 진실로 너희에게 이르노니 나를 믿는 자는 나의 하는 일을 저도 할 것이요 또한 이보다 큰 것도 하리니 이는 내가 아버지께로 감이니라"(요 14 : 12). **믿음은 어떤 가능성을 지니고 있습니까?**

____

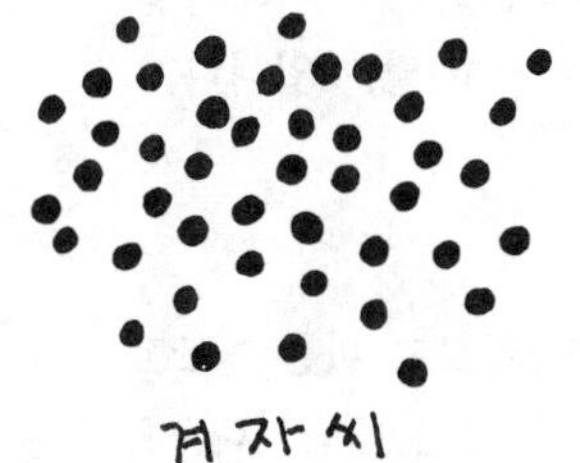

5. "가라사대 너희 믿음이 적은 연고니라 진실로 너희에게 이르노니 너희가 만일 믿음이 한 겨자씨만큼만 있으면 이 산을 명하여 여기서 저기로 옮기라 하여도 옮길 것이요 또 너희가 못할 것이 없으리라"(마 17 : 20). **인간의 힘으로는 불가능한 일을 하나님이 당신을 통해서 하시려 할 때, 얼마 만큼의 믿음을 당신에게 요구하십니까?**

____

6. 사도 바울은 이렇게 말했습니다. "내 말과 내 전도함이 지혜의 권하는 말로 하지 아니하고 다만 성령의 나타남과 능력으로 하여 너희 믿음이 사람의 지혜에 있지 아니하고 다만 하나님의 능력에 있게 하려 하였노라"(고전 2:4-5) 무엇에다 우리 믿음의 기초를 두어야 합니까? 반면에 무엇에다 믿음의 기초를 두면 안됩니까?

기초를 두어야 할 것 : ______________________________

기초를 두면 안되는 것 : ______________________________

7. "…만일 너희가 믿지 아니하면 정녕히 굳게 서지 못하리라 하셨다 할지니라"(사 7:9). 믿음이 없으면 어떤 위험성이 있습니까?

____

믿음이란 하나님이 약속하셨거나 말씀하신 것은 꼭 이루어진다는 확신입니다. 보이는 것은 믿음의 반대말입니다. 당신이 보기에도 뻔히 이루어질 것 같은 일은 믿음을 필요로 하지 않을 것이 분명합니다. 우리 교회의 예산에 대한 예화를 기억하십니까? 우리가 감당할 만한 예산을 책정했다면 우리는 믿음을 필요로 하지 않았을 것입니다.

믿음이란 우리에게 사명을 주신 바로 그 하나님이 또한 그 사명을 성취하도록 공급해 주시는 하나님임을 믿는 것입니다.

믿음은 한 인격체이신 하나님께 두는 것이다.

믿음은 어떤 개념이나 관념에 두는 것이 아닙니다. 믿음은 한 인격체이신 하나님께 두는 것입니다. 당신, 혹은 다른 사람이 생각하기에 일어나면 좋겠다고 결정한 일을 사람들이 믿도록 인도했다면, 당신은 위험한 입장에 처한 것입니다. 믿음은 하나님과 하나님이 목적하고 계시다고 말씀하신 것만 정당한 것입니다. 당신이 일어나기를 고대하는 일이 하나님께로 온 것이 아니라 당신 자신에게서 온 것이라면, 당신은 당신이 할 수 있는 일에만 의지해야 합니다. 당신 자신, 당신의 가족, 교회에 믿음을 발휘하라고 하기 전에 꼭 하나님으로부터 말씀을 들으십시오.

하나님을 믿는 아주 작은 겨자씨만한 믿음만으로도 당신에게는 불가능이 없습니다. 예수님은 그의 제자들이 그 분 자신이 했던 일보다도 더 큰 일들을 하게 된다고 말씀하셨습니다. 그러므로 우리의 믿음은 하나님의 능력에 근거해야지 인간의 지혜에 의존해서는 절대 안됩니다. 확고한 믿음이 없이는 당신은 걸려 넘어지고 말 것입니다.

하나님만이 하실 수 있는 일

모세

모세는 이스라엘 자손들을 바로의 군대로부터 구출해서, 홍해를 가르고 마른 땅으로 인도해서, 바위를 쳐서 물을 마시게 하고, 떡과 고기를 공급해 줄 수 없었습니다. 모세는 그에게 사명을 주신 하나님이 자신이 하시겠다고 말씀하신 일들을 그대로 하시는 하나님이심을 믿어야 했습니다.

여호수아

여호수아는 요단강을 갈라 마른 땅으로 이스라엘

자손들을 건너게 할 수 없었고, 여리고 성을 허물어뜨릴 수 없었으며, 적을 무찌르거나 공격을 멈추게 할 수도 없었습니다. 오직 하나님만이 그런 일들을 하실 수 있었습니다. 여호수아는 하나님에 대한 믿음을 지니고 있어야 했습니다.

열두 제자들 신약시대의 제자들에게도 마찬가지입니다. 그들 스스로는 많은 사람들을 먹일 수 없었고, 병자를 낫게 할 수도, 풍랑을 잠잠하게 할 수도, 죽을 자를 살릴 수도 없었습니다. 오로지 하나님만이 이런 일을 하실 수 있었습니다. 그러나 하나님은 이런 일들을 그 분의 종들을 통해서 자신이 하시려고 부르신 것입니다.

하나님이 당신을 통해서 일하고 싶다고 말씀하실 때, 그 사명은 분명히 하나님만이 하실 수 있는 일일 것입니다. 당신이 하나님에 대해서 무엇을 믿느냐가 당신의 행동을 결정할 것입니다. 당신이 당신을 부르신 하나님께 대한 믿음을 지니고 있다면 당신은 그 분께 순종할 것입니다. 그럴 때 그 분은 그 분이 목적하신 일을 성취시키실 것입니다. 믿음이 없다면 당신은 그 분이 원하시는 일을 하지 않을 것입니다. 그것이 불순종인 것입니다. 예수님은 주위에 있는 사람들에게 질문하셨습니다. "너희는 나를 불러 주여 주여 하면서도 어찌하여 나의 말하는 것을 행치 아니하느냐"(눅 6:46). 예수께서는 종종 제자들의 믿음 없음을 한탄하시며 그들을 꾸짖으셨습니다. 그들이 믿음 없다 함은 곧 그들은 예수께서 누구신지 정말로 알지 못했다는 말입니다. 따라서 그들은 예수께서 어떤 일을 하실 수 있는지도 알지 못했습니다.

➡ **다음 질문에 답하십시오.**

1. 하나님이 모세를 통해서 하시기 원하던 일들 중에서 오로지 하나님만이 하실 수 있었던 일들은 무엇입니까?

____

____

2. 예수님이 제자들을 통해서 하시기 원하던 일들 중에서 오로지 하나님만이 하실 수 있었던 일들은 무엇입니까?

____

3. 하나님만이 하실 수 있는 일을 하라고 어떤 사람을 부르실 때, 응하는 사람에게 요구되는 것은 무엇입니까?

____

4. 부르심을 받은 사람이 불순종하는 것은 무엇을 나타냅니까?

____

5. 부르심을 받은 사람이 순종하는 것은 무엇을 나타냅니까?

____

6. 이 단원의 암송구절인 히브리서 11 : 6은 왜 믿음이 중요한가를 말해 줍니다. 아래에 써보십시오.

____

____

____

____

____

순종은 믿음을 보여준다.

모세와 제자들에게는 믿음이 요구되었습니다. 하나님이 하나님 크기의 사명을 누구에게 주시려고 부르실 때는 항상 믿음을 필요로 합니다. 순종은 하나님에 대한 믿음을 보여줍니다. 불순종은 종종 믿음 없음을 나타냅니다. 믿음이 없이는 아무도 하나님을 기쁘시게 할 수 없습니다. 믿음이 없이는 어떤 교회도 하나님을 기쁘시게 할 수 없습니다.

중대한 문제 : 자기 중심적임

하나님은 그 분이 우리를 통해서 무엇을 하실 것인지를 계시하시려고 우리에게 말씀하신다.

성경 속의 인물들이 당한 똑같은 갈등에 우리도 부딪칩니다. 하나님이 말씀하실 때, 우리의 믿음을 요구하십니다. 그러나 우리의 중대한 문제는 우리가 자기 중심적인 데 있습니다. 우리는 자신의 힘으로, 자기가 현재 가지고 있는 자원을 사용해서 일을 성취시켜야 한다고 생각합니다. 우리는 이렇게 생각합니다. "난 그것을 할 수 없어. 불가능해."

"예수께서 저희를 보시며 가라사대 사람으로는 할 수 없으되 하나님으로는 그렇지 아니하니 하나님으로서는 다하실 수 있느니라."
—마가복음 10 : 27

우리는 이것을 잊어버립니다. 하나님은 언제나 그 분이 무엇을 하려 하시는지를 계시하시려고 우리에게 말씀하시지 결코 우리가 그 분을 위해서 무엇을 하기를 원하셔서 말씀하시지 않습니다. 우리가 하나님께서 우리를 통해 그 분의 일을 하실 수 있도록 하나님께 동참하는 것입니다. 우리는 우리의 제한된 능력과 자원 안에서 임무를 성취할 필요가 없습니다. 믿음으로, 우리는 확신을 가지고 하나님을 순종하여 좇을 수 있습니다. 그 분이 목적하신 일은 꼭 성취된다는 것을 우리가 알기 때문입니다. 예수님은 인간으로는 불가능한 일이 하나님으로는 가능하다는 것을 말씀하셨습니다(막 10 : 27). 성경은 이것이 진리임을 증거합니다.

믿음이 요구됨

새스커툰에 있는 훼이스 침례교회에서, 우리는 서스캐처원 주 전체에 그리스도를 위하여 사람들에게 복음 전하는 일에 쓰임받을 필요가 있음을 느꼈습니다. 그 지역에는 200개가 넘는 도시와 마을이 있었습니다. 이것은 우리가 새 교회(지교회)를 개척해야 함을 뜻했습니다. 이것을 하기 위해서 렌 코스터 목사님을 선교담당 목사로 임명하라는 하나님의 인도하심을 우리가 느끼게 되었습니다. 코스터 목사님은 교회들이 다른 교회를 개척할 수 있도록 준비시켜 주는 역할을 하실 것이었습니다.

렌 코스터 목사님과 지교회들

14년에 걸쳐서 코스터 목사님과 사모님(Ruth)은 여러 작은 교회에서 목회하였습니다. 코스터 목사님이 얼마나 주님께 헌신되었는지, 그는 목회를 하기 위하여 14년 동안을 주유소에서 일했습니다. 이처럼 생활비를 스스로 버는 목사님이 없었다면 그 교회들은 목사님을 모실 수 없었을 것입니다. 그 14년 동안, 코스터 목사님과 사모님은 언젠가는 자기 집을 마련할 수 있을지도 모른다는 희망을 가지고 5백6십만원($7,000)을 모았습니다. 코스터 목사님이 우리 교회를 도와서 지교회들을 세우는 것이 자기의 사명임을 확실히 느꼈을 때, 저는 그 분께 말했습니다. "코스터 목사님, 우리는 목사님의 사례비는커녕, 이사 비용도 드릴 여유가 없군요."

"저를 부르신 하나님이 저를 도와주실 것입니다."

그 분은 이렇게 말씀하시더군요. "블랙가비 목사님, 저를 부르신 하나님이 저를 도와주실 것입니다. 우리가 모아놓은 돈으로 이사 비용을 충당하고 이사를 하려고 합니다." 그 후 코스터 목사님은 제 사무실로 찾아와서 이렇게 말했습니다. "저는 아내와 함께 밤새도록 하나님께 기도하면서 이야기를 나누었어요. 저는 14년 동안 직업을 갖고 목회를 해왔기 때문에, 생활비는 별로 문제가 없어요. 중요한 것은 하나님이 저를 사역에만 전담하도록 인도하시는 것 같다는 느낌입니다. 제 아내와 저는 저희가 은행에 모아둔 5백6십만원($7,000)이 하나님의 것임을 지난밤에 깨달았어요. 하나님은 우리가 그 돈으로 살기를 원하시는 것 같아요. 그 돈을 다 쓰고 나면 하나님이 그 이후에는 어떻게 살아야 할 것인지 보여주실 것입니다. 그러니까 블랙가비 목사님, 저희들의 생활비에 대해서는 걱정하지 않으셔도 됩니다."

코스터 목사님이 제 방에서 나가셨을 때 저는 감정이 북받쳐올랐습니다. 하나님 아버지 앞에서 저는 울고 또 울었습니다. 저는 하나님 아버지께 이렇게 말했습니다. "아버지, 그렇게 충성스러운 부부가 왜 그런 희생을 치러야 하는지 저는 이해할 수 없습니다." 저는 코스터 목사님 부부를 통해 위대한 믿음을 보았습니다.

이틀이 지난 후, 저는 브리티시 컬럼비아의 캄룹스라는 도시에 살고 있는 어떤 장로교 평신도에게서 편지를 받았습니다. 그 편지는 아주 짧고 간단한 내용을 담고 있었습니다."렌 코스터라는 분이 당신과 함께 일하게 되었다는 것을 알게 되었습니다. 하나님이 제 마음에 그 분의 사역을 도와야 한다는 영감을 주셨습니다. 5백6십만원($7,000)을 동봉하오니 그 분을 재정적으로 지원하는 데 써주십시오." 그 편지를 뜯어보고 저는 하나님 아버지 앞에 다시 무릎을 꿇고 울었습니다.이번에는 하나님이 하실 수 있다고 말씀하시는데도 그 분을 의지하지 않은 것에 대해서 하나님께 용서를 구했습니다.

저는 코스터 목사님께 전화를 해서 이렇게 말했습니다. "코스터 목사님, 당신은 당신 재산 모두를 하나님의 제단 앞에 바치셨지만, 하나님은 당신을 위해서 다른 무언가를 숨겨놓으셨습니다. '나는 너를 채워주는 자' 라고 하신 하나님이 방금 공급해 주셨습니다." 그리고 나서 저는 그에게 있었던 사실을 말해 주었습니다. 당신은 그것이 코스터 목사님의 인생에 어떤 역할을 했는지 아십니까? 당신은 그것이 우리의 교회생활에 어떤 영향을 주었는지 아십니까? 하나님을 의지하는 우리 모두의 믿음이 자라났습니다. 그 일 이후로, 우리는 믿음으로 한 발자국 더 나가서 일하고 또 일하였습니다. 우리는 하나님이 놀라운 일을 하시는 것을 주목하여 보았습니다. 우리가 믿음을 발휘하여 코스터 목사님을 부르지 않았다면, 우리는 그렇게 하나님을 경험할 수 없었을 것입니다. 그 경험은 우리가 어떻게 하나님을 의지해야 하는지를 가르쳐 주었습니다.

당신이 하나님을 만난다면 신앙의 일대 전환을 가져올 것입니다. 그것은 믿음을 요구할 것이며 그 믿음이 없이는 하나님을 기쁘시게 할 수 없을 것입니다.

➡ **당신의 인생에서 믿음이 요구된 시기에 믿음이 적어서 응하지 않은 경우가 있었다면 아래에 써보십시오.**

____

____

하나님을 의지하는 믿음이 요구되는 시기에 당신이 믿음으로 응하였던 경우가 있었다면 써보십시오. 이것은 오로지 하나님이 당신을 통해서 혹은 당신 안에서 역사하지 않으셨다면 이루어질 가능성이 없는 과제이어야 합니다(생각해 보신 후 그런 적이 없는 것 같으면, 그냥 질문을 위한 답을 억지로 만들려고 하지는 마십시오).

____

____

____

하나님이 당신이 하고 있지 않는 것을 하기를 원하시는 데 있어서, 당신은 뭔가 아는 바가 있습니까?

____

왜 당신이 주저하고 있다고 생각합니까?

____

당신은 예수님의 제자들이 주님께 부탁한 다음과 같은 기도를 하고 싶었던 적이 있습니까? "우리에게 믿음을 더하소서" (눅 17 : 5). **예** ☐ **아니오** ☐

지금 잠깐 멈추시고 시간을 내서 당신의 믿음에 대해 기도하십시오. 그리고 하나님이 당신의 인생을 통해서 하시고자 하는 일이 무엇인지 기도하십시오.

오늘 배운 것을 복습하십시오. 오늘 학습한 내용 중에서 하나님께서 당신으로 하여금 이해하고, 배우고, 실천하기 원하는 구절이나 성구를 하나나 둘쯤 지적해 주시기를 기도하십시오. 해당되는 것에 밑줄을 그으십시오. 그리고 난 후 아래의 질문에 답하십시오.

오늘 학습한 내용 중 어떤 구절이나 성구가 당신에게 가장 뜻있게 와 닿았습니까?

____

____

위의 구절이나 성구를 하나님께 대한 당신의 기도로 바꾸십시오.

___

___

___

___

오늘의 학습에 대한 반응으로 하나님은 당신이 무엇을 하기 원하십니까?

___

___

___

이 과의 요점

- 하나님이 말씀하실 때, 나의 응답은 믿음을 필요로 한다.
- 믿음은 하나님이 약속하시거나 말씀하신 것이 꼭 성취된다는 확신이다.
- 보이는 것은 믿음의 반대말이다.
- 믿음은 반드시 한 인격체에다 두는 것이다.
- 나 자신, 나의 가족, 교회 등에서 믿음을 발휘하기 전에 나는 항상 하나님으로부터 오는 말씀을 들어야 한다.
- 하나님이 나를 통해서 무언가 하시기를 원한다고 가르쳐 주실 때, 그것은 오로지 하나님만이 하실 수 있는 일이다.
- 내가 하나님에 대해서 무엇을 믿느냐가 내가 무엇을 하느냐를 결정지을 것이다.

제 3 과 하나님과의 만남은 하나님 크기의 것이다

하나님은 세상이 하나님을 알게 되는 것에 관심을 갖고 계시다.

하나님은 세상이 하나님을 알게 되는 것에 관심을 갖고 계십니다. 사람들이 하나님이 어떠하신 분인가를 알기 위한 단 하나의 방법은 그들이 그 분이 하시는 일을 볼 때입니다. 그들은 하나님의 본질이 그 분의 활동을 통해서 나타남을 볼 때 그 분의 본질을 파악할 수 있습니다. 하나님이 그 분의 활동에 당신을 참여시킬 때, 그 사명은 항상 하나님과 같은 차원에 속한 것입니다.

하나님 크기의 사명들

하나님이 주시는 사명들은 하나님 크기의 것들이다.

어떤 사람들은 이렇게 말합니다. "하나님은 절대로 내가 할 수 없는 일을 하라고 시키지 않으실 것입니다." 저는 하나님이 저에게 주신다고 생각되는 사명이 제가 해낼 수 있는 것이라고 판단되면, 그 사명은 하나님으로부터 온 것이 아니라는 것을 알게 되었습니다. 성경에 보면 하나님이 주시는 사명들은 항상 하나님 크기의 것들입니다. 하나님은 하나님의 사람들과 그 분을 주시하고 있는 세상을 향하여 그 분의 본질, 그 분의 힘, 그 분의 공급하심, 그리고 그 분의 자비를 나타내기 원하시기 때문에, 하나님이 주시는 사명들은 항상 사람이 할 수 있는 범위를 넘어선 것들입니다. 그 방법만이 세상이 하나님을 알게 되는 유일한 방법입니다.

➡ **당신의 기억을 살려, 성경에서 하나님(아버지, 예수님)이 사람들에게 준 "하나님 크기"의 사명들을 써보십시오.(그 사명들은 인간의 힘으로는 불가능한 것들이어야 합니다.)**

____

____

____

____

____

____

당신은 성경에서 많은 "하나님 크기"의 사명들을 찾을 수 있을 것입니다. 아브라함이 무자하고 사라도 아이를 잉태할 능력을 잃은 나이에, 하나님은 아브라함에게 한 민족의 아버지가 될 것을 말씀하셨습니다. 하나님은 모세에게 이스라엘 자손을 구출하고, 홍해를 건너고, 바위를 쳐서 물을 내어 마시게 하라고 하셨습니다. 하나님은 기드온에게 300명을 가지고 거대한 미디안 군대를 물리치라고 말씀하셨습니다. 예수님은 제자들에게 군중들을 먹이라고 하셨고, 모든 족속으로 제자를 삼으라고 하셨습니다. 위에 열거한 어느것도 인간의 힘으로는 불가능합니다. 하나님의 사람들과 세상은 오로지 하나님만이 하실 수 있는 어떤 일이 일어나는 것을 볼 때, 하나님을 알게 됩니다.

사람들이 하나님을 알게 되다

➡ **다음에 열거된 하나님의 종들을 통한 하나님의 역사를 읽어보십시오. 사람들이 하나님의 역사를 관찰하고 어떤 반응을 보였는지를 나타내는 부분에 밑줄을 그으십시오. 아래 밑줄 친 부분은 예로 든 것입니다.**

모세와 홍해

하나님은 모세로 하여금 이스라엘 사람들이 홍해 바닷가에 장막을 치도록 인도하게 하셨습니다. 하나님은 자신이 홍해를 가르고 그들을 마른 땅을 밟아서 건너게 할 것을 아셨습니다. 하나님이 말씀하셨습니다. "내가 그와 그 온 군대를 인하여 영광을 얻어 애굽 사람으로 나를 여호와인줄 알게 하리라"(출 14 : 4). 그것의 결과는 무엇이었습니까? "이스라엘이 여호와께서 애굽 사람들에게 베푸신 큰일을 보았으므로 백성이 여호와를 경외하며 여호와와 그 종 모세를 믿었더라"(출 14 : 31).

여호수아와 요단강

하나님은 여호수아로 하여금 이스라엘 민족을 이끌고 홍수난 때 요단강을 건널 것을 명령하셨습니다. "이는 땅의 모든 백성으로 여호와의 손이 능하심을 알게 하며 너희로 너희 하나님 여호와를 영원토록 경외하게 하려 하심이라 하라"(수 4 : 24).

여호사밧 왕과 이스라엘이 큰 군대를 대적하다

큰 군대가 이스라엘과 전쟁을 하려고 몰려왔습니다. 여호사밧 왕은 금식을 선포하고 백성들에게 하나님의 인도하심을 구할 것을 촉구했습니다. 그는 기도했습니다. "우리 하나님이여… 우리를 치러 오는 이 큰 무리를 우리가 대적할 능력이 없고 어떻게 할 줄도 알지 못하옵고 오직 주만 바라보나이다"(대하 20 : 12).

하나님이 그의 기도에 이렇게 응답하셨습니다. "…이 큰 무리로 인하여 두려워하거나 놀라지 말라 이 전쟁이 너희에게 속한 것이 아니요 하나님께 속한 것이니라… 이 전쟁에는 너희가 싸울 것이 없나니 항오를 이루고 서서 너희와 함께한 여호와가 구원하는 것을 보라" (대하 20 : 15, 17). 여호사밧은 노래하는 자를 택하여 여호와의 자비에 감사하는 찬송을 부르며 진두에 세웠습니다. 여호사밧과 이스라엘이 전쟁터에 이르기도 전에 하나님은 침략군을 섬멸하셨습니다. "이방 모든 나라가 여호와께서 이스라엘의 적군을 치셨다 함을 듣고 하나님을 두려워…"하게 되었습니다(대하 20 : 29).

사드락과 메삭과 아벳느고

사드락과 메삭과 아벳느고는 느부갓네살 왕을 순종치 않고 하나님을 순종하는 것을 택했습니다. 극렬히 타는 풀무 가운데 던져지기 직전에 그들은 이렇게 말했습니다. "…우리가 섬기는 우리 하나님이 우리를 극렬히 타는 풀무 가운데서 능히 건져내시겠고 왕의 손에서도 건져내시리이다"(단 3 : 17). 그들을 붙들고 있던 사람들은 불에 타서 죽었지만 하나님은 그 세 명의 충성스러운 사람들을 구원하셨습니다.

느부갓네살 왕은 이렇게 말했습니다. "사드락과 메삭과 아벳느고의 하나님을 찬송할지로다 그가 그 사자를 보내사 자기를 의뢰하고 그 몸을 버려서 왕의 명을 거역하고 그 하나님밖에는 다른 신을 섬기지 아니하며 그에게 절하지 아니한 종들을 구원하셨도다 그러므로 내가 이제 조서를 내리노니 각 백성과 각 나라와 각 방언하는 자가 무릇 사드락과 메삭과 아벳느고의 하나님께 설만히 말하거든 그 몸을 쪼개고 그 집으로 거름터를 삼을지니 이는 이같이 사람을 구원할 다른 신이 없음이니라…"(단 3 : 28-29). 이 이방의 왕이 온 나라에 조서를 내렸습니다. "지극히 높으신 하나님이 내게 행하신 이적과 기사를 내가 알게 하기를 즐겨하노라 크도다 그 이적이여, 능하도다 그 기사여, 그 나라는 영원한 나라요 그 권병은 대대에 이르리로다"(단 4:2-3).

초대교회

초대교회의 그리스도인들은 성령의 인도하심을 따랐습니다. 다음은 하나님이 그들의 세상에 끼치신 영향에 대한 간증입니다.

제자들은 성령 충만해서 배우지도 않은 외국어들을 말하였습니다. 그리고 베드로는 설교를 하였습니다. "그 말을 받는 사람들은 침례를 받으매 이날에 제자의 수가 삼천이나 더하더라"(행 2:41).

하나님은 베드로와 요한을 사용하셔서 한 앉은뱅이를 예수님의 이름으로 고쳐주셨습니다. 그들은 설교를 했습니다. "말씀을 들은 사람 중에 믿는 자가 많으니 남자의 수가 약 오천이나 되었더라"(행 4:4).

하나님은 베드로를 사용하셔서 도르가를 죽음에서 일으키셨습니다. "온 욥바 사람이 알고 많이 주를 믿더라"(행 9:42).

➡ **다음 질문에 답하십시오.**

1. 사람들이 하나님께서 그의 종들을 통해서 하신 일을 보았을 때, 누가 영광을 받았습니까? 하나님이십니까, 아니면 종입니까?

___

2. 하나님의 활동을 보거나 그것에 대해 들은 사람들의 삶에서 당신은 어떤 차이점을 발견하거나 영향을 받습니까?

___

3. 당신이 속한 지역사회에 사는 사람들의 예수 그리스도의 복음에 대한 반응을 당신은 어떻게 표현하겠습니까?

___

오늘날 세상 사람들은 종종 하나님을 섬기는 헌신적인 그리스도인들을 봅니다. 그러나 그들은 하나님을 보고 있지 않습니다. 그들은 우리가 하는 일에 대해 이렇게 평가합니다. "글쎄요, 하나님을 섬기는 헌신적인 사람들이 있군요." 그러나 그들은 하나님의 역사라고밖에는 설명할 수 없는 일들이 일어나는 것을 보지 못합니다. 왜냐구요? 그것은 우리가 오로지 하나님만이 하실 수 있는 일을 시도하지 않기 때문입니다.

하나님이 역사하시는 것을 세상으로 보게 하고 그것이 사람들의 관심을 모으게 합시다!

이 세상은 예수님이 활동하고 계심을 볼 수 없기 때문에, 우리가 섬기고 있는 예수님께 흥미를 갖지 못합니다. 그들은 우리가 하나님을 위해 좋은 일을 하는 것을 보고 이렇게 이야기합니다. "글쎄, 저것도 좋은 일이긴 하지만 내가 할 만한 일은 아니야." 세상 사람들은 그들이 보고 있는 것에 동참하기를 원치 않기 때문에 우리를 그냥 지나쳐 버립니다. 그들은 하나님을 볼 기회를 갖지 못하고 있습니다. 하나님이 역사하시는 것을 세상으로 보게 하면, 사람들의 관심은 하나님께로 모아질 것입니다. 예수님만이 높임을 받으시게 하십시오. 말로만 말고 당신의 삶을 통해서! 그들에게 살아계신 그리스도가 한 인생과 한 가족과 한 교회 안에서 일으키시는 변화를 보여줍시다. 그것이 그들의 반응에 변화를 가져다줄 것입니다. 하나님 자신이 하셨다고밖에는 설명할 수 없는 일이 하나님의 사람들을 통해서 일어나는 것을 이 세상이 볼 때, 세상 사람들은 그들이 보고 있는 하나님께로 이끌리게 될 것입니다.

➡ **다음 질문에 답하십시오.**

1. 세상은 어떻게 하나님을 알게 됩니까?

___

2. 오늘날 세상 사람들이 왜 그리스도와 그의 교회에 흥미를 느끼지 못합니까?

___

3. 하나님은 그 분의 사람들에게 어떤 사명을 주십니까?

___

4. 하나님은 왜 한 개인 혹은 교회 혼자의 힘으로는 할 수 없는 하나님 크기의 사명을 주십니까?

___

5. 당신은 하나님이 성취되게 해주셔야지만 일어날 수 있는 어떤 일을 시도하고 있습니까? 그렇다면 그것은 무슨 일입니까?

___

6. 당신의 교회에서는 하나님이 성취되게 해주셔야지만 일어날 수 있는 어떤 일을 시도하고 있습니까? 그렇다면 그것은 무슨 일입니까?

___

7. 당신이 쓴 5번과 6번의 답은 아래 a,b 두 문장 중 어느 것에 해당합니까?.
   - ☐ a. 그것은 하나님이 우리(나)에게 시도해 보라고 인도하신 일이다.
   - ☐ b. 그것은 우리(내)가 먼저 결정하고 하나님께 해달라고 부탁한 일이다.

8. 당신의 지역사회 사람들이 복음에 대해 어떤 반응을 보이는지 표현해 보십시오. 그들의 태도와 당신이 하나님 크기의 일을 시도하는 것과는 어떤 연관성이 있습니까?
   - ☐ a. 우리는 하나님 크기의 일을 시도하지 않아서 아주 적은 숫자의 사람들밖에는 복음에 반응하지 않습니다.
   - ☐ b. 우리는 하나님 크기의 일을 시도하지 않는데도 불구하고 많은 사람들이 복음에 호응합니다.

□ c. 우리는 하나님이 우리 교회를 통해서 많은 위대한 역사를 보여주심에도 불구하고 적은 사람들만 복음에 반응을 보이는 것을 봅니다.

□ d. 우리는 하나님이 우리 교회를 통해서 많은 위대한 역사를 보여주시기 때문에 많은 사람이 복음에 호응하는 것을 봅니다.

세상 사람들은 하나님의 본질이 그 분의 활동을 통해서 나타났을 때 하나님을 알게 됩니다. 하나님이 역사하기 시작하실 때, 그 분은 오직 자신만이 하실 수 있는 어떤 일을 성취시킵니다. 그럴 때, 세상 사람들과 하나님의 사람들은 모두 자신들이 전에 알지 못하던 방법으로 하나님을 알게 됩니다. 그것이 하나님께서 그의 종들에게 하나님 크기의 사명을 주시는 이유입니다. 세상 사람들이 그리스도와 그의 교회로 관심을 쏟지 않는 이유는 그리스도인들에게 오로지 하나님만이 하실 수 있는 일을 시도하는 믿음이 없기 때문입니다. 당신, 혹은 당신의 교회에서 하나님만이 하실 수 있는 일에 반응을 보이지도 않고 시도하지도 않는다면, 당신은 믿음을 발휘하고 있지 않은 것입니다. "믿음이 없이는 기쁘시게 못 합니다"(히 11 : 6). 만일 당신이 속한 지역사회에 사는 사람들이 복음에 대해서 신약에 나오는 사람들 같은 호응을 보이지 않는다면, 그것은 곧 그들이 그리스도의 한 교회인 당신의 행위와 태도에서 하나님을 발견하지 못했다는 증거라 할 수 있습니다.

당신은 하나님을 경험했기 때문에 기뻐하게 될 것이다.

하나님은 무슨 일을 완수하는 것보다 당신이 그 분을 경험하고 있느냐에 더욱 큰 관심을 가지고 계십니다. 당신은 일을 완수하고도 하나님을 전혀 경험하지 못할 수 있습니다. 하나님은 어떤 일을 그저 완수하는 데 관심이 있는 게 아닙니다. 하나님은 하고 싶으시면 언제든지 일을 완수시키실 수 있습니다. 하나님은 무엇에 관심이 있으십니까? 당신과 세상 사람들이 그 분을 알고 경험하는 것입니다. 그래서 하나님은 당신에게 오셔서 하나님 크기의 사명을 주실 것입니다. 그 분이 당신에게 하라는 일을 시작할 때, 하나님은 그 분이 목적하신 일들을 성취시키십니다. 그러면 당신과 당신 주위에 함께 한 모든 사람들은 하나님을 경험하게 될 뿐더러 전에 알던 하나님을 그 어느 때보다 깊이 알게 될 것입니다.

하나님 크기의 사명, 한 가지 예

새스커툰에 있는 우리 교회는 성장하고 있었고 자리가 더 필요했습니다. 우리는 약 6십만원($749)의 건축기금밖에는 갖고 있는 것이 없었지만 하나님이 건물을 위한 계획을 세우라고 인도하심을 느꼈습니다. 그 건물은 1억7천6백만원($220,000)이 들 것이었습니다. 우리는 어떻게 할 것인지에 대해서 전혀 몰랐습니다.

우리는 건축에 드는 인건비를 될 수 있으면 절감하려 했습니다. 그러나 건축 계획이 반쯤 진전되었을 때까지도 8천만원($100,000)이 부족했습니다. 사랑하는 교인들은 그들의 목사인 제가 하나님이 우리에게 하라고 부르신 것을 하나님이 이루실 것인지를 과연 믿는지 주시하였습니다. 저는 이것을 하라고 우리를 인도하신 하나님이 어떻게 해야 하는지를 보여주실 거라고 확신했습니다.

하나님은 건축에 필요한 돈을 채워주기 시작하였습니다. 마지막에 가서는 4천8백만원

($60,000) 정도가 모자랐습니다. 우리는 텍사스의 한 단체에서 올 기금을 예상하고 있었습니다. 이해할 수 없게도 그 기금이 오는 것이 거듭해서 지연되었습니다. 하루는 두 시간 동안 캐나다의 달러 환율이 역사상 최저를 기록했습니다. 그런데 정확히 바로 그 순간에, 텍사스의 그 단체로부터 캐나다로 송금이 되어 왔습니다. 그것이 어떤 결과를 가져왔는지 아십니까? 다른 경우보다 4천8백만원($60,000)이 더 오는 결과를 낳았습니다. 그리고 나서 환율은 다시 상승되었습니다.

저는 주님이 하신 일을 찬미합니다.

하늘에 계신 아버지께서 그 분의 자녀들을 돕기 위해서 경제를 돌아보십니까? 아무도 하나님이 한 교회를 돕기 위해 그런 일을 하셨다고 믿지 않을 것입니다. 그러나 저는 당신에게 하나님이 그런 일을 하셨다는 것을 믿는 한 교회를 보여드릴 수 있습니다! 그 일이 일어났을 때, 저는 주님이 사람들의 눈 앞에서 하신 일로 인해 그 분을 찬미했습니다. 저는 그 모든 일로 인해 하나님께서 영광을 받으셨으리라 확신했습니다. 하나님은 자신을 우리에게 계시하셨고 우리는 그 경험을 통해서 하나님을 새로운 방법으로 알게 되었습니다.

➡ **오늘 배운 것을 복습하십시오. 오늘 학습한 내용 중에서 하나님께서 당신으로 하여금 이해하고, 배우고, 실천하기 원하는 구절이나 성구를 하나나 둘쯤 지적해 주시기를 기도하십시오. 해당되는 것에 밑줄을 그으십시오. 그리고 난 후 아래의 질문에 답하십시오.**

오늘 학습한 내용 중 어떤 구절이나 성구가 가장 뜻있게 와 닿았습니까?

____

위의 구절이나 성구를 하나님께 대한 당신의 기도로 바꾸십시오.

____

오늘의 학습에 대한 반응으로 하나님은 당신이 무엇을 하기 원하십니까?

____

이 과의 요점

- 하나님은 하나님 크기의 사명을 주신다.
- 하나님의 사람들과 세상은 오로지 하나님만이 하실 수 있는 일을 봄으로써, 하나님을 알게 된다.
- 사람들로 하여금 살아계신 그리스도께서 한 인생과 가족과 혹은 교회 안에서 어떻게 역사하시는가를 보게 하는 것은 그들의 복음에 대한 반응에 변화를 가져다준다.

제 4 과 당신의 행동이 당신의 믿음을 애기한다

당신이 무슨 말을 하든지 당신의 행동이 당신이 하나님에 대해서 무엇을 믿는지를 드러낸다.

하나님이 어떤 사람에게 그 분의 계획과 목적을 계시하실 때, 그것은 항상 믿음의 갈등을 일으킬 것입니다.

➡ **복습하는 의미에서 다음의 믿음의 갈등에 대한 두 문장을 완성시키십시오.**

1. 하나님과의 만남은 ________을 요구한다.
2. 하나님과의 만남은 ______________이다.
3. 하나님의 계시(초청)에 대한 당신의 반응이 하나님에 대한 당신의 믿음을 드러낸다.
4. 진정한 믿음은 행동을 요구한다.

마지막 두 문장(3, 4번)에서 요점을 상기시켜 주는 핵심단어를 각각 한두 개씩 찾아 동그라미 치시오.

당신이 하나님에 대해서 무엇을 믿느냐가 당신이 무엇을 하는지와 당신이 어떻게 사는지를 결정짓는다.

당신이 무슨 말을 하든지 당신의 행동은 당신이 하나님에 대해서 무엇을 믿고 있는지를 드러냅니다. 하나님이 그 분의 목적은 당신에게 드러냈을 때, 당신은 갈등 즉 결단의 시간에 부딪치게 됩니다. 하나님과 세상 모든 사람들은 당신의 반응을 보고 당신이 진정 하나님에 대해서 무엇을 믿고 있는지 알게 됩니다.

다윗의 믿음이 발휘되다

➡ **다음 문장에서 다윗이 말한 것을 근거로 해서 그가 하나님에 대해서 무엇을 믿었는지 알려주는 것들에 밑줄을 그으십시오. 아래 밑줄 친 부분은 예로 든 것입니다.**

다윗

사무엘상 16 : 12-13에서 하나님은 다윗을 택하시고 사무엘로 하여금 이스라엘을 인도할 다음 왕으로 기름을 붓게 하셨습니다. 사무엘상 17장에서 하나님은 다윗을 그 분의 역사 가운데로 끌어들이셨습니다. 사울이 아직도 왕이었을 당시 이스라엘은 블레셋과 전쟁 중에 있었습니다. 아직 어린 소년이었던 다윗은 아버지의 요청으로 군대에 간 형들을 찾아갔습니다. 다윗이 그곳에 다다랐을 때, 골리앗(약 2m70㎝의 거인)이 이스라엘에서 한 사람을 보내어 자신과 싸우게 하라고 도전을 했습니다. 지는 나라가 이긴 나라의 종이 되는 것이었습니다. 이스라엘 군대는 겁에 질려 있었습니다. 다윗은 기가막혀서 이렇게 물었습니다. "… 이 할례 없는 블레셋 사람이 누구관대 사시는 하나님의 군대를 모욕하겠느냐?"(삼상 17 : 26). 다윗은 믿음의 갈등에 부딪쳤습니다.

다윗은 하나님이 이 사명을 위해서 준비시켜 주시고 전쟁터로 보내셨음을 깨달았을지도 모릅니다.

다윗은 이 거인과 싸우겠다고 말했습니다. 그는 그의 믿음을 이렇게 표현했습니다. "… 여호와께서 나를 사자의 발톱과 곰의 발톱에서 건져내셨은즉 나를 이 블레셋 사람의 손에서도 건져내시리이다"(삼상 17 : 37). 다윗은 전쟁에서 흔히 쓰는 무기를 들기를 거부했습니다. 대신 그는 물매와 미끈한 돌 다섯 개를 취했습니다. 그는 골리앗에게 말했습니다. "…너는 칼과 창과 단창으로 내게 오거니와 나는 만군의 여호와의 이름 곧 네가 모욕하는 이스라엘 군대의 하나님의 이름으로 네게 가노라 오늘 여호와께서 너를 내 손에 붙이시리니… 온 땅으로 이스라엘에 하나님이 계신 줄 알게 하겠고 또 여호와의 구원하심이 칼과 창에 있지 아니함을 이 무리로 알게 하리라 전쟁은 여호와께 속한 것인즉 그가 너희를 우리 손에 붙이시리라"(삼상 17 : 45-47). 다윗은 골리앗을 죽였고 이스라엘은 승리를 거두었습니다.

➡ **다윗은 하나님에 대해서 무엇을 믿는다고 말했습니까?**

____

____

다윗의 골리앗에 대한 반응에 근거해서 다윗이 하나님에 대해 무엇을 믿었다고 생각하십니까?

____

____

다윗은 행동을 통해서 그가 하나님에 대해서 무엇을 믿었는지를 드러냈다.

다윗은 하나님이 살아계신 분이며 구원자시라고 말했습니다. 그는 하나님이 전능하시며 이스라엘 군대를 지켜주실 것이라고 말했습니다. 다윗의 행동은 그가 하나님에 대해서 진정 무엇을 믿고 있었는지 확인시켜 주었습니다. 많은 사람들은 그가 어리석은 소년이라고 생각했고 골리앗마저도 그를 비웃었습니다. 그러나 하나님은 이스라엘을 구원하셨습니다. 하나님은 이스라엘 중에 하나님이 계시다는 것을 온 세상이 알도록 다윗을 통해서 놀라운 승리를 주셨습니다.

사래의 불신앙

사래

하나님은 아브람에게 그의 자손을 하늘의 별과 같이 헤아릴 수 없이 많게 해주겠다고 약속하셨습니다. 아브람은 늙도록 무자하였기 때문에 하나님께 그 약속에 대해서 의문을 제기했습니다. 하나님은 다시 확인시켜 주셨습니다. "…네 몸에서 날 자가 네 후사가 되리라… 아브람이 여호와를 믿으니 여호와께서 이를 그의 의로 여기시고"(창 15 : 4,6).

아브람의 아내 사래는 그때 70대의 노파였습니다. 그녀는 자신이 출산할 연령이 지났으므로 다른 방법으로 가족을 만들겠다고 작정하였습니다. 그녀는 자신의 몸종인 하갈을 아브람에게 주어 그녀를 통해서 아이를 얻고자 하였습니다. 하갈은 1년후에 이스마엘을 낳았습니다. 사래의 이 행동은 그녀가 하나님에 대해서 무엇을 믿었는지를 보여줍니다.

➡ **다음 중에서 어떤 것이 하나님에 대한 사래의 믿음이 어떠한가를 더 잘 진술하고 있습니까? 해당되는 것에 ×표 하십시오.**

☐ a. 사래는 하나님이 전능하시기 때문에 무엇이든 하실 수 있다고 믿었다. 이것은 자신이 77세의 노파일지라도 자신에게 아이를 주실 것까지도 믿는 것을 포함한다.

☐ b. 사래는 하나님이 77세의 노령인 자신에게 아이를 주실 수 없다고 생각하고, 하나님이 아브람이 아버지가 되는 방법을 발견하는 데 있어서 그녀의 도움을 필요로 한다고 생각했다.

불신앙의 대가는 매우 비싸다.

사래의 행동은 그녀가 하나님에 대해서 진정 무엇을 믿었는가를 보여줍니다. 그녀는 하나님이 인간적으로는 불가능한 일—77세의 여인이 아이를 낳는 일—을 하실 수 없다고 믿었습니다. 그녀의 하나님에 대한 믿음은 자신의 인간적인 판단력 때문에 한정되었습니다. 이 불신앙의 행동은 값비싼 대가를 치르게 하였습니다. 이스마엘은 아브람과 사래의 노년에 많은 고통을 가져다주었습니다. 이스마엘과 그의 후손들은 이삭과 유대인들과 적대관계를 가지고 그 때부터 오늘날까지 살아오고 있습니다. 하나님의 초청에 대한 당신의 반응은 당신이 하나님에 대해서 진정으로 무엇을 믿고 있는가를 나타냅니다.

➡ **다음의 예들을 읽어보십시오. 각 개인이나 교회의 반응을 보고 그들이 하나님에 대해서 진정으로 무엇을 믿는지를 평가해 보십시오. 답을 아래의 보기 중에서 골라도 되고 각 경우마다 당신 자신의 답을 직접 써도 좋습니다.**

1. 빌과 캐디는 방금 선교사의 말씀을 들었습니다. 그들은 자신들이 아프리카 선교사로 떠나야 함을 느꼈습니다. 그러나 캐디는 남편 빌에게 한 가지 걱정을 이야기하지 않을 수 없었습니다. 아프리카로 가자면 의당 아이들도 함께 가야 하는데 손주 손녀들 보는 낙으로 사는 아이들 할머니, 할아버지가 결코 그것을 허락하지 않으리라는 것이었습니다. 결국 그들은 선교사로 부르시는 것 같은 느낌을 무시해 버렸습니다. 당신은 빌과 캐디가 하나님에 대해서 어떠한 믿음을 가지고 있다고 생각하십니까?

   ☐ a. 하나님은 그들의 인생의 주권자시기 때문에 원하시면 어떤 일도 그들의 인생에서 하실 권리를 가지신 분이다.

   ☐ b. 하나님은 이것이 하나님의 목적임을 캐디의 부모님을 설득시켜서 이해하도록 하실 수 있다.

   ☐ c. 하나님이 바로를 설복시켜서 이스라엘을 보내게 하셨을지라도 캐디의 부모를 설득시켜서 캐디와 빌과 손자 손녀들을 아프리카로 보내실 능력은 전혀 없으시다. 이제는 시대가 변했다.

   ☐ d. 다른 답 ______________________________

2. 레보나는 하나님께 그녀가 다니는 교회의 한 영역에서 섬길 수 있게 해달라고

은밀하게 개인적으로 기도했습니다. 그런데 마침 그 교회 주일학교 부장이 장년부 교사를 한 분 보내달라고 기도하고 있었습니다. 그는 하나님이 레보나에게 이 직분을 맡을 것을 권유하라고 인도하심을 느꼈습니다. 레보나는 이렇게 대답합니다. "저는 이 직책을 맡을 수 없습니다. 제겐 그 직책을 맡을 만한 능력이 없어요. 게다가 저는 그런 일을 해본 적이 한 번도 없어요." 당신은 레보나가 하나님에 대해서 어떠한 믿음을 가지고 있다고 생각하십니까?

☐ a. 성령님이 준비시켜 주시고, 하나님이 시키시는 일을 할 수 있게 능력을 주실 것이다. 그것이 어떤 일이 되었든지.

☐ b. 하나님은 나를 통해서 내가 스스로 할 수 없는 일은 어떤 일도 이루실 수 없다.

☐ c. 다른 답 ______________________________

3. 몇 사람이 함께 모여서 그들이 살고 있는 마을에 교회를 주십사 하고 6개월 동안 하나님께 합심으로 기도했습니다. 그 마을에는 복음주의적인 교회가 하나도 없었습니다. 그들은 기도를 하면서 갈보리 교회에 도움을 청하는 것이 하나님의 뜻임을 느꼈습니다. 갈보리 교회의 교인들은 이렇게 얘기했습니다. "우리는 우리 교회의 건물을 살 때 진 빚을 아직도 갚아 나가고 있어요. 우리는 지금 새 교회를 세우는 것을 도와줄 수 없습니다. 시내에 있는 제일 교회에 가서 물어보시지 그러십니까?" 당신은 갈보리 교회가 하나님에 대해서 어떠한 믿음을 가지고 있다고 생각하십니까?

☐ a. 하나님이 우리 교회를 통해서 일하시는 것은 우리 교회 교인들이 이미 가지고 있는 물질에 한정되어 있다.

☐ b. 하나님은 세상의 모든 것을 소유하고 계시다. 그 분은 자신이 목적하신 일을 위해서라면 필요한 모든 물질을 공급하실 수 있다.

☐ c. 다른 답 ______________________________

4. 제일 교회의 재정위원회에서는 다음해의 예산에 대해 기관장들과 이야기하기 한 달 전부터 그것을 위해 기도했습니다. 그들은 기관장들에게도 기도를 부탁했습니다. 그들은 다음해에 하나님이 그들의 교회를 통해서 하시고자 하는 일에 맞는 의욕적인 예산을 세웠습니다. 교회는 그 예산을 기도하면서 숙고해 보고 만장일치로 통과시켰습니다. 집사님들이 너나없이 서약했습니다. 그들은 예산에서 10%가 모자라는 서약을 받았습니다. 그러자 교회에서는 예산보다 더 쓰는 것을 막기 위해서 재정위원회에 그 10%를 예산에서 아예 제해 버릴 것을 요구했습니다. 제일 교회는 하나님에 대해서 어떠한 믿음을 가지고 있다고 생각하십니까?

☐ a. 하나님은 신실하시다. 그 분은 자신이 교회로 하여금 하도록 인도하시는 모든 일을 위해서 공급해 주신다.

☐ b. 하나님은 독하시다. 하나님은 우리에게 많은 일을 하도록 해놓고 그 일의 성취를 위해 필요한 물질을 공급하지 않으신다.

☐ c. 하나님은 우리 교회에서 할 수 없는 것은 아무것도 못 하신다.

☐ d. 다른 답 ______________________________

빌, 캐디, 레보나, 갈보리 교회, 그리고 제일 교회는 다른 많은 변수를 가지고 씨름하고 있었을지 모릅니다. 위의 보기들이 그들이 진정 하나님에 대해서 무엇을 믿고 있었는지를 완벽하게 반영하지 못했을 수도 있습니다. 그러나 한 가지는 뚜렷합니다. 우리의 행동이 우리가 하나님에 대해서 무엇을 믿고 있으며 무엇을 안 믿고 있나를 나타낸다는 것입니다.

행동이 말한다

당신이 하나님의 일에 동참하라는 초청을 받은 후 믿음의 갈등에 부딪칠 때, 당신이 바로 다음에 무엇을 하느냐가 당신이 하나님에 대해서 무엇을 믿느냐를 말해줍니다. 정말로 당신의 행동이 당신의 말보다 더 크게 외칩니다.

➡ **다음의 성경구절을 읽고 물음에 답하십시오.**

마태복음 8 : 5-13. 백부장은 자신의 믿음을 나타내기 위해 무엇을 했습니까?

____

당신은 백부장이 예수님의 권위와 병고치는 힘에 대해서 무엇을 믿었다고 생각하십니까?

____

마태복음 8 : 23-27. 풍랑 중에 제자들은 믿음이 적음을 나타내는 어떤 일을 했습니까?

____

마태복음 9 : 20-22. 여인은 자신의 믿음을 나타내기 위해 무엇을 했습니까?

____

당신은 여인이 예수님의 병고치는 힘에 대해 무엇을 믿었다고 생각하십니까?

____

마태복음 9 : 27-31. 두 소경은 하나님(예수님)의 어떤 특성에 호소했습니까?

____

예수님은 무엇에 근거하여 그들을 고쳐주셨습니까? (29절)

____

다음의 믿음의 갈등에 관한 세번째 문장을 당신 자신의 말로 완성시키십시오.

1. 하나님과의 만남은 믿음을 요구한다.
2. 하나님과의 만남은 하나님의 크기이다.

3. 하나님의 계시(초청)에 대한 당신의 반응이

---

4. 진정한 믿음은 행동을 요구한다.

두 소경이 예수님이 자비로우시고 메시야(다윗의 자손)임을 믿는 믿음을 나타냈을 때, 그들의 믿음에 따라서 예수님은 그들을 고쳐주셨습니다. 여인은 예수님의 옷자락을 살짝 만지기만 해도 치유의 힘이 예수님께로부터 자기에게로 흘러나올 것이라고 믿었습니다. 그녀는 예수님의 치유의 힘을 경험하기 위해서 대중 앞에서 창피를 당하는 것도 마다하지 않았습니다. 제자들이 만났던 것처럼, 인생의 풍랑에 접했을 때, 우리는 마치 하나님이 계시지 않는 듯한, 하나님과 아무 상관이 없는 듯한 반응을 보일 때가 많습니다. 예수님은 그들을 꾸짖으셨습니다. 그들이 인간적으로 두려워하는 것을 꾸짖으신 것이 아니라 그 분의 임재하심, 보호해 주심, 그리고 그 분의 능력을 깨닫지 못한 것을 꾸짖으셨습니다. "다만 말씀으로만 하옵소서 그러면 내 하인이 낫겠삽나이다"라고 백부장은 말했습니다. 예수님은 백부장이 예수님의 권능과 능력을 믿은 믿음을 칭찬하셨습니다. 위에 나오는 한 사람 한 사람이 취한 행동이 그들이 어떤 종류의 믿음을 소유하였는지를 예수님께 나타냈습니다.

➡ **오늘 배운 것을 복습하십시오. 오늘 학습한 내용 중에서 하나님께서 당신으로 하여금 이해하고, 배우고, 실천하기 원하는 구절이나 성구를 하나나 둘쯤 지적해 주시기를 기도하십시오. 해당되는 것에 밑줄을 그으십시오. 그리고 난 후 아래의 질문에 답하십시오.**

오늘 학습한 내용 중 어떤 구절이나 성구가 가장 뜻있게 와 닿았습니까?

위의 구절이나 성구를 당신 자신의 말로 바꾸십시오.

오늘의 학습에 대한 반응으로 하나님께서 당신에게 무엇을 하기 원하십니까?

이 단원의 암송구절을 큰소리로 외우거나 종이에 써보십시오.

이 과의 요점

- 내가 말하는 것과는 상관없이 나의 행동이 내가 하나님에 대해서 무엇을 믿는지를 드러낸다.
- 하나님에 대해서 무엇을 믿느냐가 나의 행동과 내가 어떻게 사느냐를 결정지을 것이다.

제 5 과 진정한 믿음은 행동을 요구한다

행함이 없는 신앙은 죽은 것이다!

"영혼 없는 몸이 죽은 것같이 행함이 없는 믿음은 죽은 것이니라"(약 2 : 26). 당신이 믿음의 갈등에 부딪쳤을 때, 무엇을 하느냐가 당신이 무엇을 믿는지를 표현합니다. 행함이 없는 믿음은 죽은 것입니다.

➡ **아래의 빈칸을 채우면서 잠시 이 단원을 복습하십시오.**

1. 하나님과의 만남은 ________________을 요구한다.
2. 하나님과의 만남은 하나님의 ________________이다.
3. 하나님의 ________________에 대한 당신의 반응이 하나님에 대한 당신의 믿음을 드러낸다.
4. 진정한 믿음은 ________________을 요구한다.

히브리서 11장은 종종 믿음의 장이라고 불립니다. 자신의 믿음을 드러낸 사람들의 행동을 살펴보기로 합시다.

➡ **히브리서 11장을 펴십시오. 다음 목록의 왼쪽 부분에는 그 믿음에 관하여 칭찬받은 사람들의 이름이 적혀 있습니다. 그들이 나온 구절 수가 이름 옆의 괄호 안에 적혀 있습니다. 왼쪽의 사람들의 이름과 오른쪽에 그들의 믿음을 표현한 행동들을 줄을 그어서 연관지어 보십시오. 어떤 사람은 믿음의 행동을 여럿 했을 수 있습니다.**

1. 아벨(4절)	A. 하나님의 백성과 함께 고난받기를 택함
2. 에녹(5-6절)	B. 하나님께 의로운 제물을 드림
3. 노아(7절)	C. 애굽을 떠남
4. 아브라함(8-19절)	D. 외방에서 거함
5. 요셉(22절)	E. 여리고성의 주위를 돎
6. 모세(24-28절)	F. 열심히 찾음으로 하나님을 기쁘시게 해드림
7. 이스라엘 민족(29-30절)	G. 약속의 땅에 자기의 뼈를 묻으라고 지시함
8. 라합(31절)	H. 갈 바를 알지 못하고 하나님을 따름
	I. 유월절을 지킴
	J. 홍해를 가르고 마른 땅으로 건너감
	K. 이스라엘 정탐꾼들을 환영하고 숨겨줌
	L. 약속한 이가 신실하심으로 약속을 지키는 하나님이라고 생각함
	M. 자기 가족을 구하려고 방주를 만듦
	N. 이삭을 제물로 바침

위의 목록을 보고 믿음의 행동을 나타내는 단어에 동그라미 치십시오.

히브리서 11장에 근거해서 다음 문장이 맞는지 틀리는지 맞춰 보십시오. 맞는 것에 ×표 하십시오. 참□ 거짓□ 믿음은 행동에서 나타납니다.

답 : 1-B, 2-F, 3-M, 4-DHLN, 5-G, 6-ACI, 7-EJ, 8-K, 그리고 위 질문의 답은 참입니다.

히브리서 11장을 공부하는 동안 당신은 충성스러운 삶이 인간이 보기에 항상 같은 결과를 가져다주지 않음을 보았을 것입니다.

충성스러운 삶의 결과들

➡ **히브리서 11 : 32-38을 읽으십시오. 충성스러운 삶의 결과들 중에서 당신이 평가하기에 좋은 것은 아래의 왼편에, 나쁜 것은 오른편에 써넣으십시오. 이해를 돕기 위해서 제가 한 가지씩 예를 써넣었습니다.**

〈좋은 결과〉	〈나쁜 결과〉
사자들의 입을 막음.	돌에 맞아 죽음.

33절부터 35절 전반부는 충성스러운 사람들이 승리와 구원을 경험한 것을 표현하고 있습니다. 35절 후반부부터는 다른 충성스러운 사람들이 받은 고문, 형벌, 죽음 등을 표현하고 있습니다. 전자의 사람들이 후자의 경우보다 더 믿음이 좋다고 할 수 있습니까? 아니죠. "이 사람들이 다 믿음으로 말미암아 증거를 받았으나 약속을 받지 못하였으니"(39절). 그들은 주님으로부터 "잘했다!"라는 말을 듣는 것이 인생 그 자체보다 중요하다고 확신했습니다. 40절에 보면 하나님은 충성스러운 사람들에게 이 세상이 줄 수 있는 어떤 것보다도 좋은 것을 예비하셨습니다.

> 이러므로 우리에게 구름같이 둘러싼 허다한 증인들이 있으니 모든 무거운 것과 얽매이기 쉬운 죄를 벗어 버리고 인내로써 우리 앞에 당한 경주를 경주하며 믿음의 주요 또 온전케 하시는 이인 예수를 바라보자 저는 그 앞에 있는 즐거움을 위하여 십자가를 참으사 부끄러움을 개의치 아니하시더니 하나님 보좌 우편에 앉으셨느니라 너희가 피곤하여 낙심치 않기 위하여 죄인들의 이같이 자기에게 거역한 일을 참으신 자를 생각하라 (히 12 : 1-3).

겉에 드러나는 성공이 언제나 믿음을 나타내는 것도 아니고, 나타나는 실패가 믿음이 없음을 나타내는 것도 아닙니다. 충성스러운 종은 주인이 시킨 일을 그 결과에 개의치 않고 하는 사람입니다. 예수님과 똑같이. 그 분이 십자가의 고난을 참으시고 지금은 하나님의 보좌 곁에 앉아 계시듯이! 충성에 대한 상이 얼마나 큽니까! 충성스럽게 사는 것에 좌절하지 마십시오. 충성스러운 종들에게는 상이 기다리고 있습니다!

➡ **이 단원의 암송구절을 써보십시오.**

___

___

다음 단원에서는

저는 당신이 하나님을 열심히 찾아서 그 분을 기쁘게 해드리려고 노력하시기를 기도합니다(히 11 : 6). 다음 단원에서는 하나님의 뜻을 따르는 데 있어서의 대가에 대해 좀더 자세히 살펴보기로 하겠습니다. 당신의 믿음을 표현하는 데 따르는 행동 중의 하나는 당신이 하나님께로 당신 자신을 조정해야만 하는 것입니다. 하나님을 따르는 것은 항상 당신, 심지어는 당신의 주위 사람들에게까지도 비싼 대가를 요구하는 조정을 필요로 할 것입니다.

➡ **지금 시간을 내서 제1단원부터 7단원까지 매 과의 끝에 나오는 질문들을 복습하십시오. 하나님이 당신에게 무언가를 하라고 인도하셨는데 당신이 믿음이 부족해서 못 한 적이 있습니까? 예 □ 아니오 □. 만일 '예'라고 대답하셨다면, 당신이 하나님과 하나님의 목적과 길들에 대해 갖고 있는 믿음을 보이기 위해서 당신이 해야 할 일들을 써보십시오.**

___

___

시간을 내어서 당신의 충성에 대해서 기도하십시오. 하나님께 당신의 믿음의 분량이 자라게 해주시기를 기도하십시오.

오늘 배운 것을 복습하십시오. 오늘 학습한 내용 중에서 하나님께서 당신으로 하여금 이해하고, 배우고, 실천하기 원하는 구절이나 성구를 하나나 둘쯤 지적해 주시기를 기도하십시오. 해당되는 것에 밑줄을 그으십시오. 그리고 난 후 아래의 질문에 답하십시오.

오늘 학습한 내용 중 어떤 구절이나 성구가 가장 뜻있게 와 닿았습니까?

___

___

위의 구절이나 성구를 당신 자신의 말로 바꾸십시오.

___

___

오늘 학습에 대한 반응으로 하나님께서 당신에게 무엇을 하기 원하십니까?

___

___

이 단원의 암송구절을 복습하고 다음 모임 때 사람들 앞에서 외울 수 있도록 준비하십시오.

이 과의 요점

- 행함이 없는 믿음은 죽은 것이다!
- 진짜 믿음은 행함을 통해서 표현된다.
- 하나님은 믿음의 사람들을 위해서 월등히 좋은 것을 예비하고 계시다.
- 충성스럽게 살되 결코 좌절하지 말라. 충성스러운 종들에게는 상이 기다리고 있다.

당신의 인생을 하나님께로 조정하라

한 젊은 부부의 희생

64킬로미터(40 마일)쯤 떨어진 우리의 지교회에 일꾼이 필요하게 되었습니다. 저는 교인들에게 하나님께서 사람을 보내사 그 지교회의 평신도 목회자로 쓰시도록 기도부탁을 했습니다. 한 젊은 부부가 이에 응했습니다. 남편은 대학을 다니고 있었고, 그들은 물질적으로 가진 것이 적었습니다.

그들이 그 지교회에서 살게 된다면 그는 하루에 왕복 128킬로미터(80 마일)를 운전하면서 통학해야 했습니다. 그러나 저는 그들에게 그럴 만한 재정적인 능력이 없다는 것을 알았습니다. 그래서 저는 말했습니다. "안 됩니다. 저는 당신에게 그 일을 하게 할 수 없어요." 그리고 나서 왜 그 일을 하는 것이 그들에게 공평치 못한가에 대해 온갖 이유를 들어 설명했습니다.

이 젊은 부부는 하나님이 그들을 구원해 주신 사실에 대해 깊이 감사하고 있었습니다. 그 젊은 청년이 저를 쳐다보면서 이렇게 말했습니다. "목사님, 제가 주님을 위해 희생할 기회를 빼앗지 말아 주세요." 그 말은 제 마음을 부수어 놓았습니다. 제가 어떻게 거절하겠습니까? 저는 이 젊은 부부가 우리 교회의 새로운 지교회들을 세우는 데 순종하였기 때문에, 그러한 비싼 값을 치러야 함을 알았습니다.

우리는 하나님께 한 평신도 목회자를 불러 달라고 기도했습니다. 저는 하나님이 우리가 예상치 못한 방법으로 기도에 응답하신다는 사실에 대해서 마음을 열고 있어야 했습니다. 이 젊은 부부가 하나님의 부르심에 대해서 깊은 헌신과 희생의 자세로 응했을 때, 예수님의 몸(우리 교회)은 그들이 부르심받았음을 확인시켜 주었고, 하나님은 그들의 필요를 채워주셨습니다.

이 단원의 암송구절 이와 같이 너희 중에 누구든지 자기의 모든 소유를 버리지 아니하면 능히 내 제자가 되지 못하리라.
—누가복음 14 : 33

제 1과 조정이 필수입니다!

당신이 있던 그 자리에 머물러 있으면서 하나님과 동행할 수는 없다.

우리는 하나님이 우리에게 말씀하시고 어떤 과제를 주시기를 원합니다. 그러면서도 우리 인생에 획기적인 조정을 하는 데는 관심이 없습니다. 성서적으로 볼 때, 그것은 불가능한 일입니다. 하나님께서 어떤 사람에게 말씀하시고, 그를 통해서 하시고자 하는 일을 말씀하실 때 획기적인 조정은 언제나 필수였습니다. 그의 인생을 하나님께로 조정해야만 했습니다. 조정이 끝난 뒤에야 하나님은 부르신 그 사람을 통해서 그 분의 목적을 성취하셨습니다.

두번째로 중요한 전환점

1. 믿음의 갈등

2. 획기적인 조정

당신의 인생을 하나님께로 조정하는 것이 당신이 하나님의 뜻을 알고 행하는 데 있어서 두번째로 중요한 전환점입니다. 첫번째 전환점은 믿음의 갈등입니다. 하나님은 스스로 말씀하신 그대로의 하나님이시며, 말씀하신 그대로 일하시는 분이심을 당신은 믿어야 합니다. 하나님에 대한 믿음이 없이는 당신은 이 첫번째 전환점에서 잘못된 결정을 내릴 것입니다. 두번째 전환점은 당신의 인생을 하나님께로 조정하는 것입니다. 당신이 조정하기로 선택했다면, 당신은 순종의 단계로 올라갈 수 있습니다. 그러나 당신이 조정하기를 거부한다면, 당신은 하나님이 당신의 인생을 위해서 보관하고 계신 것을 잃어버릴 수 있습니다.

➡ **당신에게 믿음의 갈등이 일어날 때 믿음이 있다면, 그 믿음을 표현하는 데에는 무엇이 더 요구됩니까? 다음 빈칸을 채우십시오.**

(하나님을 경험하는 삶의 일곱 가지 실체, 5) 하나님의 부르심은 항상 당신을 믿음의 갈등으로 몰아 넣고 결단과 그에 따른__________을 요구합니다.

당신이 하나님을 믿게 되면, 당신이 무엇을 하느냐에 따라 당신의 믿음이 표현됩니다. 어떤 행동이 요구됩니다. 이 행동은 우리가 이 단원에서 초점을 맞춰 공부할, 당신이 해야 할 획기적인 조정 중의 하나입니다. 당신의 순종도 요구되는 행동의 일부분입니다. 당신의 조정과 순종은 당신과 주위 사람들에게 값비싼 대가를 요구할 것입니다.

믿음 → 행동 행동 = 조정 + 순종

➡ **위 네모칸 안에 써 있는 공식을 당신 자신의 말로 바꾸어 정리해 보십시오.**

____

____

____

하나님께로 조정하는 것

하나님의 계시는 당신의 인생을 그 분께로 조정하라는 하나님의 초청이다.

하나님께서 당신에게 말씀을 통해 그 분이 무엇을 하시려는지를 계시하실 때, 그것은 바로 당신의 인생을 그 분께로 조정하라는 하나님의 초청입니다. 당신이 그 분과 그 분의 목적과 방법에 당신의 인생을 조정하고 나면, 당신은 순종해야 하는 위치에 놓이게 됩니다. 조정은 순종할 수 있도록 당신을 준비시킵니다. 당신은 평상시대로 삶을 영위하거나, 당신이 있던 그 자리에 머물러 있으면서, 동시에 하나님과 동행할 수 없습니다. 이것은 성경 전체를 통해 볼 때 사실입니다.

- **노아**는 평상시대로 삶을 영위하면서 동시에 방주를 만들 수는 없었습니다(창 6장).
- **아브람**은 우르나 하란에 계속 머물러 있으면서 가나안에서 한 민족의 아비가 될 수 없었습니다(창 12 : 1-8).
- **모세**는 사막의 한구석에서 양을 치면서 동시에 바로를 대적할 수는 없었습니다(출 3장).
- **다윗**은 왕이 되기 위해서 그가 기르던 양떼를 떠나야만 했습니다(삼상 16 : 1-13).
- **아모스**는 이스라엘을 향해 외치기 위해서 뽕나무를 두고 떠나야 했습니다(암 7 : 14-15).
- **요나**는 니느웨에서 외치기 위해 그의 집과 편견을 버려야만 했습니다(욘 1 : 1-2 ; 3 : 1-2 ; 4 : 1-11).
- **베드로**, **안드레**, **야고보**와 **요한**은 예수님을 따르기 위해서 고기잡이를 그만두어야 했습니다(마 4 : 18-22).
- **마태**는 예수님을 따르기 위해서 세관을 떠나야 했습니다(마 9 : 9).
- **사울**(나중에 바울이 됨)은 하나님이 이방인에게 복음을 전하는 데 쓰임받기 위해서 그의 삶의 방향을 하나님께로 완전히 바꾸어야 했습니다(행 9 : 1-19).

획기적인 변화와 조정이 있어야 했습니다! 어떤 이들은 가족과 조국을 떠나야 했습니다. 어떤 이들은 편견을 버리고 선호하던 것을 바꾸어야 했습니다. 또 어떤 이들은 삶의 목표와 추구하는 이상과 소원을 뒤로 하고 떠나야만 했습니다. 모든 것을 하나님께 맡기고 온 인생을 조정해야 했습니다. 필수적인 조정이 완성됐을 때, 하나님은 그들을 통해서 그 분의 목적을 성취해 나가기 시작하셨습니다. 그러나 위에 열거한 사람들은 모두 하나님께로 그들의 인생을 조정하는 것이 그들이 지불한 대가보다 훨씬 더 값진 것임을 배웠습니다.

➡ **이 단원의 암송구절은 예수님의 제자가 되기 위해서 필요했던 조정이 무엇인가에 대해서 말하고 있습니다. 다음에 그 구절을 써보십시오.**

____

____

당신은 예수님을 따르기 위해서 당신의 "모든 것"을 기꺼이 예수님께 바치겠다

는 단계에 이르렀습니까? 예☐ 아니오☐

7단원에서 당신은 하나님이 그 분의 사람들을 통해서 일하시는 단계 중 다섯번째 단계를 배웠습니다. 이 단원에서는 여섯번째 단계를 함께 살펴보겠습니다. 복습과 예습을 위해서 다음의 빈칸을 채워보십시오.

5. 하나님의 부르심은 항상 당신을 ________________ 으로 몰아넣고 ______________과 그에 따른 ____________을 요구합니다.

6. 당신은 하나님의 역사에 참여하기 위해서 당신의 인생을 하나님의 뜻에 맞게 ______________해야 합니다.

당신은 이렇게 생각하고 있을지도 모릅니다. "하지만 하나님은 나에게 획기적인 조정을 하라고 하시진 않을 거야." 당신이 하나님을 이해하려고 성경을 읽는다면, 하나님이 그 분의 사람들에게 가장 확실한 조정을 요구하시는 것을 알게 될 것입니다. 심지어 하나님은 자신의 독생자에게까지도 획기적인 조정을 요구하셨습니다. "우리 주 예수 그리스도의 은혜를 너희가 알거니와 부요하신 자로서 너희를 위하여 가난하게 되심은 그의 가난함을 인하여 너희로 부요케 하려 하심이니라"(고후 8 : 9). 예수님은 십자가의 죽음을 통한 구속으로 아버지께 동참하시기 위해서, 천국에서의 자신의 지위와 부귀를 버리셨습니다. 그것은 실로 획기적인 조정이었습니다!

심지어는 예수님까지도 획기적인 조정을 해야 했다.

당신이 그 분의 제자—그를 따르는 자—가 되기 원한다면 선택의 여지가 없습니다. 당신은 하나님을 따르기 위해서 당신의 인생에서 획기적인 조정을 해야만 합니다. 당신의 주인을 따르는 것은 당신의 인생에 있어서 조정을 요구합니다. 당신이 하나님을 따르고 하나님이 말씀하신 대로 순종하는 데 필수적인 모든 조정을 할 자세가 갖추어져 있지 않으면, 당신은 하나님께 아무 소용이 없습니다. 당신이 하나님을 따르는 데 있어서 가장 큰 어려움은 조정을 해야 하는 단계에서 올지도 모릅니다.

당신이 하나님을 따르는 데 있어서 가장 큰 어려움은 조정을 해야 하는 단계에서 올지도 모른다.

우리는 조정하는 단계를 건너뛰고, 하나님을 믿는 데서 바로 순종하는 단계로 가기를 원하는 경향이 있습니다. 그러나 당신이 그 분을 따르기 원한다면, 당신은 선택의 여지가 없습니다. 그 분의 길은 당신 것과는 완전히 다릅니다(사 55 : 9). 그렇기 때문에, 당신이 그 분을 따르는 유일한 길은 당신의 인생을 그 분에게 조정하는 것을 요구합니다.

"하늘이 땅보다 높음같이 내 길은 너희 길보다 높으며 내 생각은 너희 생각보다 높으니라."
—이사야 55 : 9

➡ **엘리사와 부자 청년은 모두 하나님의 일에 동참하도록 초청을 받았습니다. 두 사람에 대해서 읽고 다음 물음에 답하십시오.**

엘리사—열왕기상 19 : 15-21 **부자 청년—누가복음** 18 : 18-27

1. 두 사람에게는 어떤 조정이 요구되었습니까?

엘리사 : ____

부자 청년 : ______________________________________

2. 두 사람의 반응은 무엇이었습니까?

엘리사 : ______________________________

부자 청년 : ______________________________

부자 청년

부자 청년은 영생 얻기를 원했지만 예수님께로 자신의 인생을 조정하는 것은 원치 않았습니다. 그에게는 돈과 부가 더 중요했습니다. 예수님은 그것을 아셨습니다. 예수님은 그가 돈을 사랑하면서 동시에 하나님을 온전히 사랑할 수 없음을 아셨습니다(마 6 : 24). 예수님은 그의 신이 되어 버린 재산을 버리라고 요구하셨습니다. 부자 청년은 필요한 조정을 하기를 거부하였고, 따라서 영생을 경험하는 기회를 놓쳤습니다.

"영생은 곧 유일하신 참 하나님과 그의 보내신 자 예수 그리스도를 아는 것이니이다."

—요한복음 17 : 3

➡ **요한복음 17 : 3에 의하면 "영생"의 의미는 무엇입니까?**

____

부자 청년의 욕심과 돈을 사랑함이 그를 우상 숭배자로 만들었습니다(엡 5 : 5). 그는 참 하나님과 예수 그리스도를 알게 되는 기회를 놓쳤습니다. 그는 영생을 얻기 원했지만, 참 하나님께로 그의 인생을 조정하기는 거부했습니다.

엘리사

반면에 엘리사는 아주 다른 반응을 보였습니다. 그는 하나님의 부르심에 응하기 위해서 가족과 직업(농사)을 버리고 떠나야 했습니다. 당신은 '당신이 지나온 다리를 불태운다(온 길로 다시 돌아가지 않는다는 뜻)' 는 말을 들은 적이 있을 것입니다. 엘리사는 그의 농기구를 불태우고 24마리의 소를 버렸습니다. 그리고 2마리의 소를 잡아 요리해서 온 동네 사람을 먹였습니다. 그는 돌아오지 않을 작정이었습니다! 그가 필요한 조정을 했을 때에야 비로소 하나님께 순종하는 단계에 온 것입니다. 그 결과로, 하나님은 엘리사를 통해 구약에 기록된 것 중 가장 위대한 기사와 기적을 행하게 하셨습니다(왕하 2-13장). 엘리사는 부르심을 받은 초기에 조정을 해야만 했습니다. 그가 조정을 하기 전까지, 하나님은 그를 통해서 기적을 베푸실 수 없습니다.

아무도 하나님께 온전히 바쳐지고, 조정되고, 순종된 단 한사람의 인생을 통해서 하나님이 하실 수 있는 모든 일을 요약할 수 없다!

➡ **당신은 하나님께 온전히 바쳐지고, 조정되고, 순종된 그 한 사람이 되고 싶습니까? 예 □ 아니오 □**

당신이 하나님의 뜻을 알고 행하는 데 있어서 어떤 순서로 다음의 반응들이 나와야 합니까? 맞는 순서대로 번호를 매겨 보십시오(도움이 필요하다면 하나님을 경험하는 삶의 일곱 가지 실체를 보십시오).

_____ 순종 _____ 조정 _____ 믿음

하나님이 그 분의 일에 참여하라고 당신을 부르실 때, 그 임무는 하나님 차원의 것이기 때문에 당신은 믿음의 갈등에 부딪치게 될 것입니다. 당신의 반응은 첫째로 믿음을 요구합니다. 믿음은 행동을 통해서 표현될 것입니다. 첫번째 행동은 당신의 인생을 하나님께로 조정하는 것입니다. 두번째 행동은 하나님이 당신에게 하라고 하신 것을 그대로 하는 순종입니다. 당신은 먼저 조정을 하지 않고는 순종으로 들어갈 수 없습니다. 그러므로 답은 믿음—조정—순종의 순서입니다.

➡ **오늘 배운 것을 복습하십시오. 오늘 학습한 내용 중에서 하나님께서 당신으로 하여금 이해하고, 배우고, 실천하기 원하는 구절이나 성구를 하나나 둘쯤 지적해 주시기를 기도하십시오. 해당되는 것에 밑줄을 그으십시오. 그리고 난 후 아래의 질문에 답하십시오.**

오늘 학습한 내용 중 어떤 구절이나 성구가 당신에게 가장 뜻있게 와 닿았습니까?

____

____

위의 구절이나 성구를 하나님께 대한 당신의 기도로 바꾸십시오.

____

____

오늘의 학습에 대한 반응으로 하나님은 당신이 무엇을 하기 원하십니까?

____

____

이 단원의 암송구절을 다음에 써보십시오. 다른 단원의 암송구절들을 복습하십시오.

____

____

이 과의 요점

- 하나님이 나에게 말씀하시고, 그 분이 하시려는 일을 드러내시는 계시가 나의 인생을 그 분께로 조정하라는 하나님의 초청이다.
- 조정은 순종을 준비시킨다.
- 내가 있던 곳에 계속 머물러 있으면서 하나님과 동행할 수는 없다.
- 내가 하나님을 따르는 데 있어서 가장 큰 어려움은 조정하는 단계에서 올 수 있다.
- 아무도 하나님께 온전히 바쳐지고, 조정되고, 순종된 단 한 사람의 인생을 통해서 하나님이 하실 수 있는 모든 일을 요약할 수 없다.

제 2 과 조정의 종류

하나님은 절대적인 항복에 관심을 갖고 계시다.

어떤 종류의 조정이 요구됩니까? 이 질문에 답하는 것은 마치 하나님이 당신에게 하라고 하실지 모르는 일을 모두 적어보라는 것과 같습니다. 그것은 끝이 없을지도 모릅니다. 그렇지라도, 저는 어떤 예를 들어 요구될 만한 조정의 일반적인 범주들을 가르쳐 드릴 수는 있습니다.

조정

조정은 다음에 열거된 영역들 중 하나, 또는 여러 가지일 수 있습니다.

- **당신의 환경에서**(직장, 가정, 물질 등등)
- **당신의 인간 관계에서**(가족, 친구, 사업상의 거래인 등등)
- **당신의 생각에서**(편견, 방법, 당신의 가능성 등등)
- **당신의 헌신도에서**(가족, 교회, 직장, 계획, 전통, 등등)
- **당신의 행동에서**(어떻게 기도하는지, 주는지, 섬기는지 등등)
- **당신의 믿음에서**(하나님에 관하여, 그 분의 목적과 길들에 대하여, 그 분에 대한 당신의 관계에서 등등)

위의 목록은 끝없이 계속될 수 있습니다. 획기적인 조정은 당신의 믿음에 따라 행동하는 시점에서 올 것입니다. 당신이 믿음의 갈등에 부딪치면 당신은 하나님에 대하여 무엇을 믿는지를 결정해야 합니다. 그 정신적인 결정은 쉬운 부분일지 모릅니다. 어려운 부분은 하나님께로 당신의 인생을 조정함으로써 당신의 믿음을 표현하는 것입니다. 당신은 오직 하나님만이 하시는 일을 해 보라고 부르심을 받을지 모릅니다. 전에는 당신이 할 수 있는 일만을 해 보았을지라도….

➡ **다음의 성경구절을 하나하나 읽으십시오. 어떤 종류의 조정이 요구되었습니까? 왼쪽의 성경구절과 연관된 조정의 종류를 오른쪽에서 찾아 줄로 연결시키십시오. 어떤 경우에는 한 가지 이상의 조정을 요구할 수 있습니다.**

성경구절	조 정
1. 마태복음 4 : 18-22	A. 환경에서
2. 마태복음 5 : 43-48	B. 인간 관계에서
3. 마태복음 6 : 5-8	C. 생각에서
4. 마태복음 20 : 20-28	D. 헌신도에서
5. 사도행전 10 : 1-20	E. 행동에서
	F. 믿음에서

어떤 경우에는 한 가지 조정이 여러 영역을 한꺼번에 포함해야 할지도 모릅니다. 예를 들면, 베드로가 고넬료를 만나는 경험은 베드로의 이방인들과의 관계, 그가 깨끗하다고 느끼는 것과 더럽다고 생각하는 것과 믿는 것, 그의 유대 전통에 대한 헌신도, 그

가 이방인들과 갖는 교제에 관한 행동 등에 조정을 요구했을 것입니다. 조정에 어떤 제목을 붙이느냐는 하나님이 당신에게 그 분과 그 분의 목적, 길로 가기 위해서 어떤 변화를 원하시는지 알아보는 것만큼 중요하지는 않습니다. 제가 위에 나온 성경구절에서 보는 조정은 이렇습니다. 1-A, 2-B 또는 C, 3-E, 4-B, C 또는 E, 5-C 또는 F. 당신은 다르게 봤을 수 있습니다. 그래도 좋습니다.

➡ **하나님이 당신의 인생에서 하나님께로 조정하기 원하시는 영역을 적어도 네 가지 이상 적어 보십시오.**

1. 마음
2. __________
3. __________
4. __________

다 적었으면 위의 각 영역에 대한 예를 써 넣으십시오. 예를 들면, 환경에서의 조정은 당신으로 하여금 당신의 고향을 떠나거나 직업을 바꾸도록 요구할지도 모릅니다.

절대적인 항복

하나님은 절대적인 항복에 관심을 갖고 계시다.

하나님은 자주 당신이 한번도 생각해보지도 않았거나 과거에는 열려 있지 않았던 영역에서의 조정을 요구하십니다. 당신은 어떤 사람이 이렇게 얘기하는 것을 들었을 것입니다. "하나님께 당신이 하지 않을 일에 대해서 언급하지 마십시오. 하나님은 바로 그것을 하라고 하실 것입니다." 하나님은 당신을 허우적거리게 할 방법을 찾고 계시는 분이 아닙니다. 그러나 당신 인생의 주인이 되기를 무척 원하십니다. 언제든지 당신이 그 분의 주인됨을 거부하는 부분을 만들면, 하나님은 그 곳을 공격하십니다. 그 분은 절대적인 항복에 관심을 갖고 계십니다. 하나님은 당신이 거부하는 부분을 직접적으로 공격하시지 않을지 모르지만, 당신 인생의 전부에서 하나님이 주인 되기를 원할 때까지 공격하실 것입니다. 이것을 기억하십시오. 하나님은 당신을 사랑하시기 때문에 항상 당신에게 최선을 주시는 것이 그 분의 뜻입니다! 하나님이 당신에게 조정하라고 하시는 것은 항상 당신을 위한 것입니다. 하나님을 따르는 동안, 하나님이 인도하시는 방향에 따라 당신이 얼마나 빨리 조정하느냐에 따라 당신의 인생과 미래가 결정되는 시간이 올 것입니다.

당신의 인생을 하나님께로 조정하라.

먼저 : 조정하고 그 다음에 : 순종하라.

조정은 언제든지 한 인격체에게로 하는 것입니다. 당신의 인생을 하나님께로 조정합니다. 당신의 관점이 하나님의 관점처럼 되기 위해서 조정합니다. 당신의 길이 하나님의 길처럼 되기 위해서 조정합니다. 당신이 필요한 조정을 마친 후에야, 하나님은 당신에게 순종하기 위해서 무엇을 해야 할지를 말씀해 주실 것입니다. 당신이 그 분께 순종할 때, 오직 하나님만이 하실 수 있는 일을 당신을 통해서 하시는 것을 경험하게 될 것입니다.

➡ 이 책을 공부하면서 당신의 생각을 하나님께로 조정한 것을 적어도 한 가지 써 보십시오(어떤 사람은 이렇게 쓸지도 모릅니다. "저는 하나님을 떠나서는 아무것도 하나님의 나라에서 가치 있다고 여기는 일을 할 수 없다는 사실을 받아들여야만 합니다. 하나님을 위해서 무언가를 하는 것 대신, 지금 하나님이 저를 통해서 무엇을 하기를 원하시는지를 보게 해달라고 기도하면서, 주목하여서 그 분의 역사를 관찰하고 있습니다.").

____

____

하나님이 당신에게 그 분께로 어떤 획기적인 조정을 하라고 하셨습니까?
예 □ 아니오 □ '예'라고 대답하셨으면 하나님이 어떤 조정을 요구하셨는지를 간단히 설명하고 그에 대한 당신의 반응을 적어보십시오.

____

____

다음의 하나님의 사람들이 한 말들을 읽어보고, 각 사람이 어떤 종류의 조정을 했는지 혹은 기꺼이 하려고 했는지를 써 보십시오. 예를 들면, 첫번째 문장에서 데이비드 리빙스턴이 기꺼이 하려고 했던 한 가지 조정은 그가 그의 조국에서 의사로서 누릴 수 있는 부를 갖기보다는 아프리카에서 선교사로 가난하게 살기를 원하게 된 것입니다.

데이비드 리빙스턴(아프리카 의료 선교사)—*"다른 사람들이 지상나라의 정부를 위해서 일하는 것을 영광으로 생각하는 한, 우리가 왕 중의 왕으로부터 받는 사명을 희생으로 생각하지 못하게 하십시오. 저는 선교사입니다. 하나님 자신이 독생자를 가지셨는데 그는 선교사였으며 동시에 의사였습니다. 비록 아주 형편없는 복사품이 되겠지만, 아니 그렇게 되기를 희망하지만, 저는 그렇게 섬기면서 살고 싶습니다. 저는 그 속에서 죽고 싶습니다. 저는 아직도 부와 안락보다 가난과 선교를 좋아합니다. 이것이 제가 선택한 것입니다."* [1]

조정 : ____________________________________

짐 엘리어트(남미 퀴샤 인디언 선교사)—*"자기가 잃을 수 없는 것을 얻기 위하여 그가 가지고 있을 수 없는 것을 주는 자는 바보가 아닙니다."* [2]

조정 : ____________________________________

밥 피어스(월드 비전과 사마리탄즈 퍼스의 창시자)—*"하나님의 마음을 아프게 하는 것들로 나의 마음을 아프게 하소서."* [3]

조정 : ____________________________________

오스왈드 스미스(캐나다 선교의 주역)—"*오 하나님이시여, 제 인생에 대한 당신의 계획을 저는 원합니다. 제가 조국에 있든지 타국에 있든지, 결혼을 했든지 독신이든지, 행복하든지 슬프든지, 건강하든지 병이 나든지, 번영이나 역경 속에도 행복하고 만족하게 되기를 원합니다—저는 당신의 계획을 원합니다. 오 하나님이시여, 제 생명을 걸고 저는 원합니다. 저는 원합니다.*" [4]

조정 : ______________________________

C.T. **스터드**(중국, 인도, 아프리카 선교사)—"*예수 그리스도께서 하나님이시고 나를 위해서 죽으셨다면, 그 분을 위해 드리는 나의 어떤 희생도 큰 것이 아닙니다.*" [5]

조정 : ______________________________

위의 사람들이 했거나 기꺼이 하려 했던 조정은 다음을 포함합니다.

- 리빙스턴은 아프리카에 선교사로 가는 일을 영광으로 생각하고 희생으로 여기지 않았습니다.
- 짐 엘리어트는 천국에서의 상을 위해서 지상의 것들을 기꺼이 포기하려 했습니다. 그는 예수님에 대해서 한번도 들어본 일이 없는 사람들에게 복음을 전파하다가 남미 인디언에게 죽음을 당했습니다.
- 밥 피어스는 그렇게도 하나님 아버지와 같이 되기를 바랐기 때문에, 기꺼이 마음이 아파지기를 원했습니다.
- 오스왈드 스미스는 그의 인생에 대한 하나님의 계획을 너무도 원했기 때문에, 어떤 기쁨이나, 역경에도 기꺼이 만족하려고 했습니다.
- C.T. 스터드는 예수님을 위해서라면 어떤 희생도 기꺼이 치르려 했습니다.

➡ **위의 문장들 중에서 당신에게 가장 뜻있게 다가오는 문장에 별표를 하십시오.**

그 문장들에 반영된 헌신도에 대해서 생각해 보십시오. 당신도 그리스도의 주인 되심에 그와 비슷한 헌신을 기꺼이 하고 싶다면, 지금 시간을 내어 당신의 인생을 그 분께로 조정하기 위해 당신이 기꺼이 원하는 마음을 표현하십시오.

당신이 있던 그 자리에 머물러 있으면서 하나님과 동행할 수 없다!

저는 당신이 있던 곳에 머물러 있으면서 하나님과 동행하며 그 분의 뜻에 순종할 수 없다는 것을 이해시키려 노력했습니다. 조정이 우선시되어야 합니다. 그러면 당신은 순종함으로 따를 수 있습니다. 이것을 꼭 마음에 두십시오. 당신을 부르시는 하나님은 당신으로 하여금 그 분의 뜻을 이루게 능력 주시는 하나님입니다. 이 단원의 3-5과에서는 아래의 두번째와 세번째 강조점을 살펴보겠습니다.

---

1. 데이빗, 나오미 셔블리 공저, 수천 마을의 연기, (네쉬빌 : 토마스 넬슨 출판사, 1989), 11.
2. 엘리자베스 엘리오트 저, 전능자의 그림자, 짐 엘리오트의 삶과 증언, (뉴욕 : 하퍼 앤드 브라더스 출판사, 1958), 247.
3. 프랭클린 그래험, 자네트 로커비, 밥 피어스, 내가 하는 이 한 가지, (와코, 텍사스 : 말씀의 책, 1983), 220.
4. 셔블리, 상게서, 11.
5. 상게서, 98.

순종은 조정을 필요로 한다

1. 당신은 당신이 있던 그 자리에 머물러 있으면서 동시에 하나님과 동행할 수 없다.
2. 순종은 당신과 당신 주위 사람에게 값비싼 대가를 치르게 한다.
3. 순종은 하나님이 당신을 통해서 일하시도록 전적으로 의지하는 것을 요구한다.

당신이 당신 인생의 모든 것을 그리스도의 주권에 순복시키기 원할 때, 당신도 엘리사처럼 하나님을 경험하는 상을 받음으로써 당신의 조정이 값어치 있는 것임을 알게 될 것입니다. 아직도 당신의 모든 것을 그 분의 주권에 항복하지 못했다면, 오늘 결단하십시오. 당신 자신을 부인하고, 당신의 십자가를 지고 그 분을 따르십시오(눅 9 : 23).

➡ **오늘 배운 것을 복습하십시오. 오늘 학습한 내용 중에서 하나님께서 당신으로 하여금 이해하고, 배우고, 실천하기 원하는 구절이나 성구를 하나나 둘쯤 지적해 주시기를 기도하십시오. 있다면 해당하는 것에 밑줄을 그으십시오. 그리고 난 후 아래의 질문에 답하십시오.**

오늘 학습한 내용 중 어떤 구절이나 성구가 가장 뜻있게 와 닿았습니까?

____

____

위의 구절이나 성구를 하나님께 대한 당신의 기도로 바꾸십시오.

____

____

오늘의 학습에 대한 반응으로 하나님은 당신이 무엇을 하기 원하십니까?

____

____

이 과의 요점

- 하나님은 내가 하나님의 주권에 절대적인 항복을 하는 것에 관심을 갖고 계시다.
- 나는 한 인격체에다 나를 조정해야 한다.
- 조정은 하나님을 경험하는 상을 받는 값어치 있는 일이다.
- 나를 부르신 하나님은 그 분의 뜻을 나를 통해서 이루게 능력 주시는 분이시다.

제 3 과 순종은 비싼 값을 치르는 것입니다, 제 1 부

순종은 당신에게 값비싼 대가를 치르게 한다.

당신은 당신이 있던 그 자리에 머물러 있으면서 하나님과 동행할 수 없습니다. 당신은 자신이 일을 처리하던 방법대로 계속하면서 하나님의 목적을 그 분의 방법으로 성취시킬 수 없습니다. 당신의 생각은 하나님의 생각과는 비교도 될 수 없습니다. 하나님의 일을 하기 위해서 당신의 인생을 그 분과 그 분의 목적들과 길들로 조정시켜야 합니다.

➡ **이 단원에서 우리는 조정과 순종에 관한 세 가지 문장에 대해서 공부하고 있습니다. 각 문장을 당신 자신의 관점에서 보고, 다음 빈칸에 자신의 말로 고쳐서 다시 써보십시오. "당신"이란 말 대신에 "나"를 사용해서 고치십시오.**

1. 당신은 당신이 있던 그 자리에 머물러 있으면서 동시에 하나님과 동행할 수 없다.

____

2. 순종은 당신과 주위 사람에게 값비싼 대가를 치르게 한다.

____

3. 순종은 하나님이 당신을 통해서 일하시도록 전적으로 의지하는 것을 요구한다.

____

기꺼이 값을 치르고자 함

두번째 문장을 살펴보십시오. 순종은 당신과 주위 사람에게 값비싼 대가를 치르게 합니다. 조정과 순종의 값을 치르지 않고서는 하나님의 뜻을 알 수도 없고 하나님의 뜻대로 행할 수도 없습니다. 하나님의 뜻을 따르는 데 있어서 기꺼이 값을 치르려는 것은 하나의 획기적인 조정입니다. "제자 중에 많이 물러가고 다시 그와 함께 다니지 아니하더라"(요 6 : 66) 그렇습니다. 많은 교회들이 하나님을 알지 못하고, 따라서 그들을 통해서 그 분의 목적과 뜻이 성취되는 것을 경험하지 못하고 있습니다. 그 이유는 그들이 기꺼이 순종의 값을 치르고 싶어하지 않기 때문입니다.

대가의 예 : 우리의 프로그램 안에서의 조정

평신도 지도자들은 훈련이 필요했다.

밴쿠버에 있는 우리 지방회에 속한 사람들 중 일부는 하나님이 그들을 어떤 선교지로 부르고 계신지 모른다고 느꼈습니다. 그들은 어떻게 하나님의 부르심을 감지하고 따를 수 있는가에 대해서 말씀을 나누고자 저에게 부탁했습니다. 우리는 누구든지 하나님께서 사역으로 부르신다고 느끼고 있는 사람이면 우리가 가질 비공식적인 모임에 참석하라고 이틀 동안 광고를 했습니다. 모두 75명이 제가 말하는 것을 듣기 위해서 왔습니다. 그들은 모두 하나님이 어떤 방식으로든지 그들이 사역하기를 원하신다는 것을 느끼고 있었습니다. 그들은 말했습니다. "우리는 훈련이 필요합니다."

두 주가 지나는 동안 사람의 수가 120명으로 늘어났습니다. 우리는 필요한 것을 적고 훈련 가능성에 대한 목록을 만드는 등의 일을 했습니다. 몇몇 교회들이 모인 작은 그룹에서 하나님의 부르심을 느끼는 120명을 훈련시킨다는 것은 거대한 일이었습니다. 우리가 모임에 참석한 사람들을 위한 훈련 프로그램의 준비에 대해 이야기를 시작했을 때 어떤 사람이 물었습니다. "그러나 목사님, 우리가 가을에 하기로 이미 계획해 놓은 프로그램은 어떻게 합니까?" 그 사람은 아마도 우리가 가을 훈련 프로그램과 이 120명의 훈련을 동시에 할 수 없을 것이라는 것을 알고 있었습니다.

➡ **당신이라면 그 사람에게 뭐라고 대답하겠습니까? 지금까지 배운 것을 토대로 답해 보십시오. 당신은 그 120명에게 뭐라고 말하겠습니까?**

저는 120명의 사람들에게 여러 다른 방법으로 말할 수 있었습니다. 우리가 발행하는 신문의 그 큰 호응에 대해 보고하고, 그저 사람들에게 하나님이 하시는 일을 인해서 그 분을 찬양하라고 부탁했을 수 있습니다. 아니면 우리의 내년 훈련 프로그램은 이미 계획되어 있다고 말했을 수도 있습니다. 그들은 이 훈련계획이 우리의 프로그램 달력에 끼워지기까지 1년을 기다려야만 했었을 것입니다. 혹은 우리가 계획하고 있던 모든 프로그램을 전력을 다해 하면서 이 120명을 달래주기 위해 형식적으로 적은 분량의 훈련을 시켜줄 수 있었습니다. 저는 그러지 않았습니다. 그러나 저는 이렇게 설명했습니다. "만일 하나님이 이 사람들을 사역하라고 부르시고 그들에게 훈련이 필요하다면, 우리는 우리의 계획과 프로그램을 하나님이 하고 계신 일로 조정해야 합니다. 우리는 하나님의 종임을 명심해야 합니다." 그것이 우리가 한 일입니다. 우리는 우리의 계획을 조정하고 하나님이 하고 계신 일에 참여했습니다.

우리는 하나님이 우리의 주인이라고 말하고, 그렇기 때문에 하나님이 원하시면 언제든지 우리를 중단시키실 수 있다고 말합니다. 그러나 우리는 하나님이 정말 그렇게 하시기를 기대하지 않습니다. 우리가 하는 모든 일에 대해서 하나님이 확신시켜 주시기만을 기대하고, 우리가 계획한 것을 바꾸어 달라고는 절대로 부탁하지 않습니다. 만약에 우리가 이미 짜놓은 길로 하나님이 내려오셔서 우리의 계획을 보호해 주시기 바란다면, 우리는 큰 위험에 처한 것입니다. 하나님이 우리를 그 분에게 참여하라고 초청하실 때, 우리는 어떤 획기적인 조정을 해야 합니다. 그 조정과 하나님의 방향으로 순종하는 것은 값비싼 대가를 요구합니다. 하나님이 우리에게 그 분을 따르기 위해서 우리의 개인적인 계획이나 삶의 방향을 바꾸기를 요구하십니까?

➡ **사도행전 9 : 1-25을 읽고 사울이 어떤 조정을 했어야 하는지를 설명해 보십시오. 그가 예수님을 따르기 위해서 어떤 값을 치렀어야 했는지 써보십시오.**

하나님은 어떤 한 사람에게 그 분을 따르기 위해서 그 사람 자신의 계획이나 삶의 방향을 바꾸기를 요구하시는 적이 있습니까? 예 □ 아니오 □

사울(바울)

사울(후에 바울이 됨)은 그가 가고 있던 방향에서 완전히 돌이켜야 했습니다. 그는 그리스도인들을 핍박하던 자리에서 예수님이 그리스도이심을 선포하는 자리로 옮겨 갔습니다. 하나님은 당신의 계획과 방향에 있어서 조정이 요구되는 여러 길들로 그 분을 따르기를 원하십니다. 바울에게도 하나님께 조정하는 것은 값비싼 대가를 치르는 것이었습니다. 심지어 그는 유대인들로부터 목숨의 위협을 받는 것까지 감수해야 했습니다. 당신이 해야 할 조정도 값비싼 대가를 요구할 것입니다.

대가의 예 : 핍박을 참아냄

➡ **아래의 글을 읽고 순종의 대가에 해당되는 것에 밑줄을 그으십시오. 제가 보기로 밑줄을 하나 그었습니다.**

새로운 교회에 대한 반대

우리는 하나님이 새스커툰 전역에 걸쳐 새 교회들을 세우라고 우리를 부르시는 것을 명확히 느끼고 있었습니다. 모든 사람들이 우리가 하는 일을 이해하거나 찬성한 것은 아닙니다. 어떤 이들은 거의 매번 우리가 지교회를 세울 때마다 적극적으로 우리를 반대했습니다. 우리는 캐나다의 무서운 영적 어둠에 전적으로 확신을 갖고 있었지만, 그들은 그것을 보지 못했습니다. 레지나—서스캐처원 주의 수도—에서 발간되는 신문의 한면 전체에 인구 15만 명인 이 도시에 감히 우리가 새 교회를 시작한다고 비난하는 기사가 실렸습니다. 우리가 험볼트(Humboldt)에서 성경공부를 시작했을 때, 어떤 다른 교회들을 대표하는 지도자들이 사무실로 찾아와 중지할 것을 촉구했습니다. 그들은 우리의 노력이 '마귀로부터 온 것'이기 때문에 성경공부를 막겠다고 했습니다. 데샴벌트(Deschambault)에서는 우리 목사님이 거리에서 어떤 무당을 만나 그로부터 저주하는 말을 들었습니다. 저는 프린스 알버트에서 저희의 노력을 비난하는 편지를 받았습니다. 우리가 실패해서 철수하기를 전심으로 기도하는 기도회가 블레인 레이크(Blaine Lake)에서 열리고 있다는 이야기를 들었습니다.

우리 모임의 어떤 사람들은 우리 교회도 아직 작으면서 새 지교회를 세우려고 하는 우리가 어리석다고 말했습니다. 우리는 지교회 목사님들이나 다른 사역자들의 사례비를 주지도 못하고 곤경에 처하더라도 도움을 요청하지 말라는 소리를 들었습니다. 하나님이 우리에게 말씀하실 때 우리와 함께하지 않았던 사람들은 우리의 노력을 "하나님 앞에 주제넘은 짓"이라고 보았습니다. 저는 곧 모든 믿음의 단계가 다른 사람들에게 주제넘은 것으로 해석될 수 있음을 발견했습니다. 순종과 우리의 순종 위에 역사하시는 하나님의 확인만이 우리가 하나님의 뜻을 행하고 있음을 드러낼 것이었습니다.

후에 우리의 지교회들이 생겨나고 번창하여 자립하게 되자 우리를 혹평하던 사람들은 비로소 이 일이 하나님께로부터 온 것임을 깨달았습니다. 그들 중 많은 이들이 용기를 얻고 우리와 같은 믿음의 첫발을 내딛어서 그들 스스로의 새로운 일을 시작했습니다. 하나님은 우리로 하여금 그 분에게 충성스럽고, 다른 사람들에게 사랑이 넘치는 마음을 지키게 도와주셨습니다. 그러나 그것은 값비싼 대가를 치르는 것이었습니다.

➡ **위에서 우리가 새 교회들을 세우는 데 치른 '값'이 무엇인지 적어보십시오.**

____

____

____

고린도후서 11 : 23-33을 읽고 바울이 예수님을 따르고 순종하는 데 치렀던 값이 무엇인지 열거해 보십시오.

____

____

____

하나님의 뜻에 순종하는 것은 때때로 반대와 오해를 자아냅니다. 바울은 예수님께 대한 그의 순종 때문에, 심한 고통을 겪었습니다. 매맞음, 투옥 등 사람이 당하기에는 너무나 큰 위험을 당했습니다. 그는 한 서신을 이렇게 매듭짓고 있습니다. "내가 내 몸에 예수의 흔적을 가졌노라"(갈 6 : 17). 주님의 뜻을 행하기 전에는 바울은 그런 경험을 하지 못했습니다. 순종은 그에게 매우 값비싼 대가를 요구했습니다. 그럼에도 바울은 이렇게 말할 수 있었습니다.

> 내가 그리스도와 그 부활의 권능과 그 고난에 참예함을 알려하여 그의 죽으심을 본받아 어찌하든지 죽은 자 가운데서 부활에 이르려 하노니 내가 이미 얻었다 함도 아니요 온전히 이루었다 함도 아니라 오직 내가 그리스도 예수께 잡힌 바 된 그것을 잡으려고 좇아가노라(빌 3 : 10-12).

사도 바울은 그가 하나님의 뜻을 행하기 위해서 했던 조정을 이렇게 표현했습니다. "여러 사람에게 내가 여러 모양이 된 것은 아무쪼록 몇몇 사람들을 구원코자 함이니"(고전 9 : 22). 당신의 예수님에 대한 조정과 순종 역시 값비싼 대가를 요구할 것입니다.

➡ **당신은 당신의 예수님에 대한 조정이나 순종이 매우 값비싼 것임을 경험한 적이 있습니까? 예 ☐ 아니오 ☐ '예'라고 대답했다면 당신의 경험을 써보십시오. 그리고 당신이 치러야 했던 대가가 어떤 것이었는지 써보십시오.**

____

____

데이비드 리빙스턴

데이비드 리빙스턴은 스코틀랜드 출신으로 19세기의 유명한 선교사였습니다. 그는 아프리카에 그리스도를 알리는 데 일생을 바쳤습니다. 그의 헌신의 글이 어쩌면 당신이 헌신하도록, 예수님을 따르는 데 치러야 하는 값을 기꺼이 감당하도록 고취시켜 줄 것입니다.

> 주여, 저를 어디로든지 보내소서, 다만 저와 함께 가주소서.
> 제게 어떤 부담이라도 지우소서, 다만 저를 지켜주소서.
> 어떠한 줄도 다 끊으소서, 저를 당신에게 묶는 끈만 제외하고는.
> —데이비드 리빙스턴

➡ **오늘 배운 것을 복습하십시오. 오늘 학습한 내용 중에서 하나님께서 당신으로 하여금 이해하고, 배우고, 실천하기 원하는 구절이나 성구를 하나나 둘쯤 지적해 주시기를 기도하십시오. 해당되는 것에 밑줄을 그으십시오. 그리고 난 후 아래의 질문에 답하십시오.**

오늘 학습한 내용 중 어떤 구절이나 성구가 가장 뜻있게 와 닿았습니까?

____

위의 구절이나 성구를 하나님께 대한 당신의 기도로 바꾸십시오.

____

____

오늘의 학습에 대한 반응으로 하나님은 당신이 무엇을 하기 원하십니까?

____

이 단원의 암송구절을 복습하고 다음 그룹 모임에서 사람들 앞에서 외울 수 있도록 준비하십시오.

이 과의 요점

- 순종은 나와 내 주위 사람들에게 값비싼 대가를 치르게 한다.
- 조정과 순종이라는 값을 치르지 않으면 나는 하나님의 뜻을 알 수도, 행할 수도 없다.
- 하나님이 하시는 일에다 나의 계획과 프로그램을 맞추어야 한다.

제 4 과 순종은 비싼 값을 치르는 것입니다, 제 2 부

순종은 당신과 당신의 주위 사람들에게 비싼 값을 치르게 한다.

하나님의 뜻을 행하려고 조정하는 데 있어서 가장 힘든 요구 중 하나는 당신 주위 사람들에게 비싼 값을 치르게 할 때에라도 순종하기를 결단하는 것입니다. 순종은 당신과 당신 주위 사람들에게 값비싼 대가를 치르게 합니다.

➡ **다음 질문에 답하십시오. 답을 모르겠으면 제시된 성경구절을 참조하십시오.**

1. 모세가 순종하고 바로에게 이스라엘을 내보내 달라고 했을 때, 이스라엘은 어떤 값을 치러야 했습니까? (출 5 : 1-21)

___

2. 예수님이 순종하고 십자가를 지셨을 때, 거기 서서 그 분이 죽는 것을 본 그의 어머니는 어떤 값을 치러야 했습니까? (요 19 : 17-37)

___

3. 바울이 데살로니가에서 이방인들에게 복음을 전파하는 데 순종했을 때, 야손은 어떤 값을 치러야 했습니까? (행 17 : 1-9)

___

모세와 이스라엘 백성

모세가 하나님의 뜻에 순종하였을 때, 이스라엘 자손들의 노역은 더욱 무거워졌고 이스라엘인 패장들은 두들겨 맞았습니다. 이스라엘 백성은 모세가 하나님의 뜻에 순종하였기 때문에 비싼 값을 치렀습니다.

예수님과 마리아

주 예수께서 아버지의 뜻을 좇아 십자가상에서 돌아가셨을 때, 예수님의 어머니였던 마리아는 자기의 아들이 잔인하게 죽임을 당하는 것을 보는 슬픔을 겪었습니다. 예수님의 순종이 그의 어머니의 가슴이 찢어지는 경험을 하게 만들었던 것입니다. 그의 순종은 그의 모든 제자들의 마음에 두려움과 아픔을 심었습니다. 예수님이 하나님의 뜻을 행하시는 동안 많은 다른 사람들은 비싼 값을 치러야 했습니다.

바울과 야손

바울이 복음을 전파하라는 하나님의 뜻에 순종했을 때, 다른 사람들도 그들의 인생에서 역사하시는 하나님께 응하도록 인도되었습니다. 야손과 어떤 사람들은 그들이 바울과 사귀었기 때문에, 소동하는 군중들에게 잡혀 반역죄로 고소되었습니다. 하나님 뜻에 대한 바울의 순종은 그와 함께한 사람들을 빈번히 위험으로 몰아넣었습니다.

당신은 하나님의 뜻을 알고 행하는 데 있어서 매우 실질적인 이 요소를 그냥 지나쳐서는 안됩니다. 하나님은 그 분의 계획과 목적을 당신에게 계시하실 것입니다. 그러나 당신의 순종은 당신과 당신 주위 사람들에게 값비싼 대가를 치르게 할 것입니다. 예를 들어 어떤 목사님이 선교를 위해서 자신의 인생을 바치기로 했을 때, 그 분 자신보다도 그 분의 주위 사람들(가족, 교회)이 더 큰 값을 치러야 할지도 모릅니다. 그 목사님이 그의 교회를 선교에 직접적으로 참여하게 만들면, 그것은 목사님 자신에게보다도 그 교회 교인들에게 더 비싼 대가를 요구할 것입니다.

➡ **다음 문장의 빈칸들을 채우십시오.**

1. 당신은 당신이 있던 그 자리에 ______________있으면서 동시에 ____________과 동행할 수 없습니다.

2. 순종은 당신과 당신 ______________________에게 값비싼 대가를 치르게 합니다.

3. 순종은 하나님이 당신을 통해서 일하시도록 전적으로 의지하는 것을 요구합니다.

제2과의 224 페이지 '순종은 조정을 필요로 한다'를 보고 당신의 답을 맞추어 보십시오.

내가 하나님의 뜻을 행함으로 우리 가족이 치렀던 값

저와 아내 마릴린이 선교사업에 헌신했을 때, 우리에게 닥친 큰 대가 중 하나는 제가 오랫동안 아이들 곁을 떠나 있어야 하는 것이었습니다. 우리가 새스커툰으로 갔을 때 큰 아이는 여덟 살이었습니다. 막내는 우리가 이사간 지 몇달 후에 태어났습니다. 아이들이 자라나는 그 무렵, 저는 대부분의 시간을 집에서 떠나 있었습니다. 마릴린은 다섯 아이를 제가 없는 상황에서 키워야 하는 대가를 치렀습니다.

저는 많은 하나님의 사람들이 이렇게 이야기하는 것을 들었습니다. "저는 진실로 하나님이 저를 부르신다고 생각합니다. 하지만, 무엇보다도 제 아이들이 저를 필요로 합니다. 저는 제 가족을 그렇게 힘들게 할 수 없어요." 글쎄요. 물론 당신의 아이들은 당신의 보살핌을 필요로 합니다. 그러나, 당신이 하나님의 역사에 순종함으로 응했다면, 하나님이 당신의 아이들을 보살필 어떤 길을 마련해 주실 것을 믿지 않습니까? 우리는 그것을 믿었습니다!

우리는 하나님이 우리의 순종을 존중하여 주실 것을 믿었습니다. 우리는 하나님이 어떻게 우리 아이들을 길러야 하는지 알려주실 것이라고 믿었습니다. 우리는 하늘에 계신 우리 아버지께서 그 분의 종들을 사랑하시고, 우리가 우리 아이들을 보살필 수 있는 것보다 훨씬 더 잘 돌봐주실 수 있는 분이심을 믿게 되었읍니다. 우리는 하나님이 우리가 아이들과 함께 하지 못하는 시간을 보충해 주는 어떤 방법을 제시해 주시리라는 것을 믿었습니다. 이제 더 이상 그것이 제가 제 가족을 등한시하는 핑계가 될 수는 없습니다. 그러나, 제가 하나님 아버지께 순종할 때, 그 분이 제 가족을 돌봐 주시는 것을 믿을 수 있었습니다.

저는 하나님이 저의 가족을 돌봐주시는 것을 믿을 수 있다.

우리가 새스커툰에 있던 첫해에 세 사람에게 침례를 주었습니다. 매우 힘들었던 2년 반의 노력 끝에 주일성경학교에 30명이 참석하게 되었습니다. 마릴린이 제게 말했습니다. "헨리, 오늘 리처드가 제게 와서 당신이 불쌍해서 못 견디겠다고 했어요. 그 애는 이렇게 말했답니다. '아빠는 좋은 설교를 하세요. 그리고 주일마다 초청의 시간을

갖는데 아무도 나오지 않잖아요.'

저는 리처드에게 가서 이렇게 말했습니다. "리처드야, 절대로 아빠를 불쌍하게 여기지 말아라. 하나님이 아빠에게 10년 동안 애써 일하게 하시고, 그럼에도 아주 적은 결과밖에 나오지 않아도, 아빠는 결코 실망치 않고 더 열심히 일할 거란다." 저는 무슨 일이 일어나고 있는지 리처드가 이해하도록 도와줘야 했습니다. 저는 하나님의 약속에 대해서 설명해 주었습니다. "울며 씨를 뿌리러 나가는 자는 정녕 기쁨으로 그 단을 가지고 돌아오리로다"(시 126 : 6). 하나님은 그 순간 제 아들에게 의미 깊은 영적인 진리를 가르쳐 주는 도구로 저를 사용하셨습니다.

하나님은 마릴린을 돌보아 주셨다.

저는 마릴린이 의기소침했던 때를 기억합니다. 그녀는 용기를 잃었습니다. 그로부터 일주일 뒤, 제가 주일 설교를 마치자마자 리처드가 강단 앞으로 나와서 결신했습니다. 그 애는 이렇게 말했습니다. "하나님께서 저를 사역자로 부르시는 것 같아요."

그 애 바로 뒤로 우리의 이웃인 역시 리처드라는 이름을 가진 소년이 걸어 나왔습니다. 마릴린은 문제 가정에서 자라난 이 소년을 돌보는 데 많은 시간을 들였습니다. 그는 나와서 이렇게 말했습니다. "하나님께서 저를 사역자로 부르시는 것 같아요. 그리고 제가 이렇게 된 것은 블랙가비 여사의 덕분이에요."

그리고 론이라는 소년도 그 예배 때 일어나서 말했습니다. "하나님께서 저 또한 사역자로 부르십니다. 그리고 이것은 블랙가비 여사의 공이 많이 들어간 때문입니다." 그가 그의 인생에서 문제에 부딪쳤을 때, 우리 가족은 그의 인생을 향한 하나님의 뜻을 찾도록 용기를 북돋워 주었습니다. 마릴린은 론에게 사랑을 보여주려고 무진 애를 썼습니다. 마릴린이 위급한 이 순간에 하나님은 그녀를 돌보아 주셨습니다.

당신은 하나님이 당신의 가족을 돌보아주심을 믿을 수 있다!

지금은 저의 다섯 아이 모두가 전담사역이나 선교사업으로 하나님이 부르셨음을 느끼고 있습니다. 오직 하나님만이 제 아이들에게 이렇게 아름다운 일을 하실 수 있습니다. 저는 하나님이 당신의 가족을 돌보아주실 수 있다는 것을 당신이 아시기를 바랍니다. 저는 이 세상의 누구보다도 하나님의 손에 저희 가족을 의탁할 것입니다.

➡ **당신은 하나님의 뜻을 행함에 있어 당신의 가족이 비싼 값을 치러야 했던 경험이 있습니까? 예 □ 아니오 □ 만일 '예'라고 대답하셨다면 그 경험을 아래에다 써보십시오.**

____

____

당신은 당신 주위에 있는 사람들이 비싼 대가를 치러야 했기 때문에 하나님의 뜻에 순종하지 않기로 결정한 경험이 있습니까? 예 □ 아니오 □ 만일 '예'라고 대답하셨다면 그 경험을 아래에다 써보십시오.

____

____

당신이 아는 하나님의 성품 중에서 당신의 가족을 하나님이 돌보아 주실 것임을 믿고 의지하게 하는 것을 열거해 보십시오.

____

____

____

그리스도께서 그의 사람들과 대화하게 하십시오

당신이 하나님의 사람들에게 주님의 마음과 뜻이 무엇인지 구하라고 권면한다 합시다. 그들이 당신에게 무슨 말을 하든지 받아들일 준비가 되어 있어야 합니다. 당신은 그들이 하는 말을 존중해야 합니다. 저는 교회나 위원회, 모임 등에서 어떤 일에 관한 하나님의 뜻을 찾는 것에 대해 기도해 달라는 사람들을 보아 왔습니다. 그러면 사람들은 하나님이 말씀하신다고 느끼는 것들을 표현합니다. 그러면 지도자는 다음과 같은 말을 합니다. "자, 이제 하나님이 우리가 무엇을 하기 원하시는지를 여러분에게 말씀드리겠습니다." 만일 하나님의 사람들이 예수님의 몸이라면, 오직 예수님만이 머리가 되실 수 있습니다. 온몸은 몸에 대한 하나님의 뜻을 이해하기 위해 예수님께로 나와야 합니다. 우리는 모두 그의 사람들과 대화하시는 그리스도를 의지하도록 배울 필요가 있습니다.

오직 예수님만이 머리가 되실 수 있다.

➡ **당신 교회가 특별한 물질적인 필요를 위해 기도하고 있는데, 하나님이 한 은퇴한 사람이 일생 모은 3백2십만 원($4,000)의 반을 이 교회의 필요를 위해 내놓기를 원하고 계심을 느꼈다고 가정합시다. 당신은 이에 어떻게 대응했을까요? 당신의 답에 ×표 하십시오.**

☐ 1. 저는 그녀의 헌금을 거부하고, 물질적으로 좀더 안정된 사람들에게 내라고 부탁할 것입니다.

☐ 2. 저는 그 헌금을 받고 기도를 응답해 주신 하나님께 감사를 드릴 것입니다. 그리고 나서 그녀가 우리 교회에 대한 하나님의 뜻을 행함으로 값비싼 대가를 치러야 하는 것에 대해 슬퍼할 것입니다.

☐ 3. 저는 그 헌금을 일단 받고 나서 될 수 있으면 빠른 시일 내에 그 돈을 메울 다른 방법을 강구해 볼 것입니다.

☐ 4. 저는 그녀에게 2 주 동안 더 기도해보고 그것이 진정 하나님이 원하시는 일인지 알아보라고 할 것입니다.

우리 교회가 하나님의 뜻을 행하는 데 한 개인이 치러야 할 대가

저는 이와 비슷한 처지에 놓여야만 했습니다. 우리의 새 지교회들 중 하나가 건물을 필요로 했습니다. 저희가 거래하고 있던 은행에서는 우리가 얼마간의 돈을 계약금조로 내야만 융자를 받을 수 있다고 했습니다.

그 지교회는 정말 작았기 때문에 저는 우리 교인들에게 그 융자용 계약금을 위해 헌금할 가능성에 대해 기꺼이 기도할 것인지를 물었습니다. 그들은 기도하기로 동의하고, 하나님이 어떻게 공급해 주시는지 주목하여 보기로 했습니다. 우리의 진정한 기도 용사 중 하나인 이바 베이츠는 과부였습니다. 그녀는 적은 액수의 양로 연금을 받고 있었고, 남은 일생을 살면서 쓸 3백2십만 원($4,000)을 은행에 예치하고 있었습니다. 그런데 건축헌금으로 1백6십만 원($2,000)짜리 수표를 내놓은 것입니다.

나는 목사로서 그 과부를 보고 가슴이 복받쳤습니다. 저는 하나님이 우리 교회로 하여금 하기를 원하신다고 믿는 일을 지도하고 있었습니다. 우리 교인들이 비싼 대가를 치르면서 응하는 것을 보는 제 마음은 너무나도 아팠습니다. 저는 그 과부의 딸과 이야기를 나누었습니다. 그 딸은 이렇게 말했습니다. "우리 어머니에게서 권리를 빼앗지 마세요 하나님께 '드리는' 권리 말입니다. 우리 어머니는 항상 주님을 의지해 오셨어요. 어머니는 지금도 그렇게 하길 바라십니다."

어떤 목사님들과 재정위원회들은 이렇게 말합니다. "우리는 사람들에게 너무 자주 헌금하라고 할 수 없어요. 그렇게 하면 우리가 기존으로 책정한 예산에 차질이 생길 것입니다." 저는 하나님이 사람들에게 주시는 기회를 막는 일은 절대로 하면 안된다는 것을 배웠습니다. 저는 절대로 사람들이 돈을 내도록 압력을 넣거나 암암리에 조작을 하지 않았습니다. 그것은 제가 할 일이 아니었습니다. 저는 다만 기회를 만들고, 하나님이 그들에게 내도록 인도하신 것만 낼 것을 얘기합니다. 하나님의 사람들은 하나님의 뜻을 기쁘게 행할 것입니다. 어떤 사람들은 하나님이 그들로 하여금 그 분을 위해 희생하게 해주신 것을 감사하게 생각하고 후하게 반응합니다. 어떤 사람들은 그 기회를 통해서 인생이 돌변하는 경험을 하게 될 것입니다.

"우리 어머니에게서 권리를 빼앗지 마세요."

➡ **당신은 어떤 개인이나 가족이 당신의 교회가 하나님의 뜻을 행하고 있기 때문에 비싼 대가를 치러야만 했던 경우를 알고 있습니까? 예 ☐ 아니오 ☐ 만일 '예'라고 대답하셨으면 그 경우를 짧게 써보십시오.**

____

____

____

____

다음 두 문장을 완성시키고 당신의 답을 점검해 보십시오.

1. 당신은 당신이 있던 그 자리에 머물러 있으면서 ______________ ______________ 없다.

2. 순종은 ______________________________ 에게 값비싼 대가를 치르게 한다.

3. 순종은 하나님이 당신을 통해 일하시는 것을 전적으로 의지하는 것을 요구한다.

한 어머니의 절규

허드슨 테일러

위대한 기도와 믿음의 사람인 허드슨 테일러는 중국 선교사로 가라는 하나님의 부르심에 응했습니다. 그의 아버지는 이미 돌아가신 뒤였습니다. 그는 홀로 되신 그의 어머니를 남겨두고 선교사로 떠나야 했습니다. 그의 인생의 막바지인 1905년까지, 그는 중국 내지 선교(China Inland Mission)를 창시하여 하나님께 쓰임받았습니다. 거기에는 205개의 전도센터, 849명의 선교사들, 125,000명의 중국 그리스도인들이 속해 있었습니다. 그것은 하나님께 절대적으로 순종한 한 인생의 간증입니다. 허드슨 테일러는 중국 선교사로 가는 하나님의 뜻에 순종하면서 그와 그의 어머니가 경험했던 대가를 이렇게 표현했습니다.

➡ **당신이 허드슨 테일러라고 상상해 보십시오. 당신의 아버지는 돌아가셨습니다. 당신은 당신의 어머니를 지상에서는 다시 보지 못할지도 모릅니다. 다음 테일러가 헤어지는 장면을 천천히 읽고, 그들이 느꼈을 만한 감정을 상상해 보십시오.**

"지금은 하늘에 계신 나의 사랑하는 어머니께서 리버풀에서 나를 보러 오셨다. 나는 그날도 잊을 수 없거니와, 거의 6개월이란 긴 기간 동안 머무를 나의 조그만 오두막에 들르셨던 일도 잊을 수 없을 것이다. 어머니는 어머니의 사랑이 담긴 손길로 작은 침대를 깨끗이 해주셨다. 어머니는 내 곁에 앉으셔서 기나긴 이별에 들어가기에 앞서 함께 마지막 찬송을 부르셨다. 우리는 함께 무릎을 꿇었고, 어머니는 기도하셨다. 그것이 내가 중국으로 가기 전에 마지막으로 들은 어머니의 기도였다. 그러자 우리가 헤어져야 한다는 전갈이 왔다. 우리는 지상에서 다시 볼 수 있으리라 기대하지 않은 채 작별인사를 해야만 했다."

"나를 위해서 어머니는 자신의 감정을 할 수 있는 한 억제하셨다. 우리는 헤어졌고 어머니는 나를 축복하시면서 바닷가로 가셨다! 나는 갑판에 홀로 서 있었고, 어머니는 우리가 선창을 지나 먼바다로 나가는 동안 배를 좇아오셨다. 선창을 벗어나면서 이별이 한층 깊이 느껴졌다. 나는 그때 어머니의 마음에서 배어나오던 고통의 절규를 절대로 잊을 수 없을 것이다. 그것은 마치 비수와 같이 내 마음을 관통해 지나갔다. 그 때까지 나는 '하나님이 세상을 이처럼 사랑하사' 하는 말의 의미를 완전히 깨닫지 못하고 있었다. 그리고 그 순간 나의 귀한 어머니도, 멸망하는 세상을 향한 하나님의 사랑을 평생 느꼈던 것보다 더 많이 배우셨다는 것을 나는 확신한다."

"하나님을 찬양하라. 주님을 따라 자신들을 비우고 주님의

위대한 명령에 순종하여 모든 것을 버리는 사람들에게 허락하신 넘치는 기쁨과 그의 자비의 놀라운 계시를 발견하는 사람들의 숫자가 증가하고 있음을 인하여."[6]

➡ **위의 글을 읽고 다음 질문에 답하시오.**

1. 허드슨 테일러가 하나님께로 그의 인생을 조정하고, 순종함으로 중국으로 갔을 때 그는 어떤 대가를 치러야 했습니까?

____

____

2. 허드슨 테일러가 하나님의 뜻에 순종함으로써 그의 어머니는 어떤 대가를 치러야 했습니까?

____

____

3. 그 경험을 통해서 그들은 하나님의 사랑에 대해서 무엇을 배웠습니까?

____

위험한 선교의 사명을 가지고 집과 가족을 떠나는 것은 허드슨 테일러에게 있어서 매우 값비싼 대가를 치르는 첫 발이었습니다. 그의 어머니는 주님을 사랑했고, 따라서 사랑하는 아들을 선교사로 내보내는 대가를 치르기를 원했습니다. 두 사람 모두 순종의 값비싼 대가를 치렀습니다. 그러나 그들이 전에는 전혀 알지 못했던 하나님의 사랑을 체험했습니다. 역사는 하나님께서 그의 충성스러운 종, 허드슨 테일러를 보상하셨음을 보여줍니다. 하나님은 그를 기적적으로 사용하셔서 중국 내륙까지 그리스도의 복음이 전파되게 하셨습니다.

➡ **당신은 하나님이 당신을 값비싼 믿음의 모험으로 불러내실지도 모른다고 생각하십니까? 예 ☐ 아니오 ☐**

하나님이 값비싼 헌신으로 당신을 부르실 때 당신은 어떻게 응하겠습니까?
예, 주님 ☐ 아니오, 그건 너무 비쌉니다 ☐

당신은 위의 질문이 너무 시기상조라고 생각할지 모르지만 그렇지 않습니다. 그것이 바로 그리스도의 주권이 의미하는 전부입니다. 당신은 하나님이 당신을 무엇으로 부르실지를 아는 것과 상관없이 위의 두번째 질문에 대답할 수 있어야 합니다. 당신은 전인생을 이런 자세로 살아야 합니다. "주님, 당신이 오늘 말씀하시든지, 장래에 말씀하시든지 제 대답은 언제나 '예' 입니다!" 당신 인생에서 모든 것을 기꺼이 그 분께 항복하는 차원으로 가십시오.

---

6. J. 허드슨 테일러, 회상(필라델피아 : 중국선교회, 연도불명), 39-40.

➡ **오늘 배운 것을 복습하십시오. 오늘 학습한 내용 중에서 하나님께서 당신으로 하여금 이해하고, 배우고, 실천하기 원하는 구절이나 성구를 하나나 둘쯤 지적해 주시기를 기도하십시오. 해당되는 것에 밑줄을 그으십시오. 그리고 난 후 아래의 질문에 답하십시오.**

오늘 학습한 내용 중 어떤 구절이나 성구가 당신에게 가장 뜻있게 와 닿았습니까?

___

___

위의 구절이나 성구를 하나님께 대한 당신의 기도로 바꾸십시오.

___

___

___

오늘의 학습에 대한 반응으로 하나님은 당신이 무엇을 하기 원하십니까?

___

___

이 과의 요점

- 나의 순종이 내 주위 사람들에게 값비싼 대가를 치르게 한다.
- 나는 하나님이 내 가족을 돌보아 주시는 것을 믿을 수 있다.
- 다른 사람들이 그들의 주님을 위해 희생할 기회를 빼앗지 말라.
- 나는 그리스도께서 그 분의 사람들과 대화하심을 믿고 의지해야 한다.
- 주여, 당신이 오늘 말씀하시든지, 장래에 말씀하시든지 저의 대답은 '예' 입니다.

제 5 과 하나님께 전적으로 의지하는 것

순종은 하나님이 당신을 통해서 일하시도록 전적으로 의지하는 것을 요구한다.

당신이 하나님의 뜻을 알고 행하는 데 있어서 또 하나의 조정은 하나님이 당신을 통해서 하시고자 하는 일을 완성하시도록 당신이 하나님께 전적으로 의지하게 되는 것입니다. 예수님께서는 그 분과 우리와의 관계가 포도나무와 가지의 관계와 같다고 말씀하셨습니다. 그 분은 "나를 떠나서는 너희가 아무것도 할 수 없다"고 하셨습니다(요 15：5). 당신이 그 분의 종일 때, 당신은 그 분이 자신의 일을 당신을 통해서 완성하실 수 있도록 그 분과의 친밀한 관계 안에 머물러 있어야 합니다. 당신은 오로지 하나님께만 의지해야 합니다.

조정이란 당신의 능력, 당신의 기호, 당신의 목적에 따라 하나님을 위해 일하는 태도에서 하나님께 대한 전적인 의지로 전환하는 것입니다. 그러나 이러한 태도의 전환은 그리 쉽지 않습니다.

➡ **지금까지 이 단원에서 공부해 온 다음 문장의 빈칸을 채우십시오.**

1. 당신이 있던 그 자리에 ______________ 동시에 하나님과 ____ ________

2. 순종은 __________과 주위 사람들에게 ______________

3. 순종은 하나님이 당신을 통해서 일하시도록 ______________ 을 요구한다.

당신의 답을 맞춰 보십시오.

다음 성경구절들을 읽고 당신이 하나님의 목적을 이루어 나가기 위해서 반드시 하나님께 의존해야 한다고 표현된 부분에 밑줄을 그으십시오. 그리고 난 후 아래 질문에 대답하십시오.

> 요한복음 15：5—"나는 포도나무요 너희는 가지니 저가 내 안에, 내가 저 안에 있으면 이 사람은 과실을 많이 맺나니 나를 떠나서는 너희가 아무것도 할 수 없음이라."
>
> 고린도전서 15：10—"그러나 나의 나 된 것은 하나님의 은혜로 된 것이니 내게 주신 그의 은혜가 헛되지 아니하여 내가 모든 사도보다 더 많이 수고하였으나 내가 아니요 오직 나와 함께하신 하나님의 은혜로라."
>
> 갈라디아서 2：20—"내가 그리스도와 함께 십자가에 못박혔나니 그런즉 이제는 내가 산 것이 아니요 오직 내 안에 그리스도께서 사신 것이라 이제 내가 육체 가운데 사는 것은 나를 사랑하사 나를 위하여 자기 몸을 버리신 하나님의 아들을 믿는 믿음 안에서 사는 것이라."

이사야 14 : 24—"만군의 여호와께서 맹세하여 가라사대 나의 생각한 것이 반드시 되며 나의 경영한 것이 반드시 이루리라."

이사야 41 : 10—"두려워 말라 내가 너와 함께함이니라 놀라지 말라 나는 네 하나님이 됨이니라 내가 너를 굳세게 하리라 참으로 너를 도와주리라 참으로 나의 의로운 오른손으로 너를 붙들리라."

이사야 46 : 9-11—"…나는 하나님이라 나 외에 다른 이가 없느니라 나는 하나님이라 나 같은 이가 없느니라… 나의 모략이 설 것이니 내가 나의 모든 기뻐하는 것을 이루리라 하였노라… 내가 말하였은즉 정녕 이룰 것이요 경영하였은즉 정녕 행하리라."

➡ 당신은 왜 하나님이 당신을 통해서 일하시도록 전적으로 의지해야 합니까?

____

____

____

____

하나님이 당신 안에서 일하시지 않는 한 당신은 하나님 나라의 열매를 맺는 일을 절대로 할 수 없습니다. 당신이 예수님과 함께 못박혔으므로 그 분이 당신을 통해 사시면서 그 분의 목적을 그 분의 은혜로 이루십니다. 하나님이 무엇을 하시려고 목적하시면 그 분은 그 일이 성취될 것을 보장하십니다. 그 분은 자신이 목적하시는 일을 성취시키는 분이십니다. 당신이 하나님 아닌 어떤 것에 의지하고 있다면, 당신은 하나님 나라에서의 실패를 자처하고 있는 것입니다.

버스 사역에 얽힌 예화

한번은 한 교회가 이렇게 물었습니다. "오, 하나님. 지역사회의 복음화를 위해 우리 교회가 어떻게 하기를 원하십니까?" 하나님은 그들에게 어린이들과 어른들이 교회에 올 수 있도록 교통수단을 제공해 주는 버스 사역을 시작하게 하셨습니다. 그들은 하나님이 하라는 대로 했고, 따라서 그 교회는 위대한 교회로 성장했습니다.

온 나라에서 그들에게 이렇게 묻기 시작했을 때 그들은 매우 우쭐해졌습니다. "당신들이 그렇게 빨리 성장하는 비결이 무엇입니까?" 그들은 버스 사역을 통해 그들이 어떻게 위대한 교회를 만들었는지에 대해 책을 한 권 썼습니다. 수많은 교회들이 그 방법이 교회가 크는 열쇠라고 느꼈기 때문에 그들은 지역사회의 복음화를 위해 버스를 사기 시작했습니다. 그러나 후에 그들은 그 버스들을 도로 팔아 버렸습니다. 그들은 이렇게 말했습니다. "그 방법이 우리에겐 안 통하더군요."

"그 방법"은 절대로 역사하는 능력이 없다. 그 분이 역사한다.

"그 방법"은 절대로 역사하는 능력이 없습니다. 그 분이 역사하십니다! 방법은 하나님의 목적을 이루는 데 있어서 절대로 열쇠 역할을 할 수 없습니다. 열쇠가 되는 것은 당신과 그 인격체와의 관계입니다. 무엇을 하든지 우선 하나님께 여쭈어 보십시오. 우리가 살고 있는 도시에 어떻게 복음을 전할 것인지, 어떻게 새로 교회를 세울 것인지 …. 그리고 나서 그 분이 당신에게 말씀하실 때 놀라지 마십시오. 다른 어떤 교회도 바로 그 방법으로 하고 있지 않다 해도. 왜냐구요? 하나님은 당신이 그 분을 알기를 원하십니다. 당신이 다른 사람의 계획, 방법, 또는 프로그램을 강조할 때, 당신이 하나님께 의지해야 한다는 사실을 잊는 경향이 생길 것이기 때문입니다. 당신이 하나님과의 관계에서 벗어나 어떤 방법이나 프로그램을 좇는 것은 영적인 간음입니다.

➡ **다음 질문에 답하십시오.**

1. 당신은 당신 자신이나 교회가 어떻게 하나님의 목적을 달성할 것인지를 알아내기 위해서 대개 어디로 갑니까? 해당되는 답에 ×표 하십시오.
   - ☐ a. 그 문제에 관련된 좋은 책을 구하러 책방이나 도서관에 갑니다. 그 분야에서 성공한 사람의 책을 고릅니다.
   - ☐ b. 저는 그 분야에 성공한 경험이 있는 사람이나 교회에 자문을 구합니다.
   - ☐ c. 저는 교단 사무실에 연락해서 어떤 프로그램을 해야 일을 잘 성사시킬 수 있을지 자문을 구합니다.
   - ☐ d. 저는 기도와 말씀읽기에 역점을 두고 저를(우리를) 하나님의 길로 가게 인도해 주시기를 기다립니다.

2. 다음 중 어떤 것이 당신이 하나님의 뜻을 찾고 행하는 데 가장 중요합니까? 한 가지에만 ×표 하십시오.
   - ☐ a. 내가 있는 그 자리에서 하나님이 무엇을 하기 원하시는가
   - ☐ b. 성공적인 방법
   - ☐ c. 나의 경우에 가장 잘 맞는 프로그램
   - ☐ d. 다른 사람이나 교회들이 주님의 일을 어떻게 성공적으로 이끄는가

좋은 책, 성공적인 방법, 창조적인 프로그램, 다른 사람들의 성공 등은 당신의 하나님과의 관계성을 대신할 수 없습니다. 그것은 절대로 일을 성사시키지 못합니다. 오직 하나님만이 일을 이루게 하십니다. 그 분을 떠나서는 당신이 아무것도 할 수 없습니다. 당신이 하나님이 아닌 어떤 것을 '해결책'으로 보고 그것에 초점을 맞춘다면, 당신과 당신 교회는 하나님의 역사를 보는 기회를 상실할 수 있습니다. 그것은 당신과 당신 교회가 하나님을 아는 것을 가로막게 하는 요인입니다. 그것이 이 시대를 사는 많은 사람들의 비극인 것입니다. 하나님이 우리를 그것으로부터 해방시켜 주시기를 바랍니다.

오직 하나님만이 당신에게 무엇을 하라고 말씀하실 권리를 갖고 계시다.

그러면 당신이 하나님의 인도하심을 받아 조직적인 프로그램을 고안해 내거나 어떤 방법을 따를 수 없다는 뜻입니까? 아니지요. 그러나 오직 하나님만이 당신에게 무엇을 하라고 말씀하실 권리를 갖고 계십니다. 당신은 당신이 무엇을 할 것인가에 대해 자신

이 주도권을 잡고 마음대로 결정할 수 없습니다. 당신은 하나님 앞에 엎드려서 그 분이 당신에게 무엇을 하라고 말씀하실 때까지 기다려야 합니다.

주님을 기다리라.

➡ **다음에 열거된 성경구절들을 읽고 '기다림', '바람'과 비슷한 단어가 나오면 동그라미 치십시오.**

시편 5 : 3—"여호와여 아침에 주께서 나의 소리를 들으시리니 아침에 내가 주께 기도하고 바라리이다."

시편 33 : 20—"우리 영혼이 여호와를 바람이여 저는 우리의 도움과 방패시로다."

시편 37 : 34—"여호와를 바라고 그 도를 지키라 그리하면 너를 들어 땅을 차지하게 하실 것이라 악인이 끊어질 때에 네가 목도하리로다."

시편 38 : 15—"여호와여 내가 주를 바랐사오니 내 주 하나님이 내게 응락하시리이다."

이사야 40 : 31—"오직 여호와를 앙망하는 자는 새 힘을 얻으리니 독수리의 날개 치며 올라감 같을 것이요 달음박질하여도 곤비치 아니하겠고 걸어가도 피곤치 아니하리로다."

➡ **당신은 왜 주님이 인도하시는 말씀을 들을 때까지 기다려야 한다고 생각하십니까?**

____

____

"구하라 그러면 너희에게 주실 것이요 찾으라 그러면 찾을 것이요 문을 두드리라 그러면 너희에게 열릴 것이니 구하는 이마다 얻을 것이요 찾는 이가 찾을 것이요 두드리는 이에게 열릴 것이니라."
—마태복음 7 : 7-8

당신은 기다리는 시간이 수동적이고 활동적이지 못한 시간이라고 생각할지도 모릅니다. 주님을 기다리는 것이 실은 비활동적인 것만 빼놓고 다 해당되는 것입니다. 그 분을 기다리는 동안 당신은 열심을 가지고 그 분과 그 분의 목적과 그 분의 길들을 알기 위한 기도를 하고 있어야 합니다. 당신은 환경을 주목하면서 하나님께 그 분의 관점에서 계시를 통해 환경을 해석해 달라고 물어야 합니다. 당신은 다른 그리스도인들과 교제를 통해서 하나님이 그들에게 뭐라고 말씀하고 계신지를 알아봐야 합니다. 당신은 주님을 기다리는 동안 찾고, 두드리고, 구하는 일을 활동적으로 하고 있어야 합니다(마 7 : 7-8). 또한 하나님이 바로 전에 당신에게 하라고 말씀하신 일을 계속하고 있어야 합니다. 기다리는 동안 당신은 모든 결과의 책임을 그것이 원래 속한 하나님께로 돌리는 것입니다.

하나님이 당신을 특별히 인도해 주실 때, 그 분은 당신이 몇 년을 노력해서 한 일보다 더 많은 일을 며칠 또는 몇 주 안에 하실 것입니다. 그 분을 기다리는 것은 언제나 값어치 있는 기다림입니다. 그 분의 시간과 길은 항상 옳습니다. 당신은 그 분의 길로 그 분의 시간에 그 분의 목적을 당신을 통해서 성취하시도록 그 분께 온전히 의지해야 합니다.

성령님이 하나님 아버지의 뜻을 성취하도록 당신을 도와주십니다

성령님이 당신 인생에 갖고 계신 하나님의 뜻을 결코 미혹시킬 수는 없습니다. 하나님 아버지는 당신의 인생을 통해서 해야 할 목적을 가지고 계십니다. 그것을 잃지 않게 하기 위하여, 하나님은 성령님을 당신 안에 거하게 하셨습니다. 성령님의 역할은 당신이 하나님 아버지의 뜻을 따르도록 지도하는 것입니다. 그리고 그 분은 당신이 하나님의 뜻을 따를 수 있도록 해줍니다. 당신은 하나님을 아는 지식과 그 분의 목적을 성취하는 데 있어서 전적으로 의지해야 합니다. 그것이 당신과 하나님의 관계가 왜 그렇게 중요한가 하는 이유입니다. 또한 당신이 그 분에 대해서, 그 분의 목적과 길에 대해서 말씀하시는 것을 들을 때까지 기다려야 하는 이유이기도 합니다.

예수님은 하나님 아버지의 뜻을 알고 행하는 데 한번의 실수도 하지 않으신 우리의 표본이십니다. 아버지 하나님께서 예수님의 생애 동안 홀로 하도록 목적하신 일들을 예수님은 하나도 빠짐 없이 즉각 하셨습니다. 그의 성공의 열쇠는 무엇이었습니까? 그는 언제든지 아버지 하나님과 올바른 관계 속에 계셨습니다! 당신이 하나님이 예비해 주신 그 분의 아들과 성령님과 그 분 자신의 임재 속에서 그 분과 동행하면, 그 분의 뜻을 모르는 경우는 결코 없을 것입니다. 단 한 번도 당신이 하나님의 뜻을 이루어 나가지 못하는 때가 있어서는 안됩니다.

당신은 하나님과의 사랑의 관계 안에서 그것을 지속시키며 외롭게 살아가는 인생의 모범을 예수님에게서 볼 수 있습니다. 그는 완벽한 표본입니다. 당신과 저는 우리가 그 분의 기준에서 너무나 멀리 떨어져 있다는 결론을 얻을 것입니다. 사실이지요! 그러나 완벽한 순종의 삶을 사신 그리스도가 그 분의 뜻을 알고 행할 수 있도록 능력을 주시기 위해서 당신 속에 충만히 임재해 계십니다. 우리는 우리의 인생을 하나님께로 완전히 조정하고 그 분께 절대적으로 의지해서 그 분과의 사랑의 관계 속에서 지속적으로 살아가야 합니다. 그 분은 당신의 인생을 그 분의 목적 한가운데로 끌어들이시고 당신이 그것을 할 수 있게 만드십니다. 그 분은 절대로 실수하시지 않습니다.

➡ **당신과 하나님과의 관계는 어떻습니까?**

____

____

____

만일 하나님이 당신과 새롭고 지속적인 그리고 올바른 관계를 원하신다면, 당신은 어떤 조정을 해야 한다고 생각하십니까?

____

____

____

____

기도의 조정과 그것의 대가

우리 교회가 하나님의 인도하심과 마주쳤을 때, 저는 종종 제 기도생활에 갈등을 경험했습니다. 저는 그런 시간에 다른 때보다도 더 기도에 대해서 많이 배웁니다. 오직 기도로만 이루어질 수 있는 일들이 있습니다. 하나님은 많은 경우에 우리가 구할 때까지 기다리십니다. 저의 갈등은 이것이었습니다. 하나님이 제가 기도하는 것을 이루어주실 때까지 기꺼이 기도하겠는가? 마가복음 11 : 24에 나오는 기도에 대한 약속은 저에게 항상 믿음과 기도의 관계에 대해 제가 믿고 있는 것들에 대한 도전이 되어 왔습니다.

"그러므로 내가 너희에게 말하노니 무엇이든지 기도하고 구하는 것은 받은 줄로 믿으라 그리하면 너희에게 그대로 되리라."
—마가복음 11 : 24

➡ **마가복음 11 : 24을 다시 읽어보고 이 구절에 나와 있는 약속을 당신 자신의 말로 고쳐서 써보십시오.**

____

____

위의 성경구절은 종종 '구하고 내것으로 주장하라' (name-it-and-claim-it)는 신학에 사용되곤 했습니다. 당신이 무엇을 원하는지를 정합니다. 당신이 요구하고 자기 것으로 주장하면 그것은 당신 것입니다. 그것은 자기 중심적인 신학입니다. 오직 하나님만이 주도권을 잡으심을 기억하십시오. 그 분이 당신에게 그 분의 뜻대로 하고 싶은 갈급함을 주십니다(빌 2 : 13). 성령님은 하나님의 뜻대로 당신이 기도하도록 인도하십니다(롬 8 : 26-28). 하나님 중심적인 접근은 하나님께서 당신이 그 분의 뜻대로 기도하게 인도하시도록 해 드리는 것입니다(예수님의 이름과 성품으로). 당신으로 하여금 기도하도록 하나님이 인도하신 것은 그 분이 이루어 주신다는 것을 믿으십시오. 그리고 계속해서 믿음으로 기도하고 그 일이 이루어지는지를 주목하여 살펴보십시오.

기도는 값비싼 대가를 치르는 것이다.

하나님이 당신을 만나주실 때, 당신은 당신의 인생에서 획기적인 조정을 요구하는 믿음의 갈등에 부딪치게 됩니다. 당신은 어떻게 기도해야 하는지 배울 필요가 있습니다. 기도는 당신에게 분수에 넘치도록 값비싼 대가를 치르게 합니다. 하나님이 당신을 한밤중에 깨우셔서 기도하도록 만들지도 모릅니다. 당신은 기도하는 데 많은 시간을 투자해야 할지도 모릅니다. 어떤 때는 밤늦게까지, 어떤 때는 밤을 새워서 기도를 해야 할지도 모릅니다. 기도의 사람이 되는 것은 당신의 인생을 획기적으로 주님께 조정하는 것을 요구합니다.

당신은 당신 주위 사람들을 기도하도록 인도하려고 할 때 또다른 대가를 치러야 합니다. 대부분의 교회들이 어떻게 기도해야 하는지를 배우지 못했습니다. 제가 아는 개발되지 않은 자원 중에 가장 위대한 것은 하나님의 사람들의 기도입니다. 당신의 교회를 기도하는 교회로 만드는 것을 돕는 일은 매우 보람 있는 경험이 될 것입니다.

➡ **당신의 교회는 당신이 속한 지역사회에서 '기도하는 집' 으로 알려져 있습니까? 당신의 교회는 기도하는 교회입니까? 다음 중에서 어떤 것이 맞습니까? 하나에만 ×표 하십시오.**

☐ 1. 우리 교회는 기도하는 교회로 널리 알려져 있습니다.
☐ 2. 우리 교회는 기도하는 교회가 되어 가고 있지만 아직도 멀었습니다.

☐ 3. 우리 교회는 기도를 하는 편입니다만 별로 효과적이지 못합니다. 우리는 기도하는 교회가 되어야 합니다.

☐ 4. 솔직히 말하면 우리 교회는 어떻게 기도해야 하는 줄을 모릅니다. 우리 교회는 기도하는 교회가 되어야 합니다.

당신의 위의 질문의 답을 뒷받침해 줄 만한 증거들은 무엇입니까?

____

____

만일 하나님이 당신을 통해서 당신 교회에서 기도생활에 관한 일을 하기 원하신다면 그것은 어떤 일이겠습니까?

____

____

모든 교회는 기도하는 교회가 되어야 한다!

➡ 오늘 배운 것을 복습하십시오. 오늘 학습한 내용 중에서 하나님께서 당신으로 하여금 이해하고, 배우고, 실천하기 원하는 구절이나 성구를 하나나 둘쯤 지적해 주시기를 기도하십시오. 해당되는 것에 밑줄을 그으십시오. 그리고 난 후 아래 질문에 답하십시오.

오늘 학습한 내용 중 어떤 구절이나 성구가 당신에게 가장 뜻있게 와 닿았습니까?

____

____

위의 구절이나 성구를 하나님께 대한 당신의 기도로 바꾸십시오.

____

____

____

____

오늘의 학습에 대한 반응으로 하나님은 당신이 무엇을 하기 원하십니까?

____

____

이 단원의 암송구절을 복습하고 다음 모임에서 사람들 앞에서 외울 수 있도록 준비하십시오.

이 과의 요점

- 순종은 나를 통해서 일하시도록 하나님을 전적으로 의지하는 것이다.
- '그 방법' 은 절대로 역사하는 능력이 없다! 하나님만이 역사하신다!
- 열쇠는 나와 한 인격체와의 관계성이다.
- 그 분이 나를 통해서 며칠, 몇주 안에 하시는 일이 내가 평생 노력해서 할 수 있는 일보다 훨씬 많다. 그 분을 기다리는 것은 항상 가치 있는 일이다.

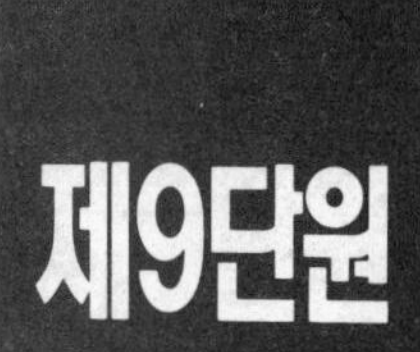

제9단원 순종을 통해 하나님을 경험함

미래의 복을 가져다 주는 순종

우리 교회 출석 인원이 100명도 안 되던 아주 작은 교회였을 때, 우리는 지교회 세 곳을 인적, 물적으로 돕고 있었습니다. 그런데 우리는 매니토바주에 있는 위니펙이란 도시에 있는 또 다른 지교회를 후원하라는 권유를 받았습니다. 그 곳은 새스커툰으로부터 820킬로미터(510마일)가 떨어진 곳이었습니다. 그 곳에 목회자를 공급해 주기 위해서는 누군가가 왕복 1641킬로미터(1,020마일)에 달하는 거리를 운전해야 했습니다. 처음에 얼핏 보았을 때, 그 일은 우리 같은 작은 교회로는 불가능한 일처럼 보였습니다.

저는 어떻게 소수의 충성스런 신자들이 2년이 넘게 모여 왔는가를 우리 교인들에게 이야기했습니다. 그들은 남침례 교단에 속한 교회를 시작하고 싶어했습니다. 우리가 그들을 후원해 줄 수 있는 가장 가까운 교회였습니다. 우리 교회는 이것이 하나님이 하고 계시는 일이라는 것에 동의했습니다. 우리는 우리가 하나님께 순종해야 함을 알았습니다. 우리는 그 새로운 지교회를 후원할 것에 동의했습니다. 그리고 나서 우리는 하나님께 어떻게 할 것인지 보여 달라고, 또 그것을 하는 데 필요한 힘과 자원을 주실 것을 기도했습니다.

저는 설교하고 교인들을 돌보기 위해 여러 번 위니펙까지 운전하여 다녀왔습니다. 하나님은 우리가 세웠던 어떤 지교회보다도 빨리 그 곳에 목사님과 목사님께 드릴 사례비를 마련해 주셨습니다! 그러나 우리의 순종의 이야기는 거기서 끝난 것이 아닙니다. 프렌드십 침례교회는 9개의 다른 지교회의 모체 역할을 했을 뿐 아니라, 그 지역 모든 남침례교회들을 모아 지방회를 시작했습니다.

우리의 맏아들인 리처드가 신학교를 마쳤을 때, 위니펙의 그 교회가 그를 담임목사로 초빙했습니다. 이것이 그의 첫 목회였습니다! 우리의 둘째 아들인 톰은 그 교회의 음악, 교육, 청소년을 담당하는 간사로 초청을 받았습니다. 저는 처음에는 불가능하리라고 보였던 한번의 순종이 제 가족에게 이렇게 큰 미래의 복을 가져다 주는 잠재적인 가능성을 지니고 있었음을 알지 못했습니다.

이 단원의 암송구절　예수께서 대답하여 가라사대 사람이 나를 사랑하면 내 말을 지키리니 내 아버지께서 저를 사랑하실 것이요 우리가 저에게 와서 거처를 저와 함께하리라.
—요한복음 14:23

제1과 순종, 제1부

당신이 하나님께 순종하고, 하나님은 당신을 통해서 그 분의 일을 성취시키심으로 말미암아, 당신은 경험으로 하나님을 알게 된다.

하나님은 우리의 세상에서 항상 일해 오셨습니다. 그 분은 바로 지금 당신이 처한 그 곳에서 일하고 계십니다. 하나님은 언제나 먼저 주도권을 잡으시고 당신에게 오셔서 지금 그 분이 무엇을 하고 계신지, 무엇을 막 하시려고 하는지를 계시하십니다. 그렇게 하실 때, 이것이 그 분에게 동참하라는 당신에 대한 하나님의 초청입니다.

하나님께 동참하는 것은 당신의 인생을 하나님께로 크게 조정하도록 요구할 것이며, 그 결과, 하나님이 당신을 통해 그 분의 뜻을 성취할 수 있습니다. 당신이 하나님이 무엇을 말씀하셨고 또 그가 막 하려고 하시는 일이 무엇인가를 알고, 당신의 인생을 그 분께로 조정했을 때, 아직도 남아 있는 하나님께 대한 한 가지 필수적인 반응이 있습니다.

> 당신 안에서, 당신을 통해서 일하시는 하나님을 경험하기 위해서, 당신은 그 분께 순종해야 합니다. 당신이 그 분께 순종할 때, 하나님은 당신을 통해서 그 분의 일을 성취시키시고, 당신은 경험으로 하나님을 알게 될 것입니다.

이 단원은 일곱 가지 실체 중에서 마지막 단계에 초점을 맞추도록 우리를 인도해 줍니다. "하나님께 순종함으로 당신은 하나님을 경험하게 되고 하나님은 당신을 통해 그 분의 뜻을 성취하십니다."

➡ **복습하는 뜻에서, 아래에 제시된 단어들을 사용해서 일곱 가지 실체를 모두 당신 자신의 말로 쓸 수 있는지 해 보시기 바랍니다.**

1. 일 ______________________________

2. 사랑의 관계 ______________________________

____

3. 초청 ______________________________

4. 말씀하신다 ______________________________

____

5. 갈등 ______________________________

____

6. 조정 ______________________________

____

7. 순종 ____

____

당신의 답을 책 뒤의 그림 및 설명을 보고 맞추어 보십시오.

아래에는 일곱 가지 실체 중 일곱번째에 나오는 세 가지 행동이 적혀 있습니다. 그것을 당신이 하나님의 뜻을 따르는 데 있어서 발생하는 순서대로 번호를 매겨 보십시오.

_____ a. 당신은 경험으로 하나님을 알게 됩니다.
_____ b. 당신이 하나님께 순종합니다.
_____ c. 하나님은 당신을 통해 그 분의 일을 성취하십니다.

하나님이 주도권을 잡으시고 당신을 그 분의 일에 참여시키신 후에, 당신은 그 분을 믿고 당신의 인생을 그 분께로 조정합니다. 오직 그럴 때라야만 당신은 순종의 자리에 다다르게 됩니다. 당신은 먼저 그 분께 순종해야 합니다. 그리고 나면, 하나님은 당신을 통해 그 분의 일을 성취하십니다. 하나님이 하나님 크기의 일을 당신의 인생을 통해서 하실 때, 당신은 경험으로 하나님을 친밀하게 알게 됩니다. 위 문제의 답은 A-3, B-1, C-2입니다. 이 단원에서 당신은 하나님의 일에 있어서의 이 세 가지 면을 하나하나 더욱 자세히 공부하게 될 것입니다.

당신이 그 분께 순종합니다

"너희가 나를 사랑하면 나의 계명을 지키리라. 나를 사랑하지 아니하는 자는 내 말을 지키지 아니하나니…."
—요한복음 14 : 15, 24

제4단원의 3과에서 당신은 사랑과 순종의 관계에 대해서 공부했습니다. 당신은 순종이 당신의 하나님에 대한 사랑의 외적 표현임을 발견했습니다(요 14 : 15,24상). 복습하는 의미에서 거기에 나왔던 서술들을 적어 보았습니다.

- 순종은 하나님을 향한 당신의 사랑의 표현이다.
- 순종과 사랑한 데 대한 보상은 하나님이 자신을 당신에게 나타내는 것이다.
- 순종하는 데 문제가 있으면, 당신은 사랑의 문제를 가지고 있는 것이다.
- 하나님은 사랑이시다. 그 분의 뜻이 항상 최선이다.
- 하나님은 전지하시다. 그 분의 지시는 항상 옳다.
- 하나님은 전능하시다. 그 분은 당신이 그 분의 뜻을 행하도록 능력 주실 수 있다.
- 당신이 하나님을 사랑하면, 당신은 그 분께 순종할 것이다!

➡ **지난 몇 주 동안 위의 서술 중에서 어느 한 가지가 당신이 하나님을 사랑하고 순종하는 데 영향을 끼쳤다면, 간단하게 하나님이 당신의 사랑과 순종에 대해서 어떤 일을 하고 계신지를 써보십시오.**

____

____

이 단원의 암송구절은 사랑과 순종에 관해서 이야기하고 있습니다. 외우고 아래에 한번 적어 보십시오.

"누구든지 하늘에 계신 내 아버지의 뜻대로 하는 자가 내 형제요 자매요 모친이니라 하시더라."
—마태복음 12 : 50

"…행함이 없는 믿음이 헛것인줄 알고자 하느냐."
—야고보서 2 : 20

예수께서는 하늘에 계신 아버지 뜻대로 하는 자가 형제요, 자매요, 모친이라 하셨습니다. 예수님은 사람이 순종함으로 하나님과의 사랑의 관계를 표현한다고 명확히 말씀하셨습니다(요 14 : 15,24).

야고보는 믿는 자들에게 보내는 서신에서, 행함이 없는 믿음은 죽은 것이나 다름이 없다고 단언할 정도로 믿음과 행함을 강조했습니다. 제자들이 예수님께 순종했을 때, 그들은 예수님 안에서, 예수님의 주위에서 하나님의 위대한 역사가 일어나는 것을 목격하고 경험했습니다. 그들이 믿음 안에서 행동하지 않고, 그 분의 뜻을 행하지 않았을 때, 그들은 그 분의 위대한 일을 경험하지 못했습니다.

진실의 순간

여러 모로, 순종은 당신의 진실이 밝혀지는 순간입니다. 당신이 무엇을 어떻게 행하느냐에 따라

1. 당신이 하나님에 대해서 무엇을 믿고 있는가가 드러납니다.
2. 당신이 당신 안에서, 당신을 통해서 하나님의 위대한 일을 경험할 것인가 아닌가가 결정됩니다.
3. 당신이 하나님을 더욱 친밀하게 알게 될 것인지 아닌지 결정됩니다.

➡ **요한일서 2 : 3-6을 읽고 '안다'라는 말이 나올 때마다 동그라미 치십시오. '지키다'(순종하다)라는 단어가 나오면 밑줄을 그으십시오. 그리고 '사랑'이란 단어가 나올 때는 네모를 치십시오.**

> **요한일서 2 : 3-6**—우리가 그의 계명을 지키면 이로써 우리가 저를 아는 줄로 알 것이요 저를 아노라 하고 그의 계명을 지키지 아니하는 자는 거짓말하는 자요 진리가 그 속에 있지 아니하되 누구든지 그의 말씀을 지키는 자는 하나님의 사랑이 참으로 그 속에서 온전케 되었나니 이로써 우리가 저 안에 있는 줄을 아노라 저 안에 거한다 하는 자는 그의 행하시는 대로 자기도 행할지니라

1. 당신이 예수 그리스도 안에 계신 하나님을 알게 된 것을 당신은 어떻게 알 수 있습니까?

____

2. 어떤 사람이 하나님을 모르는 것을 나타내는 확실한 증거 한 가지는 무엇입니까?

____

3. 그 분의 말씀을 지키는 사람의 인생에서 하나님은 무엇을 하십니까?

____

제4단원을 복습하는 뜻에서, 아래에 주어진 단어들 중 알맞는 것을 골라 다음의 빈칸을 채우십시오.

강제로 행하도록 만드신다. 행하게 하실 수 있다. 옳다. 진실이다. 최선이다.

4. 하나님은 사랑이시기 때문에, 그 분의 뜻이 항상 ________________

5. 하나님은 전지하시기 때문에, 그 분의 지시는 항상 ______________

6. 하나님은 전능하시기 때문에, 그 분은 당신이 그 분의 뜻을 __________

____

당신이 하나님께 순종할 것인가 아닌가를 선택해야만 하는 진실의 순간에 왔을 때, 당신이 하나님을 믿고 의지하지 않는 한, 당신은 하나님께 순종할 수 없습니다. 당신이 하나님을 알지 못하는 한, 당신은 그 분을 사랑할 수 없습니다.

예수님이 주시는 "새" 계명들은 하나하나가 모두 그 분에 대한 새로운 지식과 이해를 필요로 할 것입니다. 성령님이 당신에게 예수님에 대해서 가르쳐 주실 것이기 때문에 당신은 그 분을 의지하고 순종할 수 있습니다. 그럴 때 당신은 그 분을 새로운 방법으로 경험하게 될 것입니다. 이것이 당신이 어떻게 그 분 안에서 자라나는가를 보여 줍니다. 요한 일서 2 : 3-6에서 얘기하는 것처럼, 당신이 그 분을 알게 될 때 그 분의 계명을 지킬 것입니다. 당신이 순종치 않는다면, 그것은 당신이 그 분을 알지 못한다는 것을 나타냅니다.

예수님은 그것을 다른 방법으로 표현하신 적이 있습니다. "나더러 주여 주여 하는 자마다 천국에 다 들어갈 것이 아니요 다만 하늘에 계신 내 아버지의 뜻대로 행하는 자라야 들어가리라 그날에 많은 사람이 나더러 이르되 주여 주여 우리가 주의 이름으로 선지자 노릇 하며 주의 이름으로 귀신을 쫓아내며 주의 이름으로 많은 권능을 행치 아니하였나이까 하리니 그때에 내가 저희에게 밝히 말하되 내가 너희를 도무지 알지 못하니 불법을 행하는 자들아 내게서 떠나가라 하리라"(마 7 : 21-23). 순종은 매우 중요합니다.

4번부터 6번의 답 : 4-최선이다. 5-옳다. 6-행하게 하실 수 있다.

순종의 중요성

하나님이 당신에게 지시를 내리시면 당신은 순종해야 합니다.

하나님이 당신을 사랑하심을 당신이 안다면, 당신은 그 분으로부터 오는 지시에 대해 절대로 의구심을 가져서는 안 됩니다. 그것은 언제나 옳고 최선입니다. 하나님이 당신에게 지시를 주실 때, 당신은 그저 방관하고 있거나, 토론을 하거나, 논쟁을 해서는 안 됩니다. 당신은 순종해야 합니다.

➡ **다음의 성경구절들을 읽고 '지키다', '순종하다'라는 말이 나오면 동그라미 치십시오. 그리고 따라오는 질문에 답하십시오.**

신명기 28:1,8—네가 네 하나님 여호와의 말씀을 삼가 듣고 내가 오늘날 네게 명하는 그 모든 명령을 지켜 행하면 네 하나님 여호와께서 너를 세계 모든 민족 위에 뛰어나게 하실 것이라… 여호와께서 명하사 네 창고와 네 손으로 하는 모든 일에 복을 내리시고 네 하나님 여호와께서 네게 주시는 땅에서 네게 복을 주실 것이며

신명기 28:15,20—네가 만일 네 하나님 여호와의 말씀을 순종하지 아니하여 내가 오늘날 네게 명하는 그 모든 명령과 규례를 지켜 행하지 아니하면 이 모든 저주가 네게 임하고 네게 미칠 것이니… 네가 악을 행하여 그를 잊으므로 네 손으로 하는 모든 일에 여호와께서 저주와 공구와 견책을 내리사 망하며 속히 파멸케 하실 것이며

순종이 얼마나 중요합니까? ______________________________

____

____

다음의 성경구절을 읽고 순종이 가져오는 이로움에는 어떤 것이 있는지 써 보십시오.

예레미야 7:23—오직 내가 이것으로 그들에게 명하여 이르기를 너희는 내 목소리를 들으라 그리하면 나는 너희 하나님이 되겠고 너희는 내 백성이 되리라 너희는 나의 명한 모든 길로 행하라 그리하면 복을 받으리라 하였으나

순종이 가져오는 이로움 ______________________________

누가복음 6:46-49—너희는 나를 불러 주여 주여 하면서도 어찌하여 나의 말하는 것을 행치 아니하느냐 내게 나아와 내 말을 듣고 행하는 자마다 누구와 같은 것을 너희에게 보이리라 집을 짓되 깊이 파고 주초를 반석 위에 놓은 사람과 같으니 큰물이 나서 탁류가 그 집에 부딪히되 잘 지은 연고로 능히 요동케 못하였거니와 듣고 행치 아니하는 자는 주초 없이 흙 위에 집 지은 사람과 같으니 탁류가 부딪히매 집이 곧 무너져 파괴됨이 심하니라 하시니라

순종이 가져오는 이로움 ______________________________

요한복음 7:16-17—예수께서 대답하여 가라사대 내 교훈은

> 내 것이 아니요 나를 보내신 이의 것이니라 사람이 하나님의 뜻을 행하려 하면 이 교훈이 하나님께로서 왔는지 내가 스스로 말함인지 알리라

순종이 가져오는 이로움

하나님은 그 분께 순종하는 자들에게 복을 주십니다(신 28 : 1-14). 순종의 축복은 우리의 상상을 초월합니다. 그러나 그것은 하나님의 백성이 되는 것(렘 7 : 23), 당신의 인생에 풍파가 일어날 때 반석 위에 주초를 둔 것(눅 6 : 46-49), 그리고 영적인 진리를 아는 것(요 7 : 16-17) 등을 포함합니다.

불순종은 심각하다.

불순종은 하나님에 대한 반역입니다. 불순종은 하나님의 뜻을 심각하게 거역하는 것입니다. 신명기 28 : 15-68은 불순종의 대가 중 몇 가지에 대해서 이야기하고 있습니다(순종과 불순종의 결과에 대해서 공부를 더하려면 신명기 30장과 32장을 참조하십시오).

➡ **하나님이 당신의 순종의 정도를 어떻게 표현하시리라고 생각합니까?**

____

하나님이 당신에게 하기를 원하시는 어떤 일을 당신이 하지 않고 있는 것이 있습니까?

____

다음의 시편 기자의 기도를 당신의 인생을 향한 기도로 삼으십시오.

여호와여 주의 율례의 도를 내게 가르치소서
내가 끝까지 지키리이다
나로 깨닫게 하소서
내가 주의 법을 준행하며 전심으로 지키리이다
나로 주의 계명의 첩경으로 행케 하소서
내가 이를 즐거워함이니이다
—시편 119 : 33-35

➡ **오늘 배운 것을 복습하십시오. 오늘 학습한 내용 중에서 하나님께서 당신으로 하여금 이해하고, 배우고, 실천하기 원하는 구절이나 성구를 하나나 둘쯤 지적해 주시기를 기도하십시오. 해당되는 것에 밑줄을 그으십시오. 그리고 난 후 아래의 질문에 답하십시오.**

오늘 학습한 내용 중 어떤 구절이나 성구가 당신에게 가장 뜻있게 와 닿았습니까?

____

____

위의 구절이나 성구를 하나님께 대한 당신의 기도로 바꾸십시오.

____

____

오늘의 학습에 대한 반응으로 하나님은 당신이 무엇을 하기 원하십니까?

____

____

이 과의 요점

- 하나님께 순종함으로 나는 경험으로 하나님을 알게 되고, 하나님은 나를 통해 그 분의 뜻을 성취하신다.
- 내가 하나님을 사랑하면, 나는 그 분께 순종할 것이다.
- 순종이 하나님에 대한 나의 사랑의 외적 표현이다.
- 행함으로 순종되지 않는 믿음은 죽은 것이다.
- 순종은 나의 진실의 순간이다.
- 하나님은 그 분께 순종하는 사람에게 복을 주신다.

제 2 과 순종, 제 2 부

순종은 기쁨과 방해받지 않는 하나님과의 교제를 의미한다.

하나님의 종들은 그 분이 지시하시는 것을 합니다. 그들은 그 분께 순종합니다. 종은 순종할 것이냐 아니냐를 결정할 선택권이 없습니다. 순종하지 않겠다는 선택은 반역이며, 그런 불순종은 심각한 결과를 가져올 것입니다.

순종이란 무엇인가?

오늘날, 사람들은 너무 자기 중심적이기 때문에 그들은 자기 자신의 '것'을 하고 싶어 합니다. 그들은 순종이 그들의 인생에서 무슨 의미가 있을까에 대해 생각해 보려고 잠시 멈추는 일도 없습니다. 예수님은 순종에 대한 이런 비유를 하셨습니다.

> 그러나 너희 생각에는 어떠하뇨 한 사람이 두 아들이 있는데 맏아들에게 가서 이르되 얘 오늘 포도원에 가서 일하라 하니 대답하여 가로되 아버지여 가겠소이다 하더니 가지 아니하고 둘째 아들에게 가서 또 이같이 말하니 대답하여 가로되 싫소이다 하더니 그 후에 뉘우치고 갔으니
>
> —마태복음 21 : 28-30

➡ 어느 아들이 아버지의 뜻을 행했습니까? 맏아들 ( ) 둘째 아들 ( )

순종의 의미는 무엇입니까?
☐ 1. 명령대로 행하겠다고 말하는 것
☐ 2. 명령대로 행하는 것

매 과가 끝날 때마다 당신은 이 질문을 대했습니다. "오늘의 학습에 대한 반응으로 하나님은 당신이 무엇을 하길 원하십니까?" 저는 당신이 각 과에서의 당신의 반응을 지금 다시 보기를 원합니다. 당신이 써 넣은 것 중에는 장기간의 헌신을 요하는 것들도 있을 수 있다는 것을 염두에 두십시오. 다시 보기를 시작하기 전에 기도하시고, 당신의 전체적인 순종과 불순종의 모습을 볼 수 있게 도와 달라고 하나님께 부탁하십시오. 그리고 나서 매 과의 끝에 있는 마지막 질문에 대한 당신의 반응을 재검토해 보십시오. 검토하면서 속으로 다음의 두 가지 질문을 자신에게 하십시오.

1. 하나님이 내가 그 학습에 대해서 그렇게 반응하도록 인도하신 것이 확실함을 내가 믿는가?
2. 지금까지 하나님이 내게 하라고 명하신 모든 것을 내가 했는가?

재검토가 모두 끝날 때까지 더 이상 진도를 나가지 마십시오.

재검토가 끝났으면 다음 질문에 답하십시오. 만일 답이나 반응이 없으면 다음 문제로 넘어가십시오.

A. 당신이 순종한 한 가지 명령이나 지시는 무엇입니까?

B. 하나님께서 오래 전부터 지속적으로 명령하신 일이 있는데 당신이 이제서야 그 명령에 막 순종하기 시작했습니까? 그렇다면 하나님께서 오래 전부터 하라고 명령하신 그것은 무엇입니까?

C. 당신의 생각이었지 하나님의 지시는 아니었을지 모르는 한 가지 반응은 무엇입니까?

D. 당신이 순종치 않은 한 가지 명령은 무엇입니까?

E. 아래에는 당신의 순종의 척도를 점수 매겨 보는 표가 있습니다. 10점 만점이 완전한 순종이고 0점은 완전한 불순종을 나타냅니다(오직 예수님만이 10점 만점을 맞으실 수 있습니다). 하나님이 당신이 이 학습을 시작한 이후로 당신의 인생이 이만큼 순종했다라고 여기실 만한 곳에 ×표 하십시오.

완전한 불순종 0—1—2—3—4—5—6—7—8—9—10 완전한 순종

F. 왜 당신은 하나님이 당신에게 그런 점수를 주실 것이라고 생각합니까?

G. 만일 당신이 불순종 쪽으로 기울어져 있다면, 그것의 근본적인 원인이 무엇이라고 생각합니까?

이것이 긍정적인 경험이 아니었다 해도 낙심하지 마십시오. 이 평가의 시간을 하나님이 그 분께로 당신을 가까이 하게 하시는 기회로 만들도록 하십시오. 사랑의 순종의 관계로, 하나님은 당신을 당신이 있는 곳으로부터 그 분이 당신으로 하여금 있게 되기를 원하는 곳—즉 이 사랑의 관계 안에—으로 옮기시는 일에 관심을 갖고 계십니다. 거기서부터 당신은 하나님이 주시는 온갖 기쁨을 경험할 수 있습니다.

당신이 하나님의 뜻이라고 이미 알고 있는 것에 순종하십시오.

어떤 사람들은 하나님이 그들에게 어떤 해야 할 과제를 주시기를 원합니다. 그들은 하나님이 시키는 것이면 무엇이든지 하겠다고 맹세합니다. 그러나 하나님이 그들의 인생을 관찰하실 때, 그 분은 그들이 하나님께서 이미 그들에게 하라고 말씀하신 것도

순종해 오지 않은 것을 발견하십니다.

➡ **당신은 하나님이 순종하지 않을 종에게 새로운 임무를 맡겨 주시리라고 생각합니까? 예 □ 아니오 □ 모르겠습니다 □**

하나님이 당신에게 십계명을 주셨는데, 당신은 그것들을 지키고 있습니까? 예수님이 당신의 원수들을 사랑하라고 하셨는데, 당신은 그것을 하고 있습니까? 예수님이 당신의 교회에게 세계 모든 족속으로 제자를 삼으라고 하셨는데, 당신은 최대의 노력을 기울여서 그 분께 순종하려고 합니까? 하나님이 성경을 통해서 당신의 모든 그리스도인 형제, 자매들과 화목하라고 하셨는데, 당신은 그것을 하고 있습니까?

하나님의 계명들

하나님의 계명들은 당신이 선택해서 지키고 싶은 것은 지키고 나머지는 잊어버려도 되도록 주어진 것이 아닙니다. 하나님은 당신이 그 분의 모든 계명을 그 분과의 사랑의 관계를 통해서 지키기를 원하십니다. 하나님은 당신이 조그만 일에서 충성하는 것을 볼 때 당신에게 더 큰 것을 맡기실 것입니다. 성령님은 하나님이 당신으로 하여금 매일 지키기를 원하는 특수한 계명을 알려 주실 것입니다.

두번째 기회들

사람들은 자주 저에게 이런 질문을 합니다. "어떤 사람이 하나님께 불순종할 때, 하나님은 그 사람에게 두번째 기회를 주시지 않을까요?"

요나

➡ **요나 1 : 1-17을 읽고 다음 질문에 답하십시오.**

1. 하나님이 요나에게 무엇을 하라고 하셨습니까? (2절) ________________
2. 요나는 이에 어떻게 응했습니까? (3절) ________________________
3. 하나님은 요나에게 어떤 반응을 보이셨습니까? (4-17절) ____________

____

이제 요나 2 : 9-3 : 10을 읽고 물음에 답하십시오.

4. 하나님이 두번째 기회를 주었을 때, 요나는 어떻게 응했습니까? (3 : 3)

____

5. 요나가 하나님께 순종했을 때, 하나님은 요나의 사역을 통해서 어떤 일을 하셨습니까? (3 : 4-10)

____

하나님은 종종 두번째 기회를 주신다.

하나님이 종종 두번째 기회를 주신다는 것을 알기 때문에 저는 안심이 됩니다. 하나님이 니느웨를 회개시키려는 계획을 가지고 계셨을 때, 그는 요나에게 그 분의 역사에 동참하라고 말씀하셨습니다. 요나는 그 이방의 적들에 대해 편견을 갖고 있었으므로 하나님께 불순종했습니다. 요나는 오히려 하나님이 니느웨를 멸망시키시는 것을 보고 싫어했습니다. 하나님께 대한 불순종은 매우 심각합니다. 요나는 폭풍이 이는 바다로 내던져짐을 당해야 했고 3일 동안을 큰 고기의 뱃속에서 지내야 하는 역경을 겪었습니다. 요나는 자기의 불순종을 고백하고 회개했습니다. 그 때서야 하나님은 그에게 두 번째 기회를 주셨습니다.

두번째에 가서 요나는 순종했습니다(마지못해서이긴 했지만). 요나는 첫날 한 문장으로 된 메시지를 외쳤고, 하나님은 그 메시지를 사용하셔서 120,000명을 회개시키셨습니다. 요나는 이렇게 말했습니다. "여호와여 내가 고국에 있을 때에 이러하겠다고 말씀하지 아니하였나이까 그러므로 내가 빨리 다시스로 도망하였사오니 주께서는 은혜로우시며 자비로우시며 노하기를 더디 하시며 인애가 크시사 뜻을 돌이켜 재앙을 내리지 아니하시는 하나님이신줄을 내가 알았음이니이다"(욘 4 : 2). 요나와 니느웨에 대한 하나님의 반응은 하나님이 모든 민족들을 얼마나 끔찍히 아끼고 그들이 모두 회개하기에 이르기를 바라시는가에 대해 요나를 아주 많이 가르쳐 주었습니다.

하나님은 당신을 포기하지 않으신다.

위대한 하나님의 사람들 중에도 불순종과 죄로 하나님의 마음을 아프게 한 사람들이 있었지만 하나님은 그들을 포기하지 않으셨습니다. 하나님이 만일 단 한 번의 실수만을 사람들에게 허락하셨다면, 모세는 그런 훌륭한 사람이 되지 못했을 것입니다. 그는 여러 번 실수를 범했습니다(예를 들면, 출 2 : 11-15). 아브라함도 위대한 믿음의 여정을 시작했지만 애굽으로 가서 망치고 말았습니다—한 번도 아니고 여러 번(예를 들면, 창 12 : 10-20). 다윗도 실수했고(예를 들면, 삼하 11), 베드로도 그랬습니다(예를 들면, 마 26 : 69-75). 사울(바울)은 심지어 그리스도인들을 핍박하는 것으로 하나님을 위한 그의 사역을 시작했었습니다(행 9 : 1-2).

불순종은 값비싼 대가를 치르게 한다

그러나 불순종은 결코 하나님에 의해 가볍게 취급되지 않습니다. 당신은 요나의 불순종이 하마터면 그의 목숨을 앗아갈 뻔한 것을 읽었습니다. 모세의 애굽인 살인은 그에게 40년의 광야생활이라는 대가를 치르게 했습니다. 다윗의 밧세바에 대한 죄는 그의 아들의 목숨을 대가로 치르게 했습니다. 바울의 초기 사역은 그의 불순종 때문에 많은 지장을 초래했습니다. 그리스도인들의 핍박자라는 그의 평판 때문에, 많은 사람들이 그에게 가까이 가기를 두려워했습니다.

하나님은 당신의 성품을 계발하는 것에 관심을 가지고 계시다.

하나님은 당신의 성품을 계발하는 것에 관심을 가지고 계십니다. 얼마 동안 하나님은 당신이 하는 대로 놓아 두십니다. 그러나 하나님은 당신을 돌이키기 위해 연단이라는 수단을 사용하십니다. 하나님은 당신이 그릇된 결정을 내리도록 놓아 두실지도 모릅니다. 그러면 성령님은 그것이 하나님의 뜻이 아니라는 것을 당신으로 하여금 인식하도록 하십니다. 그 분이 당신을 다시 바른 길로 인도해 주십니다. 그 분은 하나님이 무엇을 원하시는가를 명확히 해주실 것입니다. 그 분은 당신을 바르게 고쳐주고 하나님의 길들을 가르쳐 줌으로써 당신의 불순종이란 환경을 가지고도 모든 것이 합력하여 선을 이루게 하실 것입니다(롬 8 : 28).

하나님이 용서해 주시고 많은 경우 두번째 기회를 주시지만, 그렇다고 해서 불순종을 나답과 아비후가 불순종하다.

가볍게 여겨서는 안 됩니다. 어떤 때는 두번째 기회를 주시지 않습니다. 아론의 두 아들 나답과 아비후는 하나님이 명하시지 않은 다른 불을 가져다 분향하다가 하나님께서 그들을 치셔서 죽었습니다(레 10장).

모세가 하나님의 영광을 가로채다.

모세는 온 이스라엘 민족 앞에서 하나님의 영광을 가로채며, 반석을 치면서 이렇게 말했습니다. "패역한 너희여 들으라 우리가 너희를 위하여 이 반석에서 물을 내랴"(민 20 : 10). '우리가'라는 단어를 살펴보십시오. 하나님이 반석에서 물을 내시는 분이셨습니다. 모세는 하나님의 영광을 가로챘고, 하나님은 그 불순종의 결과를 묵인하려고 하지 않으셨습니다. 하나님은 모세가 이스라엘 민족과 함께 약속의 땅에 들어가도록 허락하지 않으셨습니다.

➡ **다음 문장이 맞으면 ○표, 틀리면 ×표 하십시오.**

_____ 1. 하나님은 절대로 두번째 기회를 주지 않으신다.
_____ 2. 하나님이 불순종의 죄를 용서하시면, 모든 죄의 결과 역시 없애 주신다.
_____ 3. 하나님은 그 분을 사랑하는 사람들의 불순종의 환경을 가지고도 선한 일을 이루실 수 있다.
_____ 4. 하나님은 당신의 성품을 계발하는 데 관심을 가지고 계시다.
_____ 5. 불순종은 매우 값비싼 대가를 치를 수 있다.
_____ 6. 하나님이 항상 죄의 결과를 없애 주시는 것은 아니다.

하나님은 당신을 사랑하십니다. 하나님은 당신에게 가장 최선의 것을 바라십니다. 그것이 하나님이 당신에게 모든 계명과 가르침을 주시는 이유입니다. 그 분의 계명들은 당신을 제한하고 구속하려는 데 목적이 있는 것이 아니라, 당신이 가장 의미 있는 삶을 경험하도록 당신을 자유케 하는 데 있습니다.

위의 문제의 답 : 1,2는 틀리고 나머지는 모두 맞습니다.

순종은 기쁨과 방해받지 않는 하나님과의 교제를 의미합니다. 존 새미즈가 쓴 찬송가의 가사는 순종과 하나님과의 교제의 상호관계에 대해서 일깨워 줍니다.

의지와 순종

주의 말씀의 빛 안에서 우리가 주님과 함께 동행할 때, 우리의 길을 영광으로 비추시리 우리가 그의 선한 뜻을 행하는 동안 그는 우리와 계속 사시며 모든 의지하고 순종하는 자와 함께 사시리라

우리가 모든 것을 제단에 드리기 전엔 그의 사랑의 기쁨을 증명할 수 없으리라
그가 인정하시고 그가 내려주시는 기쁨은 의지하고 순종하는 자들을 위함이라

그의 발 앞에 앉아 우리가 달콤한 교제를 즐기며 또 그의 옆에서 동행하리라

그가 말씀하시는 것을 우리가 행하고, 그가 보내시는 곳으로
우리가 가며
의지하고 순종하여 절대로 두려워하지 않으리라

(후렴)
의지하고 순종하라, 다른 길은 없으리라
예수 안에서 행복하려면, 의지하고 순종하는 것뿐이라

확인

모세를 위한 표적

확인은 순종 이후에 온다.

하나님이 우리로 하여금 그 분께 동참하라고 초청하시는 것을 우리가 들을 때, 우리는 종종 표적을 보기를 원합니다. "주여, 이것이 당신이라고 나에게 증명해 주십시오. 그러면 제가 순종하겠나이다." 모세가 불붙는 가시떨기나무 앞에 서서 하나님께 동참하라는 초청을 받았을 때, 하나님은 그가 하나님이 그를 보냈다는 표적을 받을 것이라고 말씀하셨습니다. 하나님은 모세에게 이렇게 말씀하셨습니다 "내가 정녕 너와 함께 있으리라 네가 백성을 애굽에서 인도하여 낸 후에 너희가 이 산에서 하나님을 섬기리니 이것이 내가 너를 보낸 증거니라"(출 3 : 12). 다른 말로 하면 "모세야 너는 순종해라. 내가 너를 통해서 이스라엘 백성을 구원할 것이다. 너는 내가 너의 구원자임을 알게 될 것이고, 이 산에서 나를 섬길 것이다"입니다. 하나님이 모세를 보냈다는 것의 확인은 모세가 순종한 이후에 올 것이었지, 순종하기 전이 아닙니다. 이것이 성경 전체를 통해서 가장 자주 나오는 경우입니다. 확인은 순종 이후에 옵니다.

하나님은 사랑이십니다. 그 분을 의지하고 그 분을 믿으십시오. 당신이 그 분을 사랑하신다면 그 분께 순종하십시오. 그러면 당신은 그 분과 교제하게 되고 그 분을 친밀하게 알게 될 것입니다. 그 확인은 당신에게 기쁨의 시간이 될 것입니다.

➡ **오늘 배운 것을 복습하십시오. 오늘 학습한 내용 중에서 하나님께서 당신으로 하여금 이해하고, 배우고, 실천하기 원하는 구절이나 성구를 하나나 둘쯤 지적해 주시기를 기도하십시오. 해당되는 것에 밑줄을 그으십시오. 그리고 난 후 아래의 질문에 답하십시오.**

오늘 학습한 내용 중 어떤 구절이나 성구가 가장 뜻있게 와 닿았습니까?

___

___

___

위의 구절이나 성구를 하나님께 대한 당신의 기도로 바꾸십시오.

___

___

___

오늘의 학습에 대한 반응으로 하나님은 당신이 무엇을 하기 원하십니까?

___

___

이 과의 요점

- 순종은 명령받은 것을 행하는 것이다.
- 나는 내가 이미 하나님의 뜻임을 아는 것에서부터 순종해야 한다.
- 하나님은 내가 작은 일에 충성되고 순종하는 것을 보실 때 나에게 더 많은 것을 믿고 맡기실 것이다.
- 하나님은 대개 두번째 기회를 주신다.
- 하나님은 때때로 두번째 기회를 주시지 않는다.
- 하나님은 값비싼 대가를 치르게 하신다.
- 하나님은 내 성품을 계발하는 데 관심이 있으시다.
- 확인은 순종 이후에 온다.

제 3 과 하나님은 당신을 통해서 일하신다

하나님이 당신을 통해서 특수한, 하나님 크기의 일을 하실 때, 당신도 역시 복을 받게 될 것이다.

당신이 하나님께 순종할 때, 그 분은 당신을 통해 그 분이 목적하시는 일을 성취하실 것입니다. 하나님이 당신의 인생에서 오직 하나님만이 하실 수 있는 일을 행하실 때, 당신은 그 분을 보다 친밀하게 알게 될 것입니다. 당신이 순종하지 않으면, 당신은 당신의 생애에서 가장 신나는 경험을 놓치게 될 것입니다.

하나님이 당신을 통해서 무언가를 하시고자 목적하실 때, 그 과제는 하나님 크기의 차원에 속한 것입니다. 하나님은 당신과 당신 주위의 사람들에게 자신을 계시하기를 원하시기 때문에 그렇게 하시는 것입니다. 만일 당신이 스스로의 힘으로 할 수 있는 일을 한다면, 사람들은 하나님을 알게 되지 못할 것입니다. 그러나 하나님이 오로지 그 분만이 하실 수 있는 일을 당신을 통해서 하시면, 당신과 당신의 주위에 있는 사람들은 하나님을 알게 될 것입니다.

이 과의 학습은 제7단원과 관계가 있습니다. 하나님으로부터 오는 하나님 크기에 속한 과제는 믿음의 갈등을 일으킵니다. 하나님은 자신이 말씀하시는 바로 그 분입니다. 그 분은 하시겠다고 말씀하신 것을 하실 수 있는 분입니다. 또 하실 분입니다. 당신은 이러한 사실들을 믿어야 합니다. 그 분이 말씀하신 것을 그 분이 하시도록 허락해야 합니다. 그것이 순종입니다. 하나님은 당신을 통해서 하십니다.

➡ **제7단원에 나오는 다음의 서술들을 읽고 특별히 당신에게 의미 있는 문장에 ×표 하십시오.**

☐ 하나님이 그 분의 일에 동참하라고 당신을 초청하실 때, 그 분은 하나님 크기의 과제를 당신을 위해서 갖고 계시다.

☐ 하나님이 하나님 크기의 임무에 당신을 동참하라고 초청하실 때는 항상 믿음이 요구된다.

☐ 당신이 믿음의 갈등에 부딪쳤을 때, 당신이 그 다음에 무엇을 하느냐가 당신이 하나님에 대해서 진정으로 무엇을 믿느냐를 나타낸다.

☐ 믿음은 한 인격체에 두는 것이다.

☐ 믿음은 하나님이 약속하시거나 말씀하신 것은 이루어질 것이라는 데 대한 확신이다.

☐ 하나님이 말씀하실 때, 그 분은 언제나 그 분이 무엇을 하실 것인지를 계시하신다. 당신이 그 분을 위해서 무엇을 하기를 원하시는 것이 아니다.

☐ 당신을 부르신 하나님 안에 당신이 믿음을 가지고 있으면, 당신은 그 분께 순종할 것이다. 그리고 그 분은 자신이 목적하신 바를 이루실 것이다.

☐ 순종은 당신의 하나님에 대한 믿음을 나타낸다.

☐ 믿음을 가지고, 당신은 하나님께 순종하기 위해서 확신 있게 나아갈 수 있다. 그 분은 자신이 목적하신 바를 이루실 것임을 알기 때문에.

하나님이 당신의 인생에 하나님 크기의 임무, 믿음, 순종 등을 통해 의미를 주셨다면 그 중에서 한 가지만 간단히 설명해 보십시오.

____

____

모세는 순종했고 하나님은 성취시키셨다…

모세는 순종했다.

모세는 순종이라는 행동을 통해서만 하나님의 충만한 성품을 경험하기 시작했습니다. 그의 하나님에 대한 앎은 그의 하나님께 대한 순종으로부터 자라나온 것입니다. 모세의 생애에서 우리는 이런 모습을 볼 수 있습니다. 즉, 하나님은 말씀하시고, 모세는 순종하고, 하나님은 자신이 목적하신 것을 성취시키는 것입니다.

➡ **다음의 성경구절들을 읽고 물음에 답하십시오.**

출애굽기 7 : 1-6

1. 모세는 무엇을 하라는 명령을 받았습니까?(2절)

____

2. 하나님은 자신이 무엇을 하려고 한다고 말씀하셨습니까?(4절)

____

3. 모세가 순종하고 하나님이 그 분이 말씀하신 것을 하셨을 때, 결과는 무엇이었겠습니까?(5절)

____

출애굽기 8 : 16-19

4. 하나님은 모세와 아론에게 무엇을 하라고 명령하셨습니까?(16절)

____

5. 모세와 아론은 그 명령에 어떻게 반응했습니까?(17절)

____

6. 누가 티끌을 이로 변하게 하였습니까?(19절) 모세와 아론 ☐ 하나님 ☐

하나님이 일하시는 방식

우리는 모세 생애의 전반을 통해서 이런 방식을 볼 수 있습니다.

- 하나님이 이스라엘을 구원하시려는 역사에 모세가 동참하도록 초청하셨다.
- 하나님이 모세가 해야 할 일을 말씀해 주셨다.
- 모세는 순종했다.
- 하나님은 그 분이 목적하신 일을 성취시키셨다.
- 모세와 그의 주위에 있던 사람들은 하나님을 보다 명확하고 친밀하게 알게 되었다.

사람들이 홍해와 뒤따르는 애굽의 군대 사이에 놓여져 있을 때, 하나님은 모세에게 지팡이를 들고 손을 바다 위로 내밀라고 하셨습니다. 모세는 순종했습니다. 하나님은 바다를 가르셨고, 사람들은 마른 땅으로 건너게 되었습니다(출 14 : 1-25). 그러자 미리암은 그들의 하나님에 대한 새로운 이해를 표현하는 찬송을 하도록 백성들을 인도했습니다.

백성들이 목마르고 마실 물이 없을 때, 그들은 모세에게 불평을 했습니다. 하나님은 모세에게 지팡이를 가지고 반석을 치라고 하셨습니다. 모세는 순종했고, 하나님은 반석에서 물이 나오게 하셨습니다(출 17 : 1-7). 우리는 이런 방식을 모세의 생애에서 거듭 보게 됩니다.

➡ **다음은 하나님이 모세를 통해서 일하신 방식을 잘못된 순서로 나열한 것입니다. 올바른 순서대로 1번부터 5번까지 번호를 매기십시오.**

_____ a. 모세와 그의 주위에 있던 사람들은 하나님을 보다 명확하고 친밀하게 알게 되었다.
_____ b. 모세는 순종했다.
_____ c. 하나님은 모세가 해야 할 일을 말씀해 주셨다.
_____ d. 하나님은 그 분이 목적하신 일을 성취시키셨다.
_____ e. 하나님이 이스라엘을 구원하시려는 역사에 모세가 동참하도록 초청하셨다.

노아가 순종했을 때, 하나님은 그의 가족을 보호해 주시고 지구상에 다시 생육하고 번성하게 해 주셨습니다. 아브라함이 순종했을 때, 하나님은 그에게 아들을 주시고 한 나라를 세우셨습니다. 다윗이 순종했을 때, 하나님은 그를 왕으로 만드셨습니다. 엘리야가 순종했을 때, 하나님은 불을 내리셔서 희생 제물을 사르셨습니다. 이 믿음의 사람들은 하나님께 순종했을 때, 하나님이 그들을 통해서 그 분의 일을 성취시키심으로 인해 하나님을 경험으로 알게 되었습니다. 모세가 하나님께 순종했을 때, 그는 하나님을 경험을 통해서 알게 되었습니다. 올바른 순서는 e. c, b, d, a 입니다.

제자들은 순종했고 하나님은 성취시키셨다…

보내심을 받은 70명의 제자들

누가는 이런 똑같은 방식을 따른 예수님의 제자들의 아름다운 경험을 기록합니다. 예수님은 하나님 아버지의 일에 동참하라고 70명을 초청하셨습니다. 그들은 순종했고, 오로지 하나님만이 하실 수 있는 일을 그들을 통해서 하고 계시는 하나님을 경험했습니다.

➡ **누가복음 10 : 1-24을 읽고 다음 질문에 답하십시오.**

1. 예수님은 그 70명에게 무엇을 하라고 명령하셨습니까?

2절에서 ________________________________

5절과 7절에서 ________________________________

____

8절에서 ______________________________

9절에서 ______________________________

____

2. 16절에서는 종과 주인 사이의 관계와 그 70명과 예수님 사이의 관계에 대해 무엇을 나타내고 있습니까?

____

3. 그 70명이 그들의 경험에 대해 어떻게 느꼈으리라고 생각하십니까?(17절)

____

4. 그 경험을 통해서 그 70명은 하나님에 대해 무엇을 알게 되었다고 생각하십니까?

____

예수님은 이 제자들에게 구체적인 지시를 내리셨습니다. 그들은 예수님께 순종했고 또 병자를 고치고 귀신을 쫓아내시면서 그들을 통해 일하시는 하나님을 경험했습니다. 예수님은 그러나 귀신들이 항복하는 것으로 기뻐하지 말고 그들이 구원을 받은 것을 더 기뻐하라고 말씀하셨습니다(20절). 예수님은 하나님 아버지께서 그 제자들에게 자신을 계시하신 것으로 인해 찬미하셨습니다(21, 22절). 그리고 나서 예수님은 그들을 돌아보시며 말씀하셨습니다. "너희의 보는 것을 보는 눈은 복이 있도다 내가 너희에게 말하노니 많은 선지자와 임금이 너희 보는 바를 보고자 하였으되 보지 못하였으며 너희 듣는 바를 듣고자 하였으되 듣지 못하였느니라" (누 10 : 23-24).

제자들은 복을 받았다.

이 제자들은 복을 받았습니다. 그들은 하나님의 일에 참여하도록 특별히 하나님의 선택을 받았습니다. 그들이 보고, 듣고, 하나님에 대해서 알게 된 것은 선지자들과 왕들도 경험하기를 원했던 것이지만 하지 못한 것입니다. 이 제자들은 복을 받았습니다.

당신은 기쁨을 경험할 수 있다.

하나님이 당신을 통해서 하나님 크기의 특별한 일을 하실 때, 당신도 역시 복을 받을 것입니다. 당신의 인생에 기쁨을 가져다 주는 길로 당신은 하나님을 알게 될 것입니다. 다른 사람들이 당신이 하나님을 그렇게 경험하는 것을 볼 때, 어떻게 하면 그들도 하나님을 그렇게 경험할 수 있을까 알고 싶어할 것입니다. 그들을 하나님께로 이끌 준비를 하십시오.

➡ **하나님이 최근에 당신을 통해서 어떤 일을 하심으로 인해서 기쁨을 맛본 일이 있습니까? 예 □ 아니오 □ 만일 '예'라고 대답하셨다면 아래에 간단히 설명해 보십시오.**

____

____

당신이 순종하면, 하나님은 당신을 통해서 어떤 놀라운 일들을 하실 것입니다. 당신의 간증은 오직 하나님께만 영광을 돌리기 위해 있습니다. 이점을 명심해야 합니다. 당신이 특별하다고 느끼기 때문에 자랑과 경험을 이야기하고 싶은 것입니다. 그것은 계속되는 긴장이 될 것입니다. 당신은 주님의 놀라운 역사들을 전파하기 원할 것입니다. 그러나 자랑하는 마음은 티끌만큼이라도 피해야만 합니다.

> 기록된 바 자랑하는 자는 주 안에서 자랑하라 함과 같게 하려 함이니라.
> —고린도전서 1 : 31

➡ **오늘 배운 것을 복습하십시오. 오늘 학습한 내용 중에서 하나님께서 당신으로 하여금 이해하고, 배우고, 실천하기 원하는 구절이나 성구를 하나나 둘쯤 지적해 주시기를 기도하십시오. 해당되는 것에 밑줄을 그으십시오. 그리고 난 후 아래의 질문에 답하십시오.**

오늘 학습한 내용 중 어떤 구절이나 성구가 가장 뜻있게 와 닿았습니까?

____

위의 구절이나 성구를 하나님께 대한 당신의 기도로 바꾸십시오.

____

오늘의 학습에 대한 반응으로 하나님은 당신이 무엇을 하기 원하십니까?

____

이 단원의 암송구절을 복습하고 써 보십시오.

이 과의 요점

- 내가 하나님께 순종할 때, 하나님은 나를 통해서 그 분이 목적하신 바를 성취하실 것이다.
- 하나님은 나와 내 주위의 사람들에게 자신을 계시하기를 원하신다.
- 하나님이 나를 통해서 하나님 크기의 특별한 일을 하실 때 나는 복을 받을 것이다.
- 나는 하나님이 하신 일에 대한 간증이 오직 하나님께만 영광을 돌려야 함에 매우 주의해야 할 필요가 있다.
- 기록된 바 자랑하는 자는 주 안에서 자랑하라 함과 같게 하려 함이니라(고전 1 : 31)

제 4 과 당신이 하나님을 알게 되다

하나님은 그 분이 하시는 일에 의해 그의 사람들에게 자신을 계시하신다.

하나님은 그 분이 하시는 일에 의해 그의 사람들에게 자신을 계시하십니다. 하나님이 당신을 통해서 그 분의 목적을 성취하실 때, 당신은 하나님을 경험으로 알게 됩니다. 당신은 하나님이 당신의 삶에서 어떤 필요를 채워 주실 때, 또한 하나님을 알게 됩니다. 제4단원에서 당신은 성경에 나오는 하나님의 이름들이 어떻게 그 분이 인류에게 자신을 계시하여 오셨는가를 나타냄을 배웠습니다.

➡ **복습하는 의미에서 93페이지에 나와 있는 '경험으로 하나님을 아는 것'과 '하나님의 이름들'을 읽어 보십시오. 하나님은 어떻게 자신을 우리에게 계시하십니까? 우리는 어떻게 하나님을 알게 됩니까?**

____

____

성경에서 하나님이 순종하는 한 사람 혹은 여러 사람을 통해 무엇인가를 하실 때, 그들은 하나님을 새롭고 더 친밀한 방법으로 알게 되었습니다.(예 : 삿 6 : 24 ; 시 23 : 1 ; 렘 23 : 6 ; 출 31 : 13) 하나님은 그 분의 개인적인 이름을 모세에게 계시하셨습니다. "나는 스스로 있는 자니라"(출 3 : 14). 하나님이 "육신이 되어 우리 가운데 거하시매"(요 1 : 14), 예수님은 제자들에게 이런 말씀을 하시면서 자신을 표현하셨습니다.

예수님의 이름들

"나는 생명의 떡이다." (요 6 : 35)
"나는 세상의 빛이다." (요 8 : 12)
"나는 문이다." (요 10 : 9)
"나는 선한 목자이다." (요 10 : 11)
"나는 부활이요 생명이다." (요 11 : 25)
"나는 길이요 진리요 생명이다." (요 14 : 6)
"나는 참 포도나무이다." (요 15 : 1)

예수님은 구약의 "스스로 있는 자" (불붙은 떨기나무에서 모세에게 주신 하나님의 이름)와 자신을 동일시하셨습니다. 그분을 믿는 일이 선행되어야 예수님을 이렇게 알고 경험할 수 있습니다. 예를 들면, 그 분이 당신에게 "내가 길이요."라고 말씀하실 때, 당신이 그 분과의 관계에서 그 다음에 무엇을 하느냐가 당신이 그 분을 당신의 인생에서 "길"로 경험할 수 있느냐를 결정합니다. 당신이 그 분을 믿고, 당신의 인생을 그 분께로 조정하고, 그 분이 그 다음에 하시는 말에 순종할 때, 당신은 그 분을 "길"로서 알고 경험하게 됩니다. 이것은 하나님이 매일매일 당신에게 계시하시는 모든 일에서 실제로 일어납니다.

➡ **96페이지의 하나님의 이름, 호칭, 표현들을 보고, 당신이 경험으로 알게 된 하나님의 이름들을 써 보십시오.**

하나님의 어떤 이름이 당신 인생의 현 시점에서 가장 소중하거나 의미 있습니까?

오늘 남은 하루를 하나님께 기도와 감사의 시간으로 만드십시오. 그 분이 당신에게 자신을 계시해 주신 것에 대해, 98-99페이지를 참고로 하여 하나님을 예배하고 경배하는 시간을 가져도 좋습니다.

이 기도와 경배의 시간 뒤에 당신이 이 코스의 학습을 통해서 하나님을 어떻게 경험으로 알게 되었는지 써보십시오.

제 5 과 질문들과 답들

하나님은 그 분이 나로 하여금 완수하도록 능력 주시지 않을 임무는 절대로 주시지 않을 것이다.

약간 분위기를 바꾸는 의미에서, 제가 늘 받는 이 단원에 관련된 몇 가지 질문들을 살펴봅시다. 이것들은 아마 당신이 계속해서 질문하던 것들일지도 모르겠습니다.

질문 : 어째서 하나님은 제 인생에서 그렇게 느리게 역사하시는 것처럼 보일까요?

예수님이 제자들과 3년 정도 함께 거하신 후에 이렇게 말씀하셨습니다. "내가 아직도 너희에게 이를 것이 많으나 지금은 너희가 감당치 못하리라 그러하나 진리의 성령이 오시면 그가 너희를 모든 진리 가운데로 인도하시리니 그가 자의로 말하지 않고 오직 듣는 것을 말하시며 장래일을 너희에게 알리시리라"(요 16 : 12-13). 예수님은 그들에게 더 가르치실 필요가 있었지만, 그들은 그것을 받을 준비가 되어 있지 않았습니다. 그러나 예수님은 성령님이 하나님의 시간표에 따라 제자들을 계속해서 인도하실 것임을 아셨습니다.

당신은 이렇게 말할지도 모릅니다. "하나님, 서두르셔서 저를 성숙하게 만들어 주세요."

이때 하나님은 이렇게 말씀하십니다. "나는 네가 네 인생에서 나에게 하도록 허락하는 만큼 빨리 움직이고 있다. 네가 다음 단계로 올라갈 준비가 될 때, 내가 네 인생에 새로운 진리를 가져다 줄 것이다."

➡ **당신 자신에게 다음의 질문들을 던져 보십시오.**

- 하나님이 이미 나를 인도하고 계신 모든 것에 내가 응하고 있는가?
- 내가 이미 하나님의 뜻임을 아는 것에 대해 모두 순종했는가?
- 나는 하나님이 나를 사랑하시고, 그가 항상 최선이고 옳은 것을 하심을 진정으로 믿고 있는가?
- 나는 기꺼이 하나님의 시간을 인내함으로 기다릴 수 있는가? 그리고 기다리는 동안 내가 알고 있는 모든 해야 될 것들을 기꺼이 하겠는가?

당신은 왜 하나님이 어떤 사람의 인생에서 그를 성숙시키면서 천천히 역사하신다고 생각하십니까?

하나님이 필요한 만큼의 시간을 쓰시도록 허락하십시오.

오늘 있다 내일 없어질 풀은 성숙할 시간을 그리 필요로 하지 않습니다. 그러나 크고 몇백 년씩 사는 참나무는 자라나고 성숙하는 데 많은 시간을 요구합니다. 하나님은 영원토록 살 당신의 생명에 관심을 갖고 계십니다. 하나님이 그 분의 목적에 맞게 당신을 만드는 데에 필요한 만큼의 시간을 쓰시도록 허락하십시오. 큰 임무일수록 준비하는 데 더 오랜 시간이 걸립니다.

➡ **당신은 하나님이 당신의 인생에 정해 놓으신 목적과 임무를 수행할 수 있도록 당신을 준비시키는 데 필요한 만큼의 시간을 충분히 쓰시도록 허락하고 싶으**

십니까? 만일 그렇다면, 그런 내용을 포함한 하나님을 향한 기도를 다음에 써 보십시오.

___

___

___

질문 : 하나님은 왜 저에게 큰 임무를 맡기지 않으실까요?

하나님은 당신에게 이렇게 말씀하실지도 모릅니다. "너는 위대한 일들에 너를 참여시켜달라고 나에게 부탁하고 있지만, 나는 단순히 네가 나를 어떻게 믿어야 하는지를 이해시키려 노력하고 있다. 나는 아직 너에게 그 임무를 맡길 수 없다." 하나님이 더 큰 사명들을 위해 당신을 준비시키시기 전에 당신의 인생 안에 아주 기초적인 토대를 세우셔야만 합니다.

당신은 이렇게 말한 적이 있지 않습니까? "주여, 당신이 제게 위대한 임무를 맡겨 주시기만 하면, 제가 가진 모든 가치 있는 것을 바쳐 주님을 섬기겠습니다."

하나님은 아마 이렇게 응답하실 것입니다. "나도 정말 그렇게 하고 싶다. 그러나 나는 그렇게 할 수 없어. 만일 내가 너에게 그런 임무를 맡긴다 해도, 너는 절대로 그런 임무를 감당할 수가 없단다. 나는 네가 상처받는 것을 원하지 않는다. 너는 아직 준비가 되어 있지 않아."

당신은 감당할 능력이 있습니까?

그러면 당신은 이렇게 대꾸할지도 모릅니다. "주님, 저는 할 능력이 있습니다. 저는 감당할 수 있습니다. 저를 시험이라도 해 보세요." 당신은 예수님의 제자들 중에서 자신이 더 큰 임무를 감당할 수 있다고 생각한 사람들이 있었던 것을 기억하십니까?

예수님이 십자가에 달리시기 바로 전날 밤에 베드로는 이렇게 말했습니다. "'주여, 내가 주와 함께 옥에도, 죽는 데도 가기를 준비하였나이다' 예수님께서 가라사대, '베드로야 내가 네게 말하노니, 오늘 닭 울기 전에 네가 세 번 나를 모른다고 부인하리라'" (눅 22 : 33-34). 당신이 어떻게 할 것인지 예수님은 정확히 아시지 않습니까? 그 분을 의지하십시오. 하나님께 당신이 생각하시기에 준비가 되었으니 큰 임무를 주십사 고 우겨대지 마십시오. 그것은 당신을 파멸로 이끌 수 있습니다.

그 분을 의지하라.

하나님은 그 분 왕국의 목적을 달성하는 것에 당신보다 훨씬 많은 관심을 가지고 계십니다. 하나님은 당신이 그것을 위해 준비되었음을 아시는 데 따라 모든 임무로 당신을 인도하실 것입니다.

➡ **하나님께서 당신이 원하는 종류의 사명을 당신에게 주시지 않을 때, 당신이 어떻게 반응해야 한다고 생각하십니까?**

___

___

하나님이 당신을 그 분께로 향하게 하시도록 하십시오. 종은 주인에게 자기가 어떤 종류의 사명이 필요하다고 말하지 않습니다. 그러므로 인내하고 기다리십시오. 주님을 기다리는 것이 당신에게 있어서 절대로 나태한 시간이어서는 안 됩니다. 이 기다리는 기간들을 하나님이 당신의 성품을 다듬어서 만드는 시간으로 사용하시도록 하십시오. 하나님이 당신의 인생을 정화시키는 데 그 기간을 사용하셔서, 당신을 그 분의 사역을 위한 깨끗한 그릇으로 만드시도록 하십시오.

하나님께로부터 오는 사명은 어느 것이나 중요한 사명이다.

당신이 하나님께 순종하면, 하나님은 당신에게 꼭 알맞는 사명을 위해 당신을 준비시키십니다. 그러나 우주의 창조주로부터 오는 사명은 어느 것이나 중요한 사명입니다. 어떤 사명의 중요성이나 가치를 판단하는 데 인간의 기준을 사용하지 마십시오.

질문 : 저는 순종하고 있는데 '문'이 닫혀 있을 때 무슨 일이 일어나고 있는 것입니까?

당신이 하나님께서 당신을 어떤 임무나 장소 또는 사명으로 부르고 계심을 느꼈다고 가정합시다. 당신은 그것을 막 하려고 하는데 모든 일이 잘못되어 갑니다. 사람들은 보통 이렇게 말합니다. "글쎄, 아마 그것은 하나님의 뜻이 아닐 거야."

하나님은 당신을 하나님과의 관계로 부르십니다. 환경을 해석하는 데 있어서 매우 주의해야 합니다. 많은 경우에 우리는 너무 빨리 결론을 지어 버립니다. 하나님은 자신이 무엇을 하려고 하시는지를 말씀해 주시려고 우리를 한 방향으로 인도하십니다. 우리는 우리의 결론이 너무나 논리적으로 들리기 때문에 하나님이 무엇을 하고 계신지에 대해서 우리 멋대로 결정짓고 곧 결론을 내려 버립니다. 우리가 우리 자신의 추리에 따른 논리를 좇아가기 시작하고 나면 아무 일도 제대로 되지 않는 것처럼 보입니다. 우리는 관계성을 떠나서 우리 자신의 손으로 해결해 보겠다고 나서는 경향이 있습니다. 그러지 마십시오.

성령이 아시아에서 말씀을 전하지 못하게 하시거늘 브루기아와 갈라디아 땅으로 다녀가 무시아 앞에 이르러 비두니아로 가고자 애쓰되 예수의 영이 허락지 아니하시는지라 무시아를 지나 드로아로 내려갔는데 밤에 환상이 바울에게 보이니 마게도냐 사람 하나가 서서 그에게 청하여 가로되 마게도냐로 건너와서 우리를 도우라 하거늘 바울이 이 환상을 본 후에 우리가 곧 마게도냐로 떠나기를 힘쓰니 이는 하나님이 저 사람들에게 복음을 전하라고 우리를 부르신 줄로 인정함이러라."
—사도행전 16 : 6-10

대개의 경우 하나님이 당신을 부르시거나 지시를 내리실 때, 그 분의 부르심은 당신으로 하여금 그 분을 위해서 무엇을 하라는 것이 아닙니다. 그 분은 당신이 처한 그 자리에서 그 분이 무엇을 하시려는지를 말씀하고 계십니다. 예를 들면, 하나님은 바울을 통해서 이방인들에게 복음을 전파시키시겠다고 바울에게 말씀하셨습니다. 바울이 아니라 하나님이 이방인들을 찾아가시려고 하신 것입니다. 바울이 한 방향으로 가기를 시작하는데 성령님께서 그를 막으셨습니다(행 16 : 6-10). 그는 다른 쪽으로 가기 시작했습니다. 마찬가지로 성령님께서 그를 막으셨습니다. 하나님의 원래 계획은 무엇이었습니까? 이방인을 찾아가는 것이었습니다. 바울의 문제는 무엇이었습니까? 그는 자기가 무엇을 해야 하는지 알아내려고 노력하였고, 기회의 '문'은 닫혀 있었습니다. 그러나 정말 문이 닫혀 있었습니까? 아니지요. 하나님은 이 말씀을 하려고 노력하고 계셨던 것입니다. "내가 하는 말을 들어라, 바울아, 내가 너에게 가야 할 곳을 일러주기 전까지는 드로아에 머물러 있어라"

드로아에서 바울은 마게도냐로 가서 그 곳에 있는 사람들을 도와 주라는 환상을 보았습니다. 무슨 일이 일어나고 있었습니까? 하나님의 계획은 서쪽으로 그리스와 로마로

복음의 방향을 돌리는 것이었습니다. 하나님은 빌립보에서 역사하고 계셨고, 바울이 거기서 하나님과 합류하기를 바라셨던 것입니다.

당신이 하나님을 좇기 시작했는데 환경이 기회의 문을 닫는 것처럼 보이면, 주님께로 돌아가서 하나님이 무슨 말씀을 하시는지를 명확히 하십시오. 그것보다 더 좋은 방법은 애초에 하나님의 부르심을 받았다고 느꼈을 때, 하나님이 정확히 무슨 말씀을 하시는지 알려고 노력하는 것입니다. 하나님은 대개 당신을 어떤 사역으로 부르시지 않고 관계성으로 부르십니다. 그 관계성을 통해 하나님은 당신의 인생을 통해서 무엇인가를 하실 것입니다. 당신이 어떤 한 방향으로 나가기 시작했는데 모든 것이 막히면, 하나님께로 돌아가서 그 분이 뭐라고 말씀하셨는지를 명확히 하십시오. 하나님이 말씀하신 것을 부인하지 말고 하나님이 하신 말씀을 명확히 하십시오.

하나님이 뭐라고 말씀하시는지를 명확히 하라.

➡ **다음에 나와 있는 어떤 부부의 예화를 읽어 보십시오. 그들은 하나님이 자신들을 학생 사역으로 부르심을 느꼈습니다. 하나님이 인도하고 계시다고 생각하는 방향을 감지하고 당신이 행동을 시작할 때, 무엇을 해야 하는지에 대한 가르침과 환경이 '문을 닫는' 것이 어떤 것인지 주의해서 살펴보십시오. 가르침이 나오면 밑줄을 긋거나 동그라미를 치십시오. 저도 한 예에 밑줄을 그었습니다.**

저는 어떤 좋은 부부와 대화를 했습니다. 그들은 학생들에게 사역을 하기 위해서 새스커툰으로 가라로 초청받았다고 말했습니다. 그들은 선교사로서의 사명을 감당하기 위해서 준비작업을 시작했는데, 교단의 선교본부에서 거부를 하였습니다.

그들의 결론은 이런 것이었습니다. "그러면 우리가 실수한 것이다." 저는 그들에게 무조건 결론부터 짓지 말고 하나님께 돌아가서, 그들이 하나님의 부르심을 느꼈을 때 하나님이 뭐라고 말씀해 주셨는지를 기억해 보라고 조언해 주었습니다. 그러나 그들은 하나의 세부항목이 자신들의 생각대로 되지 않았다고 해서, 하나님의 전체 계획을 파기시켰습니다.

저는 그들에게, 되돌이켜 하나님이 무엇을 하라고 그들을 부르셨는지를 명확히 하라고 당부했습니다. 하나님이 그들을 선교사역으로 부르셨습니까? 하나님이 그들을 학생들의 사역을 위해 부르셨습니까? 하나님이 그들을 캐나다로 부르셨습니까? 그들은 하나님이 그들을 캐나다로, 학생 사역으로 부르셨음을 느꼈습니다.

그래서 저는 이렇게 이야기했습니다. "부르심을 받은 느낌을 그대로 가지고 계십시오. 하나의 문이 닫혔다고 해서 임무가 끝나 버린 것이라고 추측하지는 마십시오. 당신들을 부르신 하나님이 자신이 말씀하신 것을 어떻게 이행하시는지 주목하여 보십시오. 하나님이 하나의 지시를 내리실 때, 그 분은 꼭 이루어지게 하실 것입니다. 하나님이 하신 말씀을 환경이 파기하지 못하도록 조심하십시오."

하나님은 그들을 위해서 다른 도시를 생각하고 계셨을지도 모릅니다. 하나님은 그들이 다른 종류의 재정적 지원을 받기를 원하셨을지도 모릅니다. 또는 그 분은 그들을 준비시키시는 데 더 오랜 시간이 필요하셨을 수도 있습니다. 그 분이 자신의 시간에 세부적인 일들까지 이루시도록 하십시오. 그러는 동안 당신이 알고 있는 해야 할 일들을 모두 하고, 그 다음에 주시는 말씀을 기다리십시오.

➡ **하나님의 뜻에 대해 문이 닫힌 것처럼 보이는 환경에 부딪쳤을 때, 당신이 할 것 같은 일들은 어떤 것들입니까?**

____

____

____

____

당신이 순종의 한 단계를 밟은 후에 일이 잘못되어 가는 것처럼 보일 때

일이 잘못되어 가는 것처럼 보일 때…

- 하나님이 무엇을 말씀하셨는지를 명확히 하고, 하나님의 말씀하신 것에 당신이 더 추가했을지 모르는 것들을 찾아보십시오.
- 하나님이 말씀하신 것을 그대로 간직하십시오.
- 당신이 해야 한다고 알고 있는 모든 일을 하십시오.
- 그리고 나서 주님이 당신에게 그 다음에 해야 할 것을 말씀해 주실 때까지 기다리십시오.

> 당신과의 관계 안에서 그의 일을 주도하시는 하나님이 그것을 완성시키도록 보장해 주는 그 분 자신이시다.

하나님의 가장 큰 하나의 과제는 그의 사람들을 그 분 자신에게로 조정시키시는 일입니다. 하나님은 우리가 그 분이 원하시는 바로 그런 사람이 되기까지 우리를 다듬을 시간을 필요로 하십니다. 하나님이 그의 말씀과 기도를 통해서 말씀하셨기 때문에 어떤 큰 일을 하실 것임을 당신이 느꼈다고 가정해 봅시다. 당신은 환경이 잘 맞아떨어지고 다른 믿는 분들(교회)이 동의하기 때문에 하나님이 그 일을 하실 것이라고 느낍니다. 그리고 나서 6개월이 지났는데도, 당신은 아무런 큰 일도 아직 일어나지 않음을 봅니다. 그럴 때 부정적이 되거나 의기소침하거나 용기를 잃거나 하지 마십시오. 하나님이 당신 안에서, 당신 주위의 사람들 안에서 하나님이 하실 일을 위해 당신을 준비시키시는 것을 주목해 보십시오. 여기서 열쇠가 되는 것은 하나님과 당신과의 관계입니다.

질문 : 제가 받은 말씀이 하나님께로부터 온 것인지, 저의 이기적인 욕망으로부터 온 것인지 아니면 사탄에게서 온 것인지 어떻게 알 수 있습니까?

어떤 사람들은 일이 생겼을 때, 사탄의 속임수를 구별해 내기 위해서 사탄이 역사하는 방법을 연구하느라 많은 어려움을 겪습니다. 저는 그런 일을 하지 않습니다. 저는 사탄에게 초점을 맞추지 않기로 결심했습니다. 그는 벌써 패배를 당했습니다. 저를 인도해 주시는 분, 현재 저에게 자신의 일을 저를 통해서 이행하시는 분은 승리자이십니다. 사탄이 저를 통해서 일어나고 있는 하나님의 역사에 영향을 미칠 때는 제가 하나

님을 믿지 않고 사탄을 믿을 때뿐입니다. 사탄은 언제나 당신을 속이려고 노력할 것입니다. 그러나 사탄은 절대로 하나님이 목적하신 바를 궁극적으로 방해할 수 없습니다.

➡ **다음의 예화를 읽고 당신 자신의 영적 생활에 적용할 수 있을지를 생각해 보십시오.**

기마경찰들과 위조지폐

캐나다의 왕립 기마경찰은 위조지폐를 방지하는 훈련을 합니다. 경찰국에서는 경관들에게 절대로 위조지폐를 보여주지 않습니다. 그들은 오직 한 종류의 진짜 10불짜리 지폐가 존재함을 알 따름입니다. 그들은 너무나 철저하게 진짜 지폐에 대해서 연구하기 때문에 그것에 미치지 못하는 것은 어떤 것이든지 구별해 냅니다.

당신은 사람들이 위조지폐를 만드는 방법을 다 상상할 수 없습니다. 그러나 기마경찰들은 사람들이 어떻게 위조지폐를 만드는지를 연구하지 않습니다. 그들은 오직 진짜만을 공부합니다. 진짜에 미치지 못하는 것은 어느 것이든지 가짜인 것입니다.

➡ **당신이 어떤 지시를 받았을 때, 당신은 "이것이 하나님 혹은 자신 또는 사탄에게서 온 것일까?"라고 자신에게 물어볼지 모릅니다. 당신은 그것이 하나님으로부터 온 것임을 명확히 알기 위해서 어떤 준비를 할 수 있습니까?**

____

____

____

예수님은 하나님 아버지로부터 가장 최근에 들은 말씀을 인용하셨다.

당신은 사탄과의 영적인 싸움에 어떻게 임해야 합니까? 하나님의 길들을 아주 철저하게 알아서, 하나님의 길에 미치지 못하는 것을 보면 그것에서 돌이키십시오. 그것이 예수님이 시험을 당하셨을 때 하신 방법입니다. 예수님이 하신 말씀을 요점만 얘기하면, 예수님은 이렇게 조용히 말씀하셨습니다. "네가 무슨 말을 하고 있는지 나는 이해한다. 그러나 사탄아, 그것은 내가 하나님으로부터 가장 최근에 들은 말씀이 아니다. 성경은 이렇게 말하고 있다…" (마 4 : 1-11을 보십시오.) 예수님은 결코 사탄과 그것을 의논하신 적이 없습니다. 그는 절대로 그것을 분석하지도 않으셨습니다. 그는 하나님이 그 다음에 무엇을 하라고 그에게 말씀하실 때까지, 하나님이 그에게 가장 최근에 하라고 하신 말씀을 계속해서 그대로 행하고 계셨습니다.

질문 : 하나님은 영원을 위해서 저의 인생에 한 가지 계획을 가지고 계십니까?

하나님의 계획은 관계를 위한 것이다.

하나님이 영원을 위해 당신의 인생을 계획하시고, 당신이 그 분의 계획을 이루어 나가도록 당신을 풀어 놓으십니까? 하나님의 계획은 관계를 위한 것입니다. 우리가 하나님께서 우리로 하여금 그리스도인 사업가가 되기를 원하실지, 음악목사, 교육목사, 설교자나 선교사가 되기를 원하실지 말씀하시게 만들려고 노력할 때, 우리는 큰 어려움에 빠지게 됩니다. 우리는 하나님이 우리가 조국에서 일하기를 원하시는지, 일본이나 캐나다로 가기를 원하시는지 알고 싶어합니다. 하나님은 대개 당신에게 한 번에 끝나는 임무를 주지 아니하시고 당신을 영원히 거기에 두지도 않으십니다. 물론 당신은 오랜 시간 동안 한 곳의 한 임무에 머물러 있을 수 있습니다. 그러나 하나님이 주시는 사명은 매일매일 당신에게 옵니다.

하나님은 하나님이 주인이 되시는 관계로 당신을 부르십니다. 거기서 당신은 하나님이 선택하시는 일을 기꺼이 행하기 원하시고, 하나님이 선택하시는 사람도 기꺼이 되기를 원하는 것입니다. 당신이 그 분을 주인으로 모시고 그 분께 응답하면, 그 분은 당신이 꿈도 꾸어 보지 못한 일들을 하도록, 또 그런 사람이 되도록 인도하실 수 있습니다. 당신이 그 분을 주인으로 따르지 않으면, 당신은 어떤 일이나 임무에 자신을 가두어 놓고 하나님이 당신을 통해서 하시고 싶어하는 어떤 일들을 놓치게 될지도 모릅니다. 저는 사람들이 이런 말을 하는 것을 들었습니다. "하나님은 내가 이러이러한 사람이 되라고 부르셨어. 그러니까 이런 다른 것들은 그 분의 뜻이 아닐 거야…." 혹은 "내 영적인 은사는 이러이러한 것이야. 그러니 이 사역의 가능성은 나를 향한 하나님의 뜻일 수 없어."

하나님은 자신이 당신을 통해 성취시키지 않을 어떤 임무를 결코 주시지 않을 것입니다. 그것이 영적인 은사, 즉 하나님이 당신에게 주시는 임무를 수행시키려고 주시는 초자연적인 힘입니다. 하나님의 뜻을 알아내는 데 있어서 당신의 은사나 능력, 관심에 초점을 맞추지 마십시오. 저는 너무나 많은 사람들이 이렇게 이야기하는 것을 들었습니다. "나는 이것을 정말 하고 싶어요. 그러니 이것이 하나님의 뜻임이 틀림없죠." 그런 종류의 반응은 자기중심적인 것입니다. 당신은 하나님 중심적이 되어야만 합니다. 하나님이 당신의 주인일 때, 당신의 반응은 아래와 같아야 합니다.

주여, 저는 하나님의 나라가 요구하는 것은 무엇이라도 하겠습니다. 주님이 원하시면 어디라도 가겠어요. 환경이 어떻든지 저는 기꺼이 주님을 따르겠어요. 주님이 제 인생을 통해서 어떤 필요를 채우시기 원하시면, 무엇이든지 요구하세요. 저는 당신의 종이니 무엇이든지 하겠어요.

➡ **당신의 교회에 다니고 있는 청소년이 당신에게 상담을 받으려 한다고 가정합시다. 그가 이렇게 말합니다. "제 생각에 하나님께서 저를 어떤 사역으로 부르시는 것 같아요. 목사, 선교사, 혹은 교육목사 등 어떤 분야에서 봉사해야 하는지 말씀해 주세요. 저는 매우 신중하게 결정하기를 원합니다. 저는 하나님이 제 인생에 대해 가지고 계신 계획을 놓치고 싶지 않아요."**

당신이 위 청소년의 상담자라면 어떻게 답해 주시겠습니까?

____

____

____

당신은 하나님의 계획은 관계성에 있는 것이지 어떤 일에 있는 것이 아님을 강조했습니까? 당신은 그가 하나님의 주권에 매일 복종해야 하는 것의 필요성을 깨닫는 데 도움을 주었습니까? 저는 당신이 그를 하나님 중심적인 방향에서 하나님의 뜻을 알아내도록 도와줄 수 있으리라고 믿습니다.

➡ **오늘 배운 것을 복습하십시오. 오늘 학습한 내용 중에서 하나님께서 당신으로 하여금 이해하고, 배우고, 실천하기 원하는 구절이나 성구를 하나나 둘쯤 지적해 주시기를 기도하십시오. 해당되는 것에 밑줄을 그으십시오. 그리고 난 후 아래의 질문에 답하십시오.**

오늘 학습한 내용 중 어떤 구절이나 성구가 가장 뜻있게 와 닿았습니까?

____

____

위의 구절이나 성구를 하나님께 대한 당신의 기도로 바꾸십시오.

____

____

오늘의 학습에 대한 반응으로 하나님은 당신이 무엇을 하기 원하십니까?

____

____

이 단원의 암송구절을 복습하고 다음 모임에서 사람들 앞에서 외울 수 있도록 준비하십시오.

이 과의 요점

- 나는 하나님이 나를 그 분의 목적에 알맞는 사람으로 만드는 데 필요한 만큼의 충분한 시간을 쓰시도록 허락할 것이다.
- 온 우주의 창조주로부터 오는 사명이라면 어떤 것이라도 중요한 것이다.
- 하나님은 나를 그 분과의 관계로 부르신다.
- 나는 관계성을 떠나서 내 손으로 무엇을 해 보겠다고 나서지 않을 것이다.
- 하나님이 세부적인 것까지도 그 분의 시간에 이루시도록 하라.
- 하나님의 길들을 철저하게 알아서, 하나님의 길에 미치지 못하면 나는 그것이 하나님께로부터 오지 않았음을 알고 그것에서 돌이킬 것이다.
- 하나님께서는 나를 통해 성취시키지 않을 임무는 어떤 것도 절대로 주시지 않는다.

제10단원 하나님의 뜻과 교회

이바 베이츠는 '무릎'이었다

이바 베이츠에 대해서는 전에 언급한 바 있습니다. 그녀는 농장에서 살다가 은퇴한 과부였습니다. 그녀는 제가 알고 있는 가장 위대한 기도의 용사 중 하나였습니다. 우리 교회는 예수님의 몸이었고, 우리는 그녀를 '무릎'이라고 불렀습니다. 하나님은 그녀를 강력한 기도의 용사로 몸 안에 두셨습니다.

우리에게 새신자들이 생기면, 저는 그들을 이바에게 보내서 그녀로 하여금 기도는 어떻게 하는 것인가에 대해서 이야기해 주도록 했습니다. 그녀는 많은 기도의 용사들을 무장시켰습니다. 우리가 대학 캠퍼스에서 사역을 시작했을 때, 이바는 그 일을 위해 몸 안에서 어떤 역할을 해야 할지 몰랐습니다. 이 새로운 사역을 하는 데 있어서 누가 그녀에게 몸 안에서의 역할을 가르쳐 주어야 했습니까? 우리의 캠퍼스 사역담당 교역자였겠지요. 그는 어떻게 캠퍼스사역을 위해 기도할 수 있을 것인가에 대해 그녀와 이야기를 나누었습니다. 그녀는 몸 안에서의 자신의 역할을 바꾸지 않았습니다. 다만 어떻게 캠퍼스 사역을 위한 '무릎'이 되느냐를 배웠을 따름입니다. 학생들에게 이런 지시가 내려졌습니다. "어떤 사람에게 복음을 증거하려고 할 때나, 우리의 사역에 있어서 어떤 특별한 사명을 갖고 있을 때는 언제든지, 이바에게 가서 그것에 대해 이야기하십시오. 그녀가 기도해 줄 것입니다."

그래서 웨인이라는 학생이 이바에게 부탁했습니다. "다음 화요일에 더그에게 복음을 증거하려고 하는데 저를 위해서 기도해 주시겠어요?" 이바는 동의했습니다. 웨인이 점심시간에 복음을 전하는 동안 이바는 그녀가 하던 일을 모두 중단하고 기도를 시작했습니다. 그녀는 학생들이 그녀에게 무엇을 하고 있다고 말해주는 족족 그렇게 기도를 했습니다. '손'만이 캠퍼스를 만지고 있어도, 온몸이 잘맞게 함께 연결되어 있었습니다. 손이 효과적으로 일하도록 온몸의 각 지체는 하나님이 그들을 두신 곳에서 각자의 역할을 하고 있었습니다.

약 3개월이 지난 후에, 어떤 청년이 초청의 시간에 앞으로 걸어나왔습니다. 그는 주님을 의지하고 있었습니다. 저는 교인들에게 말했습니다. "이 청년은 더그입니다. 그는 지금 방금 그리스도인이 되었습니다." 저는 이바를 바라보았고, 그녀는 깊은 감동을 받아 울고 있었습니다. 그녀는 더그를 한 번도 만나본 적이 없지만, 그를 위해서 3개월 동안 기도하고 있었습니다.

누가 더그를 주님께로 인도했습니까? 몸이 했습니다!

이 단원의 암송구절 이와 같이 우리 많은 사람이 그리스도 안에서 한 몸이 되어 서로 지체가 되었느니라. —로마서 12 : 5

제 11과 교회

교회가 하나님의 임재하심을 허락하고 그 분의 활동을 나타낼 때, 그들을 보고 있는 세상은 그 분께로 이끌릴 것이다.

이 시대의 기독교의 가장 큰 과제는 아마 교회가 하나님과 동행함으로 세상이 교회의 증거를 통해서 하나님을 알게 되는 일일 것입니다. 교회가 하나님의 임재하심을 허락하고 그 분의 활동을 나타낼 때, 그들을 보고 있는 세상은 그 분께로 이끌릴 것입니다. 어떻게 하면 당신의 교회가 그런 교회로 될 수 있을까요? 우선 당신은 하나님과의 관계에 있어서나 당신과 다른 사람들과의 관계에 있어서 당신이 누구인지를 이해해야만 합니다.

1. 교회는 그리스도의 창조물입니다. 그 분이 자신의 교회를 세우시고(마 16 : 18), 그 분의 뜻대로 지체를 각각 몸에 두십니다(고전 12 : 18). 그러므로 각 지체는 하나님이 교회에 두신 모든 지체를 서로서로 존중해야 합니다.
2. 교회는 많은 지체를 가진 그리스도의 살아있는 몸입니다(고전 12 : 27). 교회란 무슨 건물이나 조직이 아닙니다. 그것은 살아 있는 몸 안에 세워진 사람들의 무리입니다.
3. 교회는 몸의 머리이신 그리스도께 유일하게 연결되어 있습니다(엡 1 : 22 ; 4 : 15-16). 교회 안에서 일어나는 모든 일은 그리스도의 지휘와 주권하에 있어야 합니다.
4. 교회의 지체들은 서로서로 특수한 관계에 놓여 있습니다(엡 4 : 11-16 ; 고전 12장). 모든 지체들은 서로서로 의지하고 있습니다. 모든 지체들은 서로를 필요로 합니다.
5. 교회는 이 세상에서 하나님 아버지의 구속의 목적을 이루어 나가는 사역을 그리스도와 함께 담당하고 있습니다(마 28 : 18-20 ; 고후 5 : 17-20). "우리는 하나님의 동역자들"인 것입니다(고전 3 : 9).

➡ **다음의 짝지어진 문장들을 보면, 하나는 인간 중심적이고 하나는 하나님 중심적입니다. 하나님 중심적인 문장에 ×표 하십시오.**

☐ 1a. 효과적인 교회는 목사님의 강력한 지도력과 평신도들의 활동적인 참여와 훌륭한 조직으로 세워진다.
☐ b. 예수님은 그 분의 거룩하신 몸의 여러 지체들 곧 성령의 능력으로 충만한 각 지체들의 섬김과 봉사를 통하여 교회를 세우신다.
☐ 2a. 예수님은 자신의 살아있는 몸인 교회에 생명을 주신다.
☐ b. 교회란 지역사회에서 한 단체를 효과적으로 조직해 나가는 사람들의 무리이다.
☐ 3a. 목사님이 교회의 머리이시다.
☐ b. 그리스도께서 교회의 머리이시다.
☐ 4a. 교회가 함께 모일 때, 지체들은 다른 지체의 삶을 통해서 하나님이 몸 안에서 역사하심을 경험한다.
☐ b. 교회에 출석하는 것은 우리가 조직을 지지하고 있음을 나타내기

때문에 중요하다.

☐ 5a. 교회는 하나님이 어디서 일하고 계신지 주목하여 보고, 그 분의 구속 사역에 참여한다.

☐ b. 교회는 가치있고 달성할 수 있을 만한 목표를 세우고, 지체들은 그 목표를 달성하려고 최대한의 노력을 기울인다.

하나님 중심적인 문장은 1b, 2a, 3b, 4a, 5a 입니다. 하나님은 그 분의 목적을 성취시키기 위하여 교회 안의 사람들을 통해서 일하십니다. 그러나 교회에서 흔히 오고 가는 대화들을 보면 우리가 하나님의 일을 하는 데 있어서도 얼마나 자주 인간 중심적인가를 보여줍니다. 우리는 인간의 지혜와 능력에 너무나 많은 가치를 부여합니다. 사람이 그 거룩하신 하나님 나라의 사업으로 영광을 취할 수는 없습니다. 그것은 하나님께로 돌아갈 영광을 도둑질하는 것입니다. 어떤 사람이 하나님만이 하실 수 있는 일을 하려고 스스로 노력할 때, 영적인 열매는 나타나지 않을 것입니다. 우리는 우리가 사용하는 모든 인간중심적 언어와 하나님께 대한 불경스러운 언어와 대화를 바르게 고쳐야 합니다. 그럼으로써 과연 하나님에 대한 우리의 신앙이 어떠한가를 보여주어야 합니다.

되느냐 행하느냐?

개인의 경우와 마찬가지로 교회들도 대개 하나님이 원하시는 교회가 되려 하기보다는, 뭔가를 자주 하려는 데 더 관심을 가지고 있습니다. 하나님을 기쁘시게 하는 부류의 사람들이 되는 것이 그 분을 위해서 무엇을 하는 것보다 훨씬 더 중요합니다. 그렇습니다. 하나님은 교회가 그 분이 시키는 일을 함으로 순종하기를 원하십니다. 그러나 그 분은 어떤 임무를 완수하기 위해서 그 분의 명령을 어기는 교회에는 관심이 없으십니다. 만약 어떤 교회 안에서 한 그룹의 사람들이 하나님을 위해서 어떤 일을 하고자 하는데 다른 사람들이 반대를 하는 바람에, 서로 미움으로 가득 차서 갈라지게 되었다고 합시다. 이것을 보고 하나님이 어떻게 느끼실 것인가 당신은 상상해 보셨습니까?

➡ **당신은 다음 문장들에 대해 어떻게 생각하십니까? 당신의 의견에 ×표 하십시오.**

1. 하나님은 교회 안에서 심각한 분열이 일어나더라도 임무를 완수하기를 원하신다. 예 ☐ 아니오 ☐

2. 하나님은 그의 사람들이 그 무엇보다도 사랑을 표현하기를 원하신다. 예 ☐ 아니오 ☐

3. 하나님의 일을 하고 있는 한, 교회는 그것을 성취하는 데 비도덕적이고 불법적인 방법을 사용할 수 있다. 예 ☐ 아니오 ☐

어떤 사람들에게 있어서 이것들은 매우 어려운 질문일 것입니다. 사람들은 하나님을 위한 일은 수단과 방법을 가리지 않고 되어질 수 있다고 생각하는 경우가 많습니다. 그들은 그들이 하나님의 뜻이라고 생각하는 것을 이루기 위해서 성경에 적혀 있는 하나님의 뜻을 어기는 것을 서슴지 않습니다. 하나님은 그의 종들이 거룩하고, 깨끗하고, 순결하게 되는 것에 관심을 가지고 계십니다. 그 분은 교회의 하나됨에 관심을 가지고 계십니다—"몸 가운데서 분쟁이 없고…"(고전 12 : 25). 세상은 우리가 서로 사랑함을 통해 예수님의 제자들이라는 것을 알기 때문에, 하나님은 지체들이 서로 사랑하는 것에 관심을 두고 계십니다(요 13 : 35). 하나님은 그 분의 명령과 품성에 맞는 방법으로 그 분의 사람들을 통해서 그 분의 역사를 이루실 수 있습니다.

신약성경 전체를 통해서, 하나님은 자신이 교회에 바라는 소원을 표현하십니다. 이 단원을 함께 공부해 나가면서 저는 당신이 다음의 사항들을 염두에 두었으면 합니다.

1. 하나님은 그 분의 사람들이 거룩하고 순결하기를 원하신다.
2. 하나님은 그 분의 사람들이 하나됨을 보여주기를 원하신다.
3. 하나님은 그 분의 사람들이 서로 사랑하기를 원하신다.

➡ **다음의 성경구절들을 읽으십시오. 각 구절을 위의 네모 안에 있는 사항들 중에서 해당되는 사항과 연결시켜 보고 그 내용을 구절의 아래에 써넣으십시오.**

A. 내가 비옵는 것은 이 사람들만 위함이 아니요 또 저희 말을 인하여 나를 믿는 사람들도 위함이니 아버지께서 내 안에, 내가 아버지 안에 있는 것같이 저희도 다 하나가 되어 우리 안에 있게 하사 세상으로 아버지께서 나를 보내신 것을 믿게 하옵소서… 곧 내가 저희 안에, 아버지께서 내 안에 계셔 저희로 온전함을 이루어 하나가 되게 하려 함은 아버지께서 나를 보내신 것과 또 나를 사랑하심같이 저희도 사랑하신 것을 세상으로 알게 하려 함이로소이다(요 17 : 20-21, 23).

____

B. 우리가 서로 사랑할지니 이는 너희가 처음부터 들은 소식이라… 자녀들아 우리가 말과 혀로만 사랑하지 말고 오직 행함과 진실함으로 하자… 그의 계명은 이것이니 곧 그 아들 예수 그리스도의 이름을 믿고 그가 우리에게 주신 계명대로 서로 사랑할 것이니라(요일 3 : 11, 18, 23).

____

C. 너희가 순종하는 자식처럼 이전 알지 못할 때에 좇던 너희 사욕을 본삼지 말고 오직 너희를 부르신 거룩한 자처럼 너희도 모든 행실에 거룩한 자가 되라 기록하였으되 내가 거룩하니 너희도 거룩할지어다 하셨느니라(벧전 1 : 14-16).

____

D. 모든 일을 원망과 시비가 없이하라 이는 너희가 흠이 없

고 순전하여 어그러지고 거스리는 세대 가운데서 하나님의 흠 없는 자녀로 세상에서 그들 가운데 빛들로 나타내며 생명의 말씀을 밝혀 나의 달음질도 헛되지 아니하고 수고도 헛되지 아니함으로 그리스도의 날에 나로 자랑할 것이 있게 하려 함이라(빌 2 : 14-16).

____

E. 평안의 매는 줄로 성령의 하나 되게 하신 것을 힘써 지키라(엡 4 : 3).

____

당신은 당신의 교회가 위의 명령들에 대해서 얼마나 충실하다고 평가하겠습니까? 당신의 교회는 거룩하고, 순결하고, 사랑이 넘칩니까?

____

____

답 : A-2, B-3, C-1, D-1, E-2.

한 교회로서 하나님의 뜻을 알고 행하는 것

지금까지 당신이 공부해 온 것들 중 대부분은 개인과 마찬가지로 교회에게도 적용이 됩니다. 예를 들면 다음과 같습니다.

- 하나님은 교회 안에서, 그리고 교회의 주위에서 항상 일하고 계신다.
- 하나님은 교회와의 실질적이고 개인적인 그리고 지속적인 사랑의 관계를 추구하신다.
- 하나님은 교회가 그 분의 일에 참여하도록 초청하신다.
- 교회가 하나님께서 일하시는 곳을 안다면 그 깨달음이 곧 하나님이 하시고 계신 일을 함께 하자는 초청이다.
- 하나님은 자신과 그의 목적들과 길들을 보여주시기 위하여 성령님에 의해 성경, 기도, 환경과 교회(그리스도 몸의 지체들)를 통해서 말씀하신다.
- 하나님이 교회를 오직 하나님만이 하실 수 있는 일에 동참하라고 부르실 때, 교회는 믿음의 갈등에 부딪치게 된다. 그 때 믿음과 행동이 요구될 것이다.
- 하나님의 일에 참여하기 위해서 교회는 획기적인 조정을 해야 한다.
- 하나님 나라의 가치있는 사명을 성취하기 위해서 교회는 하나님께 온전히 의지해야 한다.
- 교회는 하나님을 떠나서는 절대로 하나님 나라의 가치있는 일을 할 수 없다.
- 교회가 하나님께 순종하고, 하나님이 교회를 통해서 놀라운 일들을 하심으로 말미암아 교회는 경험으로 하나님을 알게 된다.

위의 목록은 더 계속될 수 있습니다. 개인이 하나님의 뜻을 알게 되는 것과 교회가 하교회는 몸과 같은 역할을 한다—많은 지체들이 참여하여 한 단위를 이룬다.

나님의 뜻을 알게 되는 데에는 뭔가 차이점이 있습니다. 교회는 예수님의 몸입니다. 몸은 많은 지체들과 함께 한 단위로서의 구실을 합니다. 모든 지체들은 서로에게 의지합니다. 그들은 서로를 필요로 합니다. 한 개인이 어떤 지역교회에 대한 하나님의 뜻을 다 알 수는 없습니다. 하나님의 뜻을 완전히 알기 위해서 몸의 각 지체는 몸의 다른 지체들을 필요로 합니다.

기차 철로의 비유

당신의 눈이 당신의 몸에게 이야기할 수 있다고 가정해 봅시다. "우리 이 철로 위로 걸어갑시다. 아무것도 없어요. 기차는 한 대도 보이지 않습니다." 그래서 당신은 철로 위를 걷기 시작합니다.

그러자 당신의 귀가 몸에게 이야기합니다. "반대편 방향에서 기적소리가 저에게 들리는데요."

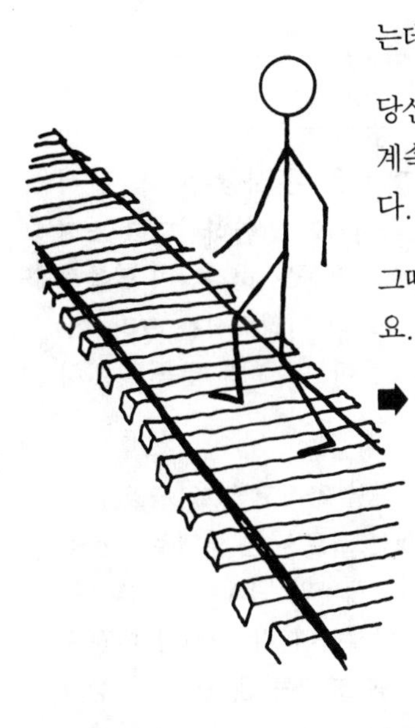

당신의 눈이 논쟁을 시작합니다. "그러나 내가 보기에는 철로 위에 아무것도 없어요. 계속해서 걸읍시다." 그래서 당신의 몸은 당신의 눈의 얘기만 듣고 계속해서 걸어갑니다. 그러자 당신의 귀가 말합니다 : "기적소리가 점점 커지면서 가까워지고 있어요."

그때 당신의 다리가 말합니다. "나도 기차가 덜컹거리며 오고 있는 것을 느낄 수 있어요. 우리의 몸을 철로 바깥으로 내려보냅시다."

➡ **만일 이것이 당신의 몸이었다면 어떻게 하겠습니까? 당신의 생각에 ×표 하십시오.**

☐ 1. 나는 될 수 있는 한 빨리 철로에서 내려올 것이다.
☐ 2. 나는 몸의 모든 지체들에게 묻고, 투표해서 다수결로 결정할 것이다.
☐ 3. 나는 갈등을 모른 체하고 어서 갈등이 없어지기를 바랄 것이다.
☐ 4. 나는 눈을 믿고 계속 걸을 것이다. 내 눈은 아직까지 한 번도 나를 실망시킨 일이 없으니까.

위의 문제는 아마도 한심한 문제처럼 보일 수도 있을 것입니다. 하나님은 우리의 몸에 많은 다른 감각기관과 지체를 주셨습니다. 각 지체가 할 일을 할 때, 온몸이 제대로 움직일 수 있습니다. 우리의 육체적인 몸에서 우리는 다수결에 따라 투표로 결정을 하거나, 갈등을 모른 체하고 넘어가거나, 한 감각기관만을 믿고 다른 기관을 무시하지 않습니다. 그렇게 사는 것은 굉장히 위험한 것입니다.

교회는 그리스도의 몸이기 때문에, 모든 지체들이 하나님이 그 교회가 어떤 교회가 되어야 하며 또 어떤 일을 하기를 원하시는가에 대한 생각을 나눌 수 있을 때, 그 역할을 잘 해낼 수 있습니다. 교회는 모든 지체를 통해서 말씀하시는 하나님의 온전하신 조언을 들을 필요가 있습니다. 그럴 때 교회는 자신있게 하나가 되어서 하나님의 뜻을 행할 수 있게 됩니다.

➡ **개인이 하나님의 뜻을 알게 되는 것과 교회가 하나님의 뜻을 알게 되는 데 있어서의 차이점을 간결하게 써보십시오.**

교회가 어떻게 하나님의 뜻을 알게 되는가에 대해서 어떤 의문점이 있습니까?

이 단원의 암송구절은 한몸으로서의 교회에 초점을 맞추고 있습니다. 아래에 구절을 쓰고 외우기 시작하십시오. 그리고 다른 암송구절들을 복습하십시오.

하나님이 한 교회에 그 분의 뜻을 계시하시기 원할 때, 그 분은 한 사람이나 몇몇 사람에게 말씀하심으로 시작하실 것입니다. 그들의 역할은 하나님이 말씀하신다고 느끼는 것에 대해 교회를 향해 증거하는 일입니다. 그러면 다른 지체들도 하나님이 말씀하신다고 느끼는 바를 표현할지 모릅니다. 그럴 때 온몸은 교회의 머리되시는 그리스도가 인도해 주시도록 그를 바라봅니다. 예수님은 모든 지체들이 그 분의 뜻을 온전히 이해하도록 인도하십니다.

당신은 당신의 교회에서 어떻게 이것을 실행할지에 대해 의문을 가지고 있을 수 있습니다. 50명의 교인을 가진 교회와 5,000명의 교인을 가진 교회는 서로 다른 형태로 이것을 실행할 것입니다. 가장 중요한 요소는 방법이 아니라 한 인격체와의 관계에 있습니다. 그리스도는 교회의 머리가 되시기 때문에 하나님의 뜻을 이해하여 각 교회가 어떻게 그 분과 함께 일해 나가야 할지를 알고 계십니다. 예루살렘 교회는 3,000명 이상의 지체들을 갖고 있었고, 그리스도는 그들을 통해서 그 분의 일을 하실 수 있었습니다.

새스커툰에서 하나님이 교회 지체들에게 그 분의 뜻을 감동시키시고 표현하시면 저는 그들로 하여금 몸의 다른 지체들과 함께 나누도록 인도했습니다. 하나님이 무슨 말씀을 하시는지를 몰랐다면, 우리는 우리의 삶을 하나님께로 조정할 수 없었을 것입니다. 머리되시는 그리스도가 어떤 지체에게 말씀하실 때, 우리 모두는 그 분이 교회에게 무슨 말씀을 하시는가 귀를 기울여 들었습니다. 모든 사람들에게 나눌 수 있는 기회가 주어졌고 권장되었습니다. 각 사람은 하나님이 그들을 인도하시는 방향으로 응하도록 격려를 받았습니다. 이것은 예배를 통해서뿐만 아니라, 기도회, 기관장 회의, 교회총회, 주일학교, 구역성경공부와 개인적인 대화에서도 이루어졌습니다. 많은 사람들이 교회 사무실로 전화를 해서 하나님이 그들의 경건의 시간을 통해서 무슨 말씀을 주시는지를 이야기했습니다. 그리고 사람들은 그들이 직장이나 학교에서 어떻게 하나님을 경험했는지를 이야기했습니다. 온 교회가 서로서로 그리스도의 임재하심을 경험적이고, 실제적으로 의식하게 되었습니다.

➡ **교회의 몸의 지체들이 하나님이 그 교회가 어떤 교회가 되어야 하며 또 어떤 일을 하기 원하시는가에 대한 생각을 나눌 때는 언제입니까? 위의 문장에 나와 있는 의견들과 당신이 갖고 있는 다른 의견들을 복합해서 써보십시오.**

____

____

____

____

____

____

당신의 교회에서는 몸의 지체들이 하나님이 교회로 하여금 하기를 원하시는 일들에 대해서 이야기하는 시간을 갖고 있습니까?
예 ☐ **아니오** ☐

➡ **오늘 배운 것을 복습하십시오. 오늘 학습한 내용 중에서 하나님께서 당신으로 하여금 이해하고, 배우고, 실천하기 원하는 구절이나 성구를 하나나 둘쯤 지적해 주시기를 기도하십시오. 해당되는 것에 밑줄을 그으십시오. 그리고 난 후 아래의 질문에 답하십시오.**

오늘 학습한 내용 중 어떤 구절이나 성구가 당신에게 가장 뜻있게 와 닿았습니까?

____

____

____

위의 구절이나 성구를 하나님께 대한 당신의 기도로 바꾸십시오.

____

____

____

오늘의 학습에 대한 반응으로 하나님은 당신이 무엇을 하기 원하십니까?

____

____

____

이 과의 요점

- 한 교회가 하나님의 임재하심을 허락하고 그 분의 활동을 나타낼 때, 그들을 보고 있는 세상은 그 분께로 이끌릴 것이다.
- 교회는 한 몸에 여러 지체를 지닌, 그리스도의 살아있는 몸이다.
- 교회는 이 세상에서 하나님 아버지의 구속의 목적을 이루어 나가는 사역을 그리스도와 함께 담당하고 있다.
- 하나님은 그 분의 사람들이 거룩하고 순결하기를 원하신다.
- 하나님은 그 분의 사람들이 하나됨을 보여주기를 원하신다.
- 하나님은 그 분의 사람들이 서로 사랑하기를 원하신다.
- 한 개인이 한 지역교회를 위한 하나님의 뜻을 다 알 수는 없다.
- 교회는 모든 지체를 통해서 말씀하시는 하나님의 온전하신 조언을 들을 필요가 있다.
- 내 인생에서 하나님이 무엇을 하고 계신지를 다른 사람들에게 이야기하는 것이 그들이 하나님을 의미있게 만나게 하는 데 도움을 줄 수 있다.

제 2 과 한몸으로써 하나님의 뜻을 분별하는 것

교회는 몸 전체가 머리되시는 그리스도께서 그들에게 말씀하시는 것을 이해할 때, 하나님의 뜻을 알게 된다.

교회는 한 개인이 하나님의 뜻을 알게 되는 것과 똑같은 방법으로 하나님의 뜻을 알게 되지는 않습니다. 교회는 몸 전체가 머리되시는 그리스도께서 그들에게 말씀하시는 것을 이해할 때, 하나님의 뜻을 알게 됩니다.

각 사람은 하나님과의 친밀한 사랑의 관계를 통해서 하나님의 뜻을 알게 됩니다. 성령님은 자신과 자신의 목적들과 길들을 보여주시기 위하여 성경, 기도, 환경과 교회를 통해서 말씀하십니다.

➡ **제6단원에 나오는 "하나님은 교회를 통해서 말씀하신다" (178 페이지부터 182 페이지)를 복습하십시오. 그 과에서 당신에게 가장 뜻있게 와 닿았던 구절이나 성구를 써보십시오.**

____

____

____

각 사람은 어떻게 하나님의 뜻을 알게 됩니까?

____

____

현재 당신의 교회는 어떤 교회가 될 것인지, 무엇을 할 것인지를 어떻게 결정하고 있습니까?

____

____

이스라엘

"여호와께서… 모세에게 일러 가라사대 이스라엘 자손으로 유월절을… 지키게 하라… 모세가 이스라엘 자손에게 명하여 유월절을 지키라 하매 그들이… 유월절을 지켰으되 이스라엘 자손이 여호와께서 모세에게 명하신 것을 다 좇아 행하였더라."

—민수기 9 : 1-5

신약의 오순절 이전에는 성령님이 모든 하나님의 사람들 속에 거하시지 않았습니다. 오직 하나님의 목적을 위해서 택하신 사람들 위에만 성령님이 임하셨습니다. 구약에서는 하나님이 한 지도자를 통해서 그 분의 사람들에게 말씀하셨습니다. 선지자, 제사장, 왕, 등등을 통해서. 예를 들면, 하나님은 모세에게 이스라엘을 향한 그 분의 뜻을 말씀하셨습니다. 그리고 모세가 사람들에게 무엇을 할지를 이야기했습니다. 그러면 대개의 경우 이스라엘은 모세가 말한 것을 했습니다(민수기 9 : 1-5을 보십시오).

➡ **구약에서 이스라엘은 어떻게 하나님의 뜻을 알게 되었습니까?**

____

____

교회

오순절 성령의 강림 이후로, 하나님은 모든 믿는 사람의 속에 거하시게 되었습니다.

하나님이 모든 지체가 다른 지체를 필요로 하도록 한 몸인 지역교회를 세우셨습니다. 그리스도의 몸 안에서 모든 믿는 사람은 하나님과 직접적으로 교제할 수 있습니다. 하나님은 몸 안의 모든 각 지체에게 말씀하실 수 있습니다. 하나님은 그 분의 뜻을 계시하시는 데 있어서 온몸을 통해서 일하실 수 있습니다. 신약의 예들은 하나님의 인도하심 아래서 합심하여 결정 내리는 것을 보여줍니다.

- 유다를 대신할 사도를 선택할 때—사도행전 1 : 12-26
- 일곱 명의 일꾼을 선택할 때—사도행전 6 : 1-7
- 베드로가 과거 이방인이었다가 믿게 된 자들에게도 복음을 전했을 때—사도행전 11 : 1-18
- 바나바와 사울이 선교사로 파송될 때—사도행전 13 : 1-3
- 예루살렘 회의—사도행전 15 : 1-35

하나님이 한 개인에게 교회에 대해서 말씀하실 때, 그 사람은 하나님이 말씀하신다고 생각되는 것을 몸인 교회에 이야기해야 합니다. 각 지체가 하나님이 그에게 하시는 말씀을 나누면, 몸 전체는 교회를 향한 하나님의 뜻을 분별하기 위해 하나님께 기도함으로 나아갑니다. 하나님이 그 분의 시간표에 맞추어서 교회에 그 분이 말씀하시는 것을 확인시켜 주십니다. 각 개인의 의견들은 그리 중요한 것이 아닙니다. 하나님의 뜻이 매우 중요합니다. 몸으로서 하나님의 뜻을 분별하는 데에는 여러 방법이 있습니다. 그러나 몸의 지체들과 예수님과의 관계가 가장 중요한 요소입니다. 그리스도께서 몸의 각 지체가 제구실을 하도록 인도하실 수 있으면, 온몸이 하나님의 뜻을 알게 되고 행할 수 있을 것입니다.

➡ **교회는 한 몸이고 모든 지체는 하나님과 직접적으로 교제할 수 있습니다. 다음 중 교회는 어떤 방법으로 하나님의 뜻을 이해해야겠습니까?**

☐ 1. 교회는 목사님을 교회와 하나님 사이의 중보자로 세워야 한다. 하나님은 목사님에게만 그 분의 뜻을 말씀하시고, 목사님이 사람들에게 그것을 전달한다.

☐ 2. 교회의 지체들이 교회가 어떻게 되어야 하고 또 무엇을 해야 할지에 대한 자신들의 의견을 제시한다. 그러면 누구의 의견이 옳은지 토론을 한 뒤 다수결 투표로 결정한다.

☐ 3. 지체들이 하나님의 인도하심을 구하는 기도를 한다. 그리고 각자가 생각하는 하나님의 교회를 향한 뜻을 서로 이야기한다. 모든 지체가 머리되시는 그리스도께 초점을 맞추고, 그리스도께서 그 분의 뜻을 확인시켜 주실 때까지 지속적으로 기도한다.

☐ 4. 그 밖의 방법 : ____________________

____

머리이신 그리스도께서 그 분의 시간표에 맞추어 자신의 뜻을 확인시켜 주신다.

교회는 그리스도께서 그들에게 하기 원하시는 것을 몸 전체가 이해하게 될 때 하나님의 뜻을 알게 됩니다. 교회가 하나님의 뜻을 아는 데는 한 사람만이 아니라 많은 지체가 관련될 수 있습니다. 그렇습니다. 하나님은 종종 지도자에게 그 분이 무엇을 하고 싫어하시는지를 말씀하실 것입니다. 그러면 그 지도자는 교회에 그가 하나님의 뜻이라고 느끼는 것을 증거합니다. 그 지도자는 그것이 하나님의 뜻이라고 교회를 설득시키려는 노력을 할 필요가 없습니다. 지도자는 무조건 자기를 따르라고 회중에게 물어볼 필요가 없습니다. 지도자는 교인들로 하여금 머리이신 그리스도께로 가서 확신을 얻으라고 격려합니다. 그러면 머리이신 그리스도께서 그 분의 시간표에 맞추어 자신의 뜻을 확인시켜 주십니다. 그때 온몸이 머리이신 그리스도를 따릅니다. 이것이 교회가 그리스도를 머리로 모신 한 몸의 역할을 해야 하는 이유입니다.

교회가 한 몸으로 기능을 발휘하지 않을 때 문제가 생긴다.

한 새 지교회가 자신들의 첫 건물을 지을 땅을 사기로 동의하였습니다. 목사님은 한 부동산 소개업자의 약속에 의해 땅을 매입하도록 교회를 인도했습니다. 땅을 매입하기로 결정하고 계약이 끝났을 때, 그 부동산 소개업자가 그가 했던 약속을 지키지 않자 문제가 생겼습니다. 그 교회는 재정적인 문제에 빠졌고, 모든 사람들은 건물을 짓는 사업 자체에 대해서 용기를 잃었습니다. 최후에 목사님은 온 교인들을 모아서 현재의 교섭이 어떻게 진행되고 있는지, 문제가 무엇인지에 대해서 이야기를 했습니다. 교인 중 두 명이 나서서 말했습니다. "목사님, 우리는 그 부동산 소개업자가 정직하지 못하다는 것을 알았습니다. 그는 전에도 우리와 사업상의 거래를 할 때 우리를 속인 적이 있습니다. 우리는 우리가 하나님의 뜻에 반대하는 것처럼 보일까봐 목사님의 계획에 반대하기를 두려워했던 것입니다." 다행히도 하나님의 은혜로 문제는 곧 해결되었습니다. 그러나 이 예화는 교회가 한 몸으로 기능을 발휘해야 함을 강조합니다. 모든 지체가 그들이 하나님의 뜻이라고 생각하는 것을 자유롭게 말할 수 있어야 합니다. 한 지체가 '모든 것을 아는 것'은 불가능합니다.

➡ **교회가 어떻게 하나님의 뜻을 알게 됩니까? 짧게 요약해서 써보십시오.**

____

____

교회의 결정 방법

하나님이 새스커툰에 있는 우리 교회에 지시를 내리셨을 때, 대개의 경우 하나님은 제가 아닌 다른 사람을 통해서 내리셨습니다. 대다수는 하나님으로부터의 지시를 명확하게 느끼는 교인들로부터 왔습니다. 우리는 하나님이 우리가 어떤 교회가 되어야 한다고, 무슨 일을 해야 한다고 인도하심을 느끼는 사람들에게 그것을 나누도록 기회를 만들었습니다. 우리가 바라는 것은 누가 그것에 대해서 찬성을 하고, 누가 반대를 하는지를 아는 것이 아니었습니다. 교인총회에서 우리는 절대로 "몇 명이 찬성이고 몇 명이 반대입니까?"라고 물으면서 투표를 하지 않았습니다. 그것은 잘못된 질문입니다. 그런 질문을 던질 때마다 당신은 교회 분열의 가능성을 안게 됩니다.

올바른 질문 : "하나님이 명확히 우리에게 이 방향으로 나가라고 인도하고 계시다고 느끼시는 분은 누구누구입니까?"

올바른 질문은 "하나님이 명확히 우리에게 이 방향으로 나가라고 인도하고 계시다고 느끼시는 분은 누구누구입니까?"입니다. 이것은 매우 다른 종류의 질문입니다. 그것은 교인들에게 자신의 의견을 묻는 것이 아닙니다. 그것은 교인들에게 그들이 느끼기에 하나님이 그 분의 교회에게 뭐라고 말씀하시는가를 투표하는 것입니다. 중대한 문제를 결정함에 있어서 우리는 절대로 그 문제를 토론한 바로 뒤에 투표에 부치지 않습니다. 이렇게 하는 것이 사람들로부터 자신들의 취지를 이치에 맞게 관철시켜야 한다는 압박감을 없애 줍니다. 토론이 끝난 뒤 우리는 기도하는 시간을 충분히 갖고 예수님의 마음을 찾는 기도를 합니다.

"형제들아 내가 우리 주 예수 그리스도의 이름으로 너희를 권하노니 다 같은 말을 하고 너희 가운데 분쟁이 없이 같은 마음과 같은 뜻으로 온전히 합하라."
—고린도전서 1 : 10

55%의 교인들이 "예, 하나님이 분명히 이 방향으로 나가라고 우리를 인도하고 계신 것을 느낍니다"라고 투표했다고 가정합시다. 다른 45%는 "우리는 하나님이 분명히 이 방향으로 우리를 인도하신다고 느끼지 않습니다"라고 투표했습니다. 우리가 어떻게 했을까요? 우리는 절대로 일을 착수하지 않습니다. 위의 결과는 저에게 두 가지를 얘기해 줍니다. 1) 하나님이 우리를 그 방향으로 인도하시는 것같이 보인다. 2) 머리가 몸의 모든 나머지 지체들에게 같은 느낌을 갖도록 하시지 않았기 때문에 시기적으로 맞지 않다. 우리는 우리 중의 55%가 그렇게 느꼈기 때문에 하나님이 그 방향으로 인도하심을 확실히 느꼈습니다. 그러나 45%는 아직 그것을 이해하는 단계에 이르지 못했기 때문에 시기적으로 맞지 않음을 알았습니다. 우리는 기도하고, 일하며 주시했습니다. 우리는 머리이신 그리스도께서 그 분이 우리를 통해 무엇을 하시기 원하시는지를 이해시켜 주시도록 했습니다. 하나님이 주도권을 잡고 계셨고, 우리에게 같은 마음과 같은 뜻을 가져다 주시려고 임재해 계셨습니다(롬 15 : 5-6 ; 고전 1 : 10). 우리는 하나님이 그것을 하실 것을 믿었습니다.

사람들은 자주 이런 질문을 합니다. "당신은 언제나 100%의 찬성표를 얻을 때까지 기다렸습니까?" 아니죠. 저는 한 명이나 또는 그 이상의 사람들이 주님과의 교제에서 너무나 멀어져 있기 때문에 그 분의 말씀을 들을 수 없다는 것을 알고 있었습니다. 또 어떤 사람들은 일부러 불순종합니다. 그러나 우리는 보통 거의 만장일치가 될 때까지 기다렸습니다.

저는 몸의 다른 지체들과 동의하지 않는 사람들에 대해서 실망하지 않았습니다. 그들이 동의하지 않는 것은 그들이 주님과의 교제에 문제가 있다는 것을 나타내는 것입니다. 목사로서, 저는 그들의 입장에 서서 하나님이 저를 사용하셔서 어떻게 그들을 하나님과의 올바른 관계로 다시 돌아오게 하실 것인지를 알아볼 것입니다. 저는 언제나 이것에 대해서 깊이 기도하고, 오로지 주님이 저를 인도하시는 대로만 반응했습니다.

➡ **다음의 질문들에 자신을 비추어 보십시오. 왼쪽의 빈칸에 간결하게 답을 써보십시오.**

1\.

1\. 당신은 하나님이 교회를 향한 그 분의 뜻에 대해서 모든 지체가 같은 마음과 뜻을 품게 되기를 원하신다고 생각합니까?

2\.

2\. 당신은 하나님이 그 분의 모든 사람들로 하여금 그 분의 뜻을 이해하게 하실 수 있다고 믿습니까?

3\.

3\. 당신은 하나님이 당신의 교회를 그렇게 하나로 만드실 수 있다고 믿습니까?

4\.

4\. 당신은 하나님이 모든 지체가 그 분의 뜻에 맞게 조정하도록 시간을 필요로 하실 때까지 기꺼이 기다리겠습니까?

여기가 당신이 믿음의 갈등에 부딪치는 또 다른 시점 중의 하나일지도 모릅니다. 이것을 통과할 수 있도록 하나님께 도움을 청하십시오. 하나님은 온 교회가 하나님의 뜻에 대해 하나로 합하도록 하실 수 있습니까? 물론입니다.

> 이제 인내와 안위의 하나님이 너희로 그리스도 예수를 본받아 서로 뜻이 같게 하여 주사 한마음과 한입으로 하나님 곧 우리 주 예수 그리스도의 아버지께 영광을 돌리게 하려 하노라.
>
> —로마서 15 : 5-6

➡ **위의 성구를 통해서 하나님이 당신에게 무어라고 말씀하십니까?**

____

____

하나님의 시간

우리는 하나님의 시간까지 기다려야 한다.

하나님으로부터 오는 좋은 지시들은 하나님의 시기를 놓칠 때 잃어버리게 되는 경우가 있습니다. 교회는 하나님이 그들에게 무엇을 하기를 원하시는가를 알아야 할 뿐 아니라, 언제 그것을 하기를 원하시는지도 알아야 합니다. 우리는 하나님의 시간까지 기다려야 합니다. 우리는 한 몸으로서 그 분이 우리를 그 분께로 조정하실 때까지 기다려야 할 필요가 있습니다.

이것이 주님에 대한 확신있는 인내심을 길러주고, 서로간에 사랑과 신뢰를 키워줍니다. 이것이 당신의 교회에서 시도해 보아야 할 유일한 방법은 아닙니다. 교인들은 어떻게 하나님과 동행해야 하는가를 배워야만 합니다. 그들은 하나님의 말씀을 어떻게 듣는가를 알 필요가 있습니다. 그들은 하나님만이 하실 수 있는 일들을 구별할 줄 알아야 합니다. 목사로서, 저는 그것에 대한 책임이 있었습니다. 목사가 되던 첫해에, 저는 제가 그 곳에 가기 전에 하나님이 무슨 일을 거기서 하고 계셨는지를 아는 데 시간을 투자했습니다. 그리고 교인들로 하여금 하나님과 그런 관계로 들어가게 하는 데 충분한 시간을 들였습니다. 그래서 그들이 교회가 무엇이며 어떻게 움직여야 하는지를 이해하도록 했습니다.

참된 동기

저는 절대로 사람들이 어떤 조직이나 프로그램 또는 한 개인(인간)을 지지하도록 노력을 기울이지 않았습니다. 저는 그들에게 하나님께서 무엇을 원하시느냐고 물으라고 도전했습니다. 그들이 하나님이 무엇을 원하시는지 알았을 때 단 한 가지의 선택은 충성된 순종뿐이었습니다.

➡ **다음 중 어떤 것이 하나님의 사람들이 충성되게 하나님의 뜻에 순종하도록 가장 좋은 동기를 부여합니까?**

☐ 1. 그들에게 하나님과의 친밀한 사랑의 관계 속에서 하나님과 동행하며, 그 분이 무엇을 원하시는지 발견하라고 권고한다. 그러면 하나님이 그들에게 명확히 말씀하실 때, 그들은 순종해야 할 것이다.
☐ 2. 그들에게 교단에서 권장하는 프로그램을 지지하도록 권고한다.
☐ 3. 그들에게 교회 내의 영향력 있는 지도자를 지지하라고 권고한다.
☐ 4. 그들에게 교회 위원회의 권유를 따라가도록 권고한다.
☐ 5. 그들에게 "내가 하나님으로부터 말씀을 받았소"라고 말하고 그들이 당신을 따르기를 기대한다.

제가 섬긴 교회들은 많은 전통들을 지니고 있었습니다. 저는 우리의 공통된 선생님인 성령님이 우리를 한마음과 한뜻으로 묶어주실 때까지 가르치고, 가르치고, 또 가르쳤습니다. 우리는 하나님이 필요하신 시간을 충분히 가지시도록 우리 자신을 내어드렸습니다. 목사로서 저의 의무는 하나님의 사람들을 예수님과 친밀한 사랑의 관계를 갖도록 유도하는 것이라고 느꼈습니다. 그래야 예수님이 그들에게 말씀하실 때 그들이 명확히 알아들을 것이기 때문입니다. 그리고 나서 저는 그들에게 하나님께 순종하라고 부탁했습니다. 어떤 프로그램이나 영향력 있는 지도자나, 위원회나, 저 자신을 따르지 말라고. 성령님만이 그리스도인들에게 참된 동기를 부여하시는 분입니다.

성령님만이 그리스도인들에게 참된 동기를 부여하신다.

교인총회는 우리의 교회생활 중에서 가장 신나는 시간입니다. 사람들은 우리가 교인총회에서 하나님의 지시와 활동을 분명히 보게 될 것이라는 것을 알았습니다. 그들은 교인총회에 참석하고 싶어했습니다. 그 시간이 하나님이 자신의 목적과 길들을 우리 교회에 계시하는 짜릿한 순간이 되었기 때문입니다.

교회는 그리스도를 머리로 모신 하나의 몸입니다. 하나님의 영이 모든 믿는 자들을 인도하십니다. 그 분이 우리 안에 거하시면서 가르치고 도우십니다. 저는 제가 이해하고 있는 하나님의 뜻이 교회 회중의 생활을 통해서 입증되도록 시험합니다.

나는 하나님이 교회의 모든 지체를 인도하실 것을 믿는다.

제가 하나님이 우리 교회로 하여금 무언가를 하기 원한다고 느꼈을 때, 저는 항상 교회 식구들과 함께 일해 나갔습니다. 사람들이 하나님과 동행할 때, 저는 하나님이 그들을 인도하실 것을 믿습니다. 이것은 목사와 다른 교인들, 모두에게 해당되는 진리입니다. 사람들이 하나님과의 올바른 교제의 관계에서 벗어나 있으면, 저는 하나님의 인도하심에 의지하여 그들이 하나님이 원하시는 사람이 되도록 돕습니다. 하나님은 그 분의 사람들을 포기하시지 않습니다. 그래서 저도 포기하지 않습니다.

지방회의 회장으로서 저는 우리 지방회에 속해있는 교회들이 한 몸처럼 기능하도록 또한 지도했습니다. 목사님들로 하여금 이런 길로 가는 것을 이해시키는 데는 시간이 걸렸습니다. 우리가 함께 한 일들은 저의 계획이 아니라 하나님의 역사였습니다. 어떻게 지방회에 속한 교회들이 이렇게 한 몸처럼 움직일 수 있습니까? 그렇습니다. 당신이 그들로 하여금 어떻게 하나님과 그처럼 동행할 수 있는지를 이해하도록 도와준다면 가능합니다.

➡ **하나님이 당신의 교회에 대해서 뭐라고 말씀하십니까? 당신의 교회가 결정을 내리는 방법에 대해서 뭐라고 말씀하십니까?**

____

____

오늘 배운 것을 복습하십시오. 오늘 학습한 내용 중에서 하나님께서 당신으로 하여금 이해하고, 배우고, 실천하기 원하는 구절이나 성구를 하나나 둘쯤 지적해 주시기를 기도하십시오. 해당되는 것에 밑줄을 그으십시오. 그리고 난 후 아래의 질문에 답하십시오.

오늘 학습한 내용 중 어떤 구절이나 성구가 가장 뜻있게 와 닿았습니까?

____

____

위의 구절이나 성구를 하나님께 대한 당신의 기도로 바꾸십시오.

____

____

오늘의 학습에 대한 반응으로 하나님은 당신이 무엇을 하기 원하십니까?

____

이 과의 요점

- 교회는 몸 전체가 머리되시는 그리스도가 그들에게 무엇을 말씀하시는지를 이해할 때, 하나님의 뜻을 알게 된다.
- 모든 믿는 자는 하나님과 직접적으로 교제할 수 있다.
- 개인적인 의견들은 그리 중요한 것이 아니다. 하나님의 뜻이 더욱 중요하다.
- 교회는 그리스도를 머리로 모신 한 몸으로 어떻게 기능을 발휘해야 하는가를 배워야 한다.
- 교회는 하나님의 시간까지 기다려야만 한다.

제 3 과 그리스도의 몸, 제 1 부

교회는 그리스도의 몸으로 어떻게 기능을 발휘해야 하는지 배워야 한다.

로마서 12장에서의 그리스도의 몸

바울은 로마에 있던 교회에 보낸 편지에서, 그리스도의 몸이 서로의 관계에 있어서 어떻게 살아야 하는가에 관한 몇 가지 교훈들을 교인들에게 주었습니다. 교회는 그리스도의 몸으로 어떻게 기능을 발휘해야 하는지 배워야 합니다. 바울이 준 이 교훈들은 당신의 교회에도 도움을 줄 것입니다.

➡ **로마서 12장을 펴십시오. 다음에 나와 있는 구절을 읽고 물음에 답하십시오.**

1. 1-2절 온몸이 하나님의 뜻을 분별할 수 있게 되기 위해서 바울이 교회의 지체들에게 권유한 두 가지는 무엇입니까? 문장을 완성시키십시오.

   너희 몸을 ______________________________로 드리라.

   너희는 이 세대를 본받지 말고 ______________으로 변화를 받아 ______________________________하라.

2. 3, 10, 16절 교만에서 오는 문제들을 해결하기 위해서 할 수 있는 구체적인 일들에는 무엇이 있습니까?

   ____

   ____

   ____

3. 4-6절 "모든 지체가 같은 직분을 가진 것이 아니니 이와 같이 우리 많은 사람이 그리스도 안에서 한 몸이 되어 서로 지체가 되었느니라."

   왜 몸의 다른 지체들이 당신에게 중요합니까?

   ____

   ____

5절은 이 단원의 암송구절입니다. 아래에 쓰고 외우십시오.

____

____

4. 9-21절 이 구절에 나와 있는 교훈들 중에서 현재 당신의 교회에서 행하고 있는 것 외에 더 실천해야 한다고 생각되는 것들은 어떤 것들입니까? (예를 들어, 당신은 다음과 같은 응답을 할 수 있을 것입니다. "우리는 어려운 교인들과 함께 우리의 것을 더 나누어야 합니다.") 해당하는 것에는

모두 ×표 하십시오.

☐ 거짓 없이 형제를 사랑함
☐ 악을 미워함
☐ 선에 속함
☐ 서로 우애함
☐ 서로 존경하기를 먼저 함
☐ 열심을 품고 주를 섬김
☐ 소망 중에 즐거워함
☐ 환난 중에 참음
☐ 기도에 항상 힘씀
☐ 성도들의 쓸 것을 공급함
☐ 손 대접하기를 힘씀
☐ 자기를 핍박하는 자를 축복함
☐ 즐거워하는 자들과 함께 즐거워함
☐ 우는 자들과 함께 울어 줌
☐ 서로 마음을 같이 함
☐ 높은 데 마음을 두지 않음
☐ 낮은 데 처함
☐ 악을 악으로 갚지 않음
☐ 선한 일을 도모함
☐ 원수 갚지 않음
☐ 선으로 악을 이김

산 제사와 새로운 마음은 "하나님의 선하시고 기뻐하시고 온전하신 뜻이 무엇인지 분별"하는 데에 필수입니다(2절). 자만하는 것은 몸 안에 문제들을 야기시킬 수 있습니다. 당신은 자신을 맑은 정신으로 판단하고, 다른 사람들을 자신보다 낫게 여기며, 서로 마음을 합하여 신분이 자기보다 낮은 사람들과 교제하여야 합니다. 모든 교회의 성도들은 9-21절에 나온 교훈들을 실행해야 합니다. 경고 : 위의 권고들을 실행하는 것은 값진 대가를 요구할 수 있습니다!

➡ **잠깐 멈추시고, 하나님이 당신의 교회가 그리스도의 몸으로 기능을 발휘하기 위해서 무엇을 하기를 원하시는지 구체적으로 가르쳐 달라고 기도하십시오.**

성령님이 몸 안의 모든 지체가 제구실을 할 수 있도록 준비시켜 주심

고린도전서 12장의 첫부분에서는 성령님이 어떻게 교회의 모든 구성원들에게 능력을 주시는지에 대해서 나와 있습니다. 7절에는 "각 사람에게 성령의 나타남을 주심은 유익하게 하려 하심이라"고 써있습니다. 성령은 선물입니다(행 2 : 38). 성령님은 몸 전체의 공동의 유익을 위하여 몸의 각 지체에 자신을 나타내십니다.

성령은 선물이다.

➡ **고린도전서 12 : 7을 참조로 해서 다음 질문에 알맞은 답을 고르십시오.**

1. 성령님은 누구에게 자신을 나타내십니까?
   ☐ a. 신령한 몇몇 사람들에게만
   ☐ b. 목사님과 교회 재직들에게만
   ☐ c. 믿는 모든 각 사람들에게

2. 성령님은 왜 자신을 각 사람에게 나타내십니까?
   ☐ a. 그 개인에게 복을 주시려고
   ☐ b. 그 개인으로 하여금 다른 사람의 관심을 끌게 하려고
   ☐ c. 온몸 전체가 그 분의 역사로 인해서 유익을 얻게 하시려고

당신은 두 문제의 답이 모두 C라고 하셨습니까? 잘하셨습니다! 교회(그리스도의 몸)

의 모든 구성원이 성령님의 임재하심으로 인해서 유익을 얻는 것입니다. 각 사람이 성령님을 체험하는 것은 자기 자신만의 유익을 위한 것이 아니라, 그것을 통해 온 교회가 유익을 얻는 것입니다. 그것이 우리가 서로를 필요로 하는 이유인 것입니다. 몸이 건강하지 않고, 제대로 기능을 발휘하지 못하고 있으면, 그 교회는 하나님이 교회들에게 주시는 좋은 것들을 놓치고 말 것입니다.

구약에서는 특정한 사역 수행을 위해서 성령이 한 개인에게 주어졌었다.

성령님의 역사를 이해하는 데 있어서 구약은 유치원 수준입니다. 구약에서 성령은 하나님이 주시는 어떤 사역을 수행하는 것을 도와주기 위해서 개인들에게 주어졌습니다. 모세는 하나님의 일을 집행하는 자의 임무를 가지고 있었기 때문에, 하나님은 성령을 주셔서 그가 집행자가 될 수 있도록 준비시켜 주셨습니다.

하나님은 각 사사들에게 임무를 하나씩 주셨습니다. 그리고 하나님의 영이 그들에게 임해서 그들이 맡겨진 임무를 수행할 수 있도록 준비시켜 주셨습니다. 다윗은 목동이었을 때에 왕으로 부름을 받았습니다. 그는 한 번도 왕이 되어 본 적이 없는데 그가 왕이 되는 것이 어떻게 가능했습니까? 하나님의 영이 그에게 임하셔서 그가 왕이 되도록 준비시켜 주신 것입니다. 에스겔은 선지자로 부르심을 받았습니다. 그가 어떻게 선지자가 될 수 있었습니까? 성경은 하나님의 영이 그에게 임해서 그로 하여금 하나님이 그에게 이르시는 모든 것을 하게 만들었다고 이야기합니다.

구약의 방식

다음은 우리가 구약에서 보는 방식입니다.

1. 하나님이 한 사람에게 임무를 주신다.
2. 임무를 수행할 수 있도록 준비시키기 위해서 그 사람에게 성령이 주어진다.
3. 성령이 그 사람에게 임했다는 증거는 그가 성령의 능력 주심으로 인해서 초자연적으로, 효과적으로 임무를 수행하는 것이다.

브살렐과 오홀리압

성막을 지은 일꾼들이 정확한 예입니다. 하나님은 모세에게 성막을 짓는 과정의 구체적인 세부 사항까지 일러주셨습니다(출 25-31장). 하나님은 모세에게 명령하신 그대로 성막이 지어지기를 원하셨습니다. 그래서 하나님은 이렇게 말씀하셨습니다. "내가 유다 지파 훌의 손자요 우리의 아들인 브살렐을 지명하여 부르고 하나님의 신을 그에게 충만하게 하여 지혜와 총명과 지식과 여러 가지 재주로… 내가 또 단 지파 아히사막의 아들 오홀리압을 세워 그와 함께 하게 하며 무릇 지혜로운 마음이 있는 자에게 내가 지혜를 주어 그들로 내가 네게 명한 것을 다 만들게 할지니"(출 31 : 2-3, 6). 모세가 어떻게 그 사람들에게 하나님의 영이 임한 줄을 알았겠습니까? 아마 모세는 그들이 일하는 것을 보았을 것입니다. 그들이 하나님이 주신 임무를 완수하는 것을 보고 모세는 그들에게 하나님의 영이 임한 것을 알았을 것입니다.

구약 전체를 통해서 볼 때, 하나님의 영은 언제나 한 사람이 하나님이 주신 신성한 임무를 수행할 수 있도록 함께 계셨습니다. 하나님은 그에게 어떤 것을 주시지 않았습니다. 그 분 자신이 바로 선물이셨습니다. 성령님은 그 사람이 자기에게 주어진 하나님의 사명을 완수할 수 있도록 준비시켜 주심으로 자신의 임재를 나타내셨습니다.

➡ **구약에서 성령님이 일하신 방식은 어떤 것입니까? 아래의 단어를 사용하셔서 그 방식을 써보십시오. 도움이 필요하면 위의 문장을 참고로 하셔도 좋습니다.**

임무 : ______________________________________

____

성령(선물) : ______________________________________

____

____

증거 : ______________________________________

____

____

영적인 은사들

교인들이 영적인 은사에 대해서 고려해 볼 때, 때로 그들은 하나님이 어떤 것을 주신다고 생각함으로 인해 문제에 봉착하게 됩니다. 예를 들면 행정능력과 같은 요소를 말입니다. 아닙니다. 그 분은 어떤 것을 주시지 않습니다. 그 분은 그 분 자신을 주십니다. 은사는 한 인격체입니다. 성령님은 그 분 자신의 행정능력으로 당신을 무장시키십니다. 그러므로 그 분의 행정능력이 당신의 행정능력이 됩니다. 영적인 은사가 발휘되는 것을 볼 때 당신은 성령님의 임재하심을 보는 것입니다. 성령님이 자신의 능력과 재능을 가지고 한 사람이 하나님의 일을 성취시킬 수 있도록 준비시키고, 능력을 주시는 것을 당신이 보는 것입니다.

"아버지께서 내 안에 계셔 그의 일을 하시는 것이라."
—요한복음 14 : 10

" 각 사람에게 성령의 나타남을 주심은 유익하게 하려 하심이라."
—고린도전서 12 : 7

➡ **요한복음 14 : 10과 고린도전서 12 : 7을 읽고 다음 중에서 어떤 것이 '영적인 은사'를 보다 잘 정의해 놓았는지 X표 하십시오.**

☐ 1. 성령의 은사는 성령님이 한 사람의 인생에서, 그 사람이 속한 그리스도 몸의 공동 유익을 위해서 자신을 나타내시는 것이다.

☐ 2. 성령의 은사는 하나님이 한 개인에게 그 사람이 속한 교회에 주신 사명을 완수하는 데 필요한 능력을 주시는 것이다.

예수님은 "아버지께서 내 안에 계셔 그의 일을 하시는 것이라"고 말씀하셨습니다(요 14 : 10). 예수님의 이적까지도 하나님이 자신을 나타내신 것입니다. 아버지 하나님께서 예수님 안에 계셔서 자신의 목적을 예수님을 통해 이루신 것입니다. 위의 첫번째 정의는 하나님께 초점을 맞추고, 그 분이 우리를 통해서 무엇을 하느냐에 중점을 둡니다. 두번째 정의는 한 개인이 무엇을 받느냐에 초점을 두고, 그가 하나님과 교회를 위해서 무엇을 할 수 있나에 중점을 두고 있습니다. 예수님이 이렇게 말씀하신 것을 잊지 마십시오. "나를 떠나서는 너희가 아무것도 할 수 없음이라"(요 15 : 5). 영적인 은사는 하나님이 당신을 통해서 역사하심을 나타내는 것입니다.

고린도전서 12장에서의 그리스도의 몸

고린도전서 12장의 앞부분에는 다른 방법으로 자신을 나타내시는 성령님에 대해서 써 있습니다. 그 분은 자신을 모든 믿는 자들에게 나타내십니다. 12절 이하에서는 그리스도의 몸에 대해서 이야기하고 있습니다.

➡ **다음의 요약된 문장들을 읽으십시오. 그리고 고린도전서 12 : 11-31을 읽고 다음 문장을 뒷받침해 주는 구절들이 하나라도 있는지 살펴보십시오. 찾은 구절의 절수를 빈칸에 써보십시오.**

1. 성령님이 그 뜻대로 각 사람에게 임무를 나누어 주시고 그들이 하나님의 일을 할 수 있도록 준비시켜 주신다. ________
2. 몸은 하나인데 여러 지체를 가지고 있다. ________
3. 몸의 각 지체가 몸 안에서 자기의 역할을 스스로 선택하는 것이 아니다.
____
4. 하나님이 그 원하시는 대로 지체를 각각 몸에 두셨다. ________
5. 하나님이 주신 모든 지체가 함께 있지 않으면 그 몸은 온전치 않다.
____
6. 각 지체는 서로 서로를 필요로 한다. ________
7. 몸 가운데는 분쟁이 없이 하나가 되어야 한다. ________
8. 각 지체는 서로 서로 똑같이 걱정해 주고 돌보아 주어야 한다. ________
9. 하나님은 온몸의 유익을 위해서 각 지체에게 각각 다른 임무를 주셨다.
____

답 : 1 : 11절, 2 : 12-14절, 3 : 15-17절, 4 : 18절, 5 : 17-20절, 6 : 21-24절, 7 : 25절, 8 : 25-26절, 9 : 28-30절(당신의 답과 약간의 차이가 있을 수도 있습니다.)

➡ **오늘 배운 것을 복습하십시오. 오늘 학습한 내용 중에서 하나님께서 당신으로 하여금 이해하고, 배우고, 실천하기 원하는 구절이나 성구를 하나나 둘쯤 지적해 주시기를 기도하십시오. 해당되는 것에 밑줄을 그으십시오. 그리고 난 후 아래의 질문에 답하십시오.**

오늘 학습한 내용 중 어떤 구절이나 성구가 당신에게 가장 뜻있게 와 닿았습니까? ________

____

위의 구절이나 성구를 하나님께 대한 당신의 기도로 바꾸십시오.

____

____

오늘의 학습에 대한 반응으로 하나님은 당신이 무엇을 하기 원하십니까?

____

____

____

이 과의 요점

- 성령님은 선물이다.
- 성령님은 나로 하여금 하나님이 나에게 주시는 신성한 임무를 수행할 수 있도록 준비시켜 주신다.
- 성령의 은사는 성령님이 한 사람의 인생에서, 그 사람이 속한 그리스도의 몸의 공동 유익을 위해서 자신을 나타내시는 것이다.
- 성령님이 그 뜻대로 각 사람에게 임무를 나누어 주시고 그들이 하나님의 일을 할 수 있도록 준비시켜 주신다.
- 하나님이 그 원하시는 대로 지체를 각각 몸에 두셨다.
- 하나님이 주신 모든 지체가 함께 있지 않으면 그 몸은 온전치 않다.
- 각 지체는 서로 서로 똑같이 걱정해 주고 돌보아 주어야 한다.
- 하나님은 온몸의 유익을 위해서 각 지체에게 각각 다른 임무를 주셨다.

제 4 과 그리스도의 몸, 제 2 부

나는 그리스도의 각 지체들이 지체로서의 그들의 삶과 경험을 이야기하는 것을 들음으로써 내 교회를 향하신 하나님의 뜻이 무엇인가 알 수 있다.

바울은 믿는 자들이 모인 지역교회인 고린도 교회에 보낸 편지에 이렇게 쓰고 있습니다. "너희는 그리스도의 몸이요 지체의 각 부분이라"(고전 12 : 27). 당신의 육체적인 몸이 정상적이고 건강하게 유지되기 위해 모든 부분이 필요하듯이, 교회도 정상적이고 건강한 교회생활을 하기 위해서는 모든 지체가 필요합니다. 어떤 지체도 다른 지체에게 '난 네가 필요치 않아'라고 말할 수 없습니다. 몸(교회)의 다른 지체들을 떠나서, 당신은 하나님이 당신을 위해서 마련해 놓으신 삶의 충만함을 체험할 수 없습니다. 한 지체가 빠졌거나 하나님이 원하시는 제구실을 하지 못할 때, 다른 지체들은 하나님이 그 교회를 위해 마련해 놓으신 삶의 충만함을 놓치게 될 것입니다.

하나님은 그 분이 원하시는 대로 지체를 각각 몸에 두셨습니다. 하나님이 어떤 사람을 '눈'으로 만드시면, 성령님은 그가 보도록 준비시켜 주실 것입니다. 하나님이 어떤 사람을 '귀'로 만드시면, 성령님은 그가 듣는 구실을 하도록 준비시켜 주실 것입니다. 신약에서는 교회를 그리스도의 몸에 비유하면서, 그 곳에서의 성령님의 역할은 각 사람이 하나님이 두신 그곳에서 각자가 맡은 임무에 충실하게 제구실을 할 수 있도록 준비시켜 주시는 것이라고 합니다. 모든 지체가 다 사도나 선지자, 교사는 아닙니다. 그러나 각 지체는 하나님이 주신 역할을 가지고 있습니다. 각 지체가 하나님이 두신 곳에서 제구실을 할 때, 온몸이 함께 제구실을 다할 수 있습니다.

➡ **아래의 왼쪽에는 어떤 교인으로부터 당신이 들을 수 있는 말들이 나와 있습니다. 그것들은 그들이 가진 그리스도의 몸에 대한 잘못된 인식들을 포함하고 있을 수 있습니다. 오른쪽 구절은 성경에 나와 있는 원리들입니다. 만일 당신 교회의 교인 중에 한 사람이 왼쪽에 나온 말을 했다면, 당신은 오른쪽에 나와 있는 원리들 중에서 어떤 것을 사용해서, 하나님이 교회가 어떻게 제구실을 하기를 의도하셨는지에 대한 그 사람의 이해를 도와줄 수 있겠습니까? 여러 개의 원리를 사용할 수 있습니다. 해당되는 원리의 번호를 왼쪽에 써 넣으십시오. 왼쪽에 나오는 말을 읽고 심각한 문제가 떠오르면 왼쪽 여백에 적고 다음 그룹 모임에서 토의해 보십시오.**

들을 수 있는 말들

_____ A. "우리 교회에 더 이상 출석하지 않는 사람들의 이름을 출석부에서 빼버립시다. 출석부를 정돈하는 의미에서."

_____ B. "빌은 법을 어겼기 때문에 어려움을 자초했어요. 그가 징역을 사는 것 때문에 저는 마음 아파하지 않아요."

_____ C. "제가 안수집사가 되어야 한다고 생각합니다. 저는 이 교회를 42년 동안 충성되게

성경의 원리들

1. 성령님이 그 뜻대로 각 사람에게 임무를 나누어 주시고 그들이 하나님의 일을 할 수 있도록 준비시켜 주신다.
2. 몸은 하나인데 여러 지체를 가지고 있다.
3. 몸의 각 지체가 몸 안에서

섬겨왔으니까요."

_____ D. "주일학교 교사를 시켜주지 않는다면, 전 아예 교회에 나오지도 않겠어요."

_____ E. "저는 다른 교인들이 어떻게 생각하든지 상관하지 않아요. 하나님이 그들을 인도하시면서 제게 이 직분을 맡기라고 하셨다 해도, 저는 그런 직분을 맡아 본 일이 없고, 할 수도 없다는 것을 알고 있어요. 제게는 필요한 은사가 없어요."

_____ F. "그 열 가정이 동의할 수 없다면, 그건 그들의 사정입니다. 이 교회에서는 다수의 의견을 존중합니다. 그들이 우리가 하는 일을 좋아하지 않으면 다른 곳으로 가면 됩니다."

_____ G. "하나님이 제게 우리 교회에 대한 그 분의 뜻을 말씀하셨기 때문에 여러분은 제 말을 듣기만 하면 됩니다. 누구든지 저에게 동의하지 않으면, 그 사람은 영적인 눈이 멀었고, 하나님의 뜻과 상관없는 사람입니다."

자기의 역할을 스스로 선택하는 것이 아니다.

4. 하나님이 그 원하시는 대로 각 지체를 몸에 두셨다.
5. 하나님이 몸에게 주신 각 지체들이 없이는 온전한 몸이 될 수 없다.
6. 각 지체는 서로서로를 필요로 한다.
7. 몸 가운데는 분쟁이 없이 하나가 되어야 한다.
8. 각 지체는 서로서로 똑같이 걱정해 주고 돌봐 주어야 한다.
9. 하나님은 온몸의 유익을 위해서 각 지체에게 각각 다른 임무를주셨다.

저는 왼쪽의 문장들 모두가 그리스도의 몸으로서의 교회에 대한 잘못된 인식을 포함하고 있다고 믿습니다. 제가 사용할 원리들은 다음과 같습니다. A:5, 6, B:8, C:3, 4, D:1, 3, E:1, F:7, G:2, 5, 6. 언제든지 어떤 교회가 한 몸으로서 제대로 역할을 하고 있는지 평가할 때, 당신은 적어도 다음의 세 가지를 염두에 두어야 합니다.

그리스도의 몸에 대한 하나님의 세 가지 관심사

1. 예수님이 몸의 머리이시다. 몸은 그리스도 중심적이어야만 한다.
2. 하나님은 교회가 한마음으로 연합되어 있는 것에 지대한 관심을 갖고 계시다.
3. 고린도전서 13장에 표현되어 있는 것과 같은 사랑이 넘쳐야 한다. 몸의 지체들은 서로를 자기 자신을 사랑하는 것같이 사랑해야 한다.

➡ 위의 세 가지 관심사 중에서 당신의 기억에 남을 만한, 핵심 단어들에 동그라미 치십시오. 그리고 다음의 답들을 읽고 당신이 그리스도의 몸에서 제구실을 하는 데 도움을 줄 만한 문장들에 밑줄을 그으십시오. 질문이나 관심사가 생기면 왼쪽의 빈칸에 적어 두었다가 다음 모임 시간에 토의해 보십시오.

A. "우리 교회에 더 이상 출석하지 않는 사람들의 이름을 출석부에서 빼버립시다. 출석부를 정돈하는 의미에서." 이 교회에서 처음 생각해 봐야 할 것은 출석하지 않는 사람

교회는 하나님이 그 몸에 주신 모든 지체를 필요로 한다.

들이 그리스도의 몸에 속했는가, 그들이 그리스도인들인가 하는 것입니다. 만일 하나님이 원하셔서 그들을 당신의 몸에 두셨다면(고전 12 : 18) 당신에게 그들을 제거할 권리가 있습니까? 교회는 하나님이 그 몸에 주신 모든 지체를 필요로 합니다(원리 5, 6). 이 교회는 하나님께 기도하고, 하나님께 어떻게 하면 이 멀어진 사람들을 다시 활발한 교제 안으로 불러들일 수 있을지 가르쳐 달라고 부탁해야 할 것입니다.

한 지체가 고통을 받으면 모든 지체가 고통을 받는다.

B. **"빌은 법을 어겼기 때문에 어려움을 자초했어요. 그가 징역을 사는 것 때문에 저는 마음 아파하지 않아요."** 한 지체가 고통을 받으면 그 고통이 죄의 결과일지라도, 모든 지체가 함께 고통을 받는 것입니다(고전 12 : 26). 그리스도의 몸의 지체들은 서로를 사랑하라는 명령을 받았습니다. 고린도전서 13장을 읽고 사랑이 몸 안에서 어떻게 반응할지를 알아보십시오. 몸의 모든 지체에 관심을 보이십시오(원리 8).

➡ **당신이 그리스도의 몸에서 제구실을 하는 데 도움을 줄 만한 문장들에 밑줄을 긋는 것을 잊지 않으셨겠지요? 꼭 밑줄을 그으십시오. 이 과의 끝에서 다시 한 번 복습을 할 것입니다.**

우리는 우리 스스로의 역할을 선택할 수 없다.

C. **"제가 안수집사가 되어야 한다고 생각합니다. 저는 이 교회를 42년 동안 충성되게 섬겨왔으니까요."** 이것은 자기 중심적인 욕심일 수 있습니다. 우리는 교회라는 몸에서 주어진 역할에 따라 섬기는 것입니다(원리 3,4). 우리는 우리 스스로의 역할을 선택할 수 없습니다. 만일 하나님이 당신으로 하여금 어떤 특수한 능력을 가지고 일하기를 원하시면, 머리이신 예수님이 다른 지체들로 하여금 그것을 알아보게 하실 수 있습니다. 당신은 그 분이 몸을 통해서 그 일을 하시도록 그 분께 의지할 수 있습니까?

하나님이 우리가 어디에서 섬겨야 할지를 결정하신다.

D. **"주일학교 교사를 시켜주지 않는다면, 전 아예 교회에 나오지도 않겠어요."** 교회는 다른 구성원들이 하나님이 그들을 어떻게 인도하고 계시다고 생각하는지에 대해 민감해야 합니다. 원리 1과 3은 하나님이 어떤 지체가 어디서 어떤 역할을 담당해야 하는지 결정하신다는 것에 우리의 관심을 모으고 있습니다. 하나님이 몸에게 알게 하심을 믿으십시오. 교회의 각 직분맡을 자들을 추천하는 위원회에서는 하나님의 뜻을 분별하기 위해서 각별히 기도에 힘써야 합니다. 개인과 교회, 모두가 하나님의 뜻을 조심스럽게 찾고, 하나님이 자신의 뜻을 분명히 보여주시리라 확신해야 합니다.

당신이 할 수 없다. 하나님이 주시는 임무를 완수할 수 있도록 성령님이 당신을 준비시켜 주신다.

E. **"저는 다른 교인들이 어떻게 생각하든지 상관하지 않아요. 하나님이 그들을 인도하시면서 제게 이 직분을 맡기라고 하셨다 해도, 저는 그런 직분을 맡아 본 일이 없고, 할 수도 없다는 것을 알고 있어요. 제게는 필요한 은사가 없어요."** 그리스도의 몸에서 우리가 보는 문제 중의 하나는 우리가 하나님의 역사를 거의 보지 못한다는 것입니다. 그저 사람들만을 볼 뿐입니다. 저는 하나님이 그의 종들 안에서 역사하시는 것을 보려고 노력합니다. 원리 1은 하나님이 주시는 어떠한 임무도 그 사람이 감당할 수 있도록 성령님이 준비시켜 주신다는 것을 강조하고 있습니다. 당신이 어떤 일을 한 번도 해본 경험이 없다고 해서, 또는 당신이 기술이 부족하다고 해서, 하나님이 당신에게 임무를 맡기지 않는다는 법은 없습니다. 하나님이 불붙는 가시나무 떨기에서 모세에게 나타나셨을 때, 모세가 이와 비슷한 핑계를 댔었습니다. 그리스도의 몸(교회의 성도들)이 하나님의 뜻이라고 느끼는 것들을 심각하게 받아들이십시오. 몸이 느끼고 있는 것을

주님께로 가져가서 하나님이 당신을 올바로 인도해 주실 것을 믿으십시오.

주께 하듯 반응을 보이라.

주께 하듯, 선뜻 반응하기를 바라십시오. 주께 하듯, 당신의 온 마음을 다해서 섬기십시오. 그런 교회생활은 하나님의 역사가 일어나는 생동감 넘치는 것이 될 수 있습니다. 그저 일을 하는 의무감으로 때우지 마십시오. 주께 하듯 하십시오.

건드릴 수 없는 깡패들

제멋대로여서 다루기 힘든 십대의 소년들을 가르치는 일이 하나님으로부터의 특별한 임무가 될 수 있습니까? 제가 캘리포니아에 있는 교회에서 십대 소년들을 가르치기 시작한 후 얼마 되지 않아서, 23명의 가죽 잠바를 입은 불량소년들이 교회의 뒷편으로 걸어들어왔읍니다. 그중에는 그리스도인이 한 명도 없었습니다. 하나님은 상처를 입고 아파하는 젊은이들의 모임 중에 저를 참여시키셨습니다. 세 달이 채 되지 않아서 23명 중에 22명이 주님을 알게 되었습니다. 그들의 변화된 삶이 건드릴 수 없는 깡패들을 무너뜨렸습니다. 그들이 살고 있던 집값이 싼 동네에는 갖가지 범죄가 집중되어 있었습니다. 하나님이 22명의 소년들을 그리스도 안의 구원의 믿음으로 불러주셨을 때, 그 일대의 범죄율은 극적으로 떨어졌습니다.

하나님은 교회생활의 어떤 영역에서도 자신을 나타내실 수 있습니다. 만일 당신이 그 분께 당신의 인생을 맡기기만 한다면, 하나님께 교회생활의 비워진 그 자리를 그 분의 임재로 채워주시기를 기도하십시오. 당신이 그 교회를 완전히 뒤집어 놓는 촉매 역할을 할 수 있습니다.

➡ **위의 문장 A부터 E까지 중에서 당신이 밑줄을 그은 내용(예수님의 몸에서 당신이 효과적으로 제구실을 하는 데 도움을 줄 만한 것들)을 다음에 적어 보십시오.**

____

____

____

____

교회가 한 몸이 되는 것은 하나님께 매우 소중하다.

"내가 비옵는 것은… 아버지께서 내 안에, 내가 아버지 안에 있는 것같이 저희도 다 하나가 되어 우리 안에 있게 하사 세상으로 아버지께서 나를 보내신 것을 믿게 하옵소서."

—요한복음 17 : 20-21

F. **"그 열 가정이 동의할 수 없다면, 그건 그들의 사정입니다. 이 교회에서는 다수의 의견을 존중합니다. 그들이 우리가 하는 일을 좋아하지 않으면 다른 곳으로 가면 됩니다."** 교회는 머리이신 그리스도의 법에 따라 움직여야 합니다. 우리는 머리이신 예수님이 모든 지체를 납득시킬 때까지 기다리기를 원치 않기 때문에, 대개 다수의 의견을 따릅니다. 만일 우리가 몸의 하나됨을 희생시키면서까지 다수가 그들이 원하는 대로 한다면, 우리는 고린도전서 12 : 25의 말씀을 간과하는 것입니다(원리 7). 요한복음 17장의 예수님의 기도를 기억하십니까? 예수님은 우리가 하나가 되어서 세상 사람들이 그 분을 믿게 되도록 기도하셨습니다. 우리도 하나됨에 대해서 그것과 비슷한 짐을 져야 합니다. 머리이신 예수님께서 납득시키시도록 충분한 시간을 드리십시오. 그 분이 온 몸을 이해시키셨을 때가 일을 시작하기에 가장 적절한 시기일 것입니다! 지체 하나하나가 하나님께는 소중합니다.

G. **"하나님이 제게 우리 교회에 대한 그 분의 뜻을 말씀하셨기 때문에 여러분은 제 말을 듣기만 하면 됩니다. 누구든지 저에게 동의하지 않으면, 그 사람은 영적인 눈이 멀었고, 하나님의 뜻과 상관없는 사람입니다."** 원리 2, 5, 6이 여기에 해당됩니다. 눈이 보기를 시작했을 때, 눈은 이렇게 말하는 경향이 있습니다. "어이, 손, 너는 어째서 내가 보는 것을 보지 못하냐? 너는 아무래도 영적이지 않아."

그러면 불쌍한 손이 이렇게 응답합니다. "나는 손이기 때문에 볼 수가 없어."

눈은 몸이 한 부분으로 되어있는 것이 아니라 많은 지체로 이루어져 있다는 것을 잊었습니다(고전 12 : 14). 하나님의 영은 자신을 모든 자들에게 나타내십니다. 왜냐구요? 모두의 유익을 위해서입니다. 눈이 보는 것은 눈 자신만을 위한 것이 아닙니다. 그의 시력은 몸을 위한 것입니다. 시력은 눈을 위한 것이 아니기 때문에 눈은 이런 말을 할 수 없습니다. "나에게 시력이란 선물을 주신 주님께 감사해. 너희들도 그것을 받았으면 좋았을 텐데…." 모든 지체는 눈이 그 본 것을 그들에게 이야기해 주는 것에 의지하고 있습니다.

그리스도의 몸의 구성원 전체가 교회생활에서 그들이 경험하고 있는 것들을 표현하는 것을 들을 때, 당신은 당신의 교회를 향한 하나님의 뜻을 이해하게 된다.

제1과 기차 철로의 비유에서 말씀드린 바와 같이, 눈은 그 자체만으로는 하나님이 교회를 향해 가지고 계신 전체적 계획을 다 파악하기 힘들 것입니다. 몸의 모든 구성원이 자신이 느끼고 있는 것들을 표현해야 할 필요가 있습니다. 각 구성원이 느끼고 있는 것을 종합해서 볼 때, 몸은 하나님의 뜻을 완전히 알게 됩니다. 한 개인이 교회를 향한 하나님의 뜻을 다 알 수는 없습니다. 그리스도의 몸의 구성원 전체가 교회생활에서 그들이 경험하고 있는 것들을 표현하는 것을 들을 때, 당신은 당신의 교회를 향한 하나님의 뜻을 이해하게 됩니다.

저는 진실한 마음으로 하나님이 저를 통해서 하신다고 생각되는 말씀을 전할 수 있습니다. 그러나 절대로 제가 교회를 향한 하나님의 뜻을 전부 아는 것으로 간주하지는 않습니다. 저는 하나님이 제게 주시는 말씀을 함께 나누고, 다른 성도들이 하는 이야기를 경청합니다. 하나님이 제게 주신 말씀과 또 다른 성도들에게 주신 말씀이 잘 조화가 되면, 그것이 하나님의 뜻이라고 생각합니다. 한 번도 우리 중의 한 사람이 하나님의 뜻을 다 알지는 못했습니다. 어떤 경우 하나님이 우리에게 조정을 원하심을 깨닫지만, 일을 시작하기에는 시기가 맞지 않는 것을 느낍니다. 하나님이 온 교회를 하나로 묶어주실 때가 알맞는 시기임을 압니다. 하나님이 우리로 하여금 하기를 원하시는 일을 제가 정확히 알고 있을 수도 있습니다. 다만, 그것이 온전한 것은 아니라는 것이죠. 하나님이 제게 무슨 말씀을 하시는지를 완전히 깨달으려면, 다른 구성원들이 이야기하는 것을 들어야만 합니다.

➡ **위에서 밑줄을 그은 문장들을 다시 복습하십시오. 아래의 질문들 중에서 당신에게 해당되는 것이 있으면, 답하십시오.**

1. 다음 그룹모임에서 토론하고 싶은 질문들은 무엇입니까?

____

____

2. 당신 생각에 당신의 교회가 한 몸으로서 제구실을 하기 위해 하나님이 바꾸고 싶어하실 만한 것이 있다면 한 가지 쓰십시오.

______

______

______

3. 당신 생각에 당신이 그리스도의 몸(교회)의 구성원들을 대하는 태도에서 하나님이 바꾸고 싶어하실 만한 것이 있다면 한 가지 쓰십시오.

______

______

______

오늘 배운 것을 복습하십시오. 오늘 학습한 내용 중에서 하나님께서 당신으로 하여금 이해하고, 배우고, 실천하기 원하는 구절이나 성구를 하나나 둘쯤 지적해 주시기를 기도하십시오. 해당되는 것에 밑줄을 그으십시오. 그리고 난 후 아래의 질문에 답하십시오.

오늘 학습한 내용 중 어떤 구절이나 성구가 당신에게 가장 뜻있게 와 닿았습니까?

______

______

______

위의 구절이나 성구를 하나님께 대한 당신의 기도로 바꾸십시오.

______

______

______

______

오늘의 학습에 대한 반응으로 하나님은 당신이 무엇을 하기 원하십니까?

______

______

이 단원의 암송구절을 복습하고 다음 그룹모임에서 사람들 앞에서 외울 수 있도록 준비하십시오.

이 과의 요점

- 예수님이 몸의 머리이시다.
- 하나님은 교회가 한 몸이 되는 것에 대하여 큰 관심을 가지고 계시다.
- 하나님의 사랑과 같은 사랑이 교회 안에 가득해야 한다.
- 하나님이 내가 몸의 어디에서 어떤 역할을 해야 할지를 결정하신다.
- 그리스도의 몸의 구성원 전체가 교회생활에서 그들이 경험하고 있는 것들을 표현하는 것을 내가 들을 때, 나는 나의 교회를 향한 하나님의 뜻을 이해하게 된다.
- 하나하나의 구성원 모두가 하나님께 소중하다.

제 5 과 몸 안의 생명력

하나님과의 올바른 관계가 건물, 예산, 프로그램, 방법, 교역자, 크기 등의 그 어떤 것보다도 훨씬 더 중요하다.

당신과 당신의 교회가 하나님으로 하여금 당신이 어떻게 한 몸으로서 효과적으로 살 수 있는지 가르쳐 주시면, 당신은 당신이 전혀 경험하지 못한 사랑과 융화가 용솟음치는 것을 보게 될 것입니다. 효과적인 몸 안의 생명력은 구성원 한사람 한사람이 하나님과 친밀한 사랑의 관계 안에 있을 때 시작됩니다. 그리고 모든 구성원들이 예수님을 지속적으로 머리로 모실 때 유지가 됩니다. 하나님과의 올바른 관계가 건물, 예산, 프로그램, 방법, 교역자, 크기 등의 그 어떤 것보다도 훨씬 중요합니다.

성경은 교회의 구성원들이 어떻게 서로 바른 관계 안에 있을 수 있는가에 대해 많은 도움을 줍니다.

➡ **다음의 성경구절들을 읽으십시오. 각 구절 아래에 하나님께서 원하시는 교회의 구성원들간의 관계에 대해 요약해서 써보십시오. 문맥을 알기 위해 성경의 앞뒤 구절을 읽으면 좋습니다.**

로마서 14:1, 12-13—믿음이 연약한 자를 너희가 받되 그의 의심하는 바를 비판하지 말라… 이러므로 우리 각인이 자기 일을 하나님께 직고하리라 그런즉 우리가 다시는 서로 판단하지 말고 도리어 부딪힐 것이나 거칠 것으로 형제 앞에 두지 아니할 것을 주의하라.

하나님의 뜻 : ______________________________

고린도전서 10:24—누구든지 자기의 유익을 구치 말고 남의 유익을 구하라.

하나님의 뜻 : ______________________________

에베소서 4:25—그런즉 거짓을 버리고 각각 그 이웃으로 더불어 참된 것을 말하라 이는 우리가 서로 지체가 됨이니라.

하나님의 뜻 : ______________________________

에베소서 4:29—무릇 더러운 말은 너희 입 밖에도 내지 말고 오직 덕을 세우는 데 소용되는 대로 선한 말을 하여 듣는 자들에게 은혜를 끼치게 하라.

하나님의 뜻 : ______________________________

에베소서 4:31-32—너희는 모든 악독과 노함과 분냄과 떠드는 것과 훼방하는 것을 모든 악의와 함께 버리고 서로 인자하게 하며 불쌍히 여기며 서로 용서하기를 하나님이 그리스도 안에서 너희를 용서하심과 같이 하라.

하나님의 뜻 : ______________________________

에베소서 5 : 19-20 – 시와 찬미와 신령한 노래들로 서로 화답하며 너희의 마음으로 주께 노래하며 찬송하며 범사에 우리 주 예수 그리스도의 이름으로 항상 아버지 하나님께 감사하며.

하나님의 뜻 : ______________________________

에베소서 5 : 21 – 그리스도를 경외함으로 피차 복종하라.

하나님의 뜻 : ______________________________

골로새서 3 : 13-14 – 누가 뉘게 혐의가 있거든 서로 용납하여 피차 용서하되 주께서 너희를 용서하신 것과 같이 너희도 그리하고 이 모든 것 위에 사랑을 더하라 이는 온전하게 매는 띠니라.

하나님의 뜻 : ______________________________

신약을 읽어 보면, 당신은 사람들이 서로에게 어떻게 대해야 하는가에 대한 구체적인 지시가 얼마나 많이 나와 있는지 발견할 것입니다. 이 지시들은 당신으로 하여금 그저 공부하고, 외우고, 토론하거나, 변론하라고 나와 있는 것이 아닙니다. 그것은 당신이 어떻게 하여야 예수님 안에서 풍성한 삶을 누릴 수 있는지 알게 하려고 쓰여진 것입니다. 당신이 어떻게 성경말씀을 적용할 수 있는지에 대해서 의문점이 있으면, 당신의 고민을 주님께로 가져가십시오. 그 분의 영이 당신이 영적인 진리를 이해하도록 도와줄 것입니다.

위의 성경구절들을 공부하면서 아마도 당신은 아래와 같은 지시들을 찾았을 것입니다.

- 믿음이 어리거나 아직 성숙지 못한 사람들에 대해서 인내하고 그들을 받아주라.
- 의심의 여지가 있는 일에 대하여 너무 재빨리 남을 판단하지 말라.
- 자기가 값을 치르더라도 이기적이 되지 말고 자기의 유익보다는 남의 유익을 구하라.
- 무슨 말을 하든지 절대 신실함으로 하라.
- 비방하는 말로 사람들을 아프게 하지 말라. 악독한 말을 입에서 버리고, 위로자가 되라. 용기를 북돋워주고, 대화 중에 항상 그들의 필요를 염두에 두라.
- 예수님이 당신을 용서해 준 것처럼 서로 용서하라. 다른 사람과의 사이에 쓴 뿌리를 두지 말라. 분냄과 마음 속의 다툼과 사악함을 버리라. 일부러 다른 사람을 아프게 하지 말라(육체적, 감정적, 영적으로).
- 하나님을 예배함으로 서로 격려하라. 서로 함께 노래하라.
- 자기를 부인하고 매일 서로에게 복종하라. 서로 함께 노래하라.
- 무시를 당하거나 공격을 받았을 때에도 서로에게 인내하라. 용서할 수 없을 때에도 용서하라. 서로 사랑하라. 하나님이 그렇게 하신다.

이 단원은 제가 나누고 싶은 모든 말을 담기엔 너무나 짧습니다. 당신은 이 과를 끝내면서 이렇게 이야기할지도 모릅니다. "나의 이 환경에서는 블랙가비 목사님이 어떻게 하라고 하셨을지 궁금하다." 좋은 소식이 있습니다. 당신의 환경에서 당신은 제가 필요하지 않습니다. 훼이스(Faith) 침례교회를 한 몸으로 제구실을 할 수 있게 만들어 주신 바로 그 하나님이 바로 당신의 교회에도 임재하고 계십니다. 그리스도께서 임재해 계시고 오직 그 분만이 당신 교회의 머리가 되십니다. 당신은 제게서 어떤 방법을 배울 필요가 없습니다. 당신은 오로지 당신의 교회에만 특별히 꼭 맞게 되어 있는 지시를 머리로부터 받아야 합니다. 그러한 지시가 최선입니다.

당신의 교회를 위한 최선의 지시

남아있는 지면은 주님이 당신이나 당신의 교회생활에서 사용하실지도 모르는 문제들로 이용하려 합니다.

몸의 언약 관계

고린도전서 12 : 7과 18절은 하나님이 기뻐하시는 대로 각 지체를 몸에 두시는 분이라고 말합니다. 하나님은 몸 전체의 유익을 위해서 그들을 몸에 두십니다. 하나님이 한 사람을 우리의 몸에 더해주실 때 우리는 기뻐할 이유가 있습니다. 한 사람이 우리 교회의 교인이 될 때마다 우리는 곧바로 그리스도의 몸에 속한다는 것의 의미가 무엇인지에 대해서 말해줍니다. 목사로서 저는 우리 교회의 회중이 그 사람과의 언약의 관계를 맺도록 인도합니다. 개인의 경험에 비추어서 수단은 다르게 사용했을지 모르지만, 언약 관계를 맺는 것은 대개 다음과 같습니다.

저는 그리스도인이 되고자 하는 사람들에게 그들의 개인 간증을 하게 합니다. 그리고 그 사람에게 아래의 질문들에 답하라고 부탁합니다.

- 당신은 이 성도들 앞에서 예수 그리스도를 당신의 구주와 주님으로 시인하십니까?
- 당신은 믿는 자들이 받는 침례를 받음으로 주님께 순종했습니까? (혹은 침례를 받음으로 예수님을 따르고 싶습니까?)
- 당신은 하나님이 당신을 그리스도의 몸에 속하게 해주심을 분명히 믿습니까? (혹은 하나님이 당신을 그리스도의 몸에 속하게 해주신 것을 어떻게 느끼게 되었는지 저희에게 말씀해 주십시오.)

하나님은 우연히 당신을 우리 교회에 더해 주신 것이 아니다.

그리고 저는 이렇게 말합니다. "하나님은 우연히 당신을 우리 교회에 포함시켜 주신 것이 아닙니다. 하나님은 당신의 삶을 통해서 어떤 일을 하심으로 우리가 좀더 완전해지기를 원하십니다."

- 당신은 하나님이 이 교회를 좀더 완전하게 만드시기 위해서 당신을 통해서 일하시도록 허락하시겠습니까?
- 당신은 이 교회가 당신을 좀더 완전하게 만드는 사역을 할 수 있도록 당신의 삶을 열어놓으시겠습니까?

그 사람이 이 질문들에 대한 답을 마치고 나면, 저는 성도들에게 묻습니다.

- 지금 들은 신앙고백에 의거해 볼 때, 여러분은 하나님이 이 분을 우리의 교회

에 더해 주신다고 믿으십니까?

• 여러분은 하나님이 이 분을 통해서 당신의 삶에 역사하시도록 여러분의 삶을 이 분께 개방하겠습니까?
• 여러분은 하나님이 여러분 각자의 인생을 통해 이 분의 인생에서 하나님이 목적하신 바를 모두 이루시도록 도와드리겠습니까?

그리고 저는 교인들을 상기시킵니다. "우리는 아무도 이 분이 미래에 어떤 일에 부딪칠지를 알지 못합니다. 하나님이 이 분을 우리 교회에 더해 주신 것은 이 분이 우리를 필요로 하기 때문일 수도 있습니다. 여러분은 하나님이 여러분을 통해서 이 분에게 하나님이 원하시는 바를 이루시게 하겠다는 언약을 하시겠습니까? 만일 서약을 하시겠다면 지금 앉은 자리에서 일어나서, 하나님이 우리 교회에 이 분을 더해 주시는 멋진 일을 하신데 대해 찬양을 드립시다."

언약을 지키는 것

우리는 이 언약의 관계를 매우 심각하게 받아들였습니다. 한 번은 어떤 소녀가 자기의 이름을 우리 출석부에서 제해 달라고 부탁했습니다. 그 소녀는 어떤 사교 조직에 가입했습니다. 저는 "우리는 그렇게 할 수 없어요. 우리는 당신과 성스러운 언약의 관계에 있습니다. 우리는 당신이 중대한 결정을 내릴 때 실수를 했다고 믿어요. 당신은 당신 쪽에서의 언약을 깨뜨렸지만 우리는 우리의 임무를 다해야 합니다. 우리 교회 가족들은 당신을 계속 사랑할 것이고 당신을 위해서 기도할 것입니다. 언제든지 우리가 필요하면 우리는 여기 있을 것입니다. 당신을 위해서"라고 말했습니다.

약 6개월이 지나서 그 소녀는 돌아왔습니다. 어떻게 자신이 속았는지를 깨달은 것입니다. "저를 계속해서 사랑해 주셔서 감사합니다. 그리고 저를 포기하지 않은 것에 대해 정말 감사합니다." 그녀가 말했습니다. 그것이 그리스도의 몸이 당연히 해야 할 일입니다. 그리스도의 몸은 모든 지체를 돌봅니다. 그럼으로써 모든 구성원은 사랑과 그리스도 안에서 더욱 완전하게 됩니다.

➡ **고린도전서 12장을 다시 읽으십시오. 하나님께 당신과 당신의 교회가 어떻게 하면 그리스도의 몸으로 더욱 잘 움직일지 여쭈어 보십시오. 당신이 그리스도의 몸과 어떤 관계를 맺고 있는지 여쭈어 보십시오. 그리고 하나님이 그 분의 말씀을 통해서 당신에게 말씀하신다고 느끼는 것들을 기록하십시오.**

나의 교회를 위해서 ______________________________

____

나를 위해서 ______________________________

____

만일 하나님이 당신에게 성경을 통해서 말씀하시는 것을 계속 더 듣고 싶으면, 로마서 12장을 다시 읽고, 하나님이 당신과 당신의 교회가 그리스도의 몸으로 어떻게 제구실을 할 수 있을지에 대해서 말씀하시도록 하십시오. 하나님이 당신에게 하시는 말씀을 다른 종이에 적어보십시오.

하나님은 임무에 맞게 몸을 구성하신다

역도 선수가 되려면 저는 제 몸이 역기를 잘 들 수 있도록 훈련할 것입니다. 육상 선수가 되려면 다르게 훈련을 할 것입니다. 제가 어떤 일을 잘하려면 제 몸이 그 임무에 맞도록 제 몸을 훈련시킬 것입니다.

지역교회를 그리스도의 몸으로 세우실 때 하나님은 그 분이 교회에 주신 임무에 따라서 각 구성원을 교회에 두시고, 그것에 맞게 훈련시키십니다. 하나님은 지역교회가 하나님께 반응을 잘할 수 있도록 만드십니다. 그리고 그 교회라는 몸을 통해서 자신이 원하시는 임무를 완수하게 하십니다.

학생 선교

제가 이것을 설명해 보겠습니다. 초창기 시절, 새스커튼에 있는 우리 교회의 교인수는 약 15명 내지 20명밖에 되지 않았습니다. 우리는 하나님이 우리를 사용하셔서 캐나다 전역의 도시와 마을마다 교회를 세우게 하시기를 원하신다는 것을 느꼈습니다. 이 제목을 놓고 기도하는 동안 우리는 하나님이 우리를 통해서 대학생들에게 복음이 전파되기를 원하심을 느꼈습니다. 우리는 우리가 충실하게 캠퍼스에서 복음을 증거하기만 하면, 하나님이 많은 학생들을 구원해 주시리라고 믿게 되었습니다. 그리고 우리가 그들로 하여금 그리스도의 몸에 참여하는 것을 충실히 도와 주면, 하나님이 그들 중에서 많은 목사들과 교회 직원들, 그리고 선교사들을 캐나다에 전역에 배출시켜 주실 것을 믿었습니다.

우리는 중대한 두 가지 문제를 가지고 있었습니다. 하나는 우리가 대학생이라고는 한 명도 알지 못했다는 것이고, 둘째는 우리가 어떻게 캠퍼스에서 학생들에게 접근해야 하는지를 몰랐다는 점입니다. 그러나 우리는 한 가지 사명을 갖고 있었습니다. 우리는 기도하면서 하나님이 어떻게 우리가 캠퍼스 내에서 하나님이 주신 사명을 그 분이 원하시는 대로 감당하는 그리스도의 몸이 되도록 도와주시는지 주목하여 보기로 했습니다. 제가 제일 처음 침례를 준 사람들은 그 대학의 한 교수와 그의 딸이었습니다. 그리고 나서 하나님은 계속해서 다른 학생들을 교회로 보내주셨고, 우리의 몸은 커가기 시작했습니다.

로버트 캐논

하나님은 우리를 로버트 캐논에게로 인도하셨습니다. 그는 텍사스 주립대학 침례교 학생회의 지도교사였습니다. 그는 하나님이 학생 선교를 위해서 캐나다로 부르고 계신다고 느꼈지만, 우리에게는 그의 이사 비용뿐 아니라 월급을 줄 돈도 없었습니다. 그러나 로버트는 왔고 하나님은 필요한 모든 것을 공급해 주셨습니다. 로버트가 처음 왔을 때, 저는 그에게 말했습니다. "로버트, 하나님은 우리 교회로 하여금 캠퍼스 선교에 대한 사명을 효과적으로 완수시키기 위해 준비시키시려고 당신을 보내신 것입니다. 캠퍼스에서 학생들에게 그리스도를 전파하기 위해, 캠퍼스 선교라는 임무가 우리 교회에 주어진 것입니다."

➡ **당신은 우리가 무엇을 하고 있었는지 알아차리셨습니까? 누가 학생들에게 그리스도를 전하는 사명을 가지고 있습니까?**

☐ 로버트 캐논 ☐ 우리 교회

그 사명은 누구로부터 왔습니까? ____________________

로버트의 근본적인 임무는 무엇입니까? 맞는 답에 X표 하십시오.

☐ 1. 캠퍼스에 기독 학생회를 만드는 것.
☐ 2. 기숙사 방마다 찾아다니면서 복음을 증거하는 것.
☐ 3. 그리스도의 몸인 교회가 캠퍼스 선교를 할 수 있도록 준비시키는 것.

하나님은 우리 교회가 캠퍼스 선교를 담당할 수 있도록 준비시켜 주시려고, 로버트를 우리 몸에 더해주셨다.

그 사명은 하나님께로부터 교회로 왔습니다. 하나님은 우리 교회가 캠퍼스 선교를 담당할 수 있도록 준비시켜 주시려고, 로버트를 우리 몸(교회)에 더해주셨습니다. 로버트는 기도하는 사람들이 캠퍼스를 위해서 어떻게 기도해야 할지를 지도해 주었습니다. 그리고 집을 떠나 있는 학생들에게 호의를 베풀고 싶어하는 사람들과 집을 그리워하는 학생들을 서로 맺어주었습니다. 그는 다른 사람들에게 복음을 증거하는 훈련을 시켰습니다. 그는 교회가 어떻게 하면 캠퍼스의 필요에 따라 사역을 할 수 있는지 도움을 주었습니다.

적어도 50명 이상의 학생들이 사역을 위한 훈련을 받기 위해서 신학교에 입학했습니다. 그중에서 많은 수가 목회자가 되려고 돌아오고 있습니다. 하나님이 교회를 세우시고, 임무를 주시며, 준비시켜 주셔서, 그 분이 각 구성원을 통해서 그 분의 목적을 성취시키십니다. 교회는 충성되었고, 하나님은 그 분이 하고 싶다고 우리에게 말씀하신 일을 하셨습니다.

나는 하나님이 교회에 더 해주시는 사람들에게 각별한 관심을 쏟는다.

하나님이 의료계 종사자들을 더해주시다.

하나님께서는 사명에 어울리게 교회를 세우신다는 것을 알기 때문에, 저는 하나님이 교회에 더해주시는 사람들에게 각별한 관심을 쏟습니다. 어떤 경우 그것은 하나님이 어떤 사명을 위해 우리를 준비시키시는 것을 의미합니다. 짧은 기간 동안 의료계에 종사하는 사람들이 대거 우리 교회에 나오게 되었습니다. 우리는 하나님이 왜 그들을 우리 교회로 보내주셨는지 알기 위해서 기도를 시작했습니다. 보호구역 내에 살고 있는 인디언들에게 복음을 전파하는 일이 우리에게 닥쳤을 때, 우리는 이 역사에 그들이 참여해야 한다고 느꼈습니다. 그들은 보호구역 내로 가서 온갖 병에 대한 무료진료를 폭넓게 제공했습니다. 사람들이 진료를 받으려고 줄서서 기다리는 동안, 다른 성도들은 그들과 이야기하면서 복음을 증거했습니다. 무료 진료소는 우리가 성경 공부를 시작할 수 있도록 문을 열어주었고, 그들을 주님께로 인도했으며, 나아가서는 인디언들만의 교회를 시작하는 계기가 되었습니다.

> 하나님이 당신의 교회에 더해주시는 사람들에게 관심을 쏟으십시오.

➡ **당신의 교회에 있는 사람들에 대해서 생각해 보십시오. 지금 즉시 하나님께 기도하십시오. 당신과 당신 교회 안의 사람들이 하나님께서 자신들에게 이미 주셔서 준비시켜 주신 임무가 무엇인지 알게 해 달라고. 기도하는 동안 어떤 생각이 떠올랐습니까? 적어보십시오.**

____

____

하나님의 인도하심을 구하는 기도를 계속하십시오. 당신의 생각이 부담이 되면, 교회의 교인들과 함께 이야기해 보십시오. 그들의 반응은 당신이 하나님이 하시고자 하는 일을 이해하는 데 도움을 줄 수 있을 것입니다.

➡ **오늘 배운 것을 복습하십시오. 오늘 학습한 내용 중에서 하나님께서 당신으로 하여금 이해하고, 배우고, 실천하기 원하는 구절이나 성구를 하나나 둘쯤 지적해 주시기를 기도하십시오. 해당되는 것에 밑줄을 그으십시오. 그리고 난 후 아래의 질문에 답하십시오.**

오늘 학습한 내용 중 어떤 구절이나 성구가 가장 뜻있게 와 닿았습니까?

____

____

위의 구절이나 성구를 하나님께 대한 당신의 기도로 바꾸십시오.

____

____

____

오늘의 학습에 대한 반응으로 하나님은 당신이 무엇을 하기 원하십니까?

____

____

지금까지 외운 모든 암송구절들을 복습하십시오.

이 과의 요점

- 하나님과의 올바른 관계가 교회의 건물, 예산, 프로그램, 방법, 교역자, 크기 등 그 어떤 것보다 훨씬 중요하다.
- 하나님은 우연히 어떤 사람을 교회에 더해주시지 않는다.
- 하나님은 사명에 알맞게 그리스도의 몸을 세우신다.
- 하나님이 교회를 세우시고, 임무를 주시며, 그 임무를 수행할 수 있도록 몸을 준비시키신다.
- 나는 하나님이 교회에 더해주시는 사람들에게 관심을 쏟을 것이다.

제11단원 하나님 나라 시민들

빈센트 폴과 인도인들

우리 밴쿠버 지방회에서는 하나님이 모든 사람에게 복음을 전하는 일로 우리를 인도하셔서 시키는 일이라면 무엇이든지 하겠다고 결정했습니다. 저는 밴쿠버 시내를 운전하며 지나가다가 인도인들을 보았습니다. 밴쿠버에는 약 60,000명의 인도인들이 살고 있었습니다. 저는 인도인 교회가 단 하나도 없다는 것을 알게 되었습니다. 그 당시에, 밴쿠버의 어떠한 복음주의적인 교파나 교회도 인도인들을 위한 교회를 세워 복음의 손길을 뻗치고 있지 못했습니다.

하나님은 제게 인도인들에게 복음을 전해야 한다는 부담감을 주셨습니다. 저는 인도인 교회의 필요성에 대해서 우리 지방회에 속한 교회들과 이야기를 나누었습니다. 우리가 살고 있던 지역에서는 인도인들에 대한 강한 인종적인 편견이 팽배해 있었습니다. 그 어느 교회가 지역사회 내에서 인종적 편견의 대상들을 위한 지교회를 세우는 것을 후원해 줄 것인가? 그것은 지방회에 속한 한 교회의 사고에 획기적인 조정을 필요로 했습니다.

저는 이 필요성을 그들에게 역설했고 그들에게 기도해 주기를 부탁했습니다. 우리를 어떻게 사용하셔서 인도인들에게 복음을 전하게 하실 것인지를 보여주실 것을 기도했습니다. 그리고 우리는 하나님이 그 분의 계획을 어떻게 펼쳐 나가실지를 기대하는 마음으로 주목하여 보았습니다. 우리는 우리의 삶에서 하나님이 하실 일을 위해서 우리의 사고를 그 분께로 조정했습니다. 우리는 하나님이 역사하시기 시작하면 즉시 거기에 동참할 태세를 갖추고 있었습니다.

여름이 끝나갈 무렵, 한 목사님이 제게 전화를 하셨습니다. "블랙가비 목사님, 우리 교회의 여름성경학교에 희한한 일이 생겼어요. 우리는 큰 모임을 가졌는데 그 중의 3분의 2가 인도인들이었습니다."

저는 우리가 무엇에 대해 기도해 왔는지에 대해서 그 분과 이야기를 나누었습니다. 저는 그 분께 물었습니다. "혹시 당신의 교회로 돌아가서 교인들에게 인도인들을 위한 지교회를 후원하지 않겠느냐고 물으실 수 있겠습니까?" 그는 돌아가서 물었고, 그 교회에서는 후원을 하기로 동의했습니다. 그리고 제가 말했습니다. "이제는 훈련이 잘 된 인도인 목사님을 보내주십사고 하나님께 기도드립시다." 저는 어디서 그런 사람을 찾을 수 있을지 막막했습니다. 그러나 하나님은 알고 계셨습니다!

두 달이 지나서 저는 전화를 한 통 받았습니다. 외국인 억양이 섞인 말투로 한 남자가 말했습니다. "제 이름은 빈센트 폴입니다. 저와 제 아내는 인도에서 태어났어요. 저희들은 인도에서 다섯 개의 침례교회를 개척했습니다. 저는 곧 켄터키 주 루이빌에 있는 남침례 신학대학원

(Southern Baptist Seminary)을 졸업하게 됩니다. 하나님이 제 마음에 밴쿠버로 가서 인도인 교회를 시작하라는 영감을 주십니다. 혹시 목사님께서는 제가 필요하지 않으십니까?"

빈센트 폴은 왔고, 주님께서는 그의 모든 재정적 필요를 채워주셨습니다. 얼마나 좋으신 하나님이십니까!

이 단원의 암송구절 **저가 빛 가운데 계신 것같이 우리도 빛 가운데 행하면 우리가 서로 사귐이 있고 그 아들 예수의 피가 우리를 모든 죄에서 깨끗하게 하실 것이요.**
—요한일서 1 : 7

제 1과 세상을 향한 사명

당신이 사명을 띠고 있지 않다면, 당신은 예수님과 아무런 관계가 없다.

당신이 하나님과 친밀한 사랑의 관계 안으로 들어오라는 초청에 응할 때, 하나님은 그 분과의 동역자 관계로 당신을 인도하십니다. 하나님은 믿는 자들의 몸인 지역교회에 당신을 더해 주셨습니다. 당신은 그들과 함께 모여, 당신이 살고 있는 지역사회 안에서 그리스도의 몸을 이루게 됩니다. 교회의 머리로서 예수님은 당신의 교회를 인도하시고, 당신의 교회를 통해서 아버지 하나님의 뜻을 성취하십니다.

지역교회 안에서 당신을 다른 성도들에게 연합시키시는 성령님이, 또한 당신을 모든 성도들에게 연합시키십니다. 모든 지역교회에 속한 하나님의 백성들은 다 하나님 나라의 일부입니다. 그리스도인들은 하나님 나라의 시민이며, 그리스도 자신이 그 분 나라의 영원한 왕이십니다. "그 아버지 하나님을 위하여 우리를 나라와 제사장으로 삼으신 그에게 영광과 능력이 세세토록 있기를 원하노라 아멘"(계 1 : 6). 그리스도를 왕으로 모신 이 동역자 관계 안에서, 당신은 잃어버린 세상을 하나님과 화목케 하는 사명에 관여하게 됩니다. 그리스도께 관련되는 것은 그 분과 함께 사명을 감당하는 것입니다. 당신이 사명을 띠고 있지 않다면, 당신은 예수님과 관계가 없습니다. 예수님은 이렇게 말씀하셨습니다. "너희에게 평강이 있을지어다 아버지께서 나를 보내신 것같이 나도 너희를 보내노라"(요 20 : 21).

하나님은 세상을 향한 마음을 간직하고 계시다!

"하나님이 세상을 이처럼 사랑하사 독생자를 주셨으니 이는 저를 믿는 자마다 멸망치 않고 영생을 얻게 하려 하심이니라"(요 3 : 16). 하나님은 성령에 의해 그리스도의 첫 몸을 이루시고, 마리아에게 그 분을 잉태시키셨습니다. 그 분은 육신이 되셨고 우리 가운데 거하셨습니다(요 1 : 14). 예수님은 그 분의 죽음과 부활을 통해서 우리에게 구원을 주셨습니다. 예수님이 천국으로 승천하시자,하나님은 성령님을 통해서 그리스도의 새로운 몸을 이루셨습니다. 이 몸은 하나님이 교회에 더해주신 성도들이었고, 또 지금의 성도들입니다.

예수님은 현재, 그 분 몸(지역교회)의 머리로서 몸이 하나님 아버지의 뜻을 이루어 나가도록 지도해주는 역할을 감당하고 계십니다. 하나님은 세상에서 그 분의 구속의 역사를 지속시키기 위해서 각 교회를 그리스도의 몸으로 세워주셨습니다. 그리스도께서 그 분 몸의 머리가 되실 때, 하나님이 이 세상의 각 지역에서 그 분의 뜻을 이루어나가는 데 그 몸을 사용하실 수 있습니다.

➡ **잠깐 멈추고 다음의 질문에 대해 생각해 보고 답하십시오.**

- 그리스도는 지상에 계실 동안 하나님 아버지의 뜻을 알았습니까?
  예 □ 아니오 □
- 그리스도가 하나님의 목적을 잘못 이해한 적이 한 번이라도 있었습니까?
  예 □ 아니오 □
- 그리스도가 한 번이라도 하나님의 뜻을 행하는 데 실패한 적이 있습니까?

예 □ 아니오 □

- 그리스도가 지역교회의 머리가 되도록 허락되었다면, 그 분은 하나님이 그 교회를 통해서 성취시키고 싶어하시는 것을 잘못 이해할 수 있습니까?
  예 □ 아니오 □
- 그리스도가 그 분 몸의 각 구성원들에게 어떻게 그들이 하나님의 목적에 참여해야 할지를 계시하실 수 있습니까? 예 □ 아니오 □

모든 교회는 세계선교 전략센터이다.

교회는 살아있는 생명체입니다. 그것은 그리스도가 머리로 임재해 계시는 살아있는 몸입니다. 몸의 각 부분은 그리스도께 연결되어 있고, 또 서로에게 연결되어 있습니다. 언제든지 하나님이 우리 교회에 접해 계실 때, 그 분은 우리를 통해서 세상과 접하실 수 있습니다. 모든 교회는 세계선교 전략센터입니다. 하나님은 당신을 통해서 세상과 접하실 수 있습니다. 당신은 그저 당신이 처한 곳에서 당신의 인생을 하나님의 활동으로 조정시키기만 하면 됩니다.

라오스에서 온 망명자

저는 밴쿠버의 어떤 작은 교회에서 임시 담임목회자로 봉사했습니다. 제가 그 교회로 가기 일주일 전에 라오스에서 망명한 한 가족이 그 교회에 등록했습니다. 저는 하나님이 절대로 우연히 어떤 사람들을 교회에 더해 주시지 않는다는 것을 알고 있었습니다. 교회에 더해진 사람들은 누구나 제 사역의 대상입니다. 목사로서 저의 책임은 그들을 하나님이 교회에 더해 주실 때 그 분이 무엇을 하고 계셨는지 알아보는 것이었습니다. 저는 하나님이 우리 교회를 통해서 그들의 인생에 어떤 일을 하고 싶어하시는지 알아볼 필요가 있었습니다. 또한 하나님이 그들을 통해서 우리 교회에 어떤 일을 하고 싶어하시는지 알아볼 필요가 있었습니다.

토마스

토마스(그 망명 가족의 가장인 아버지)는 태국 난민 수용소에서 구원받았습니다. 그의 삶이 너무나도 영광스럽게 변화되었기 때문에, 토마스는 모든 라오스 사람들이 예수님을 알게 되기를 원했습니다. 그는 라오스인 형제들을 찾아서 예수님께로 인도하려고 온 동네를 돌아다녔습니다. 토마스가 전도를 시작한 첫 주에 그는 15명을 주님께 인도했습니다. 그 다음주에는 11명을 주님께 인도했는데, 그는 자신이 주님께 너무나 충성스럽지 못하다고 느껴 슬피 울었습니다.

교회 교인총회에서 저는 이렇게 말했습니다. "우리는 라오스인을 위한 지교회를 시작해야 합니다." 저는 하나님이 하고 계시다고 생각되는 모든 것을 이야기했습니다. "하나님이 그 사람들을 주님께로 인도하고 계시다고 믿습니다. 그러므로 우리는 라오스인 지교회를 시작할 수 있습니다." 그리고 나서 저는 우리가 어떤 반응을 보이기를 하나님이 원하시는지, 교회에서 느끼는 바대로 결정하라고 말했습니다. 그들은 라오스인 지교회를 시작하는 것에 찬성하고 투표로 결정했습니다.

"우리는 토마스를 지교회 담임목사님으로 모셔야 할 것입니다." 제가 제안했습니다. 저는 하나님이 토마스의 생애에 어떻게 역사하고 계신지 성도들에게 말해 주었습니다. 하나님은 그에게 목자의 마음을 주셨습니다. 그는 복음 전도에 대한 부담을 가지고 있었습니다. 그는 바로 얼마 전에 하나님이 그를 통해서 하시고자 하는 일이면 무슨 일이든지 하기 위해서, 그 지역의 침례교 신학대학에서 훈련을 받으려고 입학했습니다. 성도들은 토마스를 새 지교회의 목사로 초빙하기로 의결했습니다.

두달 후, 토마스는 세인트 루이스에서 열리는 한 소수민족 목사들의 모임에 초청받았습니다. 토마스는 그가 가도 되는지 물었습니다. "물론이지요."

그러자 그가 물었습니다. "제 친구들을 몇 명 데려가도 될까요?" 저는 그가 친구 열여덟 명을 데려가고 싶다고 말할 때까지 그것이 무엇을 의미하는지 알지 못했습니다. 그때 그가 이렇게 말했습니다. "블랙가비 목사님, 제가 캐나다의 모든 주요 도시들을 거쳐서 돌아와도 괜찮겠습니까? 제 형제들이 그 모든 도시에 흩어져 살고 있어요. 제가 그들에게 가서 그들을 주님께로 인도하기를 하나님은 원하십니다. 만일 하나님이 도우신다면, 제가 그들을 위한 목사님을 찾게 될 것입니다. 그러면 캐나다의 모든 주요 도시마다 그들의 교회를 가질 수 있을 겁니다." 그때 저는 하나님이 무언가 특별한 일을 하고 계심을 깨달았습니다.

나는 하나님이 무언가 특별한 일을 하고 계심을 깨달았다.

"오, 토마스. 제발 가십시오!" 그는 갔습니다. 얼마 후, 그 해 크리스마스 때, 캐나다 전역에 살고 있는 라오스인들이 예수님 안에서 찾은 그들의 새 생명을 경축했습니다.

얼마의 시간이 지난 후, 저는 밴쿠버 교회를 방문차 들렀습니다. 저는 토마스에 관해서 물었습니다. 라오스 정부에서는 교회를 시작해도 좋다는 허가를 내렸습니다. 토마스는 라오스로 돌아가서 복음을 전파했고, 그의 동포 교우들 133명이 주님을 알게 되었습니다. 그는 또한 네 개의 지교회를 세웠습니다. 그는 라오스인 전부가 주님을 알게 되기 바라는 마음을 가지고 밴쿠버 교회와 라오스의 교회들을 연결시켰습니다.

우리가 본 것은 한 사람의 라오스인 난민뿐이었습니다. 하나님은 무엇을 보셨습니까? 그 분은 한 민족, 한 국가가 그 분께로 이끌리고 있는 것을 보셨습니다. 하나님이 새 사람을 당신의 교회에 더하시는 영광을 주실 때, 그 분이 무엇을 하시고자 하는지를 여쭈어 보십시오. 그 분은 당신의 교회를 통해서 당신이 살고 있는 지역사회와 나아가서는 세계를 구원하기 원하실는지도 모릅니다.

세상에 영향을 끼침

➡ **사도행전 8 : 26-39에 나오는 빌립과 에디오피아 내시의 이야기를 읽고, 다음의 질문에 답하십시오.**

1. 하나님이 에디오피아 내시에게 하시고자 하던 일에 빌립이 참여하도록 누가 인도했습니까?(26, 29절)

___

2. 처음에 빌립은 자신이 할 일에 대해서 얼마만큼의 정보를 가지고 있었습니까?(26절)

___

3. 에디오피아 내시를 보고 빌립은 하나님 아버지께서 무엇을 하고 계신지

주목해서 보았습니다. 그가 하나님의 어떠한 역사를 보았다고 생각하십니까?(27, 28절)

4. 성령님은 빌립에게 다음엔 무엇을 하라고 지시하셨습니까?(29절)

5. 에디오피아 내시의 인생에서 하나님이 무엇을 하고 계신지를 알아내기 위해서 빌립은 무엇을 했습니까?(30절)

6. 하나님은 빌립을 통해서 에디오피아 내시의 인생에 무엇을 하셨습니까?(35-39절)

7. 당신이 이 에디오피아 내시에 관해서 알고 있는 바에 의하면(27절), 그와 빌립과의 만남이 복음전파에 있어서 어떤 영향을 끼쳤을 것이라고 생각하십니까?

답 : 1)주의 사자-성령님-가 빌립을 인도하셨다. 2)남으로 향하여 예루살렘에서 가사로 내려가는 길까지 가라는 것까지 알았다. 3) 그는 하나님을 두려워하는 한 사람이 예루살렘에서 예배하고 오는 것을 보았다. 에디오피아 내시가 이사야서를 읽고 있었으므로, 빌립은 하나님을 찾으며 영적인 것에 관심을 갖고 있는 한 사람을 본 것이다. 빌립은 오직 하나님만이 사람을 그 분 자신에게로 그렇게 이끄신다는 것을 알고 있었다. 4)성령님이 빌립에게 그 병거 가까이로 가라고 하셨다. 그 시점에서부터 빌립은 하나님의 역사에 동참하기 위해서 그가 해야 할 일이 무엇인지 찾을 수 있었다. 5)빌립은 심중을 꿰뚫는 질문을 하였다. 6)하나님은 빌립을 사용하셔서 예수님에 관한 복음을 전하게 하셨다. 에디오피아 내시는 복음을 받아들였고, 구원을 받았으며, 침례를 받았다. 7)하나님은 에디오피아에 복음을 전하려는 계획을 가지고 계셨음이 분명하다. 그 분은 정부 요직에 있는 사람을 선택하셨고, 빌립을 통해서 그를 그리스도께로 인도하셨다. 단 하룻동안의 빌립의 순종이 아프리카에 있는 한 나라에 하나님의 복음을 전하는 데 사용되었다. 그 나라는 곧 복음 전도의 전략기지였던 것이다.

➡ **당신이 살고 있는 지역사회에 관해서 생각해 보십시오. 그곳 어디에서 세계선교에 영향을 끼칠 만한 사람을 찾을 수 있습니까? 다음의 목록에서 해당될 만한**

사항들에 X표 하고 목록에 빠진 것은 적어보십시오.

☐ 그 지역의 대학 캠퍼스에 있는 외국인 유학생들 중에서
☐ 그 지역의 회사에서 일하는 외국인 상사 직원들 중에서
☐ 외국인 관광객들 중에서
☐ 항구에 정박 중인 외국 배의 선원들 중에서
☐ 소수민족이면서 자신의 출신 국가와 연결이 되어있는 사람들 중에서
☐ 그 지역 출신이면서 외국에서 사업을 하고 있는 사람들 중에서
☐ 선교사의 소명을 받은 그리스도인 청소년 혹은 대학생들 중에서
☐ 단기 해외선교사로 봉사하기 원하는 평신도들 중에서(복음전도, 의료, 재해 구제농경, 영어교육 등의 프로그램)

기타 : ____

____

하나님께 기도하면서, 당신이 위의 사람들과 어떤 방법으로 연관되기를 바라시는지 하나님께 여쭈어 보십시오.

당신의 인생을 하나님께로 조정하고 하나님 나라의 시민이 되면, 그 분은 당신을 자신이 일하고 계신 세계의 어느 곳으로든지 부르실 수 있습니다. 그 분은 세계 방방곡곡에서 하나님 나라를 세우는 일을 하고 계십니다.

미네아폴리스에서 카리브해 연안과 아프리카에 영향을 끼침

미네아폴리스 세인트 폴에서 열린 회의에서 저는 하나님이 온 세계로 접근하시는 데 동참하자는 주제로 말씀을 전하고 있었습니다. 도심교회에서 온 목사님이 이렇게 말했습니다. "그것이 하나님이 저에게 목사로서 어떤 역할을 해야 하는지 말씀해 주신 것입니다! 우리는 하나님이 무엇을 하고 계신지 찾기 시작했습니다. 자마이카에서 온 한 사람이 저희 교회에 다니기 시작한 뒤 이렇게 물었습니다. '우리나라에 오셔서 말씀을 전해 주실 수 있겠습니까? 저희는 주님이 너무나 필요합니다.' 저는 몇몇 사람과 함께 자마이카로 갔습니다. 우리는 그곳에 머무는 동안 3개의 교회를 시작했습니다. 다음달에 하나님은 카리브해 연안에 있는 다른 나라 사람을 한 명 더해주셨습니다. 우리는 또 그곳으로 가서 교회들을 세웠습니다. 우리는 현재, 카리브해 연안에 있는 세 나라에 지교회들을 지원하고 있습니다."

미소를 지은 뒤, 그는 다시 이야기를 했습니다. "지난 주일, 서아프리카 가나에서 온 사람 하나가 우리 교회 교인이 되었습니다. 하나님이 무슨 일을 하시려는지 모르지만, 우리는 지켜볼 준비가 되어있습니다!"

그들은 자신들이 하나님 나라의 시민이라는 것을 발견했습니다. 하나님을 경험하고, 그 분의 뜻을 알고 행하기 위해서, 당신은 당신의 삶을 하나님의 온전하신 간섭과 역사하심에 맡기고 성령님으로 하여금 당신의 교회에서 왜 그런 일들이 일어나는지를 보여주시도록 해야 합니다. 당신의 인생을 그 분께로 조정하십시오. 그 분이 당신을 통해서 세상을 그 분께로 이끄시도록 하십시오.

우리는 너무나 자기 중심적으로 생각하고 말합니다. "오, 하나님. 저를 축복해 주세요. 제 가족을 축복해 주세요. 저희 교회를 축복해 주세요." 얼마나 슬픈 일입니까!

그러면 하나님은 이런 식의 말씀을 하실 것입니다. "나는 그렇게 하려고 계속 노력해 왔다. 그러나 네가 기대하던 것과는 완전히 판이한 방법으로 네게 복을 줄 것이다. 나는 네가 자기를 부인하기 원한다. 네 십자가를 지고 나를 따르라. 내가 너를 내가 일하고 있는 곳으로 인도하겠다. 너는 내 도구가 되어라. 그래야 내가 온 세상에 접할 수 있다. 내가 너를 통해서 그것을 할 때 너는 진정 나의 축복을 경험하리라."

➡ **오늘 배운 것을 복습하십시오. 오늘 학습한 내용 중에서 하나님께서 당신으로 하여금 이해하고, 배우고, 실천하기 원하는 구절이나 성구를 하나나 둘쯤 지적해 주시기를 기도하십시오. 해당하는 것에 밑줄을 그으십시오. 그리고 난 후 아래의 질문에 답하십시오.**

오늘 학습한 내용 중 어떤 구절이나 성구가 당신에게 가장 뜻있게 와 닿았습니까?

____

____

위의 구절이나 성구를 하나님께 대한 당신의 기도로 바꾸십시오.

____

____

____

오늘의 학습에 대한 반응으로 하나님은 당신이 무엇을 하기 원하십니까?

____

____

이 과의 요점

- 나는 하나님 나라의 시민이고, 그리스도가 나의 왕이시다.
- 그리스도께 관련되는 것은 그 분과 같은 사명을 띠는 것이다.
- 모든 교회는 세계선교 전략센터이다.
- 언제든지 하나님이 우리 교회에 접해 계실 때, 그 분은 우리를 통해서 세상과 접하실 수 있다.

제 2과 하나님 나라의 방법들, 제 1 부

하나님 나라의 원리와 세상의 원리는 현저하게 다르다.

하나님이 성령님을 통해서 당신에게 말씀하실 때, 그 분은 그 분 자신과 그 분의 목적과 그 분의 길과 방법을 계시하십니다. 하나님 나라의 시민들은 하나님의 목적을 성취시키는 데 있어서, 하나님 나라의 방법을 사용하지 결코 인간적인 방법을 사용하도록 되어 있지 않습니다. "내 생각은 너희 생각과 다르며 내 길은 너희 길과 달라서 하늘이 땅보다 높음같이 내 길은 너희 길보다 높으며 내 생각은 너희 생각보다 높으니라" (사 55 : 8-9).

하나님 나라의 원리와 세상의 원리는 현저하게 다릅니다. 예수님은 이렇게 말씀하셨습니다. "내 나라는 이 세상에 속한 것이 아니라 만일 내 나라가 이 세상에 속한 것이었더면 내 종들이 싸워 나로 유대인들에게 넘기우지 않게 하였으리라 이제 내 나라는 여기에 속한 것이 아니니라"(요 18 : 36). 하나님 나라의 종들은 세상이 예상하는 방법에 따라 움직이지 않습니다. 사도 바울은 골로새 교인들에게 경고했습니다. "누가 철학과 헛된 속임수로 너희를 노략할까 주의하라 이것이 사람의 유전과 세상의 초등학문을 좇음이요 그리스도를 좇음이 아니니라"(골 2 : 8).

➡ **하나님이 당신을 그 분의 역사에 동참하도록 일단 부르시면, 당신은 하나님 나라의 목적을 어떻게 성취시킬 수 있습니까? 답을 하나만 고르십시오.**

☐ 1. 내가 선택하는 방법으로
☐ 2. 인간적인 논리, 원리, 전통대로
☐ 3. 나의 최선의 사고력과 나름대로의 방법으로
☐ 4. 하나님의 길을 따라서

당신의 인간적인 방법은 지속적으로 영적인 열매를 맺지 않을 것입니다. 하나님의 목적은 오로지 하나님의 방법으로만 성취됩니다. 저는 당신이 성령님의 인도하에 성경을 읽음으로써 그 분이 하나님 나라와 하나님 나라의 방법들에 관한 기본적인 진리들을 계시해 주시기를 원합니다. 영적인 진리는 그저 생각해 볼 만한, 논란의 여지가 있는 어떤 개념이 아니라는 것을 명심하십시오. 진리는 한 인격체입니다. 하나님이 자신과 자신의 목적과 방법을 계시하심에 따라 당신은 그 분께 순종함으로 나아갈 자세가 되어 있어야 합니다.

하나님 나라의 비유들

예수님은 하나님 나라에 관한 여러 가지 비유를 말씀해 주셨습니다(비유는 영적인 진리를 삶의 현실적인 이야기로 표현한 것입니다.). 예수님은 그 분의 제자들에게 하나님 나라는 과연 어떠하며 하나님 나라의 방법에는 어떤 특징들이 있는가 이해시키시려고 노력하셨습니다. 예수님의 비유는 비록 많은 상징적인 의미들을 지니고 있지만 (곡식과 가라지의 비유에서처럼) 대부분 한 가지 중요한 진리를 가르치도록 되어있습니다.

➡ **다음의 천국의 비유들을 읽고 따르는 질문에 답하십시오. 성령님께 당신이 영적인 진리를 이해할 수 있게 해달라고, 그리고 그 진리들을 적용할 수 있게 인도해 달라고 기도하십시오. 당신과 당신의 교회에 주시는 의미가 명확하지 않으면, 그냥 "확실치 않음"이라고 적어넣으십시오.**

마태복음 13 : 24-30, 36-43의 곡식과 가라지의 비유를 읽으십시오.

곡식과 가라지

1. 왼쪽의 비유를 보고, 예수님의 해석에 따라서(37-43절), 오른쪽의 맞는 해석을 골라 선을 그어 연결시키십시오.

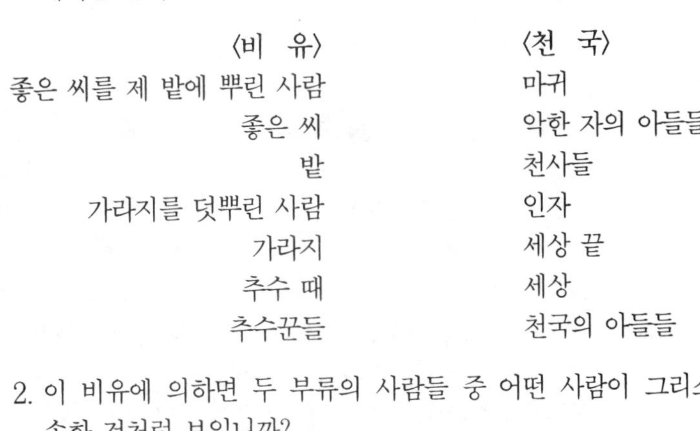

〈비 유〉	〈천 국〉
좋은 씨를 제 밭에 뿌린 사람	마귀
좋은 씨	악한 자의 아들들
밭	천사들
가라지를 덧뿌린 사람	인자
가라지	세상 끝
추수 때	세상
추수꾼들	천국의 아들들

2. 이 비유에 의하면 두 부류의 사람들 중 어떤 사람이 그리스도의 왕국에 속한 것처럼 보입니까?

____

3. 이 두 부류의 사람들은 갈라질 것입니다. 언제 누구에 의해서 그렇게 됩니까?

____

4. 이 비유가 당신이나 당신의 교회에 어떤 의미를 준다고 생각하십니까?

____

교회에 교인으로 등록되어 있다는 사실이 그 사람이 하나님 나라에 속했는지 속하지 않았는지에 대한 진정한 기준은 아닙니다. 어떤 사람이 그리스도인처럼 행동한다고 해서 그 사람이 진정한 그리스도인은 아닙니다. 이 비유를 사용해서 예수님은 어떤 악하고, 구원받지 못한 사람들이 교회에서 진짜 믿는 사람들과 섞여 있다는 것을 가르쳐 주십니다. 그러나 하나님이 각 사람과 그 분과의 관계를 최종적으로 판단하실 분입니다. 우리는 참된 그리스도인들이 성장하고, 열매를 맺을 수 있도록 도와야 합니다. 하나님이 믿지 않는 자들을 골라내실 것입니다. 그것은 그 분이 하실 일입니다. 어떤 사람이 열매를 맺지 않고 있으면, 우리는 하나님이 우리를 사용하셔서 그 사람의 가장 깊은 영적 필요를 채워주시도록 해야 합니다. 그 분만이 그 필요가 무엇인지, 그리고 그것을 위해서 어떤 일을 해야 하는지 아십니다. 그러나 종종, 하나님과 같은 사랑의 표현을 위해서는 연단이 필요합니다(마 18 : 15-17; 히 12 : 6).

겨자씨 ➡ **마태복음 13 : 31-32의 겨자씨의 비유를 읽으십시오.**

1. 하나님의 나라는 어떤 크기로 시작해서 어떤 크기로 끝납니까?

2. 이 비유가 당신이나 당신의 교회에 어떤 의미를 준다고 생각하십니까?

당신은 자신이 작고 중요하지 않다고 생각할지 모르지만, 겨자씨 비유를 통해 희망을 찾을 수 있습니다. 하나님은 작고 보잘것없는 것을 취하셔서 크고 도움이 되는 것을 생산하게 하실 수 있습니다. 하나님이 당신의 가정이나 교회가 어떤 변화를 받기를 원하신다고 생각하십니까? 그런데 능력이 없고, 영향력이 없다고 느끼십니까? 용기를 내십시오! 하나님은 그 분을 믿고 순종하는 한 사람을 통해서, 원하신다면 못하실 일이 없습니다. 당신의 교회는 너무 작아서 무슨 큰일을 할 수 없다고 느낍니까? 사람으로는 불가능한 것이 하나님으로는 가능합니다(마 19 : 26). 그리스도의 주인되심에 순종하고 헌신하는 교회는 전 세계와 접할 수 있습니다!

누룩 ➡ **마태복음 13 : 33의 누룩의 비유를 읽으십시오.**

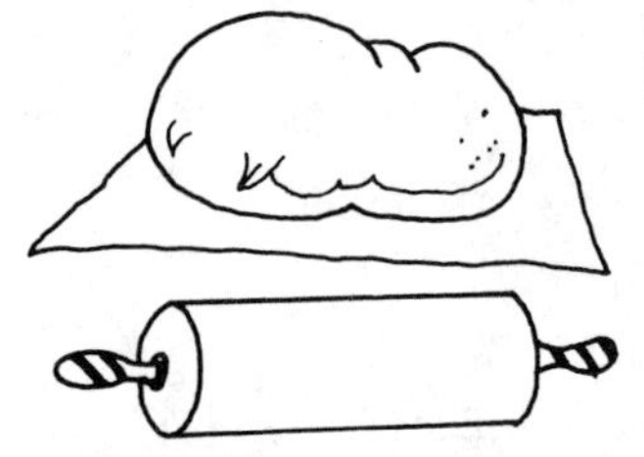

1. 다음 중 천국이 성장하거나 변화하는 방법을 가장 잘 표현한 것은 어느 것입니까?
   - ☐ a. 천국은 폭발하듯이 빨리 자란다.
   - ☐ b. 천국은 꾸준히, 그러나 철저히 자란다.
   - ☐ c. 천국은 아주 조금 자란다.

2. 이 비유가 당신이나 당신의 교회에 어떤 의미를 준다고 생각하십니까?

당신은 당신의 교회에서나 지역사회에서 빠른 변화를 원한 적이 있습니까? 그럴 수 있습니다. 그러나 많은 경우 하나님의 나라는 빵 반죽을 부풀리는 누룩처럼 서서히 성장됩니다. 누룩은 가까이 있는 반죽에 영향을 끼칩니다. 그러면 그쪽 반죽이 자기와 가장 가까이 접해 있는 반죽에 영향을 끼칩니다. 얼마 안 가서 누룩은 빵 반죽 전체에 변화를 가져옵니다. 주님께 인내하고 충성하십시오. 하나님이 그 분의 때에 당신의 적은 영향력도 멀리까지 미치게 하실 것입니다. 당신 자신의 힘으로 변화를 가져오려고 애쓰지 마십시오. 하나님이 당신을 통해서 변화를 가져오는 그 분의 일을 하시도록 그 분을 의지하십시오.

밭에 감추인 보화와 진주 ➡ **마태복음 13 : 44-46의 밭에 감추인 보화와 진주의 비유를 읽으십시오.**

1. 천국에 들어가는 것이 얼마나 중요합니까? ______________________

2. 지혜로운 사람은 천국에 들어가기 위해서 무엇을 했습니까?

____

3. 이 비유가 당신이나 당신의 교회에 어떤 의미를 준다고 생각하십니까?

____

____

천국에 참여하는 것은 당신이 상상할 수 있는 어떤 것보다도 중요합니다. 예수님은 천국에 들어가기 위해서 당신이 가진 모든 것을 포기할 만하다고 말씀하셨습니다. 사실은 그것이 예수님이 우리에게 요구하시는 것입니다(눅 14 : 33). 당신은 예수님의 제자가 되기 위해서 자기를 부인하고, 모든 것을 그 분의 주권하에 내어드려야만 합니다. 그것에서 얻는 이득은 당신이 지불한 값보다 훨씬 큽니다.

달란트 ➡ **마태복음 25 : 14-30의 달란트의 비유를 읽으십시오.**

1. 주인이 준 것에 대해서 충성을 다한 착하고, 충성된 종에게는 어떤 상이 주어졌습니까?(21, 23절)

____

2. 악하고 게으른 종은 주인이 맡겨 둔 돈을 어떻게 잘못 사용했습니까?(24-27절)

____

3. 이 비유가 당신이나 당신의 교회에 어떤 의미를 준다고 생각하십니까?

____

____

달란트의 비유에서 우리는 매우 중요한 하나님 나라의 원리를 발견할 수 있습니다. 하나님이 당신이나 당신의 교회에 물질적 자원, 인력, 임무 등을 주시고 하나님의 나라를 위해서 쓰라고 맡기셨을 때, 그 분은 충성된 청지기의 역할을 기대하십니다. 하나님은 충성된 자들에게는 더욱 큰 것을 맡기실 것입니다. 예수님은 이 원리를 이렇게 요약하십니다.

> 네가 작은 일에 충성하였으매 내가 많은 것으로 네게 맡기리니.

당신(당신의 교회)이 하나님이 맡겨주신 것에 충성하고 있지 않다면, 그 분이 당신에게 더 주시기를 거부하실 때 놀라지 마십시오. 그리고 그 분이 당신에게 이미 주신 것을 빼앗으실지라도 놀라지 마십시오. 예를 들어, 하나님이 어떤 교회에 신앙을 고백한 새신자들을 주셨다고 생각해 봅시다. 만일 그 교회에서 그들이 스스로 자라고 성숙하도록 방치한다면, 이 새신자들은 용기를 잃고 포기하게 될지도 모릅니다. 당신은 어떤 교회에서 이런 말을 하는 것을 들은 적이 있습니까? "우리는 정문으로 사람들을 데리고 들어오는데, 그들은 뒷문으로 떠나갑니다." 하나님이 교회에 새신자들을 주시는데 교회가 그들을 잃고 있다면, 교회는 하나님이 그들에게 주신 생명에 대한 청지기로서의 삶을 심각하게 고려해 보아야 할 것입니다.

하나님이 당신의 교회에 사람, 물질적 자원, 임무 등을 맡겨주시기를 중단하셨거나 감소시키셨다고 가정해 봅시다. 그것은 당신이 주님 앞에 서서 그 분이 당신이나 당신의 교회가 무엇을 해야 할지, 어떻게 되어야 할지 물어보도록 유도하는 계기가 되어야 합니다. 하나님께서 정말로 사람을 줄이시고 공급을 중단하셨다면, 그것은 당신이나 당신 교회에 뭔가 심각한 결함이 있다는 증거일 수 있습니다. 하나님께서는 그러한 잘못을 고치실 것입니다(눅 19 : 26).

➡ **왼쪽의 하나님 나라의 원리와 그 원리를 가르치고 있는 오른쪽의 비유를 골라 짝지어 보십시오.**

_____ 1. 하나님 나라에 속하는 것은 모든 것을 버리고라도 취할 만한 가치를 지니고 있다.

_____ 2. 작은 것에 충성한 사람은 많은 것을 다스리게 된다.

_____ 3. 비록 비그리스도인들이 우리 교회에 연합되어 있지만 하나님은 누가 그 분께 속했는지를 아신다. 심판 때 그 분은 그리스도인과 비그리스도인을 가르실 것이다.

_____ 4. 하나님의 나라는 작게 시작해도 꾸준히 자라서 주위 사람들에게 영향을 끼친다.

_____ 5. 작은 시작이 자라나서 하나님의 나라를 위한 커다란 사역이 될 수 있다.

A. 곡식과 가라지

B. 겨자씨

C. 누룩

D. 밭에 감추인 보화와 진주

E. 달란트

답 : 1-D, 2-E, 3-A, 4-C, 5-B

오늘 배운 것을 복습하십시오. 오늘 학습한 내용 중에서 하나님께서 당신으로 하여금 이해하고, 배우고, 실천하기 원하는 구절이나 성구를 하나나 둘쯤 지적해 주시기를 기도하십시오. 해당되는 것에 밑줄을 그으십시오. 그리고 난 후 아래의 질문에 답하십시오.

오늘 학습한 내용 중 어떤 구절이나 성구가 당신에게 가장 뜻있게 와 닿았습니까?

___

___

위의 구절이나 성구를 하나님께 대한 당신의 기도로 바꾸십시오.

___

___

오늘의 학습에 대한 반응으로 하나님은 당신이 무엇을 하기 원하십니까?

___

___

이 과의 요점

- 하나님은 그 분을 믿고 순종하는 한 사람을 통해서 원하신다면 못하실 일이 없다.
- 하나님은 그 분의 때에 나의 적은 영향력도 멀리까지 미치게 하실 수 있다.
- 하나님의 나라는 모든 것을 버리고라도 취할 만한 가치가 있다.
- 내가 작은 것에 충성하면, 하나님은 내게 큰 것을 맡겨주실 것이다.

제 3 과 하나님 나라의 방법들, 제 2 부

예수님의 가르침은 그 분의 나라에서 살아야 할 원리로 가득 차 있다.

다음은 천국에 관한 다른 비유들입니다. 각 비유에 나온 천국에 관한 진리를 적어도 한 가지씩 나열했습니다. 비유들을 읽고, 공부하는 것은 임의로 하십시오.

➡ **다음 비유들 중에서 두 가지를 선택해서 더 공부하십시오. 당신이 고른 비유에 동그라미를 치십시오.**

- **마태복음 13 : 47-50(그물의 비유)** : 심판 때 의인과 악인을 구분하는 것은 하나님과 그 분의 천사들이다.
- **마태복음 18 : 23-35(무자비한 종의 비유)** : 하나님이 우리에게 자비를 베푸시는 것처럼 남들을 용서하고 자비를 베풀라.
- **마태복음 20 : 1-16(포도원 품꾼의 비유)** : 하나님은 주권자이시며 관대하시다. 하나님은 새로 믿게된 사람들에게나 오랫동안 그 분을 섬긴 사람들에게나 똑같이 관대하게 대하시며 공정하시다.
- **마태복음 25 : 1-13(열 처녀의 비유)** : 주 예수의 재림을 계속해서 주시하고, 준비하고 있으라. 그 분이 오실 때 우리는 준비되어 있어야 한다.
- **마태복음 25 : 31-46(양과 염소의 비유)** : 하나님 나라에 진정으로 속한 사람은 다른 사람들을 사랑함으로써 그의 하나님을 향한 사랑을 나타낼 것이다. 이 사랑은 다른 사람들의 실제적인 필요를 채워줌으로 나타날 것이다.
- **마가복음 4 : 26-29(비밀리에 자라는 씨의 비유)** : 인간의 노력만 가지고는 열매를 맺을 수 없다. 그 분을 떠나서는 우리는 아무것도 할 수 없다. 우리는 하나님과 함께 천국의 사업을 함께 할 수 있는 특권을 지녔다. 그러나 오직 하나님만이 열매를 맺으실 수 있다.
- **하나님의 나라(혹은 천국)에 관한 비유지만 그 단어를 특별히 쓰지 않는 비유들** : 마태복음 7 : 1-6 ; 마태복음 7 : 24-27 ; 마태복음 9 : 16-17 ; 마태복음 11 : 16-17 ; 마태복음 12 : 43-45 ; 마태복음 13 : 3-8, 18-23 ; 마태복음 21 : 28-30 ; 마태복음 21 : 33-43 ; 마태복음 24 : 32-35 ; 마가복음 4 : 21-22 ; 누가복음 7 : 41-42 ; 누가복음 10 : 30-37 ; 누가복음 11 : 5-8 ; 누가복음 12 : 16-21 ; 누가복음 13 : 6-9 ; 누가복음 14 : 16-24 ; 누가복음 14:28-30 ; 누가복음 14 : 31 ; 누가복음 15 : 4-7 ; 누가복음 15 : 8-9 ; 누가복음 15 : 11-32 ; 누가복음 16 : 1-9 ; 누가복음 16 : 19-31 ; 누가복음 17 : 7-10 ; 누가복음 18 : 2-5.

➡ **당신이 고른 비유에 따라서 다음 질문에 답하십시오.**

비유 1 :

1. 비유의 이름과 해당되는 성경구절을 쓰십시오.

____

2. 예수님께서 이 비유를 통해서 가르치시고자 하는 것이 무엇이라고 생각됩니까?

3. 하나님이 이 비유를 당신과, 당신의 교회에 어떻게 적용시키기를 원하신다고 생각하십니까?

비유 2 :

1. 비유의 이름과 해당되는 성경구절을 쓰십시오.

2. 예수님께서 이 비유를 통해서 가르치시고자 하는 것이 무엇이라고 생각됩니까?

3. 하나님이 이 비유를 당신과, 당신의 교회에 어떻게 적용시키기를 원하신다고 생각하십니까?

하나님 나라의 원리

예수님의 가르침은 그 분의 나라에서 살아야 할 원리들로 가득 차 있습니다. 예를 들어, 산상수훈(마 5-7장)은 이 악한 세상에서 바른 삶을 사는 데 소중한 지침입니다.

산상수훈 ➡ **성경을 펴서 마태복음 5장부터 7장까지 훑어보십시오. 다 읽을 필요는 없지만, 하나님이 당신의 삶에 오늘 적용하기 원하시는 원리를 적어도 한 가지 이상 찾아보십시오. 그리고 다음 질문에 답하십시오.**

1. 찾은 구절을 써보십시오.

2. 그 구절에 나온 원리는 무엇입니까? 당신 자신의 말로 쓰십시오.

3. 하나님이 이 원리를 당신의 오늘 생활에 어떻게 적용하기를 원하신다고 생각합니까?

____

____

시간이 날 때, 마태복음 5—7장까지 읽고 바른 삶을 위한 원리들을 찾아 목록을 만드십시오. '하나님을 경험하는 삶' 모임에서 함께 나누는 시간을 가지면 좋을 것입니다. 예수님의 몸의 도움을 받아서 하나님께 순수하고 충성스러운 생활방식을 가르쳐 달라고 하십시오.

당신과 당신의 교회가 코이노니아를 더욱 풍성히 경험하는 데 도움을 줄 만한 하나님 나라의 원리들을 나열해 보았습니다.

➡ **다음의 목록을 읽어가면서 당신에게 특별한 관심이 가는 원리를 지적해 달라고 하나님께 기도하십시오. 관심이 가는 원리의 번호에 동그라미 치십시오. 하나님이 당신에게 보다 충성되게 적용시키라고 지적해 주시는 원리들이 하나 이상이라면, 그 모든 것에 동그라미를 치십시오.**

1. 네 목숨을 위하여 염려하지 말라. 주님의 나라의 목적을 먼저 구하라. 그리하면 하나님이 네 물질적 필요를 채워주신다(마 6 : 25-33).
2. 천국에서 큰 자가 되려면 어린아이같이 자신을 낮추라(마 18 : 1-4).
3. 천국에서의 권세와 위대성은 힘, 영향력 또는 직위에 있지 않다. 크고자 하는 지도자는 다른 이들의 필요를 섬김으로 채울 것이다. 누구든지 으뜸이 되고자 하는 자는 다른 사람의 종이 되어야 한다(마 20 : 25-27).
4. 믿는 자와 교회의 목적은 섬김을 받는 것이 아니라 섬기는 것이다(마 20 : 28).
5. "누구든지 자기를 높이는 자는 낮아지고 누구든지 자기를 낮추는 자는 높아지리라"(마 23 : 12).
6. 한 사람(혹은 한 교회)이 자기의 영적인 목숨과 생명력을 유지하기 위해서 자기에게 모든 초점을 맞추면 잃을 것이다. 반면에 그가 다른 사람을 위해서 자기 자신을 던지면, 하나님이 의도하시는 온전하고 풍성한 삶을 발견할 것이다(눅 9 : 24).
7. "우리가 다시는 서로 판단하지 말고"(의논의 여지가 있는 문제에 관해서). "우리가 화평의 일과 서로 덕을 세우는 일을 힘쓰나니… 무엇이든지 네 형제로 거리끼게 하는 일을 아니 함이 아름다우니라"(롬 14 : 13-21).
8. 그리스도의 몸에서는 서로 머리이신 그리스도를 경외하듯이 서로에게 복종해야 한다(엡 5 : 21).
9. "우리를 반대하지 않는 자는 우리를 위하는 자니라…." 하나님의 모든 자녀를 당신 아래 두려하거나 당신을 따르게 하려고 하지 마라. 각자 서로를 형제처럼 대우하라(막 9 : 38-41).

➡ **하나님이 당신의 관심을 집중시킨 원리를 당신 자신의 말로 써보십시오.**

____

____

이 원리가 당신의 삶에 바르게 적용되려면, 하나님이 현재 당신의 삶의 어떤 영역에서 변화를 일으키기 원하시리라고 생각하십니까?

____

____

이 단원의 암송구절을 아래에 써보십시오.

____

____

오늘 배운 것을 복습하십시오. 오늘 학습한 내용 중에서 하나님께서 당신으로 하여금 이해하고, 배우고, 실천하기 원하는 구절이나 성구를 하나나 둘쯤 지적해 주시기를 기도하십시오. 해당되는 것에 밑줄을 그으십시오. 그리고 난 후 아래의 질문에 답하십시오.

오늘 학습한 내용 중 어떤 구절이나 성구가 가장 뜻있게 와 닿았습니까?

____

위의 구절이나 성구를 하나님께 대한 당신의 기도로 바꾸십시오.

____

오늘의 학습에 대한 반응으로 하나님은 당신이 무엇을 하기 원하십니까?

____

이 과의 요점을 당신이 직접 요약해 보십시오.

이 과의 요점

• 1. ______________________________

____

• 2. ______________________________

____

제 4 과 코이노니아

당신은 하나님과의 참 교제 안에 있으면서 동료 그리스도인과의 교제 바깥에 있을 수 없다.

교회라 함은 신자들의 생명력 넘치는 충만한 사귐이요 교제입니다. 이것이 바로 교회에 대한 예수님의 생각이요 가르침이었습니다. 대부분의 경우 '교제'로 번역되는 헬라어의 '코이노니아'는 바로 교회가 어떻게 해야 하는가를 가장 적절하게 표현한 단어입니다. 이 과와 다음 과에서 저는 코이노니아라는 단어를 하나님과 나, 그리고 나와 다른 신자들과의 동역자 관계와 교제의 절정이라는 의미로 사용할 것입니다.

➡ **다음의 문장을 읽고 코이노니아라는 단어의 이해를 돕는 단어들이나 문장에 밑줄을 그으십시오.**

살아계신 그리스도와의 실질적이고 개인적인 만남

교회 안에서의 코이노니아 혹은 친밀한 교제란 예수님 안에서 각 신자들이 갖는 하나님과의 개인적인 코이노니아에 기초를 둡니다. 하나님과의 코이노니아는 살아계신 그리스도와의 실질적이고 개인적인 만남과 그 분께 자기 생명의 절대적인 주권을 드리며 순복할 때만 일어납니다. 이것이 우리가 얘기해 온 친밀한 사랑의 관계입니다. 하나님은 당신과도 이런 종류의 관계를 추구하십니다.

➡ **당신은 코이노니아를 어떻게 정의하시겠습니까?** ____________________

____

____

다음 중에서 당신과 하나님의 관계를 표현하는 데 쓸 수 있는 단어는 어떤 것들입니까? 해당되는 것에 모두 ×표 하십시오.

☐ 살아있음　☐ 가까움　☐ 차가움　☐ 멀리 있음

☐ 자라고 있음　☐ 친밀함　☐ 개인적임　☐ 실질적임

☐ 죽었음　☐ 침체됨　☐ 껄끄러움　☐ 가슴설레임

다음의 요한일서 1 : 1-7을 읽고 '사귐'이라는 단어가 나올 때마다 동그라미를 치십시오. 그리고 나서 다음의 질문에 답하시오.

> 태초부터 있는 생명의 말씀에 관하여는 우리가 들은 바요 눈으로 본 바요 주목하고 우리 손으로 만진 바라 이 생명이 나타내신 바 된지라 이 영원한 생명을 우리가 보았고 증거하여 너희에게 전하노니 이는 아버지와 함께 계시다가 우리에게 나타내신 바 된 자니라 우리가 보고 들은 바를 너희에게도 전함은 너희로 우리와 사귐이 있게 하려 함이니 우리의 사귐은 아버지와 그 아들 예수 그리스도와 함께 함이라 우리가 이것을 씀은 우리의 기쁨이 충만케 하려 함이로라 우리가 저에게서 듣고 너희에게 전하는 소식이 이것이니 곧 하나님은 빛이시라 그에게

는 어두움이 조금도 없으시니라 만일 우리가 하나님과 사귐이 있다 하고 어두운 가운데 행하면 거짓말을 하고 진리를 행치 아니함이거니와 저가 빛 가운데 계신 것같이 우리도 빛 가운데 행하면 우리가 서로 사귐이 있고 그 아들 예수의 피가 우리를 모든 죄에서 깨끗하게 하실 것이요(요일 1 : 1-7).

1. 1－3절에서 요한이 살아계신 예수 그리스도와 개인적이고, 실질적인 관계를 가지고 있었음을 나타내는 단어는 무엇무엇입니까?

____

2. 요한이 예수님에 관해서 보고 들은 바를 쓴 이유는 무엇입니까?

____

____

3. 믿는 자들이 예수님과 다른 신자들과 사귀는 것에서 오는 두 가지 유익한 점은 무엇입니까?(4, 7절)

____

____

4. 하나님과 사귐이 있다고 하면서 죄악과 어두움에서 행하는 사람은 어떤 사람입니까?(6절)

____

5. 하나님이 빛 가운데 계신 것같이 빛 가운데 거하는 사람은 어떻게 됩니까?(7절)

____

답 : 1) 요한은 자신이 예수님을 보았고, 들었고, 만졌다고 했습니다. 요한은 예수님을 경험으로 아는 지식을 가지고 있었습니다. 요한은 또한 예수님을 '영원한 생명'으로 알게 되었습니다(2절). 요한은 예수님의 말씀을 기록하기도 하였습니다. "영생은 곧 유일하신 참 하나님과 그의 보내신 자 예수 그리스도를 아는 것이니이다"(요 17 : 3). 영생이란 하나님을 실질적이고 개인적인 경험을 통해 아는 것을 의미합니다. 이것이 바로 하나님과의 코이노니아입니다. 2)요한은 다른 사람들도 예수님을 믿고, 예수님뿐 아니라 다른 믿는 자들과 사귐이 있게 하기 위해서 예수님을 전파했습니다. 3) 우리가 하나님과 교제하고 다른 사람이 그 분과 우리와의 교제 안에 들어왔을 때, 우리는 기쁨이 충만하고, 예수님의 피가 우리 죄를 깨끗케 하는 역사를 체험하게 됩니다. 4) 그런 사람은 거짓말쟁이입니다. 그 사람의 삶은 거짓입니다. 5) 어떤 사람이 하나님이 빛 가운데 거하시는 것처럼 빛 가운데서 행하면, 그 사람은 다른 믿는 자들과 교제할 것이고 죄의 용서와 깨끗게함을 경험할 것입니다.

믿는 자들 간의 교제

믿는 자로서 우리는 하나님과 그 분의 아들과 교제합니다. 이 교제는 친밀한 동역자의 관계입니다. 그것은 우리에게 하나님이 어떤 분이신지, 우리가 그 분에게 어떤 존재인지를 가르쳐 줍니다. 제게 있어서 코이노니아는 하나님과의 가장 완전한 아가페적 사랑의 표현입니다. 당신이 하나님과 이런 사랑의 관계 속에서 살 때, 당신은 다른 믿는 자들과도 같은 질의 사랑의 교제를 가질 것입니다.

여러분은 서로 간에 경건한 교제를 하고 있지 않으면서 하나님과 그 분의 아들과 교제하고 있을 수 없다.

요한일서는 당신의 그리스도인 형제, 자매들과의 관계가 당신의 하나님과의 관계의 표현임을 명확히 말해줍니다. 당신은 하나님과 진정한 교제를 하고 있으면서 당신의 그리스도인 형제들과 교제하지 않을 수 없습니다.

➡ **다음의 성경구절들을 읽고 '형제', 혹은 '형제들'이란 단어에 동그라미 치십시오. 그리고 '사랑'이란 단어에 밑줄을 그으십시오.**

요한일서 2 : 9-11 빛 가운데 있다 하며 그 형제를 미워하는 자는 지금까지 어두운 가운데 있는 자요 그의 형제를 사랑하는 자는 빛 가운데 거하여 자기 속에 거리낌이 없으나 그의 형제를 미워하는 자는 어두운 가운데 있고 또 어두운 가운데 행하며 갈 곳을 알지 못하나니 이는 어두움이 그의 눈을 멀게 하였음이니라.

요한일서 3 : 10 이러므로 하나님의 자녀들과 마귀의 자녀들이 나타나나니 무릇 의를 행치 아니하는 자나 또는 그 형제를 사랑치 아니하는 자는 하나님께 속하지 아니하니라.

요한일서 3 : 14-15 우리가 형제를 사랑함으로 사망에서 옮겨 생명으로 들어간 줄을 알거니와 사랑치 아니하는 자는 사망에 거하느니라 그 형제를 미워하는 자마다 살인하는 자니 살인하는 자마다 영생이 그 속에 거하지 아니하는 것을 너희가 아는 바라.

요한일서 3 : 16-17 그가 우리를 위하여 목숨을 버리셨으니 우리가 이로써 사랑을 알고 우리도 형제들을 위하여 목숨을 버리는 것이 마땅하니라 누가 이 세상 재물을 가지고 형제의 궁핍함을 보고도 도와줄 마음을 막으면 하나님의 사랑이 어찌 그 속에 거할까보냐.

요한일서 4 : 7-8 사랑하는 자들아 우리가 서로 사랑하자 사랑은 하나님께 속한 것이니 사랑하는 자마다 하나님께로 나서 하나님을 알고 사랑하지 아니하는 자는 하나님을 알지 못

하나니 이는 하나님은 사랑이심이라.

요한일서 4:11-12 사랑하는 자들아 하나님이 이같이 우리를 사랑하셨은즉 우리도 서로 사랑하는 것이 마땅하도다 어느때나 하나님을 본 사람이 없으되 만일 우리가 서로 사랑하면 하나님이 우리 안에 거하시고 그의 사랑이 우리 안에 온전히 이루느니라.

요한일서 4:20-21 누구든지 하나님을 사랑하노라 하고 그 형제를 미워하면 이는 거짓말하는 자니 보는 바 그 형제를 사랑치 아니하는 자가 보지 못하는 바 하나님을 사랑할 수가 없느니라 우리가 이 계명을 주께 받았나니 하나님을 사랑하는 자는 또한 그 형제를 사랑할지니라.

요한일서 5:1-2 예수께서 그리스도이심을 믿는 자마다 하나님께로서 난 자니 또한 내신 이를 사랑하는 자마다 그에게서 난 자를 사랑하느니라 우리가 하나님을 사랑하고 그의 계명들을 지킬 때에 이로써 우리가 하나님의 자녀 사랑하는 줄을 아느니라.

하나님과 당신의 관계가 당신의 '형제'와의 관계에 어떻게 반영되고 있습니까? 당신이 당신의 형제와 갖고 있는 관계가 당신이 하나님과 갖고 있는 관계를 어떻게 나타내고 있습니까?

____

____

____

당신은 위의 요한일서에 나오는 서술들이 진리라고 믿습니까?

____

당신이 하나님과 올바른 관계에 놓여 있다면, 당신의 그리스도인 형제, 자매들을 어떻게 대하겠습니까?

____

어떤 사람이 자기는 그리스도인이라고 주장한다고 가정합시다. 그는 예수님을 사랑한다고 주장하면서 그의 그리스도인 형제, 자매들에게는 모질게 대합니다. 그는 그들에게 무자비하고 미움을 가득 품고 있습니다. 그는 계속해서 그들과 말싸움을 합니다. 그는 공중 앞에서 그들을 조롱하고, 그들의 이름이나 명예를 실추시킵니다. 그는 그들이 필요가 있을 때 도와 주고 싶어하지 않습니다. 요한일서에 의거해서 당신은 이 사람의 하나님과의 관계를 어떻다고 평가하겠습니까? 당신이 옳다고 생각하는 답이면 다 ×표 하십시오. 더 할 말이 있으면 빈칸에 덧붙여 쓰십시오.

□ 1. 저는 그 사람이 자신은 예수님을 진정으로 사랑하는 그리스도인이라고 하는 말을 그대로 받아들이겠습니다.

□ 2. 저는 그가 진정 하나님을 알고 사랑하는지에 대해서 의문을 가질 것입니다.

□ 3. 저는 이 사람이 하나님과의 관계에 있어 심각한 문제를 소지하고 있다고 간주할 것입니다.

□ 4. 덧붙일 말 ______________________________

고린도전서 13장을 펴십시오. 4－8절까지를 천천히 읽고 다음 빈칸에 그리스도인의 사랑과 사랑 아닌 것을 써넣으십시오. 제가 예로 하나 써넣었습니다.

사랑	사랑 아닌 것
오래 참음.	

당신이 하나님을 사랑하면, 당신이 동료 그리스도인들을 사랑하는 것이 보일 것입니다. 당신은 오래 참을 것이고 온유할 것입니다. 당신은 시기하지 않고 투기하거나 자랑하거나 교만하거나 무례히 행하거나 자기의 유익을 구하거나 성내거나 악한 것을 생각하지 않을 것입니다. 당신은 불의를 기뻐하지 않고 진리와 함께 기뻐할 것입니다. 당신은 당신의 그리스도인 형제, 자매들을 보호하고, 그들을 믿을 것입니다. 당신은 다른 사람들에게 최선의 것을 희망하고 당신의 사랑 안에서 모든 것을 참을 것입니다. 이런 하나님과 같은 사랑은 하나님과의 친밀한 사랑의 관계 안에서 자라갈 것입니다. 요한복음 13 : 35에서 예수님은 이렇게 말씀하셨습니다.

> *"너희가 서로 사랑하면 이로써 모든 사람이 너희가 내 제자인줄 알리라."*

➡ 기도하는 데 시간을 할애하십시오. 하나님께 당신의 하나님과의, 그리스도인 형제, 자매들과의 교제(사랑의 관계)의 실체를 보여달라고 부탁하십시오. 누구든지 그리스도 안에 있으면 그는 주 안에서 당신의 형제, 자매입니다.

하나님께서 당신이 다른 그리스도인들과 갖고 있는 교제에 대해서 뭐라고 말씀하신다고 느끼십니까?

____

____

하나님께서 당신이 그 분과 갖고 있는 교제에 대해서 뭐라고 말씀하신다고 느끼십니까?

___

위의 두 가지 자신에 대한 평가는 비슷해야만 합니다. 당신이 주님과의 관계가 좋다고 얘기했으나 다른 그리스도인들과의 관계가 신통치 않다고 대답했다면, 무언가가 잘못된 것입니다. 당신이 하나님과 친밀한 교제 안에서 행하면, 당신은 그리스도 안에서 형제, 자매들과도 친밀한 교제를 나누고 있어야 합니다.

➡ 오늘 배운 것을 복습하십시오. **오늘 학습한 내용 중에서 하나님께서 당신으로 하여금 이해하고, 배우고, 실천하기 원하는 구절이나 성구를 하나나 둘쯤 지적해 주시기를 기도하십시오. 해당되는 것에 밑줄을 그으십시오. 그리고 난 후 아래의 질문에 답하십시오.**

오늘 학습한 내용 중 어떤 구절이나 성구가 당신에게 가장 뜻있게 와 닿았습니까?

___

___

위의 구절이나 성구를 하나님께 대한 당신의 기도로 바꾸십시오.

___

___

오늘의 학습에 대한 반응으로 하나님은 당신이 무엇을 하기 원하십니까?

___

___

이 과의 요점

- 교회는 긴요한, 살아 있는, 활동적인 신자들 간의 교제이다.
- 코이노니아는 하나님과 나, 나와 동료 신자들과의 동역자로서의 관계와 교제의 절정이다.
- 나는 동료 그리스도인들과 경건한 교제를 하고 있지 않으면서 하나님과 그 분의 아들과 교제하고 있을 수 없다.

제 5 과 하나님 나라에서의 코이노니아

교회들이 하나님 나라의 더 넓은 반경 안에서 관계를 가짐으로써, 코이노니아는 새로운 차원과 새로운 가능성, 새로운 풍요함을 누리게 된다.

하나님 나라의 사람들은 세계 만방에 있는 동료 신자들과 서로서로 밀접한 관계를 지니고 있습니다. 12년 동안 새스커툰의 훼이스(Faith) 침례교회에서 목회를 한 후, 저는 11개의 교회와 지교회를 가진 캐나다 브리티시 컬럼비아 주의 밴쿠버 지역에 있는 침례교 지방회의 회장이 되었습니다. 한 교회가 그리스도를 그의 몸의 머리로 모시고 그 분과 동행하도록 인도하는 것과, 11개의 교회를 가진 지방회를 한마음, 한뜻으로 하나님과 동행하도록 인도하는 것은 다른 문제입니다. 저는 아주 심각한 문제들을 직면하게 되었습니다.

- 하나님이 교회들에게 각각 말씀하시고 나서, 그 교회들을 지방회로서 한마음으로 뭉치게 하실 것인가?
- 하나님이 말씀하실 때, 교회들은 그 분께 응할 것인가?
- 신자들이 한 지역교회 안에서 갖는 것과 같은 종류의 코이노니아가 교회들 간에서도 이루어질 것인가?
- 하나님이 준비해 놓으신 가장 풍성한 삶을 경험하기 위해서 교회들이 자신들을 조건 없이 기꺼이 바치기를 원할 것인가? (눅 9 : 23-24)
- 필요가 있는 교회에 물질을 나누어 줌으로써 경건한 교제가 표현될 것인가?

"우리가 섬기는 우리 하나님이… 능히 건져내시겠고… 건져내시리이다."
—다니엘 3 : 17

저는 저의 이 새로운 임무에 대해서 "…우리가 섬기는 우리 하나님이… 능히 건져내시겠고… 건져내시리이다"(단 3 : 17)라는 확신을 가지게 되었습니다. 하나님이 그 분의 종들과 일하시는 성경적인 원리는 절대 불변합니다. 한 그룹의 교회들을 하나님과의, 서로간의 친밀한 코이노니아 안에서 행하는 것을 배우게 하는 것은 시간이 걸렸습니다. 그러나 하나님은 그런 기적과 같은 일을 행하시는 분이십니다. 저는 그 분이 사용하시기로 선택하신 도구에 불과했습니다.

우리는 비록 작고 물질적으로 부족한 모임이었지만, 하나님은 각 교회의 생활과 지방회 안에서 자신의 임재하심을 나타내셨습니다. 이 책의 제일 앞부분(제1단원)에서 당신은 하나님이 우리 교회로 하여금 엑스포 '86에 참가한 사람들에게 어떻게 믿음으로 복음을 증거하도록 인도하셨는지를 읽으셨습니다. 이 단원의 처음 부분에서 당신은 하나님이 우리 지방회를 통해서 어떻게 인도인들을 향한 선교를 하셨는지 읽으셨습니다. 4년 동안 우리 지방회에 소속된 교회의 수는 배로 증가했습니다. 학생 선교는 한 명의 시간제 직원에서 5명의 정규직원을 필요로 할 만큼 성장했습니다. 거의 100명 정도의 사람들이 목회나 선교사업으로 부르심을 받았습니다. 부자연스러웠던 교회들 간의 관계가 활동적이고 협조적인 교제와 구제의 관계로 꽃을 피우게 되었습니다. 하나님은 우리가 부탁하거나 생각해 낼 수 있던 것보다 훨씬 더 많은 일을 하셨습니다. 성령님이 그 분의 교회 안에서 역사하시는 능력대로(엡 3 : 20-21).

➡ **다음에 나온 우리 교회 지방회에서의 교회들 간의 관계를 읽어 나가면서, 코이노니아가 제대로 이루어지고 있었음을 나타내는 요소들을 찾으면 밑줄을 그으십시오.**

우리는 각 교회가 소유하고 있는 모든 것은 사랑에 의해서 서로에게 소속되어 있다고 여겼다.

서스캐처원에 있던 우리 지방회는 성령님이 만들어 낸 특수한 코이노니아를 갖고 있었습니다. 우리 교회들은 함께 모여서 그 주를 구역들로 나누었습니다. 우리는 그 주 전역이 그리스도께로 미칠 수 있도록 그물 조직(Network)을 짰습니다. 초대교회와 비슷하게, 우리는 각 교회가 소유하고 있는 모든 것은 사랑에 의해서 서로에게 소속되어 있다고 여겼습니다. 한 교회의 자원은 거기에 속한 사람들 자체에 속해 있지 않습니다. 교회는 그 자원을 사용하는 청지기에 불과합니다. 한 교회가 가지고 있는 모든 것은 하나님 나라에 속한 것입니다. 새스커툰에 있는 우리 교회가 가진 모든 것은 다른 교회들이 사용할 수 있었습니다. 한 교회에서 학생 선교를 위해 목사님을 한 사람 택하면, 그 분은 모든 다른 교회들이 학생 선교를 개발시키는 것을 도와주는 인적 자원이 되었습니다. 우리 교회에서 여름 청소년 프로그램을 실시했을 때, 우리는 교회가 너무 작아서 스스로 그런 프로그램을 만들 수 없던 교회들을 초청해서 우리 프로그램에 참여할 수 있게 했습니다. 우리는 심지어 복사기와 다른 물질적인 것들도 모두 함께 썼습니다. 누가 재정적인 도움이 필요하면, 우리는 하나님의 사람들에게 그것을 알리기를 서슴지 않았습니다. 그리고 우리는 헌금을 즉시 걷곤 했습니다. 한번은 한 지교회가 그들의 건물을 짓는 것을 도우려고 우리 교회 건물을 저당잡힌 일도 있습니다.

서로 나누는 것이 우리 교회들 간의 코이노니아를 깊이 느끼게 해 주었다.

이런 종류의 서로 나누는 것이 우리 교회들 간의 코이노니아를 깊이 느끼게 해주었습니다. 우리는 서로에게 속해 있었습니다. 우리는 서로를 돕고 각 교회가 가진 필요를 채워주기 위해서 서로 앞장을 섰습니다. 우리는 서로를 사랑하는 것을 배웠습니다. 우리는 서로를 위로하고 교제를 나누기 위해서 모이는 시간을 계획했습니다. 그것이 바로 그리스도인 나라의 모습이어야 합니다. 우리를 보고 있는 세상이 이렇게 말할 수 있어야 합니다. "저들이 얼마나 서로 사랑하는지 봐라!" 그런 특별한 종류의 사랑은 오직 하나님께로부터만 올 수 있습니다. 사람들은 그런 하나님과 같은 사랑을 볼 때 그리스도와 그 분의 교회로 이끌릴 것입니다.

➡ **우리 지방회에 속한 교회들 사이에 제대로 된 코이노니아가 존재함을 나타내는 것은 어떤 종류의 일들입니까?**

____

____

____

____

____

교회들 사이에 코이노니아가 존재할 때는 그들 간의 관계 안에서 그것이 표출될 것입니다. 우리는 그리스도를 세상에 전하는 우리의 임무를 합동작전으로 펴서 수행했습니다. 우리는 개별적인 교회들이 혼자서는 효과적으로 할 수 없던 일들을 함께 했습니다. 우리는 한 자매 교회의 필요를 채울 수 있다면, 우리가 가진 어떤 것이라도 나누었습니다. 우리는 함께 시간을 보냈고 서로를 사랑했습니다.

과연 그런 종류의 코이노니아가 한 지방회에 속한 교회들 사이에서뿐만 아니라, 각 도시, 지방 안에서, 국가적으로, 나아가서는 세계적인 차원에서 가능하겠습니까? 물론입니다! 그렇다면 하나님 나라의 목적을 성취시키기 위한 하나님 차원의 코이노니아가 다른 교파에 속한 교회들과의 사이에 존재할 수 있겠습니까? 그럴 수 있지요! 그러나 자기 뜻대로 행하도록 내버려진 사람들 사이에서는 그런 관계가 이루어질 수 없습니다. 오직 하나님만이 그 분의 성령을 통해서 그들의 사람들 간에 코이노니아를 만들어 내고 유지시키실 수 있습니다. 그 분은 자기 왕국 위의 왕, 통치자, 주권자가 되고 싶어하십니다. 그 분이 다스리도록 되어질 때 사람들이 만들어 놓은 벽은 허물어질 것입니다.

그리스도께서 다스리도록 되어질 때, 인간이 만들어 놓은 벽은 허물어질 것이다.

우리가 하나님과 코이노니아를 나누고 있을 때, 그것과 같은 질과 성격의 코이노니아가 다음에 나열된 사람들과의 관계 안에 반영될 것입니다.

- 우리 지역교회 안의 형제, 자매들
- 우리 지역의 다른 교회들
- 우리 나라의 다른 교회들
- 세계의 모든 교회들
- 다른 교파에 속한 교회들

➡ **당신의 교회가 다른 교회들, 당신이 속한 지역과 세계 방방곡곡에 있는 다른 교파에 속한 교회들과 맺고 있는 관계를 바탕으로 해서, 당신의 교회를 주시하고 있는 세상은 어떤 코이노니아를 보겠습니까?**

____

____

당신의 교회가 다른 교회나 다른 그리스도인 그룹과의 관계에서 코이노니아를 제대로 이루지 못하도록 하고 있는 것, 코이노니아를 이루는 데 필요한데도 하지 않고 있는 것은 무엇입니까? (한 예로 어떤 교회의 스포츠 팀은 경기 때마다 성내고, 시기하고, 무례하고, 폭력적이고, 심지어는 증오하는 것을 보여주기 때문에 그 지역에서 나쁜 평판이 나 있습니다. 그것은 교제에 있어서의 문제를 심각하게 반영합니다.)

____

____

____

당신의 교회가 다른 교회나 그리스도인 그룹과의 코이노니아에 문제를 안고 있다면, 그것은 주님과의 코이노니아에 더욱 심각한 문제가 있음을 나타내는 것입니다. 저는 교리적인 차이를 타협해야 한다고 제안하는 것은 아닙니다. 그러나 우리가 서로를 사랑하는 형제, 자매처럼 행동할 수 있다는 것입니다. 교회가 하나님 나라 안에서 좀더 넓은 반경에서 관계를 가질 때, 코이노니아는 새로운 차원과 새로운 가능성, 새로운 풍요함을 누리게 합니다. 이것은 사랑이 역사하는 것과 같은 방법입니다.

사랑의 수준을 1부터 10까지 점수를 주어서 재 본다면…

사랑의 수준을 1부터 10까지 점수로 매길 때, 당신이 2단계의 사랑을 하고 있다고 가정합시다. 당신은 당신의 부모, 가족을 사랑하고, 당신을 사랑하는 친구들을 사랑합니다. 이제 하나님이 당신으로 하여금 마태복음 5 : 43-48에 나오는 것처럼 원수까지 사랑할 수 있는 능력을 주셨다고 생각해 봅시다. 원수까지도 사랑할 수 있는 10단계의 사랑을 할 수 있게 되면, 당신이 다른 사람을 사랑할 수 있는 역량도 늘어날 것입니다. 당신이 10단계의 사랑을 할 수 있게 되면, 지금까지 당신이 사랑해 온 사람들 중 대다수는 당신이 지금까지 그들에게 준 사랑보다 더 위대한 차원의 사랑을 받게 될 것입니다.

➡ **당신의 그리스도인으로서의 사랑하는 삶을 한번 평가해 보십시오. 아래에 나열되어 있는 그리스도인의 사랑에 대한 문장들 중 당신 자신에게 해당되는 것에 ×표 하십시오.**

☐ 1. 나는 그 누구도 사랑하지 않는다.
☐ 2. 나는 내 가족을 사랑한다.
☐ 3. 나는 나를 먼저 사랑해 주는 사람들을 사랑한다.
☐ 4. 나는 내가 사랑해 주면 나를 사랑해 줄 사람들을 사랑한다.
☐ 5. 하나님이 내 주위에 거슬리고, 친근감을 주지 않는 사람들을 사랑할 수 있게 도와주셨다.
☐ 6. 하나님이 내 지역사회 안에 살고 있는 사랑스럽지 않거나, 나와 아주 다른 사람들을 사랑하는 방법을 가르쳐 주셨다.
☐ 7. 하나님이 나로 하여금 죄 중에서 살고 있는 사람에게 사랑을 보이도록 가르쳐 주셨다.
☐ 8. 하나님이 내게 원수까지도 사랑할 수 있는 은혜를 허락하셨다.

당신이나 저는 대개 사랑하기 힘든 사람을 사랑함으로써 우리의 사랑의 역량을 향상시키려 노력하지 않습니다. 우리는 우리의 '원수'를 사랑하려고 노력하는데, 새로운 사랑에 의해서 조정을 받기보다는 좌절과 분냄에 직면합니다. 그리고 우리는 이렇게 얘기합니다. "주님, 저는 당신이 제 인생에 분을 가져다 주시는 것을 원치 않습니다. 제 인생에 사랑을 가져다 주시길 바랍니다." 그러나 하나님은 우리로 하여금 사랑스럽지 않은 사람들을 사랑할 수 있게 해주심으로써 우리의 사랑의 역량을 깊이있게 만드십니다. 우리가 더 깊은 수준의 사랑을 배울 때 우리가 남을 사랑하는 역량은 자라납니다.

제가 밴쿠버에 있을 때 우리 지방회에서는 밴쿠버에 살고 있는 모든 사람이 주님을 알게 되도록 그들을 사랑하고 도와주는 데 헌신하기로 했습니다. 그것이 예수님이 우리에게 주신 지상명령이 아닙니까?(마 28 : 18-20) 하나님은 저를 무정부주의자들을 향한 깊은 사랑을 지닌 사람과 관계 맺게 하셨습니다. 그들은 모든 사람들에게 화가 나

있고, 사회의 모든 확립된 제도와 권위를 파괴시키고 싶어하는 젊은이들이었습니다. 그는 제게 말했습니다. "블랙가비 목사님, 저와 함께 무정부주의자들이 모이는 식당에 함께 가 주시겠어요? 분노와 원한으로 가득 찬 그 사람들의 말을 주의깊게 들어주시기 바랍니다. 저는 목사님이 이 사람들에게도 하나님이 복음을 전하실 수 있다는 것을 보기 원합니다."

그것은 제게 있어서 매우 강력한 경험이었습니다. 그 식당에 세 시간 동안 앉아 있으면서 저는 쏟아지는 증오와 원한에 찬 말들을 들었습니다. 성령님의 도우심으로 저는 그 사람들을 저의 마음과 뜻과 목숨으로 사랑할 수 있게 되었습니다. 저는 자신 있게 말할 수 있습니다. 저는 그 경험 후에 만나는 그리스도인들에게 더 큰 사랑을 퍼부었습니다. 그들은 제게 무슨 일이 생겼는지 모릅니다. 하나님이 제게 무정부주의자들을 사랑하도록 해주셨을 때, 그 분은 더 깊은 사랑의 역량을 제게 주셨습니다.

➡ **하나님이 당신으로 하여금 어떤 특정한 사람, 혹은 특정한 그룹의 사람들, 혹은 당신과 판이하게 다른 사람들에게 당신의 사랑을 나타내라고 지시하고 계십니까? 그 분께 여쭈어 보십시오. 하나님이 당신에게 더 높은 차원의 사랑을 나타내라고 지시하고 계신다면, 그 분이 당신으로 하여금 사랑하라고 하신 사람들의 이름을 아래에 적어보십시오.**

____

____

교회들 간의 협조 관계

신약에 나오는 교회들은 상호의존의 관계에 있었습니다. 각 교회는 주님 앞에서 독립적이었지만, 그들은 서로를 필요로 했습니다. 그들은 그들이 하나님을 경험하는 것을 더 향상시키기 위해서 상호협조의 관계를 가지고 있었습니다.

➡ **다음에 나와 있는 관계들을 읽으면서 신약의 초대교회들 사이에 코이노니아가 있었다는 것을 나타내는 예가 있으면 밑줄을 긋거나 왼쪽 빈칸에 써넣으십시오. 제가 한 예에 밑줄을 그었습니다.**

상호의존하는 교회들

초창기의 예루살렘 교회 : 오순절날, 3,000명이 예수님을 믿었습니다. 우리는 그 중에서 몇 사람이 예루살렘에 살던 사람들인지, 명절이 끝난 뒤에도 예루살렘에 머물렀는지 알 수 없습니다. 그러나 우리는 예루살렘 교회에는 많은 교인들이 있었음을 압니다. 아주 초창기부터 그들은 성전 마당이나 개인 집에서 많은 소그룹으로 나뉘어서 만났습니다. 그들은 가르침을 받고, 서로 교제하고, 함께 먹고, 기도하기 위해 매일 만났습니다. 그들은 자기들이 소유한 물질을 필요한 자들과 나누었습니다(행 2 : 42-47). 이 많은 작은 교회들은 독립적이었습니다. 그러나 코이노니아 때문에 그들은 "한 마음과 한뜻이" 되었습니다(행 4 : 32).

예루살렘 교회는 안디옥 교회와 함께 나누었다 : 복음이 안디옥에 있는 헬라인들에게 전해지고 열매를 맺음에 따라 예루살렘 교회는 그 새 교회를 살펴보고 어떤 도움이 필요한지 알아보려고 바나바를 그리로 보냈습니다. 바나바는 거기서 하나님의 역사를 보고, 사울(바울)도 그들을 도와주러 오도록 했습니다. 그들은 함께 안디옥에 머물면서 새신자들을 가르쳤습니다(행 11 : 19-26).

안디옥 교회는 예루살렘 교회의 필요를 함께 나누었다 : 안디옥 교회는 유대에 살고 있는 그들의 그리스도인 형제, 자매들이 흉년으로 인해 허덕이고 있다는 소식을 들었습니다. 코이노니아 때문에, "제자들이 각각 그 힘대로 유대에 사는 형제들에게 부조를 보내기로 작정하고 이를 실행하여 바나바와 사울의 손으로 장로들에게 보내니라"가 가능했습니다(행 11 : 29-30). 이 교회들은 완전히 독립적인 것은 아니었습니다. 그들은 공통적으로 갖고 있는 그리스도와의 코이노니아로 함께 연합되어 있었습니다. 그들은 사랑으로 서로의 필요를 돌아보아야 했습니다.

안디옥 교회가 바나바와 사울을 보내다 : 안디옥 교회는 선교를 마음에 두고 있었습니다. 그들은 잃어버린 세상을 향한 그리스도의 마음을 가지고 있었습니다. 하루는 그들이 "주를 섬겨 금식할 때에 성령이 가라사대 내가 불러 시키는 일을 위하여 바나바와 사울을 따로 세우라 하시니 이에 금식하며 기도하고 두 사람에게 안수하여 보내"었습니다(행 13 : 2-3). 애초에 아무런 대가도 없이 훌륭한 교회지도자들을 받은 이 안디옥 교회는 하나님나라의 확장을 위해 그 지도자들을 애초에 그랬듯 아무런 대가없이 파송했습니다.

하나님은 교회를 통해서 바나바와 사울에게 말씀하셨다.

바나바와 사울은 이방인들에게 복음을 전파하도록 이미 부르심을 받은 것에 주목하십시오. 사울의 회심과 부르심은 몇 년 전에 일어난 일입니다(행 9 : 1-19 ; 갈 1 : 16-24). 그리스도의 몸 안에서만 그들은 선교사업을 위한 올바른 하나님의 때를 알 수 있었습니다. 하나님은 성령님으로 교회를 통해서 그들에게 말씀하셨습니다. 하나님을 의지하고, 당신의 교회가 당신의 하나님 나라에서의 임무를 향한 하나님의 뜻과 그 분의 때를 당신에게 알리는 것을 두려워 마십시오.

예루살렘 교회가 올바른 교리를 지키는 것을 돕다 : 구원의 본질에 대해서 논란이 생겼을 때 바나바와 사울은 예루살렘 교회에 자문을 요청했습니다. 사도들과 장로들과 예루살렘 교회가 이 논란을 종식시키게 도와주었습니다. 그리고 예루살렘 교회는 성도 중에서 두 명을 직접 안디옥으로 보내 이방인 그리스도인들을 가르치고 위로하며 굳건하게 해주었습니다.

다른 교회들도 하나님 나라의 목적을 위해서 협조하다 : 바울의 서신서 전반을 통해 우리는 초대교회들이 하나님 나라의 목적을 위해서 다른 그리스도인들과 협조한 방법들에 대해서 읽을 수 있습니다.

- 로마 교회 교인들의 믿음은 세계 전역의 그리스도인들에게 용기를 북돋워주었습니다(롬 1 : 8-12). 바울은 서바나로 가는 계획을 하면서 이 교회로부터 도움을 받을 것을 또한 계획했습니다(롬 15 : 23-24).
- 마게도냐와 아가야 교회 성도들은 예루살렘에 사는 가난한 그리스도인들에게 도움을 주었습니다(롬 15 : 26-27).
- 빌립보 교회는 바울이 다른 도시에서 복음을 전파하고 교회를 시작하도록 자

주 재정적인 도움을 주었습니다(빌 4 : 14-16).

- 골로새 교회와 라오디게아 교회는 그들의 사역자(에바브라)를 함께 나누었고, 바울에게서 온 편지를 함께 보았습니다(골 4 : 12-16).
- 데살로니가 교회 교인들은 온 마게도냐와 아가야에 살던 신자들에게 희망을 주고 모범이 되었습니다(살전 1 : 6-10).

➡ **다음 중에서 초대교회들 간의 관계를 보다 잘 표현한 문장은 어느 것입니까?**

☐ 1. 교회들은 따로 분리되어 있었고 독립적이었다. 그들은 다른 교회들의 필요나 그들과의 관계에 대해서 무관심했다.

☐ 2. 교회들은 상호의존적이었다. 그들은 서로를 돌봐주고 서로 위로하며 도와주었다.

당신의 교회가 다른 교회나 그리스도인 그룹과 협조의 관계를 통해서 코아노니아를 경험한 예가 있습니까?

____

____

____

하나님을 좀더 경험함

신자는 자기가 속한 그리스도의 몸(지역교회)을 떠나서는 하나님의 모든 면을 다 경험할 수 없습니다. 몸 안에서 함께 땅 끝까지 선교할 때, 그리스도인은 보다 풍성한 차원으로 천국에서의 생활을 경험하게 됩니다. 하나님의 사람들이 모인 다른 그룹과 코이노니아를 경험할 때, 우리는 하나님이 우리 세상에 임재하셔서 역사하시는 것을 더 높은 차원에서 경험할 수 있습니다. 하나님은 벌써 당신과 당신의 교회를 통해서 세상에 영향을 끼치시려고 통로를 마련하셨습니다. 당신은 하나님께서 당신이 다른 사람들과 코이노니아를 경험하는 데 장애가 되는 벽을 허시도록 할 필요가 있습니다. 그 분께로 가서 그 분의 주도하심을 주목해 보십시오. 그 분은 어떻게, 누구와, 언제 할 수 있는지 보여주실 수 있습니다.

➡ **다음의 빈칸을 채우십시오.**

신약의 초대교회들은 독립적이지 않았다.
그들은 ______________________________이었다.
그들은 하나님의 더욱 위대한 면을 경험하고, 그 분이 공급해 주시는 코이노니아를 맛보기 위해서 서로 교제를 필요로 했다.

오늘 배운 것을 복습하십시오. 오늘 학습한 내용 중에서 하나님께서 당신으로 하여금 이해하고, 배우고, 실천하기 원하는 구절이나 성구를 하나나 둘쯤 지적해 주시기를 기도하십시오. 해당되는 것에 밑줄을 그으십시오. 그리고 난 후 아래의 질문에 답하십시오.

오늘 학습한 내용 중 어떤 구절이나 성구가 당신에게 가장 뜻있게 와 닿았습니까?

위의 구절이나 성구를 당신 자신의 말로 바꾸십시오.

오늘의 학습에 대한 반응으로 하나님께서 당신에게 무엇을 하기 원하십니까?

이 단원의 암송구절(요일 1 : 7)을 써보십시오.

지금까지 나온 암송구절들을 복습하고 다음 모임 때 사람들 앞에서 외울 수 있도록 준비하십시오.

이 과의 요점

- 각 교회가 소유한 모든 것은 사랑으로 서로에게 속해 있다.
- 교회가 소유한 모든 것은 하나님 나라에 소속되어 있다.
- 교회들 사이에 코이노니아가 존재하면, 그것은 그들의 관계를 통해서 나타날 것이다.
- 그리스도께서 다스리도록 되어질 때, 인간이 만든 벽들은 허물어질 것이다.
- 신약의 초대교회들은 상호의존적이었다.
- 우리 교회가 하나님의 사람들이 모인 다른 그룹들과 코이노니아를 경험할 때, 우리는 우리 세상에 임재하셔서 역사하시는 하나님의 더욱 위대한 면을 경험하게 될 것이다.

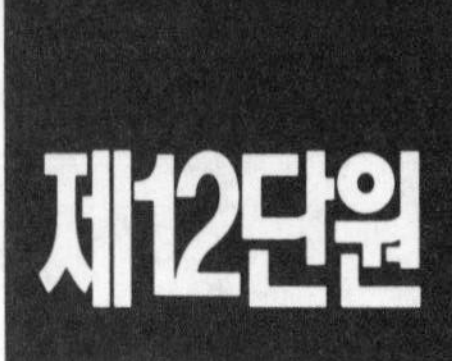

하나님과의 지속적인 교제

새스커툰의 영적 각성

저는 훼이스(Faith) 침례교회의 목사가 될 것인지에 대해서 그들과 이야기를 나누려고 새스커툰에 갔습니다. 하나님이 제가 그곳에서 섬기기를 원하시는지 알아보려고 간 것입니다. 하나님은 그 지역에서 목회하고 계시던 한 목사님을 통해서 저에게 말씀하셨습니다. 그 목사님은 바로 전 해에 던컨 캠블 목사님(하나님이 스코틀랜드의 헤브리디스 섬에서 영적 각성을 일으키는 데에 온전히 쓰임받은 목사님)이 새스커툰에 다녀갔다고 말씀해 주셨습니다. 캠블 목사님은 캐나다 전 지역으로 확산될 영적 각성이 이곳에서 불붙게 될 것이라는 확신을 하나님으로부터 받았다고 했습니다. 그것은 제 몸의 피를 완전히 거꾸로 흐르게 만들었습니다. 저는 제가 사는 동안 캐나다에 영적인 각성이 일어나기를 고대하여 왔습니다. 하나님이 제 삶에 새겨 놓으신 영적인 표징들이 저를 새스커툰에서 섬기라는 쪽으로 인도하였기 때문에, 저는 훼이스(Faith) 침례교회의 목사로 부르심을 수락했습니다.

저는 새스커툰에서 목회하는 다른 교파 목사님들과 영적인 각성을 위해서 함께 기도하기를 원했습니다. 그래서 화요일, 목요일, 이렇게 두 그룹의 기도모임을 가졌습니다. 약 1년 반 동안 우리들은 함께 기도했습니다. 하루는 빌 맥클리오드가 제게 전화를 해서 “헨리, 우리가 기도해 오던 바가 실현되고 있어요!”라고 말했습니다. 그는 그의 교회가 일주일에 걸친 부흥회를 방금 마쳤다고 했습니다. 그의 교회에는 6년 동안이나 서로 말을 하지 않고 지내던 형제들 둘이 있었는데, 그들은 모두 집사였습니다. 그들이 앉은 자리에서 뛰어나와 서로 껴안고 울면서 그들의 관계를 새롭게 했다는 것입니다. 하나님의 깊은 움직임이 그 교회를 휩쓸었습니다.

집회는 계속되었고, 여러 기독교 단체들이 참여하기 시작했습니다. 맥클리오드 목사님의 교회는 금세 사람들로 차고 넘치게 되었습니다. 우리는 700명이 앉을 수 있는 성공회 교회로 옮겨 갔습니다. 하룻밤 만에 그 교회도 꽉 찼습니다. 우리는 900명을 수용할 수 있는 얼라이언스 교회로 옮겼는데 그곳은 이틀 만에 차고 넘치게 되었습니다. 그 후 우리는 1,500명이 모일 수 있는 연합 교회로 가서 11주 동안 매일 집회를 열었습니다. 집회는 매일 저녁 10시, 11시까지 계속되었습니다. 매일밤 우리는 하나님과의 관계를 바로잡기 위한 모임을 집회 후에 가졌고, 많은 수의 사람들이 남아서 참석했습니다. 어떤 때는 그 모임이 새벽 4시, 5시까지 계속되었습니다. 그 영적 각성으로 캐나다 전역에 부흥운동이 크게 번지기 시작했습니다.

이 단원의 암송구절 서로 돌아보아 사랑과 선행을 격려하며 모이기를 폐하는 어떤 사람들의 습관과 같이 하지 말고 오직 권하여 그 날이 가까움을 볼수록 더욱 그리하자.
—히브리서 10 : 24-25

제 1과 깨어진 교제를 고치는 하나님의 구제책

코이노니아는 믿는 자들에게 있어 어떤 선택 사항이 아니다.

코이노니아는 믿는 자들에게 있어 어떤 선택사항이 아닙니다. 교회 역시 마찬가지입니다. 그리스도 안에 있기 위해서, 그 분 몸의 지체가 되기 위해서는 살아계신 그리스도와의 교제가 요구됩니다. 사랑의 관계(코이노니아 : 당신이 하나님과 갖는 교제)가 당신이 하나님을 알고, 하나님의 뜻을 알고, 그의 뜻을 행하는 데 있어 가장 중요한 부분입니다.

오직 하나님만이 진정한 코이노니아를 만드실 수 있다.

신약성경에 나오는 그리스도인들에게서 볼 수 있는 역동적인 생명력을 체험하려면, 코이노니아가 개인과 교회에 꼭 있어야 합니다. 하나님과 그 분의 아들 예수 그리스도와의 친밀한 교제는 그리스도인 형제, 자매들과의 교제를 만들어 냅니다. 오직 하나님만이 진정한 코이노니아를 만드실 수 있습니다. 이 거룩한 교제는 서로 어울릴 수 없을 만큼 심각한 차이를 지닌 사람들이 살아있는 영적 교제를 누리게 되었을 때, 표현되는 것입니다.

➡ **다음 중 어떤 것이 사람들 사이에 교제를 창조하고 지속시키시는 하나님의 능력을 좀더 잘 나타냅니까?**

☐ 1. 비슷한 인종적, 언어적 배경과 교육 수준, 경제적 수준을 지닌 사람들 간에 이루어지는 거룩한 교제

☐ 2. 배경이나 사회적 위치가 매우 다른 사람들 간에 이루어지는 거룩한 교제

인간들이 만들어 놓은 장벽이 허물어지고, 서로 많은 차이점을 지닌 사람들이 평화 안에서 공존할 때, 세상은 오직 하나님만이 하실 수 있는 어떤 일을 목격하게 됩니다. 하나님의 나라에서는 "…유대인이나 헬라인이나 종이나 자주자나 남자나 여자 없이 다 그리스도 예수 안에서 하나…"입니다(갈 3 : 28). 성령님에 의해 만들어진 이 코이노니아는 또한 성령님에 의해 유지됩니다. 그러나 하나님과의 혹은 다른 사람들과의 코이노니아는 위태로워질 수도 있고 나아가서는 깨어질 수도 있습니다. 그것은 무엇 때문입니까?

그리스도 안에서 한 형제나 자매와의 교제가 깨어지는 것은 하나님과의 교제도 깨어졌음을 나타낸다.

때때로 그리스도 안에서 한 형제나 자매와의 교제가 깨어지는 것은, 그 형제나 자매의 죄 때문일 수도 있고, 또 하나님과의 교제가 깨어졌기 때문일 수도 있습니다. 그럴 경우 당신은 그 사람을 위해서 기도하고, 당신이 할 수 있는 모든 방법을 동원해서 그 사람이 주님께 돌아오도록 도와주어야 할 것입니다.

그리스도 안에서 한 형제나 자매와의 교제가 깨어지는 것은 하나님과의 교제도 깨어졌음을 나타냅니다. 당신은 항상 하나님과의 관계를 돌아보는 데서부터 시작해야 합니다. 관계가 깨어지기 시작하는 것은 당신과 하나님의 관계에서부터입니다. 다른 사람과의 관계에서 비롯되는 것이 아닙니다. 하나님과의 관계가 깨어지면, 당신은 그 분과 더 이상 교제할 수 없을 뿐 아니라 다른 그리스도인 형제, 자매들과도 교제를 계속할 수 없습니다. 당신은 우선 하나님이 당신을 그 분과의 올바른 관계로 돌아오게 하시도록 허락해야 합니다.

죄는 하나님과의 코이노니아를 깨뜨린다

죄는 당신을 하나님과의 친밀한 교제에서 분리시킵니다. 성경에서는 보통 '죄' 라는 단어를 여러가지로 표현합니다. 죄, 범죄, 허물, 악 등등. 당신이 아래와 같은 일을 할 때 당신은 하나님께 죄를 범하는 것입니다.

- 당신을 위한 하나님의 계획을 무시할 때.
- 하나님께 대들고, 그 분을 따르기를 거절할 때.
- 악하고, 그릇되고, 부도덕한 행위를 할 때.

하나님의 얼굴

당신이 하나님께 죄를 범할 때 당신이 그 분과 갖는 교제는 깨어집니다. 이것을 구약에서는 하나님이 얼굴을 가리셨다는 표현으로 상징합니다. 얼굴은 사람에게 있어서 가장 중요한 의사 전달과 교환의 기관들을 포함합니다. 눈은 보고, 귀는 듣고, 입은 말합니다. 하나님은 육체적인 몸을 갖지 않으셨지만, 히브리인들에게 있어서 하나님의 얼굴은 그 분의 임재와 수락과 승인을 나타냈습니다. 하나님이 그 분의 얼굴을 돌리시는 것은 거부와 불찬성과 그들에게서 떠나심을 나타냈습니다.

➡ **다음의 구절을 읽고 '얼굴' 이란 단어가 나오면 동그라미 치십시오.**

- "내가 넘치는 진노로 내 얼굴을 네게서 잠시 가리웠으나…"(사 54 : 8).
- "그의 탐심의 죄악을 인하여 내가 노하여 그를 쳤으며 또 내 얼굴을 가리우고 노하였으나…"(사 57 : 17).
- "…주께서 우리에게 얼굴을 숨기시며 우리의 죄악을 인하여 우리로 소멸되게 하셨음이니이다"(사 64 : 7).
- "…그들의 모든 악을 인하여 나의 얼굴을 가리워 이 성을 돌아보지 아니하였음이니라"(렘 33 : 5).

다음 성경구절들을 보고, 하나님의 얼굴에서 어떤 부분에 해당하는지 써보십시오. 눈, 코, 또는 입이라고 써넣으십시오.

_____ 1. "내가 내 마음에 죄악을 품으면 주께서 듣지 아니하시리라" (시 66 : 18).

_____ 2. "오직 너희 죄악이 너희와 너희 하나님 사이를 내었고 너희 죄가 그 얼굴을 가리워서 너희를 듣지 않으시게 함이니" (사 59 : 2).

_____ 3. "주 여호와께서 가라사대 보라 날이 이를지라 내가 기근을 땅에 보내리니 양식이 없어 주림이 아니며 물이 없어 갈함이 아니요 여호와의 말씀을 듣지 못한 기갈이라 사람이 이 바다에서 저 바다까지, 북에서 동까지 비틀거리며 여호와의 말씀을 구하려고 달려 왕래하되 얻지 못하리니" (암 8 : 11-12).

_____ 4. "주께서는 눈이 정결하시므로 악을 참아 보지 못하시며 패역을 참아 보지 못하시거늘…" (합 1 : 13).

답 : 1-귀, 2-귀, 3-입, 4-눈

성경에서 하나님이 그 분의 얼굴을 가리셨다는 표현이 나올 때, 어떤 의미로

쓰였습니까? 해당되는 모든 것에 ×표 하십시오.

☐ a. 하나님이 무서워하심.
☐ b. 하나님이 사람들로 하여금 그 분의 임재를 경험치 못하게 하심.
☐ c. 죄 때문에, 하나님이 한 개인이나 한 민족을 거부하심.
☐ d. 죄악 때문에, 하나님이 보거나, 듣거나, 말씀하기를 거부하심.

하나님이 왜 얼굴을 가리셨습니까? ____________________

____

____

"여호와여 어느때까지니이까 나를 영영히 잊으시나이까 주의 얼굴을 나에게서 언제까지 숨기시겠나이까."
—시편 13 : 1

하나님은 무서우셔서 얼굴을 가리시는 것이 아닙니다. 하나님은 죄에 대한 분노로 인해서 얼굴을 가리십니다. 그것은 하나님이 사람들로 하여금 그 분의 임재하심을 경험하지 못하게 하심과 그 분의 죄를 거부하심, 죄를 보거나, 듣거나, 말씀하기를 거부하심을 보여줍니다. 그런 일이 일어날 때, 우리와 하나님과의 교제는 깨어집니다. 시편 기자가 애절하게 "여호와여 어느때까지니이까 나를 영영히 잊으시나이까 주의 얼굴을 나에게서 언제까지 숨기시겠나이까"라고 부르짖은 것은 당연합니다(시 13 : 1). 하나님의 자녀들에게 있어서 하나님과의 교제는 가장 소중한 특권입니다. 하나님이 얼굴을 숨기시는 것은 가장 심한 징계인 것입니다.

그러나 하나님의 징계까지도 하나님이 우리를 그 분과의 교제로 다시 부르기 원하시는 사랑의 표현입니다(히 12 : 1-11). 이러한 한 개인이 체험하는 하나님과의 깨어진 교제는 한 집단에게도 일어날 수 있습니다. 한 가족에게, 한 교회나 교단, 국가에게.

죄에 대한 하나님의 구제책들

죄와 깨어진 교제에 대한 구제책을 우리에게 주신 하나님께 감사를 드리십시오.

> "만일 우리가 우리 죄를 자백하면 저는 미쁘시고 의로우사 우리 죄를 사하시며 모든 불의에서 우리를 깨끗케 하실 것이요"(요일 1 : 9).

자백
회개

당신이 형편없이 그릇된 존재라는 사실을 하나님 앞에서 인정할 때, 당신은 당신의 죄를 자백합니다. 자백과 회개는 늘 병행되어야 합니다. 죄를 회개할 때, 당신은 죄의 길에서 돌이켜 하나님께로 돌아옵니다. 죄 때문에 하나님과의 교제가 깨어졌을 때 당신은 죄를 인정하고, 죄에서 돌이키십시오. 하나님께로 돌아오면, 그 분은 당신을 용서하시고, 그 분과의 교제를 새롭게 해주실 것입니다.

➡ **죄 때문에 하나님과의 코이노니아가 깨졌을 때, 당신은 죄를 용서받기 위해서 무엇을 해야 합니까?**

____

그 누구도 사람이 하나님께 죄를 범할 수 있는 방법을 다 셀 수는 없습니다. 그리고 모든 죄는 하나님과의 코이노니아를 깨뜨려 놓습니다. 당신의 죄에 대한 하나님의 구제책은 이것입니다. 당신이 당신의 죄에 대해서 하나님께 동의하고, 죄에서 돌이켜 하나님께로 돌아오는 것입니다. 당신은 자백하고 회개해야만 합니다.

당신이 죄를 지을 때, 성령님은 그 죄에 대해서 죄책감을 느끼게 하십니다. 하나님은 당신이 항상 그 분과 올바른 관계에 놓여 있기를 바라십니다. 성령님이 당신의 죄를 깨닫게 하실 때 당신이 반응을 보이지 않으면 하나님은 당신을 징계하실 것입니다. 하나님의 징계는 항상 당신을 그 분과의 코이노니아로 다시 이끄시려는 데 목적이 있습니다. 하나님의 징계에 당신이 즉각 응하지 않으면, 하나님은 당신의 관심을 끌기 위해서 더욱 심한 심판을 당신에게 가져다주실 것입니다(레위기 26장을 보십시오). 이런 심판은 한 가정, 교회, 교단, 나아가서는 한 국가 전체에 가해질 수 있습니다. 하나님은 그 분의 사람들에게 심판을 내리시지만 죄에서 돌이키기만 하면 언제나 용서를 베푸시고 그 땅을 고쳐주십니다.

> "혹 내가 하늘을 닫고 비를 내리지 아니하거나 혹 메뚜기로 토산을 먹게 하거나 혹 염병으로 내 백성 가운데 유행하게 할 때에 내 이름으로 일컫는 내 백성이 그 악한 길에서 떠나 스스로 겸비하고 기도하여 내 얼굴을 구하면 내가 하늘에서 듣고 그 죄를 사하고 그 땅을 고칠지라"(대하 7 : 13-14).

➡ **역대하 7 : 14에 의거해서 다음 질문에 답하십시오.**

1. 하나님이 그 분의 백성들에게 심판을 가하실 때, 그 분과의 코이노니아를 다시 이루기 위해서 그들이 해야 하는 네 가지 일들은 무엇입니까?

____

____

2. 하나님의 백성들이 그 분께로 다시 돌아올 때, 하나님께서 약속하신 세 가지는 무엇입니까?

____

____

하나님과의 깨진 교제를 다시 일으키는 구제책은 겸비하고, 기도하여, 하나님의 얼굴을 구하는 것(하나님의 임재를 경험하려고 찾는 것)과 회개(악한 길에서 떠나는 것-죄에서 돌이킴)를 포함합니다. 하나님은 듣고, 죄를 사하고, 땅을 고쳐주실 것을 약속하십니다! 민수기 6 : 24-26에서 하나님은 제사장들에게 아름다운 축복 기도를 해주라고 하십니다.

> 여호와는 네게 복을 주시고 너를 지키시기를 원하며
> 여호와는 그 얼굴로 네게 비취사 은혜 베푸시기를 원하며
> 여호와는 그 얼굴을 네게로 향하여 드사 평강 주시기를 원하노라…

다음은 우리가 지금까지 공부한 하나님이 우리에게 마련해 주신 죄의 구제책들과 당신에게 도움을 줄 만한 성경구절들을 나열한 것입니다.

죄에 대한 하나님의 구제책

- 자신을 낮추라. 자신을 합리화시키려고 노력하지 말라. 자만심에 연연하지 말라.
- 기도하라. 하나님은 회개의 기도를 들으신다.
- 당신의 죄를 하나님께 자백하라. 그것이 잘못되었다는 것에 대해 하나님께 동의하라. 당신의 죄 때문에 직접적으로 영향을 받은 사람들에게 가서 죄를 고백하고 용서를 구하라(마 5 : 23-24).
- 회개하라. 당신의 죄된 길에서 돌이켜 하나님과 동행하는 길로 돌아오라.
- 하나님의 얼굴을 찾으라. 하나님과의 교제가 새롭게 되기를 구하라. 하나님과 대화하라. 그 분의 음성을 귀 기울여 들으라.
- 당신의 죄가 계속되어 온 문제라면, 한 명이나 그 이상의 그리스도인 친구들에게 고백하고, 당신이 그 죄의 사슬에서 풀려날 수 있게 기도해 달라고 부탁하라(약 5 : 16).
- 애통해하라. 하나님이 당신의 죄에 대해서 어떻게 느끼시는지 이해하도록 도와달라고 기도하라. 그 분은 당신이 애통해하기를 원하신다. 당신의 마음이 죄 때문에 부서졌을 때, 당신이 그 죄를 다시 범하는 기회가 적어질 것이다(시 51 : 17).
- 하나님께 순복하라. 마귀를 대적하라. 마음을 성결케 하라(약 4 : 7-10).
- 하나님의 용서와 깨끗케 하심과 고쳐주심의 약속을 구하라(대하 7 : 14 ; 요일 1 : 9).
- 그리고 예수님이 주시는 부활의 능력으로 승리하는 삶을 살라!

➡ **오늘 배운 것을 복습하십시오. 오늘 학습한 내용 중에서 하나님께서 당신으로 하여금 이해하고, 배우고, 실천하기 원하는 구절이나 성구를 하나나 둘쯤 지적해 주시기를 기도하십시오. 해당되는 것에 밑줄을 그으십시오. 그리고 난 후 아래의 질문에 답하십시오.**

오늘 학습한 내용 중 어떤 구절이나 성구가 당신에게 가장 뜻있게 와 닿았습니까?

____

____

위의 구절이나 성구를 하나님께 대한 당신의 기도로 바꾸십시오.

____

오늘의 학습에 대한 반응으로 하나님은 당신이 무엇을 하기 원하십니까?

이 단원의 암송구절을 다음에 써보고, 다른 단원의 성경구절도 복습하십시오.

이 과의 요점

- 코이노니아는 성령님에 의해서 창조되고 지속된다.
- 예수님 안에서의 한 형제나 자매와의 깨어진 교제는 하나님과의 교제도 깨어졌음을 나타낸다.
- 죄는 하나님과의 코이노니아를 깨뜨린다.
- 하나님의 징계와 심판은 그 분의 사랑의 표현이다.

제 2 과 코이노니아의 본질, 제 1 부

하나님과의 코이노니아는 그 분의 임재를 경험하는 것이다.

하나님과의 코이노니아(사랑의 관계, 친밀한 교제)는 구원과 영생에 있어 가장 기본적인 요소입니다(요 17 : 3). 하나님은 그 분과의 사랑의 관계로 초청하시는 일을 주도하십니다. 하나님은 당신이 그 분과 올바른 관계 안에서 살 수 있도록 성령님을 당신 안에 두십니다. 어떤 인간적인 방법이나 단계도 하나님과의 교제를 지속시킬 수 없습니다. 하나님과의 코이노니아는 그 분의 임재를 경험하는 것입니다. 하나님이 주도권을 잡고 계시지만, 그 분의 임재를 충만하게 경험하려면, 당신도 하나님께 반응을 보여야만 합니다.

➡ **하나님을 경험하는 삶의 일곱 가지 실체는 당신이 하나님을 경험으로 아는 길을 확인시켜 줍니다. 당신의 기억력을 점검해 보고 다음의 빈칸을 채우십시오. 그리고 책 뒤에 첨부되어 있는 도표와 대조해 보십시오.**

1. ____________은 항상 당신의 주위에서 일하고 계십니다.
2. 하나님은 당신과 실질적이고 ____________, 지속적인 사랑의 관계를 추구하십니다.
3. 하나님은 당신이 그 분의 ______에 ________________당신을 초청하십니다.
4. 하나님은 자신과________________과 그의 길들을 보여주기 위하여 ________에 의해 성경, ____________환경과 ________를 통해서 말씀하십니다.
5. 하나님의 부르심은 항상 당신을 ____________의 갈등으로 몰아넣고 ____________과 그에 따른 행동을 요구합니다.
6. 당신은 하나님의 역사에 참여하기 위해서 당신의 인생을 하나님의 뜻에 맞게 _________해야 합니다.
7. 당신이 하나님께 ________하고, 하나님이 당신을 통해서 그 분의 일을 성취시킴으로 말미암아, 당신은 __________ 하나님을 알게 됩니다.

마지막 세 가지 실체는 하나님의 주도하심에 대한 당신의 반응을 나타냅니다. 눈여겨보십시오.

- 당신은 하나님께 대한 믿음으로 행해야만 합니다.
- 당신은 하나님께로 향한 중대한 조정을 해야만 합니다.
- 당신은 하나님께 순종해야만 합니다.

당신이 하나님의 주도하심에 응할 때, 당신은 하나님을 경험으로 친밀하게 알게 됩니다. 하나님께 충성되게 순종하는 삶은 당신에게 하나님의 임재를 경험하게 해줍니다. 이것이 하나님과의 코이노니아입니다.

하나님과의 지속적인 교제는 갑자기 일어나는 사건이 아닙니다. 이 교제는 깨어질 수 있습니다. 어떤 경우 겉으로 보기에 좋은 동기도 하나님과 또는 그리스도인 형제, 자매들과의 교제를 위협하는 결과를 낳을 수 있습니다. 어떻게 교제가 위협을 받고 깨어질 수 있는지를 알기 위해서, 우리는 하나님과의 진정한 코이노니아의 본질이 무엇인지 알아야 합니다.

코이노니아의 본질

1. 우리는 우리의 존재를 다 걸고 하나님을 사랑해야만 한다.
2. 우리는 하나님의 통치권에 완전히 순복해야만 한다.
3. 우리는 하나님을 실질적이고 개인적으로 경험해야만 한다.
4. 우리는 하나님을 완전히 의지해야만 한다.

코이노니아의 본질

하나님을 사랑하라

"예수께서 가라사대 네 마음을 다하고 목숨을 다하고 뜻을 다하여 주 너의 하나님을 사랑하라 하셨으니 이것이 크고 첫째되는 계명이요."
—마태복음 22 : 37-38

1. **우리는 우리의 존재를 다 걸고 하나님을 사랑해야만 한다.** "이것이 크고 첫째되는 계명"입니다(마 22 : 37-38). 당신이 하나님을 사랑하면 그 분께 순종할 것입니다(요 14 : 21-24). 당신이 그 분을 사랑하면 당신은 당신의 형제들 역시 사랑할 것입니다(요일 4 : 21 ; 5 : 3). 당신의 하나님과의 교제가 올바르면(당신의 존재를 다 걸고 하나님을 사랑한다면), 당신은 당신의 원수까지도 사랑할 수 있게 됩니다.

교제에 대한 위협은 하나님에 대한 당신의 "첫사랑"을 잃어버리게 하는 원인이 됩니다. 에베소 교회는 이런 문제를 갖고 있었습니다(계 2 : 1-7).

"이 세상이나 세상에 있는 것들을 사랑치 말라 누구든지 세상을 사랑하면 아버지의 사랑이 그 속에 있지 아니하니 이는 세상에 있는 모든 것이 육신의 정욕과 안목의 정욕과 이생의 자랑이니다 아버지께로 좇아온 것이 아니요 세상으로 좇아온 것이라."
—요한일서 2 : 15-16

➡ **요한일서 2 : 15-16을 읽고, 하나님과의 사랑의 관계를 위협할 만한 요소들과, 하나님과의 관계를 온전히 하는 요소들을 써보십시오.**

____

____

____

돈을 사랑하는 것과 피조물을 하나님보다 사랑하는 것이 당신과 하나님과의 교제를 깨어놓을 것입니다. 당신의 죄악된 욕심과 정욕이 당신의 첫사랑을 사로잡을 수 있습니다. 당신은 당신이 가진 것과 당신의 능력과의 사랑에 빠질 수 있습니다. 하나님에 대한 당신의 사랑이 순결하지 못할 때, 하나님과의 교제는 깨어진 것입니다. 당신과 다른 사람들과의 교제가 당신의 하나님과의 깨어진 교제를 반영할 것입니다.

예를 들어, 어떤 사람이 하나님보다 다른 어떤 것들을 더 사랑하기 시작했다고 합시다. 하나님과의 교제가 끊어지면, 다른 사람들을 향한 사랑에까지도 영향이 미칠 것입니다. 하나님보다 물질을 더 사랑하는 사람은 점점 더 구두쇠로, 욕심꾸러기로 변할 것입니다. 그는 경제적으로 궁핍한 형제를 봐도 자신의 물질을 나눠주지 않을 것입니다. 아마도 그는 하나님께 바치는 십일조마저도 자신을 위해 쓰기 시작할 것입니다. 욕심은 매우 위험한 것입니다(엡 5 : 5 ; 요일 3 : 17).

물질주의는 많은 사람에게서 하나님에 대한 그들의 사랑을 빼앗아 가는 가공할 함정입니다. 교회도 이기적이고 욕심사나운 꼴이 될 수 있습니다. 물질주의는 잃어버린 바 되고 불쌍한 사람을 돕기보다는 자신들에게 우선하여 하나님의 것을 쓰도록 만듭니다.

➡ **코이노니아의 첫번째 본질을 써보십시오.**

1. ______________________________

하나님을 향한 당신의 사랑을 방해함으로써 코이노니아를 위협하는 요소들을 적어도 두 가지 이상 나열해 보십시오.

____

하나님께 순복하라

2. **우리는 하나님의 통치권에 완전히 순복해야만 한다.** 하나님은 당신의 주인이십니다. 그 분은 당신을 향한 완전한 사랑 때문에, 절대적인 순종을 요구하십니다. 교회의 머리로서 그리스도는 그 분께 완전히 항복할 것과 그 분의 뜻에 순종할 것을 요구하십니다. 하나님과의 올바른 교제를 위해서는 그 분의 주님되심에 절대적으로 항복하는 것이 필수불가결합니다.

어떤 사람에게 있어서 자신이 그의 법이 되고, 그의 눈에 보기 좋은 대로 행하면, 그의 인생이나 그의 교회생활에서 코이노니아를 경험하기란 불가능한 것이 됩니다. 그리스도 이외의 다른 사람에게 당신의 충성과 신의를 바치는 것은 영적인 간음입니다. 만일 어떤 목사나 집사, 혹은 영향력 있는 사업가나 위원회가 교회를 운영하거나, 다스리게 되면 코이노니아는 위협을 받습니다.

문제는 항상 하나님과 개인의(교회의) 관계에서 시작됩니다. 어떤 사람이든, 자기를 부인하기를 거부하면 하나님과의 교제는 깨어집니다. 자기가 자신을 주장하고 있으면, 모든 다른 권위와의 관계들은 효과가 없습니다. 그리스도의 몸에서 자기 자신을 주장하는 것은 예수님의 머리로서의 정당한 권위를 도둑질하는 것입니다.

교회의 각 지체는 모두 그 자신의 인생 위에 있는 그리스도의 주권에 굴복해야 하며, 교회 위에 있는 그리스도의 머리 되심에 굴복해야 한다.

교제는 한 개인이 교회의 머리가 되려고 할 때만 깨어지는 것이 아니라, 교회가 그들의 목사님, 혹은 어떤 다른 개인이나 그룹에게 다스리기를 기대할 때도 깨어집니다. 어떤 개인이나 그룹이 교회의 머리 역할을 하면, 교회는 건강할 수 없습니다. 겉으로 보기에는 건강해 보일지 몰라도, 하나님이 보시기에는 그렇지 않습니다. 그것은 그 분의 아들의 통치에 대한 반란이고, 하나님은 그것을 싫어하십니다. 교회의 각 지체는 모두 자신의 인생을 주인 되신 그리스도께 드려야 하며, 교회의 머리는 예수님이 되신다는 사실에 순종해야 합니다.

➡ **당신의 생각에는 누가 당신 교회의 머리로 보입니까?**

____

고린도전서 1-3장을 보면, 어떤 사람은 바울, 어떤 사람은 아볼로, 어떤 사람은 베드로(게바)를 좇았기 때문에 분열(깨어진 교제)이 있었습니다. 바울은 이런 반란을 저주했습니다. 그는 그리스도를 제외한 그 어떤 사람을 따르는 것도 비난했습니다. 바울은 자신이나 아볼로를 따르는 것은 유치하고, 세상적이며, 하나님께 속한 사람들답지 않은 짓이라고 했습니다(고전 3 : 1-4). 교회는 "그리스도의 마음"을 가지고(고전 2 : 16) 그리스도만을 따라야 합니다.

그리스도의 몸 안에서 그 분의 주권에 완전히 항복하기를 원치 않는 사람들이 모인 교회라면, 그 안에서 코이노니아란 불가능합니다. 그와 같은 불가능이 더 큰 그리스도의 몸의 범주에서도 존재합니다(지방회나 교단). 즉 목사님들이나 다른 구성원들이 예수님의 주권에 항복하고, 그 분의 통치하에서 그리스도의 몸의 역할을 하기를 거부하는 곳에서는 코이노니아가 불가능합니다. 또한 당신의 인생에서나 교회에서나 더 큰 하나님 나라의 범주에서 하나님의 통치를 방해하거나 침해하는 것은 그 어떤 것이라도 하나님과의 관계가 깨어지게 하는 원인이 됩니다. 하나님과의 교제가 깨어지면 그것은 다른 사람들과의 관계에도 반영이 됩니다.

➡ **당신의 생각에는 누가 당신 교단의 머리로 보입니까?**

____

코이노니아의 두번째 본질을 써보십시오.

1. 우리는 우리의 존재를 다 걸고 하나님을 사랑해야만 한다.
2. ______________________________

그리스도의 통치를 방해하는 요소가 어떻게 교회 안에서 코이노니아를 위협하는지 쓰십시오.

____

____

하나님 앞에서 아주 솔직하게 대답해 보십시오. 누가 당신 인생의 주인입니까? 한 가지만 고르십시오.

☐ 예수 그리스도
☐ 나 자신
☐ 나의 배우자
☐ 나의 직업
☐ 돈 또는 다른 물질

그 외의 것 ______________________________

이 과는 비교적 짧기 때문에 기도할 시간이 충분할 것입니다. 기도하는 데 충분히 시간을 들이십시오. 이 학습을 통해서 기도하십시오.

- 당신 인생에서 어떤 것이 당신이 하나님께 가졌던 첫사랑을 잃게 하는지 하나님께 물어보십시오. 당신에게 그 분보다 사랑하는 그 무엇이 있습니까? 그 분이 어떤 것이라도 보여주시면, 그것을 고백하고, 첫사랑으로 돌아오십시오.
- 당신이 그 분의 주권하에 당신의 인생을 전적으로 드렸는지 하나님께 물어보십시오.
- 당신이 그리스도께서 교회의 머리 역할을 하시도록 허락했는지 하나님께 물어보십시오.
- 당신의 배우자, 가족, 교회, 교단 내의 모든 사람들의 마음을 하나님이 통치하시도록 허락해 달라고 기도하십시오.

오늘 배운 것을 복습하십시오. 오늘 학습한 내용 중에서 하나님께서 당신으로 하여금 이해하고, 배우고, 실천하기 원하는 구절이나 성구를 하나나 둘쯤 지적해 주시기를 기도하십시오. 해당되는 것에 밑줄을 그으십시오. 그리고 난 후 아래의 질문에 답하십시오.

오늘 학습한 내용 중 어떤 구절이나 성구가 가장 뜻있게 와 닿았습니까?

___

위의 구절이나 성구를 하나님께 대한 당신의 기도로 바꾸십시오.

___

___

오늘의 학습에 대한 반응으로 하나님은 당신이 무엇을 하기 원하십니까?

___

___

이 과의 요점

- 하나님과의 코이노니아는 그 분의 임재를 경험하는 것이다.
- 하나님과의 코이노니아는 구원과 영생에 있어서 기본적인 요소이다.
- 나는 나의 전존재를 걸고 하나님을 사랑해야만 한다.
- 나는 하나님의 통치권에 완전히 항복해야만 한다.
- 그리스도의 몸 안에서, 그 분의 주권하에 완전히 항복하기 원하는 개인들이 모인 교회에서만 코이노니아는 가능하다.

제 3 과 코이노니아의 본질, 제 2 부

살아계신 그리스도와의 개인적인 만남만이 코이노니아가 효과적인 역할을 해내는 결과를 가져온다.

제2과에서 하나님과의 코이노니아는 당신의 존재를 다 걸고 하나님을 사랑하는 것과 당신의 인생을 그 분의 통치하에 완전히 순복시키는 것을 요구함을 배웠습니다. 많은 사람들, 그리고 영향력을 끼치는 많은 것들이 당신의 삶과 교회가 하나님과 갖고 있는 교제를 위협할 수 있습니다. 만일 당신이 하나님을 사랑하고, 따르는 것을 그들이 방해하도록 놔둔다면, 이 과에서 저는 당신이 코이노니아의 두 가지 본질을 더 공부하고, 당신의 하나님과의 교제에 위협을 줄 만한 것들에 더 관심을 가지기를 바랍니다.

하나님을 경험하라.

3. **우리는 하나님을 실질적이고 개인적으로 경험해야만 한다.** 당신의 하나님과의 코이노니아는 당신이 그 분을 개인적으로 만나는 것에 기초합니다. 다른 어떤 것도 이것을 대신할 수 없습니다. 당신은 당신의 배우자가 개인적으로 경험한 것이나, 당신의 부모님, 목사님, 주일학교 선생님, 교회 성도, 그 누구의 경험에도 의지할 수 없습니다. 당신의 하나님과의 코이노니아는 실질적이고 개인적이어야 합니다.

어떤 것이나 어떤 사람이 당신과 하나님과의 관계에 있어 당신을 적극적인 참여자가 아니라 방관자로 만들도록 이끌 때, 코이노니아는 위협을 당합니다. 당신은 하나님을 직접 만나야 합니다. 그렇지 않으면 당신은 수동적이 되고, 냉담해지고, 종국에는 도중하차하게 됩니다. 당신은 지속적으로 하나님을 직접 만나야 합니다. 그렇지 않으면 하나님과의 교제는 차갑게 식어갈 것입니다. 결국 당신은 하나님이 그 분의 교회에, 그 분의 나라에, 잃어버린 세상에 대해 얼마나 큰 관심을 가지고 계신가 하는 사실을 망각해 버릴 것입니다.

➡ **당신의 교회에서 어떤 사람을 적극적인 참여자가 아닌, 방관자로 만들 만한 일이 일어났으면, 써보십시오.**

___

___

___

___

당신은 하나님을 개인적이고, 실질적으로 경험하는 대신, "방관자의 종교"로 대치한 적이 있습니까? 한 가지만 써보십시오.

___

___

조직과 프로그램들이 비록 전도와 성장, 사역들을 증진시키기 위해서 계획되었을지라도 그것들은 흔히 신자들을 무관심과 피상적인 관계 속으로 몰아넣을 수 있습니다. 여간 신중하게 하지 않는 한, 교회는 사람들로 하여금 어떤 프로그램을 경험하게 돕는 반면에 살아계신 그리스도와의 개인적인 만남은 놓치게 할 수 있습니다. 잘 조직된 프로그램, 계획, 방법, 성경공부 등은 매우 가치 있는 것이지만, 그것이 창조적인 성령님의 개인적인 인도를 경험하는 것을 대치해서는 절대로 안됩니다. 이것은 교회들이 조직적이어서는 안된다는 뜻이 아닙니다. 단지 이것을 이용해 사람들이 하나님을 개인적으로 경험하는 것을 조장하도록 더욱 힘써야 한다는 말입니다.

다른 사람들이 이미 경험한 영적인 진리와 실체는 지식을 늘리기 위해서 가르쳐져서는 안됩니다. 그보다는 그와 똑같은 영적 진리와 실체를 하나님이 개개인에게 직접 계시하시는 것을 그들이 경험하도록 지도해야 합니다. 간접 경험으로는 충분치 않습니다.

예를 들어, 교단에서 운영하는 단체들은 개교회들이 혼자서는 할 수 없는 일들을 해낼 수 있습니다. 그러나 교단적 차원에서 조직적으로 하는 일이라 하여, 개인적이고도 신실한 참여라는 측면이 배제되어서는 안됩니다. 이것은 사회적, 영적 무관심을 낳게 됩니다. 책임감 있는 참여도 중요하겠으나 더 근원적인 것은 오로지 살아계신 그리스도와의 개인적인 만남이며 그것이 곧 코이노니아가 효과적인 역할을 해내는 결과를 가져옵니다.

➡ **교단에서는 개교회에서 혼자 감당할 수 없는 어떤 일들을 할 수 있습니까?**

____

____

이런 좋은 일들이 어떻게 하나님과의 실질적이고 개인적인 만남을 방해할 수 있습니까?

____

____

이것은 이것이냐 저것이냐의 문제가 아닙니다. 이것은 둘 다 있어야 합니다. 교단, 프로그램, 방법, 준비된 교재 등등은 교회에 도움을 주는 도구들입니다. 그러나 그것들이 하나님과의 개인적인 만남을 대신해서는 안됩니다. 각 개인이 그의 인생에 역사하시는 주님의 임재를 경험할 필요가 있습니다. 하나님의 인도를 따르고, 성령의 능력으로 무장되어 하나님의 목적을 성취시켰을 때, 각 개인은 코이노니아를 경험합니다.

프로그램과 사역이 수단이 아닌 목적이 되어버리고, 활동이 활동 그 자체에서 끝이 나거나 성공의 피상적인 표현이 될 때, 코이노니아는 미미해지고, 아주 없어지는 절대절명의 위기에 놓이게 됩니다. 교회는 숫자적 통계 결과에만 관심을 가져서는 안됩니다. 그들은 그들의 동기와 그들이 하는 일에 있어서의 근본 정신을 잘 살펴보아야만 합니다. 사람들의 삶이 변화받고 있습니까? 비탄에 잠겼던 사람들이 영적, 감정적인 치유를 발견합니까? 사람들이 교회 가운데서 역사하시는 살아계신 그리스도를 만납니까? 그렇지 않다면, 당신의 교인들과 하나님과의 개인적인 관계에 무언가 잘못된 것이 있습니다.

➡ **코이노니아의 세번째 본질을 써보십시오.**

1. 우리는 우리의 존재를 다 걸고 하나님을 사랑해야만 한다.
2. 우리는 하나님의 통치권에 완전히 순복해야만 한다.
3. ____

한 교회에서, 하나님과의 실질적이고 개인적인 만남을 대치할 만한 것은 무엇입니까?

____

____

____

과거에 당신은 하나님과의 개인적인 만남의 자리를 다른 어떤 것이 차지하도록 방관한 적이 있습니까? 있다면 그것은 무엇입니까? (예 : "저는 교회에 헌금은 했지만, 우리 교회를 통해서 하나님의 역사에 직접 참여하기는 꺼려 했어요. 저는 하나님이 우리 교회를 통해서 하시는 일에 개인적으로 참여했다고 느낀 적은 한 번도 없습니다.")

____

____

하나님을 의지하라

4. 우리는 하나님을 온전히 의지해야만 한다. 당신은 오직 하나님만이 하실 수 있는 일을 하시도록 성령님께 의존해야만 합니다. 당신은 오로지 하나님 한 분만을 의지해야 합니다.

한번은 이스라엘이 위기에 처했을 때, 주님께 의지하지 않고, 대신 이집트에 도움을 요청했습니다. 그 때 하나님은 이렇게 말씀하셨습니다.

> "도움을 구하러 애굽으로 내려가는 자들은 화 있을진저 그들은 말을 의뢰하며 병거의 많음과 마병의 심히 강함을 의지하고 이스라엘의 거룩하신 자를 앙모치 아니하며 여호와를 구하지 아니하거니와"(사 31 : 1).

➡ **교회로 하여금 의지하고자 하는 유혹을 자아내는 것이나 사람들을 열거해 보십시오(예 : 어떤 교회는 하나님의 사람들을 통해서 공급해 주시는 하나님을 믿기보다는 교회에 재정적 안정을 가져다주는 어떤 부자를 의지할 수 있습니다).**

____

____

____

____

하나님 외에 다른 어떤 것을 의지하는 것은 하나님과 당신 간의 교제를 깨뜨립니다. 하나님의 일을 이루는 데 있어서 하나님을 의지하는 대신, 다음에 나열된 것 중 어떤 것을 따르는 것은 하나님과의 교제를 깨뜨릴 것입니다.

- 당신 자신
- 다른 사람, 그들의 능력, 그들의 자원
- 프로그램이나 방법
- 조작이나 위압
- 압력을 넣는 작전이나 죄책감
- 속임수
- 다른 것들

하나님이 교회에서 쓸 인력, 관계들, 자원, 방법, 프로그램 등을 제공하십니다. 그러나 하나님을 믿기보다는 이런 것들을 의지하려는 유혹에 빠지는 교회는 하나님을 기쁘시게 하지 못합니다. 당신 교회도 당신 자신, 목사님, 잘 조직된 성경공부 프로그램, 교단의 단체, 은행, 전도 방법, 정부, 다른 조직, 사람 혹은 다른 어떤 것을 의지하고 싶은 유혹을 받을지도 모릅니다. 당신이 교회에서 하나님의 일을 이루어 나가는 데 있어, 하나님을 의지하는 대신에 다른 어떤 것을 의지한다면, 하나님과의 교제는 물론 다른 신자들과의 교제 역시 깨어집니다. 어떤 경우, 지도자들은 압력 작전을 써서 교인들에게 하나님의 뜻을 행하게 만듭니다. 그것 역시, 하나님이 그 분의 사람들을 자신에게로 인도하시는 능력을 부인하는 것입니다. 그리고 어떤 갈등이 일어나면, 지도자들은 교회의 갈등을 처리하는 지침서에 의지해서 문제를 해결하려고 듭니다. 사람들이 하나님만을 의지하고 사랑하도록 이끄는 대신에 말입니다.

성령님은 믿는 자들을 통해서 자신을 드러내시고, 그들이 하나님 크기의 일을 해낼 수 있는 능력을 주십니다. 하나님이 그 분의 교회를 성장시키십니다. 성령님은 교회가 하나가 되도록 하십니다. 그리스도는 영적 열매를 가져오십니다. 당신과 당신의 교회는 하나님이 여러분을 통해서 그 분의 방법대로 그 분의 뜻을 성취시키시도록 하나님께만 의지해야 합니다. 온전히 하나님을 의지하십시오.

"나는 포도나무요 너희는 가지니 저가 내 안에, 내가 저 안에 있으면 이 사람은 과실을 많이 맺나니 나를 떠나서는 너희가 아무것도 할 수 없음이라."
—요한복음 15 : 5

그렇습니다. 하나님은 그 분께 동참하라고 당신을 부르실 것입니다. 그렇습니다. 하나님은 그 분이 당신을 통해서 하실 무언가를 하라고 하실 것입니다. 많은 경우, 하나님은 당신에게 어떤 프로그램이나 방법을 사용하게 하실 것입니다. 그 분의 목적을 이루는 데 있어 잘 조직이 되어 제 역할을 해낼 수 있도록 말입니다.. 그 분은 당신의 돈과 자원, 그리고 기술과 능력을 사용하라고 하실 것입니다. 그러나 영원히 남을 열매를 얻고 싶다면, 당신이 하는 모든 일에서 하나님의 인도와 제공, 선물과 능력에 의지해야만 합니다. 그 분 없이 당신은 아무것도 할 수 없습니다(요 15 : 5). 그 분의 임재가 교제를 창조하고 지속시킵니다. 순종하고 의지하는 사람들을 통해서 그 분은 영원히 남는 영적인 열매를 맺으십니다.

➡ **코이노니아의 네번째 본질을 써보십시오.**

1. 우리는 우리의 존재를 다 걸고 하나님을 사랑해야만 한다.

2. 우리는 하나님의 통치권에 완전히 순복해야만 한다.
3. 우리는 하나님을 실질적이고 개인적으로 경험해야만 한다.

4. ______________________________

하나님 대신 의지하고 싶은 것이 있었습니까? 한 가지만 써보십시오.

____

____

다시 한 번 기도하는 데 시간을 내십시오. 이 과를 통해서 기도하십시오. 당신이 종교적인 행사로 하나님을 개인적으로 만나는 일을 대치하는 바람에 하나님을 경험하는 기회를 놓친 일이 있는지 하나님께 알려달라고 기도하십시오. 하나님이 당신의 모든 필요를 채워주시는 분임을 의지하는 대신 다른 사람이나 다른 것을 의지한 적이 있는지 가르쳐 달라고 하나님께 기도하십시오.

또한 당신의 교회를 위해서 기도하십시오. 혹시 당신의 교회가 무의식 중에 사람들로 하여금 하나님을 개인적으로 경험하는 것을 어떤 종교행사로 대치하도록 종용하고 있지 않은지 가르쳐 달라고 기도하십시오. 당신의 교회가 언제나 주님, 그 분 한 분만을 의지하게 해달라고 기도하십시오.

오늘 배운 것을 복습하십시오. 오늘 학습한 내용 중에서 하나님께서 당신으로 하여금 이해하고, 배우고, 실천하기 원하는 구절이나 성구를 하나나 둘쯤 지적해 주시기를 기도하십시오. 해당되는 것에 밑줄을 그으십시오. 그리고 난 후 아래의 질문에 답하십시오.

오늘 학습한 내용 중 어떤 구절이나 성구가 가장 뜻있게 와 닿았습니까?

____

위의 구절이나 성구를 하나님께 대한 당신의 기도로 바꾸십시오.

____

오늘의 학습에 대한 반응으로 하나님은 당신이 무엇을 하기 원하십니까?

____

이 단원의 암송구절을 크게 소리내어 외우거나, 종이에 써보십시오.

이 과의 요점

- 나는 하나님을 실질적이고 개인적으로 경험해야만 한다.
- 나는 하나님을 온전히 의지해야만 한다.

제 4 과 서로를 돕는 것

우리는 그리스도께서 명령하신 모든 것에 순종하기를 배우기 위해서 서로를 도와야만 한다.

그리스도인들은 서로를 필요로 합니다. 그것이 하나님이 우리를 그리스도의 몸인 교회에 두신 이유입니다. 하나님이 믿는 자들의 모임 안에서 일하시는 것을 통하여 우리는 그리스도의 몸을 떠나서는 경험할 수 없는 방법으로 하나님을 압니다. 그리스도는 모든 믿는 자들 안에 거하시고(요 17 : 23,26 ; 골 1 : 27), 믿는 자들은 그리스도 안에 있습니다(요 17 : 21 ; 고후 5 : 17). 우리는 하나님과의 올바른 교제, 서로간의 올바른 교제를 지속시키기 위해서 서로를 도와주어야 합니다.

➡ **살아계신 그리스도께서 모든 믿는 자 안에 거하십니다. 그렇다면 다음 어느 문장이 맞습니까?**

☐ 1. 나는 하나님이 다른 신자 안에서 일하시는 것을 경험할 수 없다.

☐ 2. 나는 하나님이 다른 신자 안에서 일하시는 것을 경험할 수 있다.

몸을 떠나서는 당신은 온전한 사람이 될 수 없다.

다른 믿는 자들과의 관계를 통해서 당신은 그들의 인생에서, 그들의 인생을 통해서 역사하시는 하나님을 경험할 수 있습니다. 하나님은 당신을 통해서 제게 말씀하실 수 있습니다. 그 분은 그 분이 정하신 시간에, 교회의 어느 지체를 통해서도 말씀하실 수 있습니다. 그것이 우리가 서로를 필요로 하는 이유인 것입니다. 우리는 한몸으로 역할을 하도록 창조되었으므로, 믿는 자들 간의 친밀한 교제를 떠나서는 건강할 수가 없습니다. 몸을 떠나서는 당신은 온전한 사람이 될 수 없습니다. 왜냐하면 지체들은 서로 돕고 보완함으로써 온전한 한몸을 이루기 때문입니다. 그리스도의 몸과의 교제는 하나님과의 교제에 있어서 중요한 부분입니다.

제자 삼는 일에 있어 서로 돕는 것

예수님은 그 분의 교회에 내리신 지상명령에서 이렇게 말씀하셨습니다. "…너희는 가서 모든 족속으로 제자를 삼아… 내가 너희에게 분부한 모든 것을 가르쳐 지키게 하라…"(마 28 : 19-20). 예수님은 "내가 너희에게 분부한 모든 것을 가르치라"고 하지 않으셨습니다. 예수님은 "내가 너희에게 분부한 모든 것을 가르쳐 지키게 하라"고 하셨습니다. 굉장한 사명입니다! 새신자가 예수님이 분부하신 모든 것을 지켜 행하도록까지 가르치지 못했으면, 그의 교회생활에서 우리의 역할은 끝나지 않은 것입니다.

누구든지 성경을 읽으면 예수님이 명령하신 것이 무엇인지 배울 수 있습니다. 물론 누구든지 그렇게 해야 합니다. 그러나 모든 것을 지키는 것을 배우는 것은 다른 차원의 문제입니다. 하나님은 새신자가 모든 것을 실행하고 순종하기란 무척 어렵다는 것을 아셨습니다. 그렇기 때문에 하나님은 믿는 자들을 그리스도의 몸에 두신 것입니다. 그리스도를 따르기를 배우는 것은 평생이 소요되는 과정입니다. 당신은 그 분을 따르는 것을 혼자서 배울 수 없습니다.

바울은 디모데에게 말했습니다. "또 네가 많은 증인 앞에서 내게 들은 바를 충성된 사람들에게 부탁하라 저희가 또 다른 사람들을 가르칠 수 있으리라"(딤후 2 : 2). 바울은 무리를 놓고 가르쳤습니다. 바울은 본래 1 대 1 제자 훈련이라는 생각으로 디모데를 가르치지 않았습니다. 바울은 그리스도의 몸이라는 배경에서 가르쳤습니다.

제구실을 하고 있는 신약성서적 교회를 떠나서 온전한 신앙인이 된 사람은 아무도 없다.

제구실을 하고 있는 신약성서적 교회를 떠나서 온전한 신앙인이 된 사람은 아무도 없습니다. 왜냐구요? 하나님이 제자를 길러내는 과정을 그리스도의 몸 안에 정립해 놓으셨기 때문입니다. 구원을 받은 사람은 부르심을 받아서 그리스도를 머리로 모신 영적인 몸 안에 포함이 됩니다. 한 사람은 몸의 한 부분이며, 그는 자신의 역할을 제대로 하기 위해서 몸의 모든 부분들을 절대적으로 필요로 합니다.

➡ **다음 목록을 읽으십시오. 예수님을 따르는 것을 그리스도의 몸 안에서 배우는 것이 왜 당신 혼자서 성숙하려고 노력하는 것보다 나은지 합당한 이유가 나오면 ×표 하십시오.**

☐ 1. 내가 용기를 잃을 때, 다른 사람들이 내가 정진할 수 있도록 용기를 준다.

☐ 2. 성숙한 그리스도인의 삶을 가까이서 관찰함으로써 나도 주님과 좀더 비슷한 삶을 살고 싶은 도전을 받는다.

☐ 3. 다른 사람들이 모범을 보여주기 때문에 어떻게 그리스도인의 삶을 영위해야 하는지를 잘 배우게 된다.

☐ 4. 내가 진리에서 벗어나 그릇된 가르침에 빠지게 될 때 하나님이 그 분의 말씀과 성령님과 교회를 통해서 말씀해 주신다.

☐ 5. 내가 죄악에 빠질 때, 그리스도인 형제, 자매들이 사랑으로 이끌어 회개하고 주님께 돌아오도록 해준다.

☐ 6. 하나님이 동료 그리스도인에게 영적인 깨달음을 주시면 나는 그 진리를 그 사람과 나누고, 성령님이 확신시켜 주심에 따라 배울 수 있다.

☐ 7. 하나님이 다른 지체들을 통해서 내가 그리스도의 몸에서 어떤 구실을 해야 하는지를 확신시켜 주심으로 나는 하나님의 뜻을 알 수 있다.

☐ 8. 하나님이 나를 통해 역사하심으로 인해서 다른 신자들의 인생에 깊은 감명을 주는 것을 경험할 때, 나는 신이 난다.

☐ 9. 하나님이 나를 사용하셔서 그리스도의 몸을 세우시고 다른 선자들이 성숙을 향해 성장하게 하실 때, 만족감을 느낀다.

이 외에도 믿는 자들의 무리 안에서 그리스도를 따르기를 배우는 것이 혼자 그 분을 따르는 것보다 나은 이유가 있으면 아래에 써보십시오.

____

____

혼자서 이 교재를 공부했으면 가능하지 않았을 텐데, 모임을 통해 공부함으로써 당신이 영적으로 성장하게 된 일면을 써보십시오.

____

당신 친구가 이 교재를 공부하려고 한다면, 당신은 혼자 공부하는 것보다 모임을 통해 하는 것이 더 좋은 이유를 설명할 수 있겠습니까?

____

____

"그가 혹은 사도로, 혹은 선지자로, 혹은 복음 전하는 자로, 혹은 목사와 교사로 주셨으니 이는 성도를 온전케 하며 봉사의 일을 하게 하며 그리스도의 몸을 세우려 하심이라 우리가 다 하나님의 아들을 믿는 것과 아는 일에 하나가 되어 온전한 사람을 이루어 그리스도의 장성한 분량이 충만한 데까지 이르리니."
—엡 4 : 11-13

하나님은 모든 신자들이 그리스도의 장성한 분량에까지 이르기를 원하십니다. 어떤 사역, 영적인 은사, 섬김을 위해서 준비해 주시는 것 등, 하나님이 믿는 자들에게 주시는 모든 것은 그리스도의 몸을 위한 것입니다(엡 4 : 11-13). 몸을 떠나면, 은사나 사역은 아무런 의미가 없습니다. 그러나 몸의 모든 지체가 하나님이 두신 곳에서 자기의 역할을 감당하면, 온몸이 사랑 안에서 자라나 그리스도의 장성한 분량까지 맛보게 됩니다.

➡ **이 단원의 암송구절은 우리가 어떻게 서로를 도울 수 있는지 가르쳐 줍니다. 히브리서 10 : 24-25에서 무어라고 말합니까? 아래에 적어보십시오.**

____

____

____

____

____

____

다른 신자들이 하나님, 서로를, 그리고 잃어버린 세상을 사랑하도록 당신이 격려할 수 있는 방법을 하나만 써보십시오.

____

다른 신자들이 선행을 하도록 당신이 격려할 수 있는 방법을 하나만 써보십시오.

____

다른 신자들이 함께 모여서 예배드리고, 공부하고, 교제하도록 당신이 권할 수 있는 방법을 두 가지만 써보십시오.

____

____

"하나님을 경험하는 삶"은 제자 훈련, 지도자 훈련 그리고 목회사역에서 평신도를 준비시키고자 고안된 많은 "삶(Life) 시리즈" 가운데 한 과정일 뿐입니다. 다음에 제시된 과정을 훈련한다면 하나님과 동행하는 신자의 기본 훈련에 특히 유용할 것입니다.

➡ **다음 설명을 읽어 보십시오. 하나님께서 당신을 다른 삶(LIFE) 과정을 통하여 제자로서 계속 성장시키고자 하시는지 기도하십시오.**

최선의 삶 : 제자훈련(애버리 T. 윌리스 저)은 삶(LIFE) 과정의 핵심 교과과정입니다. 최선의 삶은 당신이 그리스도 안에서 살아가기를 배움에 따라 당신의 삶에 튼튼한 기초를 세우도록 도와줍니다. 하나님의 말씀으로 사는 원리, 믿음으로 기도하는 원리, 신자들과의 교제원리 그리고 세상에 증거하는 원리를 가르쳐 줍니다. 또 최선의 삶은 하나님께서 당신을 통하여 다른 사람들에게 역사하시도록 인도합니다. 최선의 삶은 30여 교파에서 50여 언어로 번역되어 115개국이 넘는 나라에서 사용되고 있습니다. 만일 당신의 교회에 최선의 삶 지도자 과정을 수료한 분이 없으시거나 영어판 또는 다른 언어로 된 최선의 삶에 관한 정보가 필요하시면 교회진흥원으로 연락하십시오.

기도의 삶 : 하나님과 교제하며 동행하는 삶(T. W. 헌트, 캐서린 워커 공저)은 성서에 나타난 기도의 원리에 기초하여 효과적인 기도의 삶을 발전시키도록 가르칩니다. 이 과정은 당신이 기도함으로 하나님과의 교제가 더욱 깊어지도록 아주 실제적인 도움을 줍니다. 기도의 삶은 당신이 다른 사람과 함께 또 다른 사람을 위하여 기도하는 생활을 개발하고 실천하도록 자극할 것입니다. 개인과 가정, 교회의 중보기도에 대한 도움도 받을 수 있습니다.

제자훈련과 교리에 관한 생활지침(Life Guide ; 애버리 T. 윌리스 저)은 열세 가지 성경연구 방법을 체계적으로 공부하고 교리를 생활에 적용하도록 인도해 줍니다. 특히 이 과정을 공부하는 데 필요한 디사이플 주석성경(요단출판사, 1992년)은 실제적인 성경연구와 적용에 관한 도움말이 있어서 예수 그리스도를 따라가는 평생 동안 도움을 줄 것입니다.

그리스도인으로서의 부르심(Master Design;토미 레, 커티스 본 공저)은 에베소서에 대한 귀납적 연구방법론입니다. 이 연구는 당신 스스로 성서의 진리를 캐내어 그것들을 삶에 적용하도록 가르칩니다. 또한 당신을 그리스도인으로 부르신 것과 교회에 대한 에베소서의 교훈을 이해하도록 도와줍니다.

다른 삶(LIFE) 과정에는 부부의 삶(Covenant Marriage)과 자녀의 삶(Parenting by Grace) 그리고 치유의 삶(Wise Counsel) 등이 있습니다. 삶(LIFE) 과정과 다른 장년제자훈련 자료에 관한 자세한 정보에 관해서는 교회진흥원으로 연락하십시오.

예배에 있어서 서로를 돕는 것

당신은 하나님과의 코이노니아의 본질 중 한 가지가 하나님을 실질적이고 개인적으로 경험하는 것임을 배웠습니다. 하나님과의 교제를 계속하려면, 당신이 그 분께 드리는 예배가 실질적이고 개인적으로 그 분을 만나는 것이어야 합니다.

➡ **다음에 나와 있는 초대교회에서의 예배에 대한 구절들을 읽으십시오. 그들이 예배 중에 했던 일들을 찾아 밑줄 그어 보십시오.**

사도행전 2 : 42, 46-47—저희가 사도의 가르침을 받아

서로 교제하며 떡을 떼며 기도하기를 전혀 힘쓰니라…, 날마다 마음을 같이하여 성전에 모이기를 힘쓰고 집에서 떡을 떼며 기쁨과 순전한 마음으로 음식을 먹고 하나님을 찬미하며 또 온 백성에게 칭송을 받으니 주께서 구원받는 사람을 날마다 더하게 하시니라.

에베소서 5 : 19-20—시와 찬미와 신령한 노래들로 서로 화답하며 너희의 마음으로 주께 노래하며 찬송하며 범사에 우리 주 예수 그리스도의 이름으로 항상 아버지 하나님께 감사하며.

고린도전서 14 : 26, 29-33—그런즉 형제들아 어찌할꼬 너희가 모일 때에 각각 찬송시도 있으며 가르치는 말씀도 있으며 계시도 있으며 방언도 있으며 통역함도 있나니 모든 것을 덕을 세우기 위하여 하라… 예언하는 자는 둘이나 셋이나 말하고 다른 이들은 분변할 것이요 만일 곁에 앉은 다른 이에게 계시가 있거든 먼저 하던 자는 잠잠할지니라 너희는 다 모든 사람으로 배우게 하고 모든 사람으로 권면을 받게 하기 위하여 하나씩 하나씩 예언할 수 있느니라 예언하는 자들의 영이 예언하는 자들에게 제재를 받나니 하나님은 어지러움의 하나님이 아니시요 오직 화평의 하나님이시니라.

초대교회는 성령의 코이노니아로 역할을 담당해 나갔으므로, 초창기에는 그 누구도 교회에 주어진 은사들을 독점하지 않았습니다. 반면, 무리가 예배하기 위해서 모였을 때 각 신자는 예배를 돕고 협력할 가능성을 지니고 있었습니다. 그 공헌의 첫째 요건은 그것이 전 그리스도인 공동체를 세우는 데 도움이 되느냐 하는 것이었습니다.

예배가 당신과 하나님과의 교제를 향상시키려면, 당신이 하나님을 실질적이고 개인적으로 경험하도록 인도해야 합니다. 예배가 당신으로 하여금 소극적인 반응을 나타내게 한다든지, 참여자라기보다는 구경꾼이 되게 한다든지, 하나님이 아닌 사람이나 프로그램에 초점을 맞춘다든지 하면, 그런 예배는 당신을 냉담하게 만들고 무관심, 의심, 갈등 등의 문제들을 끌어들이는 역할을 할 뿐입니다.

➡ **당신의 생각에는 다음 문장 중 어떤 것이 당신이 교회 예배시간에 개인적으로 경험하는 것을 가장 잘 표현하고 있습니까?**

☐ 1. 나는 하나님의 임재하심을 느낀다. 나는 하나님이 나를 인도하심을 느낀다. 나는 하나님이 우리 가운데서 역사하고 계심을 인해서 다른 사람들과 함께 기뻐한다. 나는 돌아오는 주에 그리스도와 같은 삶을 살아야겠다는 마음을 갖게 된다.

☐ 2. 나는 가끔 하나님이 내 인생에서, 우리 교회에서 무언가를 하고 계신다는 것을 느낀다. 대부분 나는 교회에 갈 때 가졌던 똑같은 마음을 가지고 집에 돌아온다.

☐ 3. 나는 하나님이 우리 예배시간을 통해 역사하시는 것을 거의 느끼지 못한다. 예배시간이 냉랭하고 하나의 형식처럼 느껴진다.

다른 답. ____

____

예배를 시작하기 전 당신은 마음을 준비시키기 위해서 얼마만큼의 시간을 소비합니까?

____

당신이 예배시간을 통해 경험해야 할 것을 경험하지 못 하고 있다면, 기도를 통해서 하나님의 인도하심을 구하십시오. 예배를 이끄시는 분들과 당신 자신의 준비와 참여를 위해서. 하나님은 당신이 예배를 인도하시는 분들을 위해서 어떻게 기도하기를 원하십니까?

____

____

예배시간을 위해서 자신을 좀더 준비시키려면 무엇을 해야 한다고 생각하십니까?

____

순종함에 있어서 서로를 돕는 것

한 어린 소녀가 순종을 하지 않다

저는 세 살짜리 아이가 있는 한 부부의 집을 방문한 적이 있습니다. 부모가 "이리 온"이라고 말했을 때, 그 소녀는 반대편 방향으로 뛰어가는 것이었습니다. 그런데도 그 부모와 할머니, 할아버지는 "허허, 아주 귀엽죠?"라고만 말하는 것이었습니다.

하루는 그 소녀가 앞마당에서 놀고 있었습니다. 대문은 열려 있었고 아이는 두 대의 차가 주차된 사이로 뛰어갔습니다. 차가 오는 것을 본 엄마가 "얘야, 이리 온"이라고 소리쳤습니다. 그 소녀는 웃으면서 막 달려오는 차 앞으로 뛰어들어 그만 죽고 말았습니다. 그것이 제가 처음으로 인도한 장례식이었습니다.

당신의 아이들이 잘못했을 때, 당신은 그들을 고쳐주고 징계합니까? 당신이 그들을 사랑한다면 그렇게 할 것입니다. 히브리서 12 : 6은 하나님의 징계를 사랑이라고 표현합니다. 교정, 징계, 심판은 완전한 사랑의 표현일 수 있습니다. 우리는 서로서로 그리스도께서 분부하신 모든 것에 순종하는 것을 배우도록 도와주어야 합니다.

➡ **당신의 그리스도인 형제, 자매가 자신에게 해가 될 일을 하고 있다면, 다음 문장 중 어떤 것이 하나님과 같은 사랑을 표현한 것일까요?**

☐ 1. 나는 그 사람을 화나게 하는 어떤 말도 하지 않을 것이다.

☐ 2. 나는 마음을 넓게 가지고 그 사람의 그릇된 행실을 용납할 것이다.

☐ 3. 나는 그에게 암시를 주고 내가 전하려는 뜻을 알아주기를 바랄 것이다.

☐ 4. 나는 그 사람을 개인적으로 찾아가서, 그 사람이 잘되기를 바라는 내 마음을 얘기하고, 징계의 말씀이 담긴 성경구절을 함께 읽을 것이다.

☐ 5. 나는 교회로 직접 가서 교회에서 그 사람을 내쫓을 것을 건의할 것이다.

많은 현대 교회들은 교회에서의 징계를 멀리하고 덮어두어 왔습니다. 그것의 한 이유는 과거에 교회의 징계가 때때로 악용되어 왔기 때문입니다. 교회에서 징계를 경솔하게, 혹은 원수를 갚는 데 사용했습니다. 전혀 사랑과 보살핌을 표현하지 않은 채 5번의 경우처럼 사용했습니다. 목사로서, 저는 사람들이 영적으로 병든 것에 대해 화내지 않기로 작정했습니다. 저는 그것을 그저 하나님이 저를 그 곳에 두신 이유로 보았습니다. 저는 그 사람들을 따뜻한 사랑으로 감싸주기로 마음먹었습니다. 저는 징계가 진정한 사랑의 표현으로 다가왔을 때, 반응을 보이지 않는 그리스도인을 본 적이 없습니다.

"주께서 그 사랑하시는 자를 징계하시고 그의 받으시는 아들마다 채찍질하심이니라." —히브리서 12 : 6

하나님은 그 분의 자녀들을 징계하실 때, 그들을 향한 자신의 온전한 사랑을 표현하시는 것입니다(히 12 : 6). 우리가 우리 형제, 자매들을 사랑하면, 우리도 그들이 하나님께로 돌아오도록 사랑으로 징계해야 할 것입니다. 이것이 우리가 서로 돕는 한 방법입니다. 그러나 이것은 오직 사랑이라는 동기에서 출발해야 합니다. 성경은 사랑의 징계에 관한 지침을 우리에게 줍니다.

사랑의 징계

> "네 형제가 죄를 범하거든 가서 너와 그 사람과만 상대하여 권고하라 만일 들으면 네가 네 형제를 얻은 것이요 만일 듣지 않거든 한두 사람을 데리고 가서 두세 증인의 입으로 말마다 증참케 하라 만일 그들의 말도 듣지 않거든 교회에 말하고 교회의 말도 듣지 않거든 이방인과 세리와 같이 여기라"(마 18 : 15-17).

➡ **마태복음 18 : 15-17에서 예수님은 죄로 멀어진 형제를 다시 찾는 과정을 네 가지로 구분하셨습니다. 이 네 단계를 써보십시오.**

___

___

___

___

당신은 고린도전서 13장에 나오는 하나님의 사랑에 대한 지침을 기억하십니까? 사랑은 오래 참고 온유합니다. 방황하는 사람은 돌아오기 전에 많은 사랑을 필요로 할 수 있습니다. 사랑의 징계는 먼저 당신이 개인적으로 그 사람에게 접근하는 것을 요구합니다. 어떤 징계든지 하나님의 관점에서 해야 합니다. 사랑의 징계는 뜨거운 기도를 필요로 합니다. 제 2, 3, 4 단계로 올라갈 때, 너무 성급하게 하지 마십시오. 당신도 하나님의 은혜로 구원을 받은 죄인입니다. 언젠가는 당신도 그리스도인 친구로부터 징계를 받을지 모릅니다. 당신이 대접받고 싶은 대로 남을 대접하십시오. 그렇게 함으로써 당신은 영원한 그리스도인 형제, 자매를 얻을지도 모릅니다.

➡ **오늘 배운 것을 복습하십시오. 오늘 학습한 내용 중에서 하나님께서 당신으로 하여금 이해하고, 배우고, 실천하기 원하는 구절이나 성구를 하나나 둘쯤 지적해 주시기를 기도하십시오. 해당되는 것에 밑줄을 그으십시오. 그리고 난 후 아래의 질문에 답하십시오.**

오늘 학습한 내용 중 어떤 구절이나 성구가 당신에게 가장 뜻있게 와 닿았습니까?

____

____

위의 구절이나 성구를 하나님께 대한 당신의 기도로 바꾸십시오.

____

____

____

____

오늘의 학습에 대한 반응으로 하나님은 당신이 무엇을 하기 원하십니까?

____

____

이 과의 요점

- 그리스도인들은 서로를 필요로 한다.
- 우리는 그리스도께서 분부하신 모든 것에 순종하는 것을 배우기 위해서 서로를 도와야만 한다.
- 하나님께 예배드리는 것은 그 분을 실질적이고 개인적으로 만나는 것이어야만 한다.

제 5 과 당신의 영적인 명세서

당신의 인생에서 하나님이 시작하신 일은 그 분이 완성시키실 것이다!

"너희 속에 착한 일을 시작하신 이가 그리스도 예수의 날까지 이루실 줄을 우리가 확신하노라."
—빌립보서 1 : 6

몇 달 전 우리는 이 여행을 함께 시작했습니다. 저의 기도는 하나님이 당신 안에서, 당신을 통해서 역사하시는 것을 당신이 경험함으로써, 하나님을 좀더 친밀하게 알게 되는 것이었습니다. 저는 이 단원에서 당신이 이제껏 공부한 것을 복습하고, 하나님이 당신의 인생에서 무슨 일을 해오셨는지 알아보겠습니다. 그리고 나서 당신이 현재 주님과 동행하고 있는 삶의 영적 명세서를 작성하는 데 주님과 시간을 함께 보내시기 바랍니다. 만일, 당신이 이 교재를 공부하는 동안 하나님이 당신의 인생 가운데서 일해 오셨다면, 그 분은 자신과 더욱 친밀한 교제를 나누고, 하나님 나라의 임무를 맡도록 당신을 준비시켜 오신 것입니다. 저는 당신이 당신의 인생에서 역사하시는 하나님의 임재를 깊이 느끼며, 이 마지막 단원에 이르렀기를 바랍니다. 당신의 인생에서 하나님이 시작하신 일은 그 분 스스로 완전하게 완성시키실 것입니다! (빌 1 : 6)

복습 ➡ **A. 다음의 단어들을 사용해서 하나님을 경험하는 삶의 일곱 가지 실체들을 당신 자신의 말로 써 보십시오.**

1. 하나님의 일 ______________________________

2. 사랑의 관계 ______________________________

____

3. 하나님이 초청하심 ______________________________

____

4. 하나님이 말씀하심 ______________________________

____

____

5. 믿음의 갈등 ______________________________

____

6. 조정 ______________________________

____

7. 그 분께 순종함 ______________________________

____

B. 위의 일곱 가지 실체들 중 어떤 것이 당신에게 가장 깊은 의미를 줍니까? 그 이유는 무엇입니까?

C. 12개의 암송구절들을 모두 복습해 보십시오. 어떤 구절이 당신에게 가장 깊은 의미를 줍니까? 그 이유는 무엇입니까?

D. 간단하게 각 과의 마지막 부분들을 보고, 당신의 반응들을 복습해 보십시오. 하나님이 이 교재를 공부하는 동안 당신에게 가장 깊은 깨달음을 주시는데 사용하신 문장이나 성경구절은 어떤 것입니까?

E. D번에 당신이 적은 문장이나 성경구절을 하나님은 당신의 인생에서 어떻게 사용하셨습니까?

F. 당신이 "하나님을 경험하는 삶"을 공부하는 동안 가장 뜻깊게 하나님을 경험한 것을 아래에 적어 보십시오.

G. 하나님의 어떤 이름이 당신에게 가장 깊은 의미를 줍니까? 그 이유는 무엇입니까?

영적인 점검

당신이 다음 질문에 답하는 동안 성령님이 당신의 생각을 주장해 주시도록 기도를 드리십시오.

H. 당신이 하나님과 맺고 있는 사랑의 관계를 당신이 느끼는 바대로 가장 잘 표현한 문장은 어떤 것입니까? 한 개 이상에 ×표 하십시오.

☐ 1. 날마다 더욱 달콤해진다.
☐ 2. 롤러 스케이트를 탄 것 같다.
☐ 3. 기쁨에 넘친다.
☐ 4. 미지근하다.
☐ 5. 강가에 심은 나무 같다.
☐ 6. 조정을 필요로 한다.
☐ 7. 차갑다.
☐ 8. 바위와 같이 견고하다.
☐ 9. 깊고 넓다.
다른 표현 : ____________________

I. 당신이 그리스도의 몸인 교회와 맺고 있는 관계를 당신이 느끼는 대로 가장 잘 표현한 문장은 어떤 것입니까? 한 개 이상에 ×표 하십시오.

☐ 1. 마라톤을 뛸 준비가 되어 있음.
☐ 2. 훈련 중.
☐ 3. 엉망진창.
☐ 4. 집에서 회복중.
☐ 5. 시험 중.
☐ 6. 전진 중.
☐ 7. 만족할 만한 상태.
☐ 8. 심각한 중태에 빠진 상태.
☐ 9. 집중 치료를 요함.
다른 표현 : ____________________

영적인 점검

왜 ?

내일, 그리고 그 이후

J. 당신에게 있어서 가장 큰 영적인 도전은 무엇입니까?

____

____

K. 당신이 속한 소그룹(하나님을 경험하는 삶)에서 당신의 영적인 성장과 주님과 동행하는 삶을 위해 기도한다면, 가장 의미 있는 기도제목은 어떤 것입니까?

____

____

L. 하나님은 당신이 예수 그리스도의 제자로서 계속 훈련을 받기 위해 다음에 무엇을 하기를 원하신다고 생각합니까?

____

____

M. 하나님이 자신이 하고 계신 어떤 특수한 사명을 위해서 당신을 그 분의 역사에 참여하라고 초청하셨다고 생각합니까? 그렇다면 아래에 적어보십시오.

____

____

다른 사람들

N. 당신은 당신 교회와 그리스도와의 관계를 위해서 어떻게 기도하고 있습니까?

____

O. 하나님은 다른 사람들이 주님과 동행하는 것을 돕기 위해서 당신이 무엇을 하기를 원하십니까? 하나님이 당신에게 하라고 인도하심을 느끼는 모든 것에 × 표 하십시오. 없는 것이 있으면, 빈칸에 적으십시오.

□ 1. 나의 인생에서 하나님이 하신 일, 하고 계신 일들을 증거함.

□ 2. 내가 이미 함께 일하고 있는 그룹의 사람들이 하나님을 이와 같은 방법으로 알고 경험하도록 도와줌.

□ 3. 한 그룹을 모아서 "하나님을 경험하는 삶"을 가르침.

□ 4. 다른 사람들에게 "하나님을 경험하는 삶"을 공부하라고 격려함.

□ 5. 다른 제자 훈련 교재를 가르침(예 : 최선의 삶, 기도의 삶 등)

□ 6. 그리스도의 제자 훈련에 있는 다른 훈련과정의 소그룹을 인도하시오.

기타 : ______________________________

기도하는 데 시간을 할애하십시오. 하나님께서 하신 일과 하고 계신 일들을 인해 그 분을 찬양하십시오.

- 당신의 인생에서
- 당신의 가정에서
- 당신의 소그룹 안에서
- 당신의 교회에서
- 당신의 교단에서
- 온 세상에서

하나님은 당신의 인생에 역사하신 것처럼, 제가 그 분께 동참할 수 있는 은혜를 주셨습니다. 하나님이 우리가 살고 있는 이 시대에 해주신 많은 놀라운 일들로 인해 그 분께 감사를 드립니다. 지금…

> 그 영광의 풍성을 따라 그의 성령으로 말미암아 너희 속사람을 능력으로 강건하게 하옵시며 믿음으로 말미암아 그리스도께서 너희 마음에 계시게 하옵시고 너희가 사랑 가운데서 뿌리가 박히고 터가 굳어져서 능히 모든 성도와 함께 지식에 넘치는 그리스도의 사랑을 알아 그 넓이와 길이와 높이와 깊이가 어떠함을 깨달아 하나님의 모든 충만하신 것으로 너희에게 충만하게 하시기를 구하노라 우리 가운데서 역사하시는 능력대로 우리의 온갖 구하는 것이나 생각하는 것에 더 넘치도록 능히 하실 이에게 교회 안에서와 그리스도 예수 안에서 영광이 대대로 영원 무궁하기를 원하노라 아멘.
>
> —에베소서 3 : 16-21

하나님을 경험하는 삶의 일곱 가지 실체

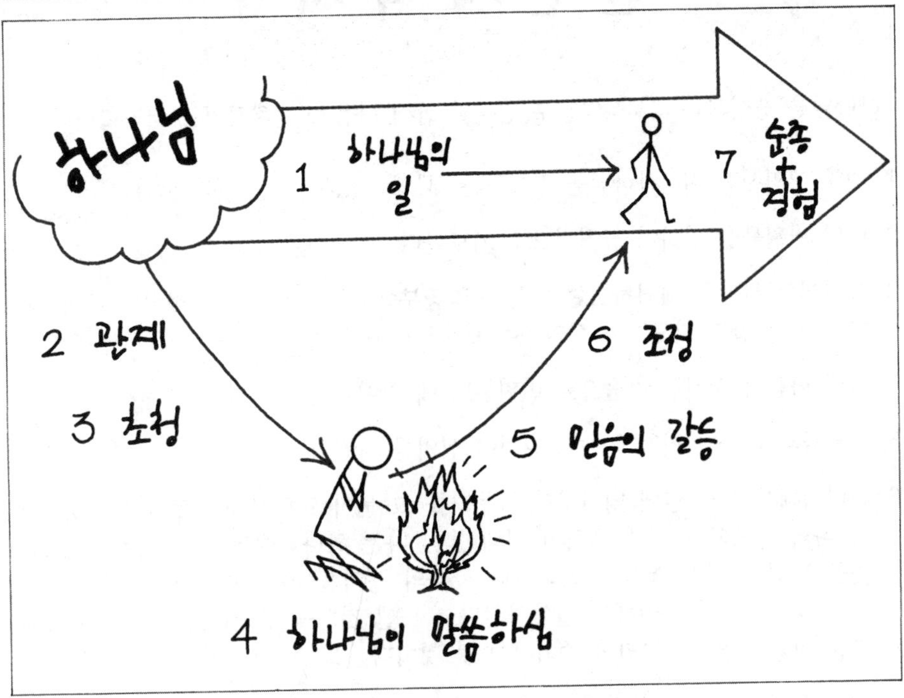

1. 하나님은 항상 당신의 주위에서 일하고 계십니다.
2. 하나님은 당신과 실질적이고 개인적인, 지속적인 사랑의 관계를 추구하십니다.
3. 하나님은 당신이 그 분의 일에 참여하도록 당신을 초청하십니다.
4. 하나님은 자신과 그의 목적들과 그의 길들을 보여주기 위하여, 성령님에 의해 성경, 기도, 환경과 교회를 통해서 말씀하십니다.
5. 하나님의 부르심은 항상 당신을 믿음의 갈등으로 몰아넣고, 결단과 그에 따른 행동을 요구합니다.
6. 당신은 하나님의 역사에 참여하기 위해서 당신의 인생을 하나님의 뜻에 맞게 조정해야 합니다.
7. 당신이 하나님께 순종하고, 하나님이 당신을 통해서 그 분의 일을 성취시킴으로 말미암아, 당신은 경험으로 하나님을 알게 됩니다.

하나님을 경험하는 삶

반 원 서 약 서

나는 "하나님을 경험하는 삶" 성경공부 반원과 함께 다음을 실천하기로 서약합니다.

1. 매주 모임시간 전 "하나님을 경험하는 삶"의 각 문제들을 풀어온다.
2. 나의 반원들을 위하여 규칙적으로 기도한다.
3. 불가피한 사정을 제외하고는 모든 성경공부에 꼭 참석한다. 출석하지 못할 경우 가능한 한 일찍 지도자와 상의하여 보충하도록 한다.
4. 열린 마음과 정직한 마음으로 반원 모임에 참여한다.
5. 반원들과 나눈 개인적 문제에 관하여 신의를 지킨다.
6. 하나님께서 우리 안에 역사하시사 우리를 그 분이 원하시는 대로 만드시듯이 나는 나의 형제와 자매에 대하여 인내한다. 나는 하나님께서 다른 사람에게 그의 뜻을 깨닫게 하실 것을 믿는다. 나는 나의 생각을 타인에게 강요하지 않는다. 나는 하나님께서 우리에게 말씀하신다고 느낀 것만을 증거하고 성령께서 그 증거를 어떻게 쓰시는가만을 주의하여 볼 것이다.
7. 매주 목사님과 교회를 위하여 기도한다.

기타 : ______________________________

____

____

____

____

서명 : ______________________ 일자 : 05/21/2010

"하나님을 경험하는 삶" 반원들

김봉윤	전경자
박송영	
이옥주	
김영숙	
이춘상	